Einführung in das juristische Lernen

– Unternehmen Jurastudium –

von Prof. Dr. *Fritjof Haft*

7., mit einem Nachwort versehene,
im Übrigen unveränderte Auflage

2015

Verlag Ernst und Werner Gieseking · Bielefeld

Bibliografische Information Der Deutschen Bibliothek

Die Deutsche Bibliothek verzeichnet diese Publikation in der Deutschen Nationalbibliografie; detaillierte bibliografische Daten sind im Internet über http://dnb.ddb.de abrufbar.

2015

© Verlag Ernst und Werner Gieseking GmbH, Bielefeld

Lektorat: Dr. iur. Jobst Conring
Herstellung: Katja Klesper Verlagsherstellung, Fulda
Druck und Bindung: Mediaprint, Paderborn

ISBN 978-3-7694-1143-0

Vorwort

Die erste Auflage meines Lernbuches erschien 1983 mit dem Titel „ *Einführung in das juristische Lernen* ". Es war ein schmaler Band mit einem Umfang von 168 Seiten. Alsbald folgten vier weitere Auflagen. Tashihito Hirano übersetzte das Buch in das Japanische. 1997 erschien dann die vorliegende völlig neu geschriebene und wesentlich erweiterte 6. Auflage. Sie ist schon seit längerer Zeit vergriffen. Autor und Verlag haben sich zu einer Neuauflage entschlossen. Ich habe das Buch durchgesehen und keinen Grund für inhaltliche Änderungen gesehen. Lediglich dem Computerkapitel habe ich ein Nachwort hinzugefügt, in welchem ich auf die technischen Entwicklungen der letzten Jahre und die künftigen Perspektiven eingehe.

Der Ansatz, das Jurastudium als ein „ *Unternehmen* " (im wirtschaftlichen Sinne) zu begreifen, scheint mir nach wie vor hilfreich zu sein. Ich habe meine Berufstätigkeit in einem großen Unternehmen der Rückversicherungsbranche begonnen und vor einigen Jahren ein eigenes IT-Unternehmen gegründet. Als Unternehmer denken Sie „anders". Sie müssen sich überlegen, welche Produkte oder Dienstleistungen Sie anbieten wollen. Sie müssen den Markt analysieren. Sie müssen die Kundenbedürfnisse erkennen. Sie müssen sich mit der Konkurrenz auseinandersetzen. Sie müssen Ihre Ressourcen ausschöpfen. Und Sie müssen Risiken eingehen. Dann haben Sie die Chance, Gewinne zu erzielen. Und niemand ist da, der klingelt und Ihnen sagt, was Sie tun müssen.

Das Jurastudium enthält alle diese Elemente dieses Unternehmertums. Am Ende steht das, was man früher den „ *Staatskonkurs* " nannte. Dieses Wort darf nicht mit „ *Pleite* " verwechselt worden (obwohl dies leider viel zu oft zutreffend wäre). Der Be-

---

1) Auch wurde die „alte Rechtschreibung" beibehalten.

griff „*Konkurs*" leitet sich vielmehr aus dem lateinischen „*concurrere*" (= zusammenlaufen) ab. Gemeint war die gemeinsame Abschlussprüfung aller Kandidaten mit Wettbewerbscharakter. Jeder erhält seinen Rang in der Teilnehmerliste. Unternehmensziel ist dabei nicht primär das Erste, sondern das Zweite Staatsexamen. Jeder Zehntelpunkt mehr oder weniger öffnet oder verschließt dort einen ganzen Berufszweig. Das gibt es nirgendwo sonst.

Dem Unternehmertum entspricht auch die Freiheit des Jurastudiums. Zwar gibt es Studienpläne, aber kaum ein Student hält sich daran. Sobald Sie einmal an der Universität aus dem Plan heraus gefallen sind, kommen Sie nicht – jedenfalls nicht ohne weiteres – wieder hinein. So landen die meisten Jurastudenten beim Repetitor. Dessen Resultate sind, wie man heute sagt, „überschaubar". Der Repetitor macht nichts besser als der Hochschullehrer. Er orientiert sich lediglich an den Bedürfnissen von Kunden, die beispielsweise – aus welchen Gründen auch immer – Strafrecht nicht im ersten Studienjahr, sondern im letzten Jahr „lernen" wollen. Besser (und billiger) ist es, Sie halten sich an das Angebot der Universität. Und wenn Sie – aus welchen Gründen auch immer – nicht mehr „im Plan" sind, sollten Sie selbst Wege aus der Krise finden. Das gehört zum Unternehmertum. Ich selbst stand mit meinem IT-Unternehmen mehrmals am Abgrund. Ohne Risiken gibt es nun einmal keine Chancen.

Diese Chancen sind größer als anderswo. Mit einem guten Examen können Sie unter vielen Möglichkeiten den Beruf wählen, in dem Sie gerne tätig sein werden. Dazu will ich ihnen mit diesem Buch verhelfen.

Noch ein Wort zur aktuellen Gendermode, die Sprache mit gutgemeinten, aber unsinnigen männlich/weiblichen Substantiven (*„Studenten/Innen"*) als Vehikel für die Gleichberechtigung von Mann und Frau zu verhunzen. Dem liegt eine Verwechslung des grammatischen Geschlechts mit dem natürlichen Geschlecht zugrunde. Es gibt viele Gegensatzpaare in der Sprache, in denen der eine der beiden gegensätzlichen Ausdrücke den anderen mit umfasst, während der andere das nicht tut. So verpönt § 278 StGB die unrichtige Ausstellung eines Attestes durch einen „*Arzt*", womit fraglos auch die „*Ärztin*" gemeint ist. „*Arzt*" ist linguistisch gesehen der unmarkierte Ausdruck, während „*Ärztin*" markiert ist. Das ist auch sinnvoll, denn es gibt Situationen, in denen der Beistand einer „*Ärztin*", nicht aber der eines „*Arztes*" sachgerecht ist. Wenn ich also in diesem Buch von dem „*Studenten*" schreibe, umfasst dieser Begriff auch die „*Studentin*".

München, im Januar 2015 *Fritjof Haft*

Inhaltsverzeichnis

A. Unternehmen Jurastudium
I. Ihr Unternehmen

1. Sie sind ein Unternehmer

In diesem Buch behandle ich Sie als *Unternehmer*. Sie erzeugen Produkte und gehören einer Branche an. Sie verfolgen Unternehmensziele. Sie erfüllen eine volkswirtschaftliche Aufgabe. Sie konkurrieren auf dem Markt mit anderen Unternehmern. Ihre Zukunft ist offen wie die jedes anderen Unternehmers. Um diese Zukunft erfolgreich zu meistern, brauchen Sie einen guten Unternehmensplan. Ich will Ihnen helfen, einen solchen Plan zu erstellen und zu verwirklichen.

2. Ich behandle Sie nicht als traditionellen Juristen

a) Sie sind kein künftiger Wissenschaftler

In diesem Buch behandle ich Sie *nicht* als jungen *Wissenschaftler.* Wenn Sie eine solche Behandlung wünschen, sollten Sie eine „Einführung in die Rechtswissenschaft" lesen.

b) Sie sind kein künftiger Richter

In diesem Buch behandle ich Sie *nicht* als künftigen *Richter.* Wenn Ihnen der Sinn nach einer solchen Behandlung steht, sollten Sie eine „Juristische Methodenlehre" lesen.

c) Sie sind kein künftiger Rechtsanwalt

In diesem Buch behandle ich Sie auch *nicht* als angehenden *Rechtsanwalt.* Zwar werden Sie mit großer Wahrscheinlichkeit diesen Beruf ergreifen (müssen), aber die Perspektive einer forensischen Tätigkeit erscheint mir zu eng.

3. Als Unternehmer haben Sie eine weite Perspektive

a) Die herkömmlichen Barrieren

Ein Buch, das Ihr Jurastudium als den Beginn einer unternehmerischen Tätigkeit behandelt, eröffnet neue Perspektiven, die Ihnen von den herkömmlichen Plattformen aus verschlossen sind. Nehmen Sie etwa die altehrwürdige Plattform „Wissenschaft". Solange Sie von der Vorstellung ausgehen, Sie müßten das Recht als Objekt einer Wissenschaft erkennen, wird Ihnen die Erkenntnis versperrt bleiben, daß es in Ihrem Unternehmen in erster Linie um Können, nicht um Wissen geht. Nehmen Sie die nicht minder ehrwürdige Plattform „Richter". Sie versperrt Ihnen den Blick auf die Tatsache, daß juristische Ergebnisse nicht „erkannt", sondern „produziert" werden. Oder nehmen Sie die Plattform „Rechtsanwalt". Sie verschließt Ihnen den großen Markt der Konfliktvermeidung und der autonomen Konfliktlinderung durch Verhandeln.

b) Die unternehmerische Plattform

All diese Barrieren überwinden Sie, indem Sie die Plattform „Unternehmer" betreten. Diese bietet Ihnen einen neuen, bislang unbesetzten Aussichtsplatz. Und sie zeigt Ihnen, daß Ihr Schicksal allein in Ihrer Hand liegt. An den deutschen Universitäten wird gegenwärtig, in einer Zeit knappen Geldes, viel gejammert, und es wird überall nach Reformen gerufen. Jammern Sie nicht, und rufen Sie nicht mit! Als Unternehmer ist Ihnen klar, daß der Erfolg Ihres Unternehmens nicht von irgendwelchen Reformen abhängt. Er hängt allein von Ihnen ab.

II. Ihre Branche

1. Sie sind in der Dienstleistungsbranche tätig

a) Sie erbringen Dienstleistungen

Ihre Branche ist die Dienstleistungsbranche. Zwischen der Tätigkeit des Gesetzgebers, des Richters, des Juraprofessors, des Rechtsanwaltes oder des Unternehmenssyndikus einerseits und der Arbeit etwa des Taxifahrers, des Kellners oder des Friseurs andererseits besteht kein grundlegender Unterschied. Alle erbringen Dienstleistungen. Im einen Falle sind die Anforderungen an die Dienstleister ein wenig höher, im anderen Falle etwas geringer, aber ein prinzipieller Unterschied besteht nicht. Ich weiß, daß dies ungewohnt, geradezu vermessen, klingt, aber unter uns Unternehmern kann man es ruhig einmal aussprechen.

b) Lassen Sie sich als Dienstleister nicht beirren

(1) Die meisten Juristen empfinden sich nicht als Dienstleister

Der „königliche Richter" aus den juristischen Methodenbüchern wird das freilich ganz anders sehen. Er wird die Idee der Gerechtigkeit beschwören, die zu schauen und zu verwirklichen er als seine vornehmste Aufgabe ansehe, und tatsächlich kreist alles Nachdenken über das Recht um die Gerechtigkeitsfrage. Er wird darauf verweisen, daß er das Recht zu erkennen habe, und tatsächlich steht es so auch in den Urteilen - „... *hat für Recht erkannt"*. Er wird hervorheben, daß er hoheitliche Gewalt ausübe, und tatsächlich ist die Judikative eine der drei klassischen Staatsgewalten neben der Legislative und der Exekutive. Er wird auf Gesetz und Recht verweisen, dem er allein zu gehorchen habe, und tatsächlich ist er nur an „*Gesetz und Recht"* gebunden, Art. 20 III GG. Er wird sich auf das Volk berufen, welches er in seinem Amte repräsentiere, und tatsächlich spricht er seine Urteile „*im Namen des Volkes"*. Er wird auf seine historische Bedeutung hinweisen, und tatsächlich war die Ausübung des Richteramtes früher eine der vornehmsten Tätigkeit von Kaisern und Königen, wenn sie auf ihren Reichs- und Hoftagen „*Gericht hielten"*. Auch der Anwalt wird gegen eine unternehmerische Sichtweise Bedenken haben, und tatsächlich ist er ein „*Organ der Rechtspflege"*. Die Juraprofessoren werden ohnehin protestieren, und die Syndikusanwälte werden zu beschäftigt sein, um sich mit dieser Frage zu beschäftigen. Die Kritiker werden mit alledem völlig Recht haben, aber da wir hier wirtschaftlich denken, brauchen wir uns damit nicht auseinanderzusetzen. In der Realität der modernen Gesellschaft ist die Befassung mit dem Recht nichts anderes als eine schlichte Dienstleistung. Ein Beispiel mag verdeutlichen, was ich meine.

(2) Das Beispiel Konizitätsrechner

Vor einiger Zeit war ich als Rechtsinformatiker einmal mit einem Konizitätsrechner befaßt. Das ist ein Computer zur Steuerung von Drahterosionsmaschinen, die für den Maschinenbau verwendet werden. Fragen Sie nicht weiter. Der Kundige wird wissen, was ein Konizitätsrechner ist, und der Unkundige wird es ohnehin nicht verstehen. Um diesen Computer war nun wegen behaupteter Patentverletzungen ein Rechtsstreit entbrannt. Der zuständige Berichterstatter des Landgerichts gab sich die größte Mühe, zu verstehen, was ein Konizitätsrechner ist. Nach etwa zweijähriger Prozeßdauer mit zahlreichen Schriftsätzen und mehreren mündlichen Verhandlungsterminen hatte er es begriffen. Er teilte seine Erkenntnis der Kammer mit (es dauerte eine ganze Weile, bis die Kollegen auch ihrerseits eine ungefähre Vorstellung davon hatten, was ein Konizitätsrechner ist) und setzte nach mehreren Beratungen ein umfangreiches Urteil ab. Der Vorsitzende beraumte Termin zur Urteilsverkündung an. Einen Tag vorher zog der Kläger die Klage mit Zustimmung des Beklagten zurück und teilte dem Gericht mit, man habe sich außergerichtlich geeinigt.

c) Die Betroffenen benötigen keine Rechts-"erkenntnis"

(1) Die Betroffenen benötigen Problemlösungen

Die erhoffte (oder mit Sorge erwartete) „Erkenntnis" der Gerechtigkeit durch das Gericht war offensichtlich nicht das, was die Parteien brauchten. Der „königliche Richter" ließ sie ein Urteil, aber keine optimale Lösung ihres Problems erwarten. So fanden sie außergerichtlich ein besseres Ergebnis. Stellen Sie sich vor, so etwas würde einreißen. Was würde dann aus dem königlichen Richter werden? Er würde schlicht dem Wettbewerb zum Opfer fallen - Rechtsidee hin, dritte Gewalt her.

(2) Die Konkurrenz ist längst aktiv

Eben dies ist weithin schon der Fall. Schiedsklauseln sind weit verbreitet. Mediatoren vermitteln zwischen den Streitparteien. Immer mehr Betroffene setzen auf Verhandlungen. Sie fahren damit oftmals besser als bei dem Gang zu den staatlichen Gerichten. Längst ist schon eine eigene Bewegung namens „Alternative Konfliktbeilegung" (in den USA „Alternative Dispute Resolution DAR") entstanden. In naher Zukunft wird es gesetzliche Regelungen geben, durch welche die „kleinen" Streitigkeiten des täglichen Lebens - Nachbarstreitigkeiten, Mietstreitigkeiten, Streitigkeiten um geringwertige Gegenstände - den Anwälten zur außergerichtlichen Schlichtung zugewiesen werden.

Die juristische Tätigkeit ist also eine schlichte, der Konkurrenz ausgesetzte Dienstleistung. Wir sollten uns hier nichts vormachen.

Auch wenn wir Juristen in früheren Geschichtsepochen den Mächtigen nahe standen, und auch wenn unsere Fakultät im Mittelalter eine der drei „oberen" Fakultäten (neben Theologen und Medizinern) an der Universität war, so waren und sind wir Juristen doch schlichte Dienstleister.

2. Dienstleistungen

a) Als Juristen tun wir uns mit Dienstleistungen schwer

(1) Das Erbe des Obrigkeitsstaates

Tausend Jahre deutscher Obrigkeitsstaat haben ihre Spuren hinterlassen. Bei uns Juristen ist der Mandant sowenig König wie die Partei, vom Angeklagten erst gar nicht zu reden. Aber auch der Straftäter ist ein „Kunde". Gäbe es ihn nicht, so verlöre die gesamte Strafjustiz ihren Arbeitsplatz. Auch übersehen wir oft, daß das Wort „Dienstleistung" aus zwei Hälften besteht. Zum Dienen tritt die Leistung. Auch hieran hapert es oft. Beides will schwer erarbeitet sein. Von selbst kommt es nicht.

(2) Deutschland ist kein Dienstleistungsland

Das gilt für alle Dienstleistungsbranchen. Neulich erlebte ich mit, wie der Juniorchef eines teuren Uhrengeschäftes einen Kunden behandelte, der einen Prospekt mitbrachte. „Haben Sie diese Uhr?" fragte der Kunde und wies auf das Bild einer Schweizer Armbanduhr der oberen Preisklasse. „Nein", sagte der Juniorchef und sah ungerührt zu, wie der Kunde aus dem Laden stolperte. Wenn das mein Sohn gewesen wäre, und wenn ich das als Seniorchef miterlebt hätte...

b) Die Konkurrenz macht es besser

Daß es auch anders geht, zeigt das Verhalten der „Konkurrenz". US-amerikanische Wirtschaftsprüfungs- und Steuerberatungsgesellschaften, die ebenso wie ihre deutschen Kollegen die Steuerberatung, den lukrativsten Teil der Rechtsberatung, erobert haben, pflegen sehr bewußt und intensiv kundenfreundliches Verhalten. Sie wissen, daß der Kunde nicht von selbst kommt, daß er vielmehr scheu wie ein Reh ist. Man muß daher etwas für ihn tun. Eines dieser Unternehmen hat beispielsweise ein sogenanntes „TLC-Programm" entwickelt. „TLC" steht für „Tender Loving Care" und bezeichnet die Art und Weise, wie die Klienten - Kunden - dieser Gesellschaft behandelt werden sollen - mit „zärtlich liebender Sorgfalt". Wann hätte man so etwas je von einem deutschen Anwalt oder gar Richter gehört? Aber von wem leben die Anwälte und Richter, wenn nicht von ihren Mandanten oder den Parteien, ihren Kunden?

3. Sie verkaufen Ihre Zeit

a) Zeit ist immer begrenzt

Als Dienstleister müssen Sie eine weitere Besonderheit beachten, die es bei anderen Dienstleistern, etwa solchen der Computerbranche, nicht gibt. Sie verkaufen Ihre Zeit. Schon Abraham Lincoln, der ursprünglich Rechtsanwalt gewesen war, hatte bemerkt: „*A lawyers time is his stock in trade*". Aus dem Verkauf von Zeit resultiert eine Kapazitätsbeschränkung, die andere Dienstleister nicht kennen. Wenn ein Anbieter elektronischer Dienstleistungen feststellt, daß das neue Programm „Happysoft" beim Publikum ein Renner ist, dann erhöht er einfach die Produktion und steigert damit seinen Umsatz und Gewinn. Sie können dagegen Ihre Produktion nicht erhöhen. Der Tag hat nur vierundzwanzig Stunden. Sie können keine zusätzlichen Stunden einstellen. Und Sie können auch nicht, wie der Steuerberater das kann, einen substantiellen Teil Ihrer Arbeit auf Hilfskräfte und Rechenzentren übertragen. Sie müssen schon in Person leisten.

b) Sie brauchen ein optimales Zeitmanagement

(1) Das Zeitproblem wird Sie immer begleiten

Dieses Problem der begrenzten Zeit wird Sie vom ersten Tag Ihres Studiums an durch Ihr ganzes Berufsleben begleiten. Um es zu lösen, brauchen Sie ein optimales Zeitmanagement. In der Wirtschaft gibt es hierfür eigene Spezialunternehmen. Diese lehren in Seminaren, wie man auf bestmögliche Weise mit der Zeit umgeht. Speziell gestaltete Kalender wurden zu diesem Zweck entwickelt und werden auch bei uns vertrieben. In den USA gibt es einen Bestseller, der ausschließlich Tips zur Einsparung von Zeit enthält. Wußten Sie schon, daß die Männer Zeit sparen können, wenn sie sich nach der Naßrasur vor dem Duschen das Gesicht nicht abtrocknen?

(2) Für traditionelle Juristen existiert die Zeit nicht als Thema

In der herkömmlichen juristischen Literatur existiert das Thema Zeit überhaupt nicht. Die Rechtslehrer behandeln Sie so, als hätten Sie alle Zeit der Welt zu Ihrer Verfügung. Wenn Sie all das lesen würden, was Ihnen in Lehrbüchern und Ausbildungszeitschriften dargeboten wird, und wenn Sie dabei vielleicht auch noch den reichlich vorhandenen Fußnoten nachgehen wollten, dann wären Sie hoffnungslos überfordert. Sie müssen also auswählen und weglassen können. Aber was Sie auswählen und was Sie weglassen sollen, sagt Ihnen niemand. Sie müssen es selbst herausfinden.

(3) Die meisten Examenskandidaten kommen mit dem Zeitproblem nicht zurecht

Die meisten Examenskandidaten verkaufen sich schon deshalb unter ihrem Wert, weil sie mit der Zeit nicht zurechtkommen und die Klausuren wie die mündlichen Prüfungen deshalb verzeichnen. Am Anfang vertrödeln sie ihre Zeit mit problemlosen Dingen, und am Schluß verpassen sie zentrale Probleme, zu denen sie vielleicht etwas ausführen könnten, zu denen sie aber aus Zeitnot nicht kommen. Später, im Beruf, werden sie es nicht besser machen. Sie werden mit ihrer Zeit schlecht wirtschaften und ihr Unternehmen gefährden. Machen Sie es besser! Ein optimales Zeitmanagement werden Sie nur mit viel Mühe auf die Beine stellen. Aber diese Mühe wird sich lohnen, im Examen wie im späteren Berufsleben.

III. Ihre Unternehmensziele

Welche Ziele verfolgen Sie mit Ihrem Unternehmen? Das ist eine Frage, über die nachzudenken sich lohnt.

1. Sie brauchen eine konkrete Vision

a) „Vision Engineering"

(1) Was soll Ihre „core competence" sein?

Wenn Sie mit dieser Frage zu einem Unternehmensberater gingen, (was voraussetzen würde, daß Sie fähig und willens wären, ein

Tageshonorar von etwa fünftausend DM pro Berater zu bezahlen), würde dieser mit Ihnen einen „workshop" veranstalten und (unter anderem) ein „vision engineering" betreiben. Darin ginge es um die Entwicklung einer konkreten Vision für Ihr Unternehmen. Sie müßten herausfinden, was Ihre Kernkompetenz („Core Competence") sein soll. Was wollen Sie können, was andere (noch) nicht oder nicht so gut wie Sie können? Ohne eine solche Vision wird Ihnen nichts Großes gelingen. Wie wollen Sie etwas erreichen, wenn Sie nicht wenigstens in Ihren Träumen große Ziele verfolgen?

(2) Auch Juristen brauchen eine Vision

Wenden Sie dagegen nicht ein, daß Juristen keine Visionen hätten. Ich weiß zwar, daß es den Typus des staubtrockenen Kanzleijuristen gibt, der als Bedenkenträger immer genau weiß, was nicht geht, und der auch stets die passenden Verbotsparagraphen zur Hand hat. Aber ich bezweifle stark, daß der Bedenkenträger unseren Berufsstand wirklich repräsentiert. Ich glaube eher, daß er als einer jener Menschen zur Welt kommt, die schon von Geburt an die Neigung haben, zu allem nein zu sagen und die Dinge schlecht zu finden (manchmal sieht man Babys, die ihren Brei partout nicht essen wollen). Später hält er hieran fest. Diesem Bedenkenträger kommt zugute, daß es immer leichter ist, sich gegen eine Sache auszusprechen als dafür. Ein solcher Mensch schrieb mir einmal eine Postkarte mit folgendem Text: „Bin dagegen, worum handelt es sich?"

Solche Menschen kommen im Grunde fertig auf die Welt. Sie brauchen nichts hinzuzulernen, und sie vergessen auch nichts. Unlängst traf ich einen früheren Kollegen aus meiner Zeit als Wirtschaftsjurist wieder. Bei unserer letzten Begegnung war er gerade dabei gewesen, mir auseinanderzusetzen, warum ein Vorschlag von mir seiner Meinung nach undurchführbar war, als unser Gespräch aus irgendeinem Grunde unterbrochen worden war. Nun stand er unversehens vor mir, zwanzig Jahre später, und er sagte eilig, noch ehe ich ihn begrüßen konnte: „*Was ich Ihnen neulich sagen wollte, ist, daß Ihr Vorschlag vor allem deshalb undurchführbar ist, weil...*"

(3) The „Vision Thing"

Der frühere US-Präsident George Bush wurde im Jahre 1992 von seinen Beratern im Kampf um seine Wiederwahl aufgefordert, eine „Vision" zu entwickeln. Er lehnte das ab und mokierte sich über „the vision thing". Er wurde nicht wiedergewählt. Seinem Parteifreund Bob Dole ging es im Jahre 1996 nicht besser. Auch ihm fehlte „the vision thing".

b) Ihr künftiger Beruf ist Ihre Vision

(1) Das Examen ist kein Wert an sich

Ohne Vision geht es nicht, weder in der Politik noch in der Wirtschaft. Sie müssen eine Vision entwickeln, sonst wird aus Ihrem Unternehmen nichts werden. Sie müssen ein Ziel haben, auf das Sie hinarbeiten können, und dieses Ziel darf sich nicht in einem guten Examen erschöpfen. Das Examen ist kein Wert an sich. Es ist nur eine Pforte zu der dahinterliegenden Berufswelt. Selbstverständlich müssen Sie ein Spitzenexamen erreichen, aber das allein genügt noch nicht. Sie müssen auch und vor allem wissen, was Sie damit anfangen wollen.

(2) Nur Sie selbst können Ihre Vision entwerfen

Ich kann Ihre Vision hier nicht entwerfen. Das müssen Sie schon selbst tun. Ich kann Sie nur dazu ermuntern, das zu tun, so früh und so konkret wie möglich. Die meisten Ihrer Kommilitonen tun das nicht. Sie meinen, nach einem guten Examen werde sich alles weitere schon von selbst finden. Aber das ist ein großer Irrtum. Alles, was sich von selbst findet, ist die Einreihung in eine Bewerbungsschlange, in der schon zahlreiche Leidensgenossen warten, die auch gemeint haben, nach dem (meist nicht so guten) Examen werde sich alles Weitere von selbst finden.

2. Bemühen Sie sich um Selbsterkenntnis

a) Welchen Beruf möchten Sie einmal ausüben?

Ihr „vision engineering" setzt Selbsterkenntnis voraus. Sie müssen so konkret wie möglich herausfinden, welchen juristischen Beruf Sie einmal ausüben möchten. Und Sie müssen zusätzlich zur Erledigung Ihres juristischen Pflichtprogramms etwas tun, was Ihnen dazu verhilft, daß Sie Ihre Vision (mit den üblichen Abstrichen) auch verwirklichen können.

b) Was Sie zusätzlich tun können

(1) Erwerben Sie Sprachkenntnisse

Ihnen können beispielsweise Auslandserfahrungen und Sprachkenntnisse nützen. Daß Fremdsprachen wichtig sind, ist ein Gemeinplatz. So werden gute Englischkenntnisse heute fast überall ganz selbstverständlich vorausgesetzt. Aber das ist bei weitem noch nicht alles. Es gibt Steigerungsmöglichkeiten. Mein Geheimtip ist Koreanisch (aber bitte nicht weitersagen). Ich habe noch von keinem deutschen Jurastudenten gehört, der koreanisch spräche. Japanischkenntnisse kommen gelegentlich vor, und auch Chinesischkenntnisse trifft man mitunter an, aber Koreanisch beherrscht, wenn ich es recht sehe, noch niemand. Schauen Sie sich die (süd-) koreanische Wirtschaft an (Statistiken, Veröffentlichungen, Anfragen an die koreanische Botschaft, Auskunft der Industrie- und Handelskammer...). Machen Sie sich klar, welche Handelsbeziehungen es heute schon zwischen Europa und Korea gibt. Stellen Sie sich vor, welche Chancen ein hoffnungsvoller deutscher Jungjurist hat, wenn er nur bereit und fähig ist, ein paar Jahre in Seoul zu verbringen. Ist das nicht viel besser, als in einer Feld-, Wald- und Wiesenkanzlei darauf zu warten, daß ein im Winter des Weges kommender Passant sich bei Glatteis das Bein bricht und zu ihnen mit der Frage hereinhumpelt, ob er jemanden verklagen kann (bitte keine Protestbriefe aus Feld-, Wald- und Wiesenkanzleien; ich weiß, daß die political correctness mir den Ausdruck „Universalkanzlei" gebieten würde).

Sie sollten auch an ein Auslandsstudium nach dem Referendarexamen denken. Ein „LLM" weist mit Kenntnissen des ausländischen Rechts zugleich Sprachkenntnisse aus.

(2) Konzentrieren Sie sich auf Mediation und Verhandeln

Ein anderer persönlicher Ratschlag von mir lautet: Konzentrieren Sie sich auf die Themen Mediation und Verhandeln. Es gibt eine Wissenschaft und eine Kunst des Verhandelns. Die erstere kann man studieren, die letztere üben.[1] Die meisten Menschen, die das Pech haben, in einen Konflikt mit anderen zu geraten, finden von selbst nicht die Kraft, ihn einvernehmlich zu beenden. Im Idealfall geraten sie an Anwälte, die das für sie übernehmen. Ich kann mir sehr gut eine Zeit vorstellen, in der die meisten Anwälte eine Zusatzqualifikation wie „EMMN" (= European Master in Mediation and Negotiation) hinter ihrer Berufsbezeichnung führen und die Mehrzahl der Streitfälle auf einvernehmliche Weise mit gleichgesinnten Kollegen zum Nutzen beider Parteien beilegen werden. Zu den Gerichten werden dann nur noch solche Fälle gelangen, in denen das mißlingt, oder in denen Grundsatzfragen zu klären sind. In einer solchen Zeit werden die Juristen ihre volkswirtschaftliche Aufgabe besser bewältigen als in der Gegenwart.

(3) Achten Sie auf die abgelegenen Rechtsgebiete

Es ist auch keine schlechte Idee, wenn Sie sich die im Studium meist „vergessenen" Rechtsgebiete einmal näher anschauen. An den Rechtsfakultäten werden traditionell Gebiete wie Bürgerliches Recht, Strafrecht, Staatsrecht in den Mittelpunkt gestellt. Mit dem Sachenrecht aber - um nur ein Beispiel herauszugreifen - können Sie nur dann Geld verdienen, wenn Sie zufällig Notar werden sollten. Auch von dem im Studium breit behandelten Schuldrecht, etwa dem Kaufrecht, werden Sie kaum leben können. Die Leistungsstörungen spielen beispielsweise im wirklichen Leben nur eine unbedeutende Rolle. Dort sind ganz andere Dinge wichtig. Das meiste Geld wird in Deutschland in den sozialen Sicherungssystemen bewegt, aber höchstens eine Handvoll Anwälte (von 80.000 Anwälten) kann als wirkliche Spezialisten auf dem Gebiet des Sozialrechts gelten. Oder denken Sie an den gewerblichen Rechtsschutz. Marken wie „Marlboro" oder „Mercedes" sind die wertvollsten Gegenstände, die es auf der Welt gibt. Aber nur wenige Experten beherrschen diese Materie.

Gehen Sie frühzeitig daran, Spezialkenntnisse zu erwerben, mit denen Sie Ihre berufliche Attraktivität steigern. Der Jurist, der nichts anderes gelernt hat als Privatrecht, Strafrecht und Öffentliches Recht und vielleicht noch die Wahlfachgruppe Rechtsge-

---

[1] Zum Thema Verhandeln siehe mein Buch „Verhandeln - die Alternative zum Rechtsstreit, München 1992. Zum Thema Meditation siehe *Breidenbach*, Mediation - Struktur, Chancen und Risiken von Vermittlung im Konflikt, Köln, 1995.

schichte, hat nur geringe Zukunftschancen. Er wird schlicht nicht
gebraucht werden. Bewahren Sie sich vor diesem Schicksal.

Auch ein Doppel- oder Zweitstudium kann nützlich sein, aber
hüten Sie sich dabei vor Überalterung oder Überqualifikation.
Wenn Sie beispielsweise Chemie als Zweitstudium wählen, wird
Ihnen das nur in wenigen Berufen - etwa als Manager in einem
Chemieunternehmen oder als Rechtsanwalt mit dem Spezialgebiet
Patentverletzungen auf dem Chemiesektor - helfen. Ansonsten
könnte es Ihnen wie jenem Richter gehen, der im Nebenberuf Omnibusunternehmer war. Seine Richterkollegen bezeichneten ihn als
den besten Omnibusunternehmer unter den Richtern, und seine
Omnibuskollegen sahen in ihm den besten Richter unter den Om-
nibusunternehmern.

Die besten Chancen eröffnen Ihnen wahrscheinlich wirtschaftliche Kenntnisse. Es muß nicht gleich ein Zweitstudium in Betriebs-
wirtschaftslehre sein. Sie können sich auch die Rosinen heraus-
picken („cherrypicking"). Solche Rosinen sind beispielsweise Strategie, externes Rechnungswesen (Jahresabschlußanalyse usw.), Fi-
nanzierung („Corporate Finance") und Steuerlehre.

Schließlich ist auch an die Promotion zu denken. Dabei sollten
Sie schon frühzeitig durch den Besuch entsprechender Seminare
die Weichen für ein Promotionsthema wählen, das Ihnen bei Ihrem
angestrebten Beruf nützt.

(4) Verschieben Sie nichts auf die Zukunft

Diese Beispiele sollen nur Anregungen sein. Vielleicht ist für Sie
eine ganz andere Richtung geeignet. Darauf kommt es hier nicht
an. Entscheidend ist, daß Sie Ihre Ziele suchen und finden. Möglicherweise dauert das lange. Aber fangen Sie heute schon damit an.
Verschieben Sie diese Aufgabe nicht auf die Zukunft. Ihre juristische Zukunft hat längst begonnen.

IV. Ihre volkswirtschaftliche Aufgabe

1. Machen Sie sich hierüber Gedanken

Als Unternehmer müssen Sie sich auch Gedanken über Ihre volkswirtschaftliche Aufgabe machen. Die meisten Ihrer Kommilitonen tun das nicht. Es reicht ihnen, zu wissen, daß sie einem Berufsstand angehören wollen, den man vorwiegend im Umkreis der Gerichte findet, und den man an wehenden Roben und einem eigentümlichen Jargon erkennen kann (*„…war die Begangenschaft des Diebstahls durch den Angeklagten zu 1) als für festgestellt zu erachten"*).

2. Die volkswirtschaftliche Aufgabe des Juristen

a) Die traditionelle Aufgabe

Worin liegt nun die volkswirtschaftliche Aufgabe der Juristen? Am Beginn der Rechtsentwicklung ging es darum, Friedlosigkeit, Unsicherheit und die Gewalt des Faustrechtes durch Errichtung der Herrschaft des Rechts zu überwinden. Das staatliche Gericht markierte diesen Wandel. Es wurde schon vor langer Zeit erfunden und ist, wie der US-amerikanische Rechtshistoriker William Seagle angemerkt hat, die erste und vielleicht auch die letzte große Erfindung auf dem Gebiet des Rechts[2].

b) Die moderne Aufgabe

(1) Unsere übermäßig verrechtlichte Gesellschaft

Heute leben wir unter der gesicherten Herrschaft des Rechts. Heute können wir das Recht ungehindert zur Linderung der Konflikte der Menschen einsetzen. Aber heute stehen wir vor einem neuen Problem, das frühere Epochen nicht gekannt haben. Wir leben in einer übermäßig verrechtlichten Gesellschaft. Das Recht taugt dabei immer weniger zur Linderung von Konflikten und wird selbst mehr und mehr zum Problem.

---

[2] William *Seagle*, Weltgeschichte des Rechts, 3. Aufl. 1969, S. 101.

(2) Der Paragraphenwust

Dies zeigt sich zunächst an einem vielbeklagten Paragraphenwust. Unermüdlich produziert der deutsche Gesetzgeber neue Gesetze. Niemand, nicht einmal der Bundesjustizminister, kennt auch
nur die Zahl der heute geltenden Bundesgesetze. Der ehemalige
Bundeskanzler Helmut Schmidt hat im Jahre 1997 öffentlich davor
gewarnt, daß der *„Paragraphenwust"* den *„Unternehmensgeist töte"*[3]. Tausende von paragraphenbedruckten Seiten behinderten
und verhinderten die Entstehung neuer Arbeitsplätze. Wer in
Deutschland einen neuen Betrieb errichten wolle, müsse sich folgende Gesetze beschaffen:

- *Das Arbeitsschutzrecht mit allen wichtigen „aushangpflichtigen" Vor-
  schriften (314 Seiten ohne Einführung, Sachregister, Kommentare).*
- *Das Arbeitsförderungsgesetz mit Verordnungen (359 Seiten).*
- *Das Einkommensteuerrecht (510 Seiten reine Gesetzestexte ohne
  Einführung, Tabellen, Sachregister, Kommentare).*
- *Das Sozialgesetzbuch (1533 Seiten).*
- *Das Umweltschutzrecht (850 Seiten).*
- *Das Körperschaftsteuergesetz mit Nebengesetzen (637 Seiten).*
- *Das Baugesetzbuch (1731 Seiten).*

Hinzu kämen die für das Verständnis erforderlichen Kommentare und Urteile. *„Wir Deutschen"* schrieb Helmut Schmidt, *„sind
so paragraphengläubig und regelungswütig geworden, daß man an
unserem Verstand zweifeln muß... Es ist wahrlich an der Zeit, daß
unsere Politiker in Bonn begreifen, daß ihre uferlose Gesetzgebung
zwar jeweils guten, sozialen und gerechten Zwecken dienen soll, in
ihrer Wirkung jedoch zu einer Strangulierung unserer Wirtschaft
geworden ist und zu der höchst ungerechten Arbeitslosigkeit beigetragen hat."*

(3) Die Informationslawine des Rechts

Die juristische Literatur schwillt ständig an. Im Jahr 1984 wurden rund zwanzigtausend rechtswissenschaftliche Aufsätze und
ebensoviele Gerichtsentscheidungen veröffentlicht. Die Zahl der
Monografien betrug damals rund viertausend.[4] Heute liegen diese

---

[3] Die Zeit Nr. 15, 4. April 1997, S. 3.
[4] *Käfer* in Seegers/Haft, Rechtinformatik in den achtziger Jahren, München 1984,
S. 23

Das Gericht war die erste und vielleicht auch die letzte große Erfindung auf dem Gebiet des Rechts (William Seagle). Die Abbildung zeigt eine Szene im Bezirksgericht vor dem königlichen Amtmann (Holzschnitt aus „Practica Rerum Civilium" von Jodocus Damhouder, Antwerpen, 1557).

Zahlen noch höher. Etwa sechzig Prozent der gesamten steuer-
rechtlichen Literatur der Welt wird in Deutschland veröffentlicht.

Entsprechend groß ist die Zahl der Rechtsanwälte und Richter.
In München sind beispielsweise mehr Rechtsanwälte zugelassen als
in Österreich. In Hamburg sind mehr Richter tätig als in Großbritannien. Deutschland benötigt etwa ebenso viele Richter wie die
dreimal größeren Vereinigten Staaten.

(4) Die Prozeßwut

Angesichts solcher Befunde verwundert es nicht, daß die Menschen bei uns prozeßwütig sind. Auch diese Wut fördern wir Juristen durch exzessive Rechtsschutzgarantien. Jedermann, dem irgend etwas im Leben nicht gefällt, kann nach Lust und Laune zu
den Gerichten laufen und Prozesse durch mehrere Instanzen führen, ohne dabei zu riskieren, wegen groben Unfugs belangt zu werden. Allenfalls muß er die Kosten bezahlen, und dafür tritt oft
genug noch seine Rechtsschutzversicherung ein. Es verwundert
denn auch nicht, daß die Zahl der jährlich ergehenden Gerichtsentscheidungen bei nicht weniger als zwei bis drei Millionen liegt.

3. Berücksichtigen Sie die aufgezeigten Befunde

a) Das Recht als Teil des Problems

Als Unternehmer sollten Sie die aufgezeigten Befunde berücksichtigen. Wenn die Kunden juristische Veranstaltungen mit ihren
Paragraphen und Gerichtsentscheidungen immer häufiger als Teil
des Problems statt als dessen Lösung empfinden, dann verfehlen
wir Juristen unsere volkswirtschaftliche Aufgabe. Sie sollten das
sehen und überlegen, ob Sie nicht daraus für sich Konsequenzen zu
ziehen haben.

b) Ziehen Sie daraus die Konsequenzen

Ich kann mir zwei konkrete Konsequenzen aus diesen Befunden
vorstellen:

(1) Setzen Sie auf Können statt auf Wissen

Die eine Konsequenz besteht darin, auf Können statt auf Wissen zu setzen. Sie können das Recht ebenso wenig vollständig kennenlernen wie Sie imstande wären, die Topographie des Dschungels zu zeichnen. Sie können nur lernen, dort im Bedarfsfall Schneisen zu schlagen. Dazu benötigen Sie methodische Fähigkeiten und den Mut, den Erwerb positiven Wissens bewußt und konsequent zu begrenzen und statt dessen Regelwissen (juristisches Know-how) einzuüben.

(2) Suchen Sie Problemlösungen auch außerhalb des Justizbereiches

Die andere Konsequenz besteht darin, auch außerjuristische, justizferne Konfliktlösungen zu suchen. Die volkswirtschaftliche Aufgabe des Juristen ist in unserer Zeit nicht mehr ausschließlich im Justizbereich zu suchen. Trotz der vielen Paragraphen gibt es oftmals Problemlösungen, die nirgendwo „stehen", und die Ihren Kunden gleichwohl helfen.

(3) Werden Sie aktiv

Beide Konsequenzen verstehen sich nicht von selbst. Im Studium liegt der Schwerpunkt auf klassischen, überschaubaren Rechtsgebieten wie BGB Allgemeiner Teil, Schuldrecht und Sachenrecht oder Strafrecht Allgemeiner Teil mit einigen ausgesuchten Tatbeständen des Besonderen Teils. Das befördert den Irrtum, es gebe einen Kern des Rechts, zu dem man positives Wissen (beispielsweise über BGH-Entscheidungen) erwerben könne und müsse. Aber einen solchen Kern gibt es nicht. Und außerrechtliche Konfliktlösungen geraten Ihnen beim herkömmlichen Rechtstudium von vornherein nicht in den Blick. Um diese müssen Sie sich selbst kümmern. Aber da Sie Unternehmer sind, wird Ihnen das nicht schwer fallen.

V. Ihr Markt

Es sollte Ihnen auch nicht schwer fallen, marktorientiert zu denken.

1. Traditionell denkende Juristen denken nicht unternehmerisch

a) Der Richter als Kaufmann

Traditionell denkende Juristen tun das freilich nicht. Kein Richter wird einsehen, daß er auf dem Konfliktbewältigungsmarkt tätig ist, und daß es neben ihm Konkurrenten wie Schiedsrichter und Mediatoren gibt, die längst dabei sind, Marktanteile zu erobern. Erst wenn seine Zivilkammer eines gar nicht so fernen Tages aus Finanznot aufgelöst werden wird, mag er zu der Einsicht gelangen, daß er weniger König als Kaufmann ist.

b) Der Anwalt als Gewerbetreibender

Auch die Anwälte verstehen sich nicht als Gewerbetreibende, sondern als Justizorgane, die irgendwo in ihren Genen noch die Spuren jener Vergangenheit aufweisen, in der sie staatliche Beamte - Justizräte - waren. Die Verneinung des Gewerbes mag einkommensteuerrechtlich richtig sein, aber in der Realität befinden sich auch die Anwälte auf einem Markt. Dabei stehen sie in einem besonders harten Konkurrenzkampf. Oft genug scheitern sie dabei, weil sie nicht unternehmerisch denken.

2. Denken Sie unternehmerisch

a) Der Wandel vom Hoheitsträger zum Unternehmer

Auch wenn die traditionell denkenden Juristen es nicht tun - denken Sie unternehmerisch! Den Unterschied zwischen unternehmerischem Denken und herkömmlichen obrigkeitlichen Verhaltensweisen konnten Sie in den letzten Jahren erleben, als traditionell hoheitlich arbeitende Unternehmen wie die Post und die Bahn in marktwirtschaftlich ausgerichtete Aktiengesellschaften umgewandelt wurden. Aus „Antragstellern" und „Reisenden" wurden plötzlich „Kunden", die vom „Schaffner" nicht mehr lediglich überwacht werden, sondern denen der „Betreuer" auf

Wunsch Getränke und Speisen an den Platz bringt. Seitdem ist das Bahnreisen angenehmer geworden.

b) Kundenorientierung

(1) Kunden muß man mögen

Marktorientierung heißt Kundenorientierung. Kunden muß man mögen. Man muß sie mögen, sie pflegen, sie gut behandeln, ihnen dienen. Das gilt vor allem für Anwälte. Zwischen der Art, wie viele Anwälte die Fälle ihrer Kunden betreuen und dem Erleben dieser Fallbehandlung durch die Mandanten besteht oftmals eine deutliche Diskrepanz zum Nachteil der Kunden.

(2) Anwaltskunden

Das fängt damit an, daß der Kunde nicht Kunde heißt, sondern Mandant oder Klient. Beide Begriffe stammen aus dem antiken Rom und kennzeichneten dort das Gegenteil von Kundenfreundlichkeit. Römische Senatoren hielten sich Ihre Klienten als eine bessere Art von Leibeigenen. Schon frühmorgens mußten sie dem Patron ihre Aufwartung machen. Ob der große Mann ihnen seinen Schutz gewährte, hing davon ab, wie stark sie ihm ihre Ergebenheit demonstrierten. Sie waren für den Patron da, nicht umgekehrt. Dieser Geist hat sich über die Jahrtausende hinweg erhalten.

Das geht damit weiter, daß der Anwalt niemals so gut über den Fall unterrichtet ist wie der Kunde. Zwar sind dem Anwalt hier gewisse natürliche Grenzen gezogen. Aber nicht selten schiebt er sie unnötig weit hinaus. Er hört oftmals nicht aufmerksam genug zu. Zuhören ist eine unterentwickelte Tätigkeit. Er nimmt sich nicht genug Zeit für seine Kunden, was natürlich am schlechten Zeitmanagement liegt. Er betreibt ein schriftliches Verfahren mit Schriftsatz, Klage, Erwiderung, Replik, wobei längere Pausen zwischen den einzelnen Stationen unvermeidlich sind, was dazu führt, daß er den Fall immer wieder vergißt. Er findet später seine eigenen Ausführungen nicht mehr und wiederholt sich zwangsläufig, wobei Widersprüche kaum zu vermeiden sind. Im Termin kann er die Fragen des Gerichts nicht beantworten und schließt dann gerade denjenigen Vergleich ab, den der Kunde keinesfalls abschließen wollte.

Der Kunde fällt bei der Lektüre seiner Anwaltspost von einem Entsetzen in das andere. Er greift zum Telefonhörer, um die Dinge richtigzustellen. Aber das gelingt ihm nicht. Der Herr Doktor ist entweder beim Gerichtstermin, oder er telefoniert gerade, oder er hat die Akte nicht griffbereit, oder er ist in Eile...

Das geht schließlich so weit, daß der Anwalt überwiegend nicht agiert, sondern reagiert. In eine Klage schreibt er nur das hinein, was seinem Mandanten günstig ist. Mit den vorhersehbaren Gegenargumenten setzt er sich nicht auseinander (*„ Ich erledige nie die Arbeit des Gegners"*). Hat er eine Klage erhoben, wartet er darauf, daß Gericht und Gegner etwas tun. Einen Schriftsatz liefert er üblicherweise am letzten Tag einer gesetzten Frist ab, kurz vor Mitternacht, ehe die Uhr des Nachtbriefkastens umspringt. Den letzten Schriftsatz des Gegners liest er auf der Treppe im Gerichtsgebäude, während er zum Verhandlungssaal eilt. Termine läßt er sich vom Gericht vorschreiben. Er schreibt sie in seinen Kalender und entfernt sie sofort aus dem Gedächtnis. Tut das Gericht nichts, und/oder tut der Gegner nichts, tut er auch nichts.

Ich kenne Zivilprozesse, die auf diese Weise geradezu verschollen sind. Ich habe einen Strafprozeß miterlebt, der sich im Jahrestakt dahinschleppte: Im ersten Jahr wurde das Ermittlungsverfahren eingeleitet, im nächsten Jahr kam es zu einer Zeugenvernehmung, im folgenden Jahr wurde das Verfahren eingestellt, im Jahr darauf wurde es wieder aufgenommen, schon ein Jahr später wurde ein Sachverständiger beauftragt, im Jahr darauf ging eine Schutzschrift des Verteidigers ein, worauf ein Jahr später die Anklage erhoben wurde, was wiederum ein Jahr später zur Eröffnung der Hauptverhandlung führte. Bis zur endgültigen Rechtskraft dauerte es dann nochmals ein Jahr, und dann verging nochmals fast ein Jahr bis zur Ladung zum Strafantritt. Bei alldem habe ich noch untertrieben, weil etliche Verfahrenspausen jeweils länger als ein Jahr dauerten.

Manchmal habe ich das Gefühl, daß es bei Anwälten nur selten den richtigen Augenblick für irgendetwas gibt, und daß dieser Augenblick, falls er doch unverhofft einmal kommt, den anderen beteiligten Anwälten gerade überhaupt nicht paßt. Dazu fällt mir ein Lebensmittelhändler in meiner Nachbarschaft ein, der einen Tante-Emma-Laden betreibt. Immer, wenn er frische Waren - Butter, Eier, Käse, Brot - eingekauft hat, stellt er die alte Ware mit dem inzwischen abgelaufenen Verfallsdatum im Regal nach vorne, damit die Kunden erst nach dieser Ware greifen. Die frisch gekaufte Ware versteckt er dahinter. Kommt sie endlich an die Reihe, ist ihr Verfallsdatum ebenfalls abgelaufen. Auf diese Weise bekommen seine Kunden niemals frische Waren, obwohl er ausschließlich frische Waren einkauft. Er bräuchte nur ein einziges Mal seinen Verkaufsrhythmus so zu verschieben, daß die frische Ware nach vorne gestellt wird und ihre Chance bekommt. Aber das tut er nicht. Ähnlich geht es den Anwälten. Sie bräuchten doch nur einmal den Rhythmus von Getriebenwerden auf Treiben umstellen. Aber das tun sie nicht.

Der Kunde erwartet aber, daß sein Anwalt ein Treiber ist. Er ist enttäuscht, wenn er merkt, daß er es mit einem Getriebenen zu tun hat. Der Kunde will am liebsten Antworten auf seine Fragen erhalten, noch ehe er sie selbst gestellt hat. Der Kunde will ständig informiert werden. Er haßt es, wenn er hinter seinem Anwalt hertelefonieren muß. Er mag nicht am Telefon warten. Die Musik, die dort neuerdings gespielt wird, tröstet ihn nicht. Sie ärgert ihn vielmehr, weil sie ihm zeigt, daß man ihn vorsätzlich warten läßt. Der Kunde mag es nicht, wenn seine Briefe wochenlang unbeantwortet bleiben. Der Kunde will schlechte Nachrichten nicht per Brief oder durch die Sekretärin, sondern persönlich und in einer Weise erfahren, die ihn wieder aufrichtet. Der Kunde haßt vieles und wünscht sich manches, und er bekommt weniges und erhält einiges überhaupt nicht. Kurz, der ganze Betrieb ist nicht kundenfreundlich genug.

3. Verhalten Sie sich schon während Ihres Studiums kundenfreundlich

Machen Sie es später einmal besser! Und verhalten Sie sich schon während Ihres Studiums entsprechend. Die erste Gelegenheit, bei der Sie kundenfreundliches Verhalten praktizieren können, wird das Erste juristische Staatsexamen sein. Stellen Sie sich die Prüfer als Ihre Kunden und Ihre Klausur sowie Ihr mündliches Prüfungsverhalten als von Ihnen erzeugte und zu verkaufende Produkte vor. Überlegen Sie, ob ein Unternehmensberater Ihnen kundenfreundliches Verhalten attestieren würde. Verneinendenfalls sollten Sie Ihre Kundenfreundlichkeit steigern.

VI. Ihre Zukunftsaussichten

1. Die Juristenschwemme

Als Unternehmer sollten Sie auch über die Zukunftsaussichten Ihres Unternehmens nachdenken. Ich verrate Ihnen kein Geheimnis, wenn ich Ihnen sage, daß wir schon gegenwärtig eine Juristenschwemme haben, und daß eine Besserung dieses Zustandes nicht in Sicht ist. Die Konkurrenz wird also groß sein. Es ist auch absehbar, daß es den Einheitsjuristen bisheriger Prägung wahrscheinlich schon in naher Zukunft nicht mehr geben wird. Zu der Zeit, da ich dies schreibe (Mai 1997) gibt es bereits Gesetzesinitiativen, wonach die gegenwärtige Referendarausbildung aller Absolventen des Ersten juristischen Staatsexamens durch den Staat abgeschafft werden soll. Künftig wird der Staat nicht mehr alle Juristen ausbilden, sondern nur noch die wenigen Juristen, die tatsächlich als Richter, Staatsanwälte oder Verwaltungsbeamte in den Staatsdienst eintreten werden. Die Anwaltschaft und die Wirtschaft werden dann „ihre" Juristen selbst ausbilden müssen.

2. Veränderungen der Ausbildung

a) Das gegenwärtige Leitbild: Richter

Das wird natürlich zu Veränderungen der Ausbildungsinhalte führen. Gegenwärtig dominiert im Jurastudium das Leitbild des Richters, der einen fertigen Sachverhalt unter das Gesetz subsumiert. Die gesamte Methodenliteratur kennt nur dieses Leitbild. Überall ist die Rede vom Verhältnis zwischen Gesetz und Richterspruch. Der Richter ist in der deutschen Methodenliteratur ein theoretisch bestens erforschtes Wesen, während der Anwalt praktisch nicht vorkommt und der Wirtschaftsjurist eine exotische Gestalt irgendwo hinter den sieben Unternehmensbergen ist.

b) Das künftige Leitbild: Rechtsanwalt

(1) Die Chance zur Eroberung neuer Märkte

Das wird sich ändern. Das Leitbild des Richters wird durch das Leitbild des Anwaltes ersetzt werden. Darin werden neue Chancen zur Eroberung neuer Märkte liegen. Kein Unternehmensvorstand kommt beispielsweise gegenwärtig auf die Idee, einen Juristen zu rufen, wenn Werkmeister A sich mit Werkmeister B nicht versteht und das gemeinsam von A und B gefertigte Montagsauto schon bei der Auslieferung am Werkstor seinen Geist aufgibt. Den Anwalt ruft er erst, wenn er A und B entlassen möchte, diese sich aber zur Wehr setzen und das Arbeitsgericht anrufen. Das bringt das Auto nicht zum Laufen. Besser wäre es, der Anwalt käme schon am Montag und würde den Streit zwischen A und B schlichten. Das würde dem Autohersteller nützen. Das würde A und B nützen. Das würde auch dem Anwalt nützen.

(2) Veränderungen in der juristischen Ausbildung

Ob solche neuen Märkte erobert werden, hängt wesentlich von der juristischen Ausbildung ab. Diese wird sich ändern müssen. Beispielsweise wird künftig ein Thema wie „Qualitätsmanagement in der Anwaltskanzlei" auf die juristischen Lehrpläne gehören. Natürlich wird es dort nicht stehen. Darüber sollten Sie nicht jammern. Gehen Sie in die betriebswirtschaftliche Fakultät und eignen Sie sich dort das erforderliche Wissen an. Es gibt kein geheimes Wissen. Es gibt nur Leute, die sich nicht die Mühe machen, danach zu graben.

(3) Das Beispiel Steuer- und Wirtschaftsberatung

Viele Juristen pflegen ihre wirtschaftliche Ignoranz. Dies hat dazu geführt, daß die Steuerberatung heutzutage fest in den Händen von Steuerberatern und Wirtschaftsprüfern ist, von „Rechts"-Beratern also, die regelmäßig nur eine geringe juristische Ausbildung genossen haben. Daß dieser Markt viel attraktiver ist als der Markt der Prozesse wegen Verkehrsunfällen, Nachbarschaftsstreitigkeiten und ähnlichem, liegt auf der Hand. Es geht bei der Steuerberatung um viel mehr Geld als bei den Prozessen. Auch kann niemand aus der Steuer „austreten". Die Mandate sind daher durchweg Dauermandate. Bei den juristischen Mandaten ist das anders. Wer einmal im Leben einen Prozeß geführt hat, wird den dringenden Wunsch empfinden, diese Erfahrung nicht zu wiederholen. Bei der Steuer wird er diesen Wunsch zwar auch haben, aber er wird ihn sich nicht erfüllen können.

Steuerberater und Wirtschaftsprüfer denken im Unterschied zu den Anwälten unternehmerisch, was bei ihrer Ausbildung kein Wunder ist. Sie streben ständig nach Ausdehnung ihres Marktes und verstehen sich auch als Vermögensberater, EDV-Berater, Unternehmensberater, ja, sogar als Lebensberater. Sie erfahren Geheimnisse, die nicht einmal der Ehegatte kennt, so etwa, wenn sie in die unterschriebene Steuererklärung nachträglich die unehelichen Kinder einsetzen. So etwas erfuhr früher allenfalls der Pfarrer.

VII. Ihr Unternehmensplan

1. Sie brauchen einen Unternehmensplan

Wer ein Unternehmen gründet, braucht einen Unternehmensplan. Auch Sie brauchen einen solchen Plan. Er ist nicht identisch mit dem Studienplan Ihrer Fakultät, auch wenn Ihnen dieser Plan einen gewissen Fingerzeig bietet (dazu näher unten). Ihr Plan muß vor allem auch Ihre individuelle Situation berücksichtigen. Er muß Ihren Stärken Rechnung tragen. Er muß aber auch Ihre Schwächen und Ihre etwa vorhandenen Handicaps berücksichtigen. Wenn Sie beispielsweise in den ersten Semestern die Vorlesungen Ihrer Fakultät versäumt haben, müssen Sie sich etwas einfallen lassen, um dieses Handicap zu überwinden.

2. Planen Sie richtig

a) Nehmen Sie sich nichts Unmögliches vor

Bei allem planerischen Bemühen sollten Sie sich vor Überforderung hüten. Nehmen Sie sich in Ihrem Unternehmensplan nichts Unmögliches vor. Während meiner Studienzeit lernte ich einen Kommilitonen kennen, der viele Semester verbummelt hatte. Eines Tages entschloß er sich, sein Leben grundlegend zu ändern und das

Examen mit Glanz zu meistern. Zu diesem Zweck entwarf er einen wahrhaft furchterregenden Lernplan, der wie folgt begann:

> *„6.00 Uhr: Aufstehen, Frühsport, kalte Dusche, Frühstück*
> *6.45 Uhr: BGB*
> *8.15 Uhr: Erholungspause*
> *8.30 Uhr: Strafrecht*
> *10.00 Uhr: Erholungspause*
> *10.15 Uhr: Öffentliches Recht (usw. bis zum Kommando: 22 Uhr Schlafengehen)"*

Diesen Plan wollte er ein Jahr lang an sieben Tagen der Woche befolgen. Alle bewunderten ihn sehr. Am ersten Tag verschlief er freilich und wachte erst gegen zehn Uhr auf. Kummervoll ging er in das nächstgelegene Café zu einem Frühstück mit ausgedehnter Zeitungslektüre. Gegen Mittag entschied er, es mit dem Lernen an diesem Tag nicht mehr zu versuchen. Aber morgen, da wollte er loslegen. Er war fest zur Tat entschlossen. Am folgenden Tag schlief er freilich bis kurz vor elf Uhr, und mit dem Lernen wurde es an diesem Tag wieder nichts. Aber anderntags, da wollte er es unbedingt wissen. Doch auch am dritten Tag klappte es mit dem Aufstehen nicht. Trotz aller Mühen gelang es ihm niemals, seinen Plan zu verwirklichen. Er arbeitet heute als Bürobote in einem Betrieb.

b) Planen Sie realistisch

Wenn Sie kein Frühaufsteher sind, dann sollten Sie sich nicht zum Frühaufstehen zwingen. Entscheidend ist nicht, wann Sie etwas tun, sondern daß Sie etwas tun, und daß Sie etwas Sinnvolles tun. Es gibt auch sinnlose Pläne und sinnlose Tätigkeiten. Ich erinnere mich noch gut an einen Schullehrer, der den Zweiten Weltkrieg mitgemacht hatte, und der uns im Unterricht von seinen Kriegserlebnissen erzählte. Noch Jahrzehnte später sagte er voller Empörung: *„Erst haben sie uns um fünf Uhr morgens geweckt, und dann haben sie mit uns Beschäftigungstherapie gemacht."*

c) Planen Sie langfristig

Berücksichtigen Sie bei Ihrer Planung, daß Sie über eine lange Strecke durchhalten müssen. Im Regelfall dauert das Jurastudium acht Semester oder vier Jahre. Sie können eigene Wege gehen und diese Zeitspanne verkürzen. Als Mindestdauer müssen Sie bei guter Organisation Ihres Lernens ein halbes Jahr vom Stande Null bis zur Examensreife veranschlagen. Auch das ist noch eine lange Zeit. Sie wird Ihnen umso länger vorkommen, als das Lernen keine lustvolle Veranstaltung ist. Es wird vielmehr eine sehr öde Sache sein. Sie erleben dabei keine Erfolge. Der einzige Gradmesser Ihrer Arbeit ist Ihre Erschöpfung. Dies hat die paradoxe Folge, daß Sie sich nur dann gut fühlen, wenn Sie sich (infolge vieler Arbeit) schlecht fühlen. Und das wird Ihnen jeden Tag so gehen.

d) Planen Sie lustvoll

Gestalten Sie Ihren Plan so, daß Ihr Studium möglichst lustvoll verläuft. Ob Sie Lust oder Unlust empfinden, hängt beim Lernen wie bei allen anderen Tätigkeiten davon ab, ob Sie etwas Schöpferisches leisten oder nur passiv eine Ihnen aufgetragene Arbeit verrichten. Ob Sie das eine oder das andere empfinden, hängt also ausschließlich von Ihnen ab. Solange Sie passiv bleiben und Vorlesungen und Lehrbücher als Übel des Lebens empfinden, die Sie wie alle anderen Übel ertragen müssen, werden Sie keine Freude am Studium haben. Diese Situation wird sich ändern, wenn Sie mit dem dargebotenen Stoff etwas Schöpferisches anfangen, wenn Sie auf die Suche nach Normalfällen gehen, eigene Strukturen bilden, Regelwerke erstellen, Trainingsfälle sammeln. Mit dem vorliegenden Buch will ich Sie zu solch lustvollem Tun animieren. Wenn Sie aktiv, schöpferisch lernen, kann das Lernen Ihnen sogar Freude bereiten. Dann wird Ihr Unternehmen Jurastudium gedeihen.

e) Planen Sie selbständig

Erwarten Sie nicht, daß andere Ihnen die Arbeit abnehmen. Weder die Hochschullehrer noch die Repetitoren noch die Verfasser von Büchern mit Titeln wie „Jura light" oder „Jura für Jurahasser" können Ihnen das Lernen abnehmen. Das Lernen ist eine höchstpersönliche, eigenhändige Veranstaltung. Je eher Sie das erkennen und beherzigen, desto besser.

f) Planen Sie gesellig

Tun Sie etwas gegen die Einsamkeit des Lernens. Es ist beispielsweise keine schlechte Idee, eine private Arbeitsgemeinschaft mit gleichgesinnten Kommilitonen zu gründen und sich in regelmäßigen Abständen zu treffen. Dabei können Sie sich gegenseitig Aufgaben zuweisen. Das gilt vor allem für die Semesterferien, die Sie trotz ihres irreführenden Namens nicht als Ferien, sondern als Arbeitszeit behandeln sollten. Hüten Sie sich aber davor, juristische Probleme zu diskutieren. Das bringt nichts. Meiden Sie Fragen wie *„Kann man einen Dackel als Erben einsetzen?"* Konzentrieren Sie sich statt dessen auf handwerkliche Regeln von der Art *„ Wie steige ich richtig in die strafrechtlichen Rechtfertigungsgründe ein?"*

g) Programmieren Sie sich auf Erfolg

Es gibt ein einfaches Mittel hierfür. Tragen Sie den Kopf hoch. Es ist unmöglich, mit erhobenem Kopf depressiv zu sein. Probieren Sie es aus! Das gilt ganz besonders nach Niederlagen, etwa nach einer mißglückten Übungsklausur oder einem verpatzten Schein. Nach jedem Tief müssen Sie sich wieder aufrappeln. Auch später werden Sie diese Fähigkeit benötigen. Denken Sie daran, daß auf jeden gewonnenen Prozeß ein verlorener Prozeß kommt samt einem zugehörigen Juristen, der diese Niederlage verdauen muß. Wir wüßten überhaupt nicht, was ein Erfolg ist, wenn wir nicht auch Mißerfolge erleben würden. Nur die wenigsten Juristen können es sich leisten, nach Niederlagen aufzugeben. In England begegnete mir einmal ein sehr distinguierter alter Herr, der zu seinem Pech sehr vermögend war. Er erzählte mir, daß er vor vielen Jahrzehnten einmal in Oxford (oder vielleicht auch in Cambridge) Jura studiert hatte. Danach hatte er eine Anwaltskanzlei eröffnet und seinen ersten Prozeß geführt. Diesen hatte er verloren. *„I am not amused"*, hatte er sich gesagt. *„Never again!"* Daraufhin hatte er seine Kanzlei wieder geschlossen und den Rest seines Lebens mit Golfspielen verbracht. Wenn das auch Ihre Alternative ist, brauchen Sie natürlich keinen Unternehmensplan. Aber ich nehme doch an, daß Ihnen diese Alternative nicht offensteht. Und selbst wenn es so wäre - ist es nicht ein furchtbarer Gedanke, sein Leben lang Golf spielen zu müssen?

B. Ihre Produkte
I. Sie lindern Konflikte

1. Die Produkte von Dienstleistern

Es ist gar nicht leicht, zu sagen, welche Produkte Sie durch Ihre Dienstleistungen hervorbringen werden. Der Friseur fertigt einen Haarschnitt. Der Kellner stellt eine Mahlzeit auf den Tisch. Der Dirigent erzeugt ein Dirigat. Was werden Sie in Ihrem Beruf produzieren?

2. Juristische Produkte

Ein Rechtsanwalt würde auf diese Frage wohl antworten, er führe Prozesse. Ein Richter würde wahrscheinlich sagen, er fälle Urteile. Ein Verwaltungsjurist würde erklären, er treffe gesetzmäßige Verwaltungsentscheidungen. Ein Industriesyndikus würde angeben, er handle Verträge aus. Was ist all diesen Antworten gemeinsam?

Es gibt eine Veranstaltung, auf die jede juristische Tätigkeit in irgendeiner Weise bezogen ist, und das ist der soziale Konflikt, der die Menschen bedrängt. Alle Menschen verfolgen irgendwelche Interessen, und dabei geraten sie unvermeidlich in Konflikte mit anderen Menschen. Die Aufgabe des Juristen ist es, diese Konflikte zu lindern. Das Produkt des Juristen kann man mithin als die Linderung von Konflikten bezeichnen.

3. Gute und schlechte juristische Produkte

Dieses Produkt kann gut oder schlecht sein. Wenn der Kellner die bestellten Mahlzeiten nicht zur gleichen Zeit aufträgt, sondern dem einen die bestellte Suppe erst zu einer Zeit bringt, zu welcher der andere bereits den Nachtisch verzehrt, ist das Resultat seiner Dienstleistung, sein „Produkt", nicht viel wert. Wenn der Friseur dem Kunden, der sich ein lockiges Haupt wünscht, aus Versehen einen Haarschnitt Modell West Point verpaßt, erzeugt er ein schlechtes Produkt. Wenn der Dirigent die Einsätze falsch gibt, taugt sein „Produkt", sein „Dirigat", nichts. Entsprechend kann es sich mit dem Produkt des Juristen verhalten. Es kann gut sein - oder schlecht.

Dies hat nichts mit der Frage zu tun, ob die jeweils relevanten Paragraphen richtig angewendet wurden oder nicht. Ich kenne Leute, die in einem Zivilprozeß ruiniert wurden - auf vollkommen kunstgerechte Weise. Ich kenne andere, die infolge Verfahrensverschleppung vierzehn Jahre nach Begehung einer Straftat und damit zu einer Zeit, zu der sie längst wieder resozialisiert waren, in das Gefängnis einrücken mußten und damit ohne jeden Sinn aus ihrer Lebensbahn geworfen wurden - in buchstabengetreuer Übereinstimmung mit Recht und Gesetz. Ich kenne Nachbarn, die wegen eines unwichtigen Streites vor Gericht zogen und zu Feinden fürs Leben wurden - auf juristisch völlig einwandfreie Weise. Nein, die Befolgung der Paragraphen entscheidet nicht darüber, ob das Produkt des Juristen etwas taugt. Das kann so sein - schließlich steckt in den meisten (nicht allen) Normen eine gehörige Portion Vernunft. Aber es kann auch anders sein.

II. Drei verschiedene juristische Produktlinien

1. Übersicht

Da Sie ein Unternehmer sind, sollten Sie kombinatorisch vorgehen (näher zu dieser Denkweise unten) und überlegen, welche verschiedenen Gestalten Ihr Produkt „Konfliktlinderung" annehmen kann. Wenn Sie so vorgehen, werden Sie feststellen, daß es hierfür drei prinzipielle Möglichkeiten gibt: Sie können vorbeugend bewirken, daß der Konflikt vermieden wird (Konfliktvermeidung). Sie können dazu beitragen, daß der Konflikt in einer Weise ausgeglichen wird, die allen Beteiligten möglichst nützt (Konfliktausgleich). Und Sie können schließlich den Konflikt austragen und durch Sieg oder Niederlage entscheiden (Konfliktentscheidung).

2. Die drei Produktlinien

a) Konfliktvermeidung

(1) Vorbeugen ist besser als Reparieren

Bei der Konfliktvermeidung sind Sie als Jurist vorbeugend tätig, vergleichbar dem Inhaber eines Restaurants, der zwischen Küche und Gastraum zwei getrennte Türen anbringt, damit die in beide Richtungen eilenden Kellner nicht aufeinanderprallen. Es liegt auf der Hand, daß dem Kunden auf diese Weise am besten gedient wird. Dieses Produkt hat für ihn den höchsten Wert und sollte deshalb an erster Stelle erzeugt werden, auch wenn es am schwierigsten herzustellen ist, und auch wenn seine Produktion nur selten gelingen wird.

(2) Kautelarjurisprudenz

Wo wird dieses Feld beackert? Der klassische Acker der Konfliktvermeidung ist die sogenannte Kautelarjurisprudenz, bei der vorbeugend möglichst gute Verträge geschlossen werden. Beispielsweise kann ein sorgfältig gestalteter Ehe- oder Gesellschaftsvertrag viele später drohende Konflikte vermeiden.

Wie steht es nun damit in der juristischen Ausbildung? Werfen Sie einen Blick auf den Lehrplan Ihrer Fakultät. Sie werden feststellen, daß die Kautelarjurisprudenz dort so gut wie keine Rolle spielt. Vielleicht gibt es da und dort den Lehrauftrag eines Praktikers, der am Freitag nachmittag einem Dutzend Studenten erzählt, woran man bei der Gestaltung eines Vertrages denken soll. Im richterorientierten „Mainstream" der Rechtslehre spielt dieses Gebiet aber keine Rolle, vom Examen ganz zu schweigen. Dort dominieren unerkannt Geisteskranke, die zwischen Abschluß eines Kaufvertrages und Erfüllung plötzlich gesunden, oder Erbneffen, die ihren Erbonkel auf Flugreise mit Chaos Airline schicken in der Hoffnung (Vorsatz), das Flugzeug werde abstürzen, welche Hoffnung sich wider alle Statistik auch erfüllt.

Soweit die Kautelarjurisprudenz in das Blickfeld rückt, versteht man sie überdies meistens als eine Lehre für die Produktion von raffiniert gestaltetem Kleingedrucktem, die nach dem Vorbild von Versichungsbedingungen möglichst viele Risiken ausschließen sollen. Der so verstandene und gestaltete Vertrag soll dann weniger Konfliktvermeidung bewirken. Er soll vielmehr gute Ausgangspositionen für den Ernstfall schaffen. Der Ehegatte, der vertraglich Vorsorge dafür trifft, daß er im Trennungsfalle die Wohnung, das Mobiliar, die Kinder und den Hund behält, vermeidet nicht eigentlich eine Ehekrise, sondern er programmiert einen ihm günstigen Ausgang dieses Konfliktes vor.

(3) Verhandlungsfertigkeiten

Die echte Konfliktvermeidung setzt die Entschärfung konfliktträchtiger Situationen durch das Finden von kreativen Lösungen voraus, bei denen möglichst allen Betroffenen gedient wird. Dazu sind Verhandlungsfertigkeiten erforderlich. Wenn Sie danach Ausschau halten, ob diese Fertigkeiten an Ihrer Fakultät gelehrt werden, werden Sie noch weniger finden als bei der Suche nach der Kautelarjurisprudenz.

Für Sie als Unternehmer ist es ganz selbstverständlich, daß die Vermeidung von Konflikten durch einen fairen Interessenausgleich im Vorfeld möglicher Konflikte das wirtschaftliche beste Ergebnis Ihres Kunden ist. Auf Dauer wird sich nur der halten können, der auch seinen Partner leben läßt. Geben und Nehmen müssen im Lot sein. Einem Geschäftsmann braucht man das nicht zu erklären. Dem normalen Juristen ist diese Denkweise dagegen ungewohnt. Er ist ja auf den Konflikt programmiert, und er will siegen, das heißt, er will für seinen Kunden dem „Gegner" möglichst viel nehmen, und der Kunde soll seinerseits möglichst wenig geben.

Die Konfliktvermeidung ist also das optimale Produkt. Sie kommt aber in Ihrer Ausbildung so gut wie überhaupt nicht vor.

b) Konfliktausgleich

(1) Interessenausgleich

Nun zum zweitbesten Produkt, zum Konfliktausgleich. Hier geht es darum, einen bereits entstandenen Konflikt so zu behandeln, daß die Interessen aller Beteiligten berücksichtigt und zu einem fairen Ausgleich gebracht werden. Das ist oftmals schwierig, aber nur selten unmöglich. Sie müssen hier zunächst imstande sein,

In der modernen Gesellschaft gewinnt die außergerichtliche Konfliktbeilegung durch Mediation und Verhandeln immer mehr an Bedeutung. Juristen werden ihren Beruf künftig nicht mehr ohne Beherrschung dieser Methoden ausüben können.

Interessen zu analysieren, was die Fähigkeit erfordert, mit komplexen Gegenständen umzugehen (ich komme auf dieses Thema zurück). Sie müssen ferner imstande sein, probeweise auch die Schuhe
des anderen anzuziehen und die Welt von seinem Standpunkt aus
zu betrachten. Sie müssen psychologische Einsichten kennen und
berücksichtigen. Sie müssen kreativ sein und lernen, den „Kuchen"
zu vergrößern, damit jeder etwas bekommen kann, was dem anderen nicht fehlt. Kurz, Sie müssen die Kunst und Wissenschaft des
Verhandelns beherrschen (ich komme, wie gesagt, hierauf zurück).

(2) Mediation

Eine weitere Möglichkeit, dieses Produkt zu erzeugen, besteht
in der Fähigkeit, die schon erwähnte Mediation zu praktizieren.
Hierzu existiert bereits eine starke Bewegung, in der auch viele
Angehörige anderer Berufe tätig sind. Wenn Sie sich dazu ent-
schließen, auf diesem Gebiet tätig zu werden, werden Sie mit Angehörigen anderer Berufe konkurrieren, mit Psychologen, Sozio-
logen, Pädagogen, Sozialarbeitern, Unternehmensberatern, Kon-
fliktforschern und noch mit manchen anderen Dienstleistern.

Auch dieses zweitbeste Produkt spielt in der herkömmlichen
Ausbildung so gut wie keine Rolle.

c) Konfliktentscheidung

(1) Nullsummenspiele

Was allein vorkommt, ist das drittbeste - also das schlechteste -
Produkt, nämlich die Konfliktentscheidung. Dabei werden Positionen eingenommen (Ansprüche, Tatbestände, Eingriffsnormen,
Anklagen, Anträge...) und streitig durchgesetzt oder verloren. Der
soziale Konflikt wird dabei in einem Nullsummenspiel gelöst, bei
dem der Gewinn des einen stets den Verlust des anderen bedeutet,
so daß Gewinn und Verlust zusammen den Wert Null ergeben.
Dieses Spiel wurde bereits vor Jahrtausenden etabliert, und es gilt
seitdem ganz selbstverständlich als das einzige Spiel, welches der
Jurist spielt. Es ist bequem, und es erleichtert die Arbeit des Juristen, aber es ist in hohem Maße kundenfeindlich, und es ist oftmals
- übrigens auch für den Juristen - unökonomisch. Ein alltäglicher
Nachbarstreit mit einem Streitwert von vielleicht tausend Mark

„rechnet" sich weder für die Nachbarn noch für die Anwälte und Gerichte. Er „rechnet" sich für niemanden.

(2) Die traditionelle Programmierung auf Streit

In der traditionellen Ausbildung wird allein die Fähigkeit zur Erzeugung dieses letztgenannten Produktes vermittelt. Es ist keine Frage, daß Sie diese Fähigkeit erwerben müssen, und daß Ihr Produkt auch auf diesem Sektor dem der Konkurrenz überlegen sein muß. Aber Sie sollten sehen, daß es auch andere, oftmals (nicht immer) überlegene Produkte gibt, und Sie sollten sich rechtzeitig auch um diese Produkte bemühen.

(3) Werden Sie aktiv

Wenden Sie gegen diese Anregung nicht ein, Ihre Fakultät böte Ihnen hierzu leider keine Veranstaltungen an. Schaffen Sie sich selbst die erforderlichen Ausbildungsmöglichkeiten. Studieren Sie die einschlägige Literatur zu Themen wie „Verhandeln" und „Mediation", besuchen Sie auswärtige Lehrveranstaltungen, gründen Sie zusammen mit Gleichgesinnten einen Arbeitskreis, aktivieren Sie studentische Vereinigungen wie die European Law Students Association (ELSA), laden Sie geeignete Dozenten zu Lehrveranstaltungen ein, wenden Sie sich an Unternehmen, die entsprechende Weiterbildungskonzepte entwickelt haben und bitten Sie um deren Unterstützung, schreiben Sie an Anwaltskanzleien, die über Verhandlungs- oder Mediationspraxis verfügen, nehmen Sie mit einschlägig tätigen Instituten und Organisationen Kontakt auf - kurz, tun Sie etwas! Sie werden staunen, wie bereitwillig man Ihnen (fast) überall Hilfe und Unterstützung gewähren wird, einfach deshalb, weil man es überall toll finden wird, wenn Sie Initiative zeigen, etwas, was überaus selten geschieht (aber bitte nicht gleich ausgerechnet mich zu einem Seminar einladen).

C. Ihr Rohstoff: Recht

I. Regeln

1. Das Recht besteht aus juristischen Regeln

a) Gesetzliche Regeln

Als Unternehmer müssen Sie sich Klarheit über die Beschaffenheit des Rohstoffes verschaffen, aus dem Sie Ihre Produkte erzeugen. Dieser Rohstoff ist das Recht. Es besteht im Kern aus juristischen Regeln von der Art:

> *„Durch den Kaufvertrag wird der Verkäufer einer Sache verpflichtet, dem Käufer die Sache zu übergeben und das Eigentum an der Sache zu verschaffen... Der Käufer ist verpflichtet, dem Verkäufer den vereinbarten Kaufpreis zu zahlen und die gekaufte Sache abzunehmen (§ 433 BGB)".*

b) Juristisches Regelwissen

Es gibt eine Vielzahl solcher Regeln. Sie existieren nicht nur in Form von Gesetzen. Auch Gerichtsentscheidungen und rechtsdogmatische Veröffentlichungen enthalten juristisches Regelwissen. Niemand hat einen Gesamtüberblick mehr über das Recht. Selbst eng umgrenzte Teilgebiete sind heute unüberschaubar geworden. Nicht einmal die geltenden Gesetze sind vollständig bekannt. Vor wenigen Jahren wurde in Deutschland eine Vorschrift entdeckt, welche die Todesstrafe für Sklavenhändler anordnete. Sie war niemals aufgehoben worden. Der moderne Gesetzgeber bedient sich bei neuen Gesetzen zur Aufhebung älterer, entgegenstehender Vorschriften gerne einer „Regenschirmklausel". Sie beginnt mit den Worten: *„Mit Inkrafttreten dieses Gesetzes treten alle entgegenstehenden Gesetze außer Kraft,..."* Anschließend zählt er nach einem einleitenden *„insbesondere"* diejenigen Gesetze auf, die er gefunden hat. Der unbekannte Rest kommt unter den Regenschirm.

Es gibt kaum noch einen Lebensbereich, der nicht durch Regeln verrechtlicht worden wäre. Nicht einmal Flucht nützt. Immer mehr Lebenspartner fliehen vor den Fesseln des Eherechtes in die nichteheliche Lebensgemeinschaft, aber das Recht ist ihnen auf den Fersen. Der Tag wird kommen, an dem es ein Eherecht für Nichteheliche gibt. Verschiedene Rechtskreise überlagern einander, kommunales Recht, Landesrecht, Bundesrecht, Europarecht... Fast alles ist umstritten. Diese riesige Masse an Rohmaterial bewegt sich träge vorwärts, mitunter auch rückwärts.

2. Ihr Einstiegsproblem

a) Ein ständig wiederkehrendes Problem

Wie können Sie da den Einstieg finden? Auf diese Frage müssen Sie gleich zu Beginn Ihres Studiums eine Antwort finden. Vor einem solchen Einstiegsproblem werden Sie während Ihres Studiums immer wieder stehen. Jetzt, zu Beginn Ihres Studiums, stehen Sie vor der Frage, wie Sie in das Recht einsteigen sollen. Später werden Sie auf konkreteren Ebenen zu entscheiden haben, wie Sie etwa in das Privatrecht oder in das Strafrecht einsteigen sollen. Noch später werden Sie beispielsweise im Strafrecht festlegen müssen, wie Sie den Einstieg in die Rechtfertigungsgründe zu organisieren haben - undsofort. Immer wieder werden sich neue Teilgebiete vor Ihnen auftun und Sie werden überlegen müssen, wie Sie einsteigen sollen. Das ist Grund genug, sich ein für allemal darüber Gedanken zu machen, wie Sie den richtigen Einstieg in (irgend-) eine rechtliche Thematik finden.

b) Zwei Einstiegsprinzipien

(1) Übersicht

Zur Bewältigung dieser Aufgabe ist es ratsam, zwei Prinzipien zu befolgen, die ich noch näher behandeln werde, und die für Ihr juristisches Lernen von zentraler Bedeutung sind: Die Prinzipien des hierarchischen Vorgehens und des eigenverantwortlichen Lernens.

(2) Das Prinzip des hierarchischen Vorgehens

Dieses Prinzip besagt, daß Sie sich alle juristischen Gegenstände von oben nach unten, von links nach rechts erarbeiten sollten. Sie beginnen also an der Spitze der Hierarchie, klären diese, gehen dann eine Ebene tiefer (von oben nach unten), klären diese, und zwar vollständig (von links nach rechts), gehen danach zur nächsttieferen Ebene über - undsofort. Dabei gilt ein Gesetz abnehmender Wichtigkeit. Die Dinge, die weiter oben stehen, sind wichtiger als die Dinge auf tieferen Ebenen der Hierarchie. Je weiter oben Sie sich befinden, desto sorgfältiger müssen Sie arbeiten, und desto gravierender sind die Auswirkungen etwaiger Fehler. Am wichtigsten ist immer die Spitze einer Hierarchie, also Ihr Einstieg. Über den obersten „Knoten", an dem alles übrige „hängt", müssen Sie sich die meisten Gedanken machen. (Normalerweise verhält man sich umgekehrt. Was zu Beginn kommt, wird wenig beachtet. Erst später, wenn die komplizierten Details kommen, hält man diese für wichtig. Aber diese Vorgehensweise ist verfehlt.)

(3) Das Prinzip des eigenverantwortlichen Lernens

Dieses Prinzip besagt, daß Sie angesichts (irgend-)einer juristischen Thematik zunächst einmal nichts anderes als Ihren Kopf benutzen sollten. Sie sollten sich also erst einmal ohne jede fremde Hilfe mit der jeweiligen Thematik auseinandersetzen. Dazu stellen Sie sich selbst Fragen und geben sich selbst auf Ihre Fragen vorläufige Antworten. Erst wenn Sie diese Übung absolviert haben, nehmen Sie fremde Hilfe zur Kontrolle Ihrer Ergebnisse in Anspruch. Auf diese Weise lernen Sie aktiv statt passiv. Zugleich bereiten Sie sich auf Ihre spätere Berufstätigkeit vor. Als Jurist haben Sie die Probleme anderer Leute zu lösen. Das setzt voraus, daß Sie Ihre eigenen Probleme lösen können. Der Weg zur Selbständigkeit beginnt mit der Selbständigkeit, und zwar von Anfang an. (Auch hier verhält man sich normalerweise anders. Man wartet ab, was einem präsentiert wird, und macht sich erst danach darüber Gedanken. Aber auch diese Vorgehensweise ist verfehlt.)

(4) Ungewohnte Prinzipien

Beide Prinzipien werden für Sie ungewohnt sein. Daß die wichtigste Arbeit zu Beginn Ihres Studiums zu leisten ist, wird Sie ebenso überraschen wie die Aufforderung, zunächst einmal völlig selbständig tätig zu werden. Sie mögen es kaum glauben, daß die wichtigste Arbeit in der ersten Stunde Ihres Jurastudiums geschieht, und daß Sie diese Arbeit ganz allein vollbringen müssen.

Aber wenn Sie diese beiden Prinzipien befolgen, werden Sie zwei mächtige Werkzeuge besitzen, mit deren Hilfe Sie Ihren Lernerfolg nachhaltig verbessern können.

c) Erproben Sie die beiden Prinzipien

(1) Suchen Sie den Einstieg in das Recht

Erproben Sie das Gesagte bei der Suche nach dem richtigen Einstieg in das Thema „Recht". Überlegen Sie, woraus die Spitze der Hierarchie zu diesem Thema besteht. Arbeiten Sie zunächst völlig selbständig. Notieren Sie das Ergebnis Ihrer Überlegungen auf einem Blatt Papier, und kontrollieren Sie Ihr Ergebnis dann anhand des Studienplanes und der Ausführungen, die Sie in einem Lehrbuch für Erstsemester, etwa einem Lehrbuch zum Allgemeinen Teil des BGB, zu dieser Frage finden. Lesen Sie hier erst weiter, wenn Sie diese kleine Übung absolviert haben.

- - - - - - - - -

(2) Eigenverantwortliches Vorgehen als idealer Lernender

Da ich nicht weiß, wie Sie reagiert haben, will ich selbst Ihre Rolle als „idealer Lernender" übernehmen. Ich will also darstellen, wie Sie möglicherweise reagiert haben könnten. Natürlich ist das spekulativ, aber eine andere Möglichkeit gibt es nun einmal in einem Buch nicht.

Als imaginärer Lernender stand ich der genannten Aufforderung zunächst einigermaßen ratlos gegenüber. Ich habe mir dann das Stichwort „Rechtsnormen" auf mein Blatt notiert. Nach einigem Überlegen habe ich mir dann noch das Stichwort „staatlicher Zwang" notiert. Mehr ist mir zu der genannten Portalsfrage nicht eingefallen.

(3) Kontrolle der Überlegungen anhand des Studienplanes

Zur Kontrolle habe ich sodann, wie angegeben, zunächst den Studienplan zu Rate gezogen. Er bietet normalerweise den ersten Einstieg in das Unternehmen Jurastudium. Im Studienplan der juristischen Fakultät der Universität Tübingen sind beispielsweise für das erste Semester vorgesehen „Zivilrecht I mit Fallbesprechungen (8stündig), Öffentliches Recht I mit Fallbesprechungen (6stündig), Grundzüge der Rechts- und Verfassungsgeschichte I (3-stündig) und Volkswirtschaftslehre für Juristen (4stündig)". Eine Antwort auf meine Einstiegsfrage habe ich hier nicht gefunden.

(4) Kontrolle der Überlegungen anhand der Bücher

Ich habe daher, wie weiter angegeben, ein Lehrbuch zum Allgemeinen Teil des BGB herangezogen. Dort habe ich in der Einleitung gelesen, daß drei Arten von „sozialen Spielregeln" unterschieden werden, nämlich Regeln des Rechts, Regeln der Sitte und Regeln der Sittlichkeit. Die Regeln des Rechts seien an der Idee der Gerechtigkeit ausgerichtet und erzwingbar. Die Regeln der Sitte seien an keiner besonderen Idee ausgerichtete Bräuche und Gewohnheiten, die nicht erzwingbar seien. Die Regeln der Sittlichkeit seien an der Idee des Guten orientiert. Sie gründeten im Gewissen oder in einer Religion oder Weltanschauung und seien ebenfalls nicht erzwingbar. Mehr erfahre ich zu meiner Einstiegsthematik nicht. Sitte und Sittlichkeit werden in meinem Buch nach kurzer Erwähnung sofort als Spezialthemen den Disziplinen Rechtssoziologie und Rechtsphilosophie zugewiesen. Mein Lehrbuch befaßt sich sodann ausschließlich mit den juristischen Regeln. Als nächstes kommt die Unterscheidung zwischen Privatrecht und öffentlichem Recht.

(5) Die Suche nach der Spitze der Hierarchie

Als idealer Lernender nehme ich das Prinzip des hierarchischen Vorgehens ernst und frage nach der Spitze der Hierarchie. Die Lektüre des Buches hat mir gezeigt, daß ich in der Hierarchie noch ein Stück höher gehen kann als ich es mit meinem ursprünglichen Ausgangspunkt „Rechtsnormen" getan habe. Wenn es zutrifft, daß die Dinge, die ganz oben in der Hierarchie angesiedelt sind, wichtiger sind als die weiter unten befindlichen Dinge, dann muß ich in der Hierarchie noch höher steigen und den Begriff „soziale Spielregeln" als Einstiegspunkt wählen. Für diese Entscheidung spricht auch das Argument, daß mein künftiger Markt auf diese Weise größer wird. Für mich als Unternehmer ist das ein wichtiges Argument. (Tatsächlich haben in der Vergangenheit viele Juristen durch die Wahl des falschen Einstiegs in ihren Beruf die Chance verspielt, den großen Markt der außerjuristischen (oder vorjuristischen) Konflikte zu erobern.)

(6) Soziale Spielregeln

Mit dieser Veränderung meines Einstiegs-„knotens" werden die genannten Unterscheidungen zwischen den verschiedenen Arten von Regeln obsolet. Diese haben mich ohnehin nicht recht überzeugt. Das Tötungsverbot ist beispielsweise in einer Rechtsnorm (§ 212 StGB) ebenso enthalten wie in den Regeln der Sitte (es entspricht glücklicherweise auch einem allgemeinen Brauch, daß die Menschen sich gegenseitig nicht umbringen) und der Sittlichkeit (das Tötungsverbot findet sich schon im Dekalog). Statt dessen drängt sich mir eine andere Frage auf. Was ist eigentlich das Wesen einer sozialen Spielregel?

Auf diese Frage hat das Buch mir keine Antwort gegeben. Soll ich daraus entnehmen, daß diese Frage nicht wichtig ist? Das ist kaum anzunehmen. Das Recht hat es ausschließlich mit einer wichtigen Gruppe von sozialen Spielregeln zu tun. Die Frage nach dem Wesen dieser Spielregeln ist daher wichtig, und wenn mein Buch mir hierauf keine Antwort gibt, dann arbeite ich eben selbständig weiter. Hier zeigt sich wieder, wie nützlich das Prinzip der Eigenverantwortlichkeit des Lernens ist.

3. Das Wesen der Regeln

a) Ein normales Beispiel: Die Kaufvertragsregel

(1) Normalfalldenken

Um mir das Wesen der sozialen Spielregeln am Beispiel einer rechtlichen Regel klarzumachen, wähle ich als idealer Lernender die oben genannten Kaufvertragsregeln. Ich befolge damit ein weiteres wichtiges Prinzip des Lernens, auf das ich ebenfalls noch näher eingehen werde, nämlich das Prinzip, sich alle juristischen Gegenstände zunächst anhand von normalen Beispielen zu erarbeiten (Normalfalldenken).

(2) Voraussetzungsteil und Folgeteil der Regel

Die Kaufvertragsregeln enthalten Anweisungen an die Parteien eines Kaufvertrages. Sie teilen mit, was geschehen soll, wenn ein bestimmter Sachverhalt verwirklicht ist. Jede derartige Regel besteht demgemäß aus einem Voraussetzungsteil und einem Folgeteil.

Im Voraussetzungsteil sind zunächst auf abstrakte Weise die Bedingungen formuliert, die erfüllt sein müssen, damit die Regel aktiviert wird. Im Folgeteil sind sodann die Aktionen beschrieben, welche bei Vorliegen dieser Bedingungen ausgelöst werden. Die Regel hat also eine „Wenn-dann-Struktur". Im Beispiel des Kaufvertrages kann man das so formulieren: „Wenn ein Kaufvertrag geschlossen wird, dann haben die Beteiligten die in § 433 BGB genannten Verpflichtungen". Diese Wenn-dann-Struktur ist bei juristischen Regeln nicht anders vorhanden als bei Regeln der Sitte oder der Sittlichkeit. Insoweit besteht zwischen diesen drei Arten von Regeln kein Unterschied.

b) Elementare Regeln

(1) Das Beispiel Gefahrregel

Als idealer Lernender denke ich über diesen Befund nach und gelange zu der Erkenntnis, daß derartige „Spielregeln" nicht auf das menschliche Zusammenleben beschränkt sind. Das Leben kann als ein Spiel begriffen werden, das bestimmten Regeln folgen muß, soll es nicht ein vorzeitiges Ende finden. Als Beispiel für diesen Gedanken fällt mir eine Gefahrregel ein. Sie besagt: Wenn sich ein Körper rasch auf mich zu bewegt (Voraussetzungsteil), dann muß ich schnell ausweichen und fliehen (Folgeteil). Ich kann natürlich auch stehen bleiben (in den USA verwendet man hierfür den Ausdruck „Stonewalling"). Aber wenn ich das tue, dann ist die Wahrscheinlichkeit groß, daß ich zu Schaden komme, womöglich gar ein vorzeitiges Ende finde, in welchem Falle ich nicht imstande bin, meinen Mut zu vererben, weshalb die Mutigen immer in Gefahr sind, auszusterben (ein berühmter General des amerikanischen Bürgerkrieges mit dem Spitznamen „Stonewall-Jackson" erlitt eben dieses Schicksal). Die Feiglinge überleben dagegen und können ihre Gefahrregel vererben, weshalb diese Regel heute bei den meisten Menschen genetisch fest eingespeichert ist. Helden sind seltene Ausnahmen (und werden als solche zu recht bewundert).

(2) Regeln

Soziale Spielregeln sind also ihrerseits nur ein Ausschnitt aus einem noch elementareren Regelwerk. Das gibt mir als idealem Lernenden Veranlassung, in der Hierarchie noch einen Schritt höher

zu gehen und meinen Einstiegsbegriff „soziale Spielregeln" durch
den abstrakteren Begriff „Regeln" zu ersetzen.

Nun bin ich schon ein ganzes Stück von meinem ursprünglichen
Ausgangspunkt „Rechtsnormen" entfernt, und ich habe auch mein
juristisches Buch weit hinter mir gelassen. Ich bin gespannt, welche
Entdeckungen ich auf meinem eigenverantwortlichen Weg noch
machen werde. Anhand des Beispieles der Gefahrregel suche ich
weiter nach dem Wesen der Regel.

4. Regeln erfordern ein informationsverarbeitendes System im Menschen

a) Welche Leistungen muß das System erbringen?

(1) Informationswahrnehmung und Regelaktivierung

Es ist offensichtlich, daß alle derartigen Regeln ein informationsverarbeitendes System im Menschen erfordern. Dieses System
muß imstande sein, die Information, daß ein bestimmter Sachverhalt verwirklicht ist, wahrzunehmen, und es muß weiter imstande
sein, gespeicherte Aktionen aufgrund dieser Wahrnehmung auszu-
lösen. Es muß also Sachverhaltsabbildungen nebst zugehörigen
Aktionen gewissermaßen auf Vorrat enthalten nebst einem Mechanismus, der die jeweils betroffene Regel im konkreten Fall aktiviert.

(2) Nochmals: Das Beispiel Gefahrregel

Das ist alles andere als trivial, und ich versuche, mir vorzustellen,
wie die Gefahrregel wohl formuliert sein mag. Sicher ist zunächst,
daß sie nicht in Worte gefaßt ist. Sie entstand ja lange vor unserer
verbalen Sprache. Jeder Mensch besitzt also ein nonverbales informationsverarbeitendes System. Weiter ist offensichtlich, daß dieses
System über die Fähigkeit verfügt, von konkreten Erscheinungen
zu abstrahieren. Die Menge und Art der konkreten Körper, die sich
rasch auf einen Menschen zu bewegen können, ist unbegrenzt. Das
können sein anrollende Lawinen, wilde Tiere, angreifende Feinde,
schleudernde Autos, einstürzende Mauern, und unzähliges anderes
mehr. Es wäre unmöglich, sie alle im Voraussetzungsteil der Gefahrregel zu erfassen. Die Gefahrregel muß alle diese Erscheinungen auf einen gemeinsamen Nenner („Ding", „Körper", „etwas"…)

bringen. Gleiches gilt für die Aktionen. Worin die konkrete richtige Aktion besteht - „Davonlaufen", „Zur-Seite-springen", „Einem-Hieb-ausweichen", „Das-Steuer-eines-Autos-herumreißen"- kann immer nur im konkreten Fall entschieden werden. Die Regel muß sich daher auf eine generelle Anweisung beschränken („Schnell-ausweichen", „Sofort-der-Gefahr-entgehen"...), und es muß die Fähigkeit vorhanden sein, aufgrund dieser generellen Anweisung zu dem jeweils konkret richtigen Verhalten zu gelangen.

b) Wozu muß das System fähig sein?

(1) Anwendung des Gleichheitssatzes

Das System muß also über die Fähigkeit verfügen, unterschiedliche Dinge im jeweils entscheidenden Punkt gleich zu behandeln. Ohne dieses Vermögen wäre kein menschliches Regelwerk, gleich welcher Art, denkbar. Jede Regel basiert mit anderen Worten auf dem Vermögen zur Befolgung des Gleichheitssatzes. Er faßt zusammen, was in einer bestimmten Situation gleich behandelt werden soll, obwohl es ungleich ist. Das gilt bereits auf der nonverbalen Ebene und ist, wenn ich an andere verhaltensorientierte Lebewesen denke, nicht einmal auf den Menschen beschränkt.

(2) Gleichheit und Gerechtigkeit

Mit meinen Überlegungen zum Gleichheitssatz bin ich unversehens bei einem exklusiv juristisch klingenden Satz gelandet. Gleichheit vor dem Gesetz ist ein Grundrecht (Art. 3 GG). Auch assoziiere ich dieses Stichwort irgendwie mit dem Begriff Gerechtigkeit. Ich erinnere mich daran, daß ich in meinem Lehrbuch gelesen habe, die rechtlichen Regeln seien an der Idee der Gerechtigkeit ausgerichtet. Als idealer Lernender begebe ich mich darum in das Seminar und lese nach, was ich dort zu diesem Stichwort finde. Das wird freilich einige Zeit dauern, weshalb ich an dieser Stelle meine vorübergehende Rolle als idealer Lernender wieder aufgeben möchte. Auf das Thema „Gerechtigkeit" sollten wir uns hier nicht einlassen. Es würde uns zu leicht auf Irrwege führen. (Unser idealer Lernender wird das einige Wochen später nach seiner Rückkehr aus dem Seminar bestätigen.)

5. Die menschlichen Regelwerke

a) Regeln sind kompliziert und rätselhaft

(1) Wir wissen wenig über unsere Regeln

Die kurze Betrachtung der Gefahrregel hat gezeigt, daß die Regeln, mit denen wir für das Spiel des Lebens ausgestattet sind, viel komplizierter und rätselhafter sind, als Sie nach den knappen Ausführungen zu Recht, Sitte und Sittlichkeit in den juristischen Büchern glauben mögen. Die einfachen Beispiele, die dort gebracht werden, lassen Sie beispielsweise bei den Regeln der Sitte vermuten, daß es sich dabei nur um solche Höflichkeits- und Anstandsregeln handelt, wie sie früher in Büchern mit Titeln wie „Der gute Ton in allen Lebenslagen" verbreitet wurden. Aber die Sache ist viel elementarer. Unser gesamtes Leben wird von einem hochkomplizierten Regelwerk beherrscht. Meist ist uns das überhaupt nicht bewußt. Und wenn es uns bewußt wird, durchschauen wir die Regeln nur selten.

(2) Das Beispiel Kaufregeln

Selbst ein scheinbar so simples Verhältnis wie das zwischen Käufer und Verkäufer, das wir mit § 433 BGB fest im Griff zu haben glauben, ist in Wahrheit ein hochkompliziertes Beziehungsgeflecht, bei dem ständig eine Vielzahl von sich wechselseitig beeinflussenden und einander überlagernden Regeln und Gegenregeln in unterschiedlicher Intensität aktiviert werden. Nehmen Sie als Beispiel folgende kleine Szene, die meine Frau neulich im Feinkostladen erlebte, als sie dort eine flüchtige Bekannte - Frau X - traf. Ich schicke voraus, daß Frau X (nach Ansicht meiner Frau) eine ziemlich unmögliche Person ist:

Verkäuferin (zu Frau X): „Wir haben heute frische Marzipankartoffeln. Möchten Sie davon probieren?"

Frau X daraufhin: „Nun, probieren kann man ja", nimmt eine Marzipankartoffel, kaut sie (wie meine Frau vermutet, genußvoll), spricht hoheitsvoll: „Mit den Marzipankartoffeln ist das so eine Sache!" und geht, ohne sich bedankt und ohne von den Marzipankartoffeln gekauft zu haben.

Daraufhin kauft meine Frau (die keine Marzipankartoffeln mag), und zwar ohne davon zu probieren, eine Tüte Marzipankartoffeln. (Mir war das später nicht unlieb, denn ich mag zwar Marzipankartoffeln, bekomme aber aus naheliegenden Gründen normalerweise keine.)"

Was war geschehen? Warum hat meine Frau Marzipankartoffeln gekauft, obwohl sie keine Marzipankartoffeln mag, und obwohl ich keine essen soll. Ganz offensichtlich wurde sie durch das Verhalten der anderen Kundin dazu veranlaßt. Informationstheoretisch gesprochen erfolgte bei meiner Frau ein Input von Informationen, der bestimmte in ihr gespeicherte Regeln aktivierte. Aber welchen Inhalt haben diese Regeln? Ging es darum, auf eine Regelverletzung der anderen Kundin zu reagieren? Lag überhaupt eine solche Regelverletzung vor? War die andere Kundin eine Schnorrerin, indem sie etwas annahm, obwohl sie von vornherein wußte, daß sie keineswegs kaufen würde (unmögliche Personen verhalten sich so)? Oder machte sie nur von ihrem guten Recht Gebrauch, eine angebotene Probe annehmen zu dürfen, ohne etwas kaufen zu müssen? Ging es meiner Frau darum, die Enttäuschung der Verkäuferin auszugleichen? Wollte sie der Verkäuferin den Glauben an die Menschen im allgemeinen und die Kunden im besonderen wiedergeben? Oder ging es ihr darum, in einem besseren Licht dastehen zu wollen als die andere Kundin? Oder was? Ich weiß es nicht, und meine Frau weiß es auch nicht. Aber es steht fest, daß sie die Marzipankartoffeln gekauft hat, daß es hierfür einen Grund gibt und daß dieser Grund irgendwo im menschlichen Regelwerk zu finden ist.

b) Die Erforschung unserer unbekannten Regeln

(1) Die Forschungen verschiedener Disziplinen

In den letzten Jahren gab es für Vertreter verschiedener Disziplinen Grund, sich näher mit unseren unbekannten Regeln zu befassen. Die moderne Linguistik bemüht sich beispielsweise darum, das Regelwerk zu erforschen, das es schon dem Kleinkind ermöglicht, Sätze zu bilden und zu verstehen, die es so noch nie gesprochen und noch nie gehört hat. Die Sozialpsychologie befaßt sich mit den Regeln, durch deren Aktivierung etwa ein Haustürvertreter seine Kunden dazu bewegen kann, Waren zu erwerben, welche diese eigentlich nicht erwerben möchten. Und die Informatik muß bei dem Bemühen, menschliches Problemlösungswissen im Computer formal zu repräsentieren, auch jene Common-Sense-Regeln erhellen, das sprachlich zwar nicht ausgedrückt wird, über das wir aber verfügen, und das es uns ermöglicht, Informationen wahrzunehmen, obwohl sie uns überhaupt nicht mitgeteilt wurden.

(2) Common-Sense-Regeln

Von dieser letztgenannten Art kann beispielsweise unser Wissen über Zeit, Raum und Kausalität sein. Wenn ich zu Ihnen am Mittag sage: *„X fuhr heute vormittag mit dem Auto von Stuttgart nach München“*, dann wissen Sie, daß X sich heute morgen in Stuttgart befand, und daß er sich jetzt in München befindet. Weiter wissen Sie, daß X sich deswegen in München befindet, weil er dorthin gefahren ist (und nicht etwa deswegen, weil er dort geboren wurde). All das wissen Sie, *obwohl ich es Ihnen nicht gesagt habe.* (Wenn Sie gegen diese Feststellung protestieren wollen, lesen Sie bitte genau nach, was ich Ihnen gesagt habe.) Und Sie wissen es deshalb, weil Sie ebenso wie ich über eingebaute Regeln verfügen, die es Ihnen und mir ermöglichen, den begrenzten Informationsgehalt sprachlicher Aussagen zu vervollständigen. Nur unter dieser Voraussetzung funktioniert unsere Verständigung. Eine Maschine kann vergleichbares natürlich nur dann leisten, wenn ihr diese Regeln explizit eingegeben werden. Dazu müssen wir die Regeln aber erst einmal kennen, und von dieser Kenntnis sind wir noch weit entfernt.

(3) Die automatische Aktivierung menschlicher Regeln

Die Informatiker müssen sich um diese Kenntnis bemühen, weil andernfalls ihre Maschinen nicht laufen. Wir Juristen hatten dagegen bislang keinen äußeren Anlaß, uns um diese Regelwerke zu bemühen. Bei uns gibt es (noch) keine Maschinen. Alle wesentlichen Stationen der juristischen Verfahren sind mit Menschen besetzt, die immer vollautomatisch ihre Regeln aktivieren und deshalb das jeweils Richtige tun, ohne wirklich zu wissen, was sie tun. Wenn beispielsweise der erfahrene Strafrichter die Strafe zumißt, dann handelt er „gerecht“, weil er den Fall regelgerecht in das System der Präzedenzfälle einstellt und ihn ebenso behandelt wie andere, ähnliche Fälle. Er kann das nicht in Worte fassen (obwohl er im Urteil dazu etliche Worte schreibt), aber er besitzt die Fähigkeit zur gerechten Entscheidung, weil er aufgrund seiner Erfahrung in seinem Judiz die entsprechenden Regeln beherrscht (ich komme auf die Bedeutung des hier angesprochenen Rechtsgefühls zurück).

6. Vorjuristische und juristische Regeln

a) Vorjuristische Regeln

(1) Diese Regeln beherrschen uns

Die elementaren - das heißt, die normalen - Regeln unseres Zusammenlebens sind uns sämtlich vorgegeben. Wir Juristen haben auf diesen Kernbereich der Regeln keinen Einfluß, und er ist sehr viel größer, als wir gemeinhin glauben. Diese Feststellung widerspricht dem herkömmlichen Verständnis von Rechtsordnung. Ich will sie deshalb anhand eines Beispieles begründen.

(2) Das Beispiel Reziprozitätsregel

Als Beispiel aus diesem Kernbereich wähle ich eine Regel, welche die modernen Sozialpsychologen als Reziprozitätsregel bezeichnen. Sie besagt, daß wir alle etwas geben müssen, um etwas zu bekommen. Dahinter steht die Erfahrung, daß wir Menschen arbeitsteilig zusammenleben und unsere Gesellschaft auf dem Prinzip des Gebens und Nehmens beruht. Menschen, die nur nehmen, ohne etwas dafür zu geben, stören unser Zusammenleben ebenso wie solche, die nur geben, ohne etwas dafür anzunehmen. Wir ertragen mit anderen Worten nur eine begrenzte Anzahl von Dieben, aber auch nur wenige Heilige. In jedem Menschen existiert eine mehr oder weniger stark ausgeprägte Reziprozitätsregel, die besagt: Gebe ich etwas, bekomme ich etwas, und umgekehrt (Hier liegt der Grund dafür, daß die Unternehmen zu Weihnachten Kalender, Kugelschreiber, Präsentkörbe und ähnliches an ihre Kunden verschicken).

(3) Die Entdeckung der Reziprozitätsregel durch Aristoteles

Der erste, der diese Regel „entdeckte", war Aristoteles. Er analysierte die Ordnung des Gemeinwesens und fand, daß das Zusammenleben der Menschen dann funktioniere, wenn ein System von Geben und Nehmen herrsche, bei dem Leistungen und Gegenleistungen jeweils gleichwertig seien. Aristoteles fand weiter, daß die Frage, wieviel der einzelne geben und nehmen könne, von den Gütern abhänge, über die er verfüge. Dies wiederum richte sich im Idealfalle nach Verdienst und Leistung. Seien diese beiden Voraussetzungen erfüllt, gehe es im Gemeinwesen „gerecht" zu. Auf dieser Grundlage entwickelte Aristoteles in der Nikomachischen Ethik seine berühmte Gerechtigkeitslehre, in der er zwischen der Vertrags- oder Austauschgerechtigkeit (iustitia commu-tativa) und der zuteilenden Gerechtigkeit (iustitia distributiva) unterschied. Die erstere bestehe darin, daß Verträge zu erfüllen seien, und daß für die Leistungen ein angemessenes Äquivalent zu entrichten sei. Die letztere bestehe darin, daß die Güter dieser Welt nach der „Würdigkeit" des einzelnen zu verteilen seien.

b) Juristische Regeln

(1) Die herrschende Vorstellung

Am Beispiel der Gerechtigkeitslehre des Aristoteles können Sie anschaulich sehen, wie aus einer empirischen Beobachtung eine juristische Lehre entsteht, die dann wieder (und hier fängt der Irrtum an) auf die Realität zurückprojiziert wird. Im Anschluß an Aristoteles hat sich unter uns Juristen die Auffassung eingebürgert, es sei Aufgabe der Rechtsordnung, die Gerechtigkeit zu gewährleisten. Demgemäß lesen Sie in den Büchern, daß es die Rechtsordnung sei, etwa in Gestalt der Normen des Kaufrechtes und des Sachenrechtes, welche sicherstelle, daß die Menschen sich normgerecht verhielten. Die Menschen handelten so, weil sie wüßten, daß sie andernfalls mit staatlichem Zwang zu normgemäßem Verhalten angehalten würden.

(2) Die herrschende Vorstellung trifft nicht zu

Aber diese Vorstellung trifft für normale Zeiten nicht zu (von gesetzlosen Epochen rede ich hier nicht). Es ist nicht die Rechtsordnung, die unser Verhalten beim Austausch von Gütern bestimmt. Es ist etwas anderes. Unser Zusammenleben funktioniert deshalb, weil die überwiegende Mehrzahl der Menschen sich nach Regeln richtet, die zu befolgen allen nützt, und die deshalb auch von (fast) allen befolgt werden. Wenn die allermeisten Käufer für die von ihnen gekauften Sachen einen angemessenen Preis bezah-

vom 1sten Junius 1794 an volle Gesetzes-Kraft beyzulegen; also, daß nach diesem benannten Tage dasselbe bey Vollziehung und Beurtheilung aller rechtlichen Handlungen und deren Folgen, so wie bey Entscheidung der sich ereignenden Rechtsstreitigkeiten, zum Grunde geleget werden soll.

Damit aber auch über die verbindliche Kraft und Anwendbarkeit dieses allgemeinen Landrechts, nach besagtem Zeitpunkte, keine Zweifel oder Ungewißheiten mehr übrig bleiben mögen: so finden Wir nöthig, nachstehende nähere Bestimmungen darüber festzusetzen:

I.

Das gegenwärtige allgemeine Landrecht soll an die Stelle der in Unsern Landen bisher aufgenommen gewesenen Römischen, gemeinen Sachsen- und andern fremden subsidiarischen Rechte und Gesetze treten; also, daß von dem obenbemerkten Zeitpunkte, dem 1. Jun. 1794 an, auf diese bisherigen subsidiarischen Gesetze und Rechte nicht mehr zurückgegangen, sondern in vorkommenden spätern Fällen nur nach den Vorschriften des gegenwärtigen Landrechts in allen Unsern unmittelbaren und mittelbaren Gerichtshöfen erkannt werden soll.

II.

Eben so tritt dieses allgemeine Landrecht an die Stelle der über einzelne Rechtsmaterien von Zeit zu Zeit ergangenen allgemeinen Edicte und Verordnungen, welche bisher in allen Unsern Provinzen als gemeine Landes-Gesetze gegolten haben; indem dafür gesorgt worden ist, daß diese einzelnen Edicte und Verordnungen bey der Anfertigung des Landrechts nochmals revidirt, und ihrem Inhalte nach, bey den Gegenständen, welche sie betreffen, gehörigen Orts aufgenommen und eingeschaltet worden. In so fern jedoch in dem gegenwärtigen Landrechte auf ein solches über einzelne Materien ergangenes Edict, oder sonstige Verordnung, Bezug genommen, und dahin verwiesen worden, versteht es sich von selbst, daß dergleichen Edict oder Verordnung seine gesetzliche Kraft, in Ansehung der Stellen und Vorschriften, die nicht etwa in diesem Landrechte ausdrücklich geändert sind, nach wie vor behalte.

III.

Die in den verschiedenen Provinzen bisher bestandenen besondern Provinzial-Gesetze und Statuten behalten zwar vor der Hand noch ihre gesetzliche Kraft und Gültigkeit; dergestalt, daß die vorkommenden Rechts-Angelegenheiten hauptsächlich nach diesen, und nur erst in deren Ermangelung, nach den Vorschriften des allgemeinen Landrechts beurtheilt und entschieden werden sollen.

IV.

Damit aber auch bey diesen Provinzial-Gesetzen und Statuten eben die gründliche Verbesserung, die Wir in Ansehung der bisherigen gemeinen und subsidiarischen Rechte zum Wohl Unserer sämmtlichen getreuen Unterthanen veranstaltet haben, gleichergestalt ins Werk gerichtet werden möge, hatten Wir bereits unterm 20. März 1791 verordnet, daß auch diese besondern Gesetze innerhalb dreyer Jahre gesammlet, revidirt, und nach dem Plane der allgemeinen Gesetzgebung geordnet werden sollten; und Wir wiederholen hierdurch diese Unsere Allerhöchste Willensmeynung. Da Wir inzwischen in Erfahrung bringen, daß diese vorgeschriebene Bearbeitung der Provinzial-Gesetze noch nicht durchgehends beendigt sey, so

C   wollen

Original: Geheimes Staatsarchiv, Berlin

Das Preußische Allgemeine Landrecht von 1794 *war von dem Geist der Aufklärung und den Prinzipien des Naturrechts durchdrungen.* Friedrich der Große *hatte dekretiert, dieses Gesetz sei auf der Grundlage der reinen Vernunft zu schaffen. Das Gesetz sollte volkstümlich sein und einfache und klare Vorschriften enthalten. Dadurch sollte der ganze Advokatenstand überflüssig werden. — Der letzte Entwurf enthielt aber immer noch über 16.000 Vorschriften. Friedrich schrieb an den Rand:*

Friedrich II. (1712-1761)

„Es ist aber sehr Dicke und gesetze müssen kurz und nicht Weitläufig seindt." *Eine seiner Vorschriften verbot Müttern und Ammen, Kinder im Alter von unter zwei Jahren mit sich des Nachts in das Bett zu nehmen oder es zu dulden, daß solche Kinder mit anderen Personen in einem Bett schliefen. Solche Prussianismen galten damals als Ausfluß des Naturrechts. Das Gesetz blieb in Preußen bis zum Jahre 1900 in Kraft.*

len, und wenn die allermeisten Verkäufer Waren liefern, die diesen Preis auch wert sind, hat das nicht das Geringste mit dem BGB zu tun. Die Menschen tun es, weil sie unbewußt die Reziprozitätsregel befolgen. Sie treffen damit keine Entscheidung für normgemäßes Verhalten, sondern sie reagieren vielmehr automatisch auf einen Reiz. Sie verhalten sich wie Pawlows berühmte Hunde. Deshalb vollzieht sich der Austausch von Gütern seit Jahrtausenden in immer gleicher Weise, ohne jede Rücksicht darauf, ob gerade Attisches Stadtrecht, Römisches Recht, Sachsenspiegel, Gemeines Recht, Codex Maximilianeus Bavaricus Civilis, Preußisches Allgemeines Landrecht, Code Civil, Österreichisches Allgemeines Bürgerliches Gesetzbuch, Bürgerliches Gesetzbuch oder welches Gesetz auch immer gilt.

(3) Keine Beeinflussung der Regeln im Kernbereich des Zusammenlebens

Im Kernbereich unseres normalen Zusammenlebens richten sich die Menschen also nach Regeln, welche wir Juristen nicht geschaffen haben und nicht beeinflussen können. Daran ändert sich auch dann nichts, wenn wir Juristen solche Regeln in Gesetze übernehmen. Wir können dann nur einen vorhandenen Befund beglaubigen. Gestalten können wir ihn nicht. Beeinflussen können wir ihn kaum. Der Gesetzgeber könnte eine Norm wie § 433 BGB, die (nur) einen Ausschnitt aus der Reziprozitätsregel wiedergibt, weder abschaffen noch inhaltlich wesentlich verändern. Diese Regel ist uns vorgegeben. Sie gehört zu den Regeln, welche uns Menschen beherrschen, statt von uns beherrscht zu werden.

(4) Die Verwechslung von Ursache und Wirkung

Das ist ein Befund, den wir Juristen uns nur ungern klar machen. Wir hätten es gerne umgekehrt, und wir sind deshalb stets in Gefahr, Ursache und Wirkung zu verwechseln. Im 18. Jahrhundert glaubte man beispielsweise, daß es möglich sei, unsere normalen Regeln durch die menschliche Vernunft erkennen und in Gesetze fassen zu können. Auf diese Weise wollte man in der sogenannten Kodifikationsbewegung das jahrtausendealte Naturrechtsproblem lösen. Eine der in diesem aufklärerischen Geiste geschaffenen Kodifikationen war das Preußische Allgemeine Landrecht von 1794. Die Väter dieses Gesetzes waren sicherlich sehr stolz gewesen, als sie neben vielem anderen den Müttern verbaten, ihre Kleinkinder nachts mit in das Bett zu nehmen, damit diese nicht versehentlich im Schlafe erdrückt würden. Sie meinten sicherlich, sie hätten das Überleben Preußens gesichert. Aber das Überleben einer nennenswerten Zahl preußischer Säuglinge seit 1794 hat nichts mit dieser Bestimmung zu tun. Mütter wissen einfach, was für ihre Kinder gut ist und was nicht. Sie brauchen dazu keine Gesetze und keine Juristen.

(5) Die Regelverletzer

An diesem Befund ändert auch die Tatsache nichts, daß sich einige wenige Menschen nicht normgerecht verhalten. Wir sind kein Ameisenstaat. Einen geringen Prozentsatz an Regelverletzern hat es immer gegeben und wird es immer geben. Das gehört zur Normalität, weshalb wir auch für diese Normalität oftmals Regeln besitzen, die weit über das hinausreichen, was den Rechtsgelehrten dazu eingefallen ist.

Ich kenne beispielsweise einen Menschen, der es sich angewöhnt hat, Rechnungen einfach um einen Betrag zu kürzen, der so gering ist, daß der Partner es sich dreimal überlegt, ehe er die Mühsal und Kosten auf sich nimmt, seine Rechte aus dem BGB auf vollständige Erfüllung gerichtlich geltend zu machen. Dieser Mensch ist ein wahrer Erfinder, der denn auch mehrere Patente besitzt, die er über einen Patentanwalt beim Deutschen Patentamt angemeldet hat. Als unser Erfinder unlängst dessen letzte Rechnung wieder einmal eigenmächtig um einen Betrag in Höhe von einhundertfünfzig DM kürzte, reagierte der Patentanwalt seinerseits mit einer (zulässigen) Mandatskündigung. Dies zwang unseren Erfinder, sich einen anderen Patentanwalt zu suchen. Dort mußte er (nochmals) einige tausend DM an Grundgebühren bezahlen. So etwas ist als Problemlösung im BGB nicht vorgesehen, aber es löst den Konflikt besser als die dort geregelte Aktion (Klage auf Bezahlung des Betrages von einhundertfünfzig DM vor dem Amtsgericht).

(6) Regeln, die in der Rechtsordnung nicht vorgesehen sind

Es gibt viele vergleichbare Regeln zur Lösung solcher Konflikte. Sie sind in der Rechtsordnung nicht vorgesehen und werden von Juristen allenfalls als Kuriosität betrachtet, welche die Rechtssoziologen oder -psychologen etwas angingen. Aber sie sind von ungleich größerer Bedeutung als die in § 433 II BGB enthaltene Lösung dieses Konflikts. Sie beherrschen den Alltag, sie funktionieren, und sie relativieren die Bedeutung jener Regeln, die der Gesetzgeber übernommen hat.

c) Rechtstechnische Regeln

Das Gesagte betrifft die Normalität unseres Zusammenlebens. Es betrifft nicht jene Bereiche, die allein durch die Rechtsordnung gestaltet werden, wie Steuerrecht, Registerrecht, Sozialversicherungsrecht und dergleichen mehr. Hier ist es in der Tat die Rechtsordnung, welche die Regeln vorgibt. Aber diese Bereiche stehen trotz ihrer Bedeutung nicht im Zentrum, sondern am Rande unseres Lebens.

7. Was können wir mit Regeln tun?

Mit Regeln können wir drei Dinge tun: Wir können Regeln befolgen. Wir können sie mißachten. Und wir können sie bei anderen aktivieren.

a) Wir können Regeln befolgen

Dies ist der alltägliche Normalfall, so normal, daß Sie ihn, wie alle Normalität, nicht oder kaum bemerken. Bis heute ist er nicht in den Blick der Rechtstheoretiker geraten. Ich komme auf unsere Schwierigkeiten beim Umgang mit der Normalität zurück.

b) Wir können Regeln mißachten

Dieser Fall ist ein Problemfall, der aus der Sicht von uns Juristen wie der Normalfall erscheint. Denn wir Juristen werden erst dann benötigt, wenn jemand eine Rechtsregel nicht befolgt. Dabei leitet uns seit Aristoteles die irrige Vorstellung, der Rest der Menschheit verhalte sich nur deshalb regelgemäß, weil wir ihm sonst im Nakken sitzen würden. Es gibt zwar Bereiche, wo diese Vorstellung zutreffen mag. Steuern werden beispielsweise überwiegend nur deshalb bezahlt, weil staatlicher Zwang dahinter steht. Aber für den oben angesprochenen Kernbereich unseres Zusammenlebens trifft sie nicht zu.

c) Wir können Regeln bei anderen aktivieren

Diese Möglichkeit betrifft nur die sozialen Spielregeln des Umgangs mit anderen Menschen. Durch unser Verhalten aktivieren wir ständig und meist unbewußt die in unseren Partnern gespeicherten Regeln. Überwiegend geschieht das auf der nonverbalen, körpersprachlichen Ebene. Auf diese Weise können Menschen übrigens auch manipuliert werden, indem durch entsprechende „Auslöser" Regeln in nicht passenden Situationen aktiviert werden. Mit dieser Thematik befaßt sich ein eigener Zweig der Sozialpsychologie namens Machiavellianismus.[1]

8. Rechtsregeln haben keinen zu verstehenden „Sinn"

a) Die Auslegung von Rechtsregeln

Alle Regeln, auch Rechtsregeln, verweisen also auf ein Tun. Das erkennen Sie aber nicht, wenn Sie die verfehlte Frage nach dem Sinn von Regeln stellten. In den juristischen Büchern wird freilich unentwegt diese Frage gestellt. Die Rechtsregeln, und nur diese, erscheinen dort als der Nabel der Welt. Andere Regeln werden vernachlässigt. Die Rechtsregeln werden ganz überwiegend als sprachliche Produkte von kollektiven oder individuellen Autoren namens „Gesetzgeber", „Rechtsprechung" und „Literatur" angesehen. Deren Sinn gelte es zu erforschen. Dazu müßten sie „ausgelegt" und verstanden werden. Hierin, so wird Ihnen mitgeteilt, bestehe Ihre Aufgabe als Jurist.

b) Sie haben ein Problem

(1) Sie können Ihr Problem lösen

Unversehens haben Sie ein Problem. Sollen Sie den Büchern oder den oben angestellten Überlegungen folgen? Zum Glück haben Sie zwei Prinzipien, die Ihnen bei der Entscheidung helfen: Am wichtigsten ist immer die Spitze einer Hierarchie. Und beim eigenständigen Lernen akzeptieren Sie nur das, wovon Sie überzeugt sind. Wenn Sie das beachten, können Sie Ihr Problem lösen.

---

[1] Näher dazu mein Buch Verhandeln - die Alternative zum Rechtsstreit, München 1992.

(2) Denken Sie an die Konsequenzen Ihrer Entscheidung

Sie sollten bei alledem sehen, daß Ihre Entscheidung weitreichende Konsequenzen für Sie haben wird. Wenn Sie den Büchern folgen, dann werden Sie sich beruflich in die große Schar der sinnsuchenden Rechts-"anwender" einreihen und Ihr Markt wird begrenzt sein. Wenn Sie dagegen den von mir vorgeschlagenen anderen Weg gehen, werden Sie zu den wenigen Dienstleistern zählen, die sich umfassend mit der Vermeidung, Linderung und Entscheidung von sozialen Konflikten befassen. Sie können dann einen großen, noch längst nicht erschlossenen Markt erobern. Aus unternehmerischer Sicht sollte Ihre Entscheidung nicht zweifelhaft sein. Aber - *Sie* müssen sich entscheiden.

9. Verfahrensrecht und materielles Recht

a) Eine weitere Einstiegsfrage

(1) Wie verhalten sich beide Rechtsgebiete zueinander?

Beim Nachdenken über unsere Regelwerke drängt sich eine weitere Einstiegsfrage auf. Regeln bestimmen menschliches Verhalten. Das gilt auch für das sogenannte materielle Recht, wie es im Bürgerlichen Gesetzbuch oder im Strafgesetzbuch enthalten ist. Die Buchstaben dort bleiben aber tot, solange kein Verfahren existiert, welches ihre Befolgung gewährleistet. Wie verhalten sich materielles Recht und Verfahrensrecht zueinander?

(2) Die Suche nach der Antwort in den Büchern

In Ihrem Zivilrechtslehrbuch finden Sie zu dieser Frage nichts. Das sollte sie aber nicht daran hindern, ihr nachzugehen. Also ziehen Sie Lehrbüchern etwa zum Zivilprozeßrecht zu Rate. Wahrscheinlich werden die Antworten nicht eindeutig ausfallen. Im Lehrbuch zum Zivilprozeßrecht werden Sie beispielsweise in der Einleitung etwas über die Aufgaben und die Grenzen des Zivilprozesses finden. Dort steht, es genüge nicht, daß Rechte bloß bestünden. Sie müßten auch durchsetzbar sein. Bei primitiven Völkern habe es die Selbsthilfe gegeben. Heute sei der Prozeß das einzig zulässige Mittel zur Wahrung des Rechts. Die Erfindung eines Verfahrens stelle eine der großen Leistungen menschlichen Geistes dar. Jeder Prozeß, gleichgültig ob Straf-, Zivil- oder Verwaltungsprozeß, diene als Institution sowohl dem Rechtsfrieden „*wie der Durchsetzung und Bewährung des objektiven Rechts, der Rechtsordnung*". Das deutet darauf hin, daß es ein „objektives Recht" oder ein „materielles Recht" gebe, dem ein „Verfahrensrecht" oder ein „formelles Recht" gegenübergestellt ist. Über das Verhältnis beider ist damit noch nichts gesagt.

(3) Die Suche nach der Antwort in der Studienordnung

Vielleicht schauen Sie nun wieder in Ihrer Studienordnung nach, um festzustellen, wann das Verfahrensrecht kommt. In der erwähnten Tübinger Studienordnung finden Sie im vierten Semester das Zivilprozeßrecht einschließlich Gerichtsverfassung (4 - 5 Stunden) und das Strafverfahrensrecht einschließlich Gerichtsverfassungsrecht (3 Stunden). Im fünften Semester kommt dann das Verwaltungsprozeßrecht (2 Stunden). Ab dem sechsten Semester kommen dann noch Spezialveranstaltungen, etwa zum Zwangsvollstreckungsrecht, hinzu.

b) Die Dominanz des materiellen Rechts

(1) Ist das sachgerecht?

Ihre Frage ist damit immer noch nicht beantwortet, aber es ist offensichtlich geworden, daß jedenfalls im Studium das materielle Recht dominiert. Ist das sachgerecht? Was alle tun, muß noch nicht richtig sein. Denken Sie über diese Frage nach. Dabei hilft ein Blick in die Zukunft wie in die Vergangenheit.

(2) Blick in die Zukunft

Wenn Sie in die Zukunft blicken, sollten Sie überlegen, welche Tätigkeit in Ihrer späteren Berufspraxis wohl im Vordergrund stehen wird. Wird nicht das Verfahren zur Ermittlung und zum Nachweis von Sachverhalten viel wichtiger und viel schwieriger sein als die Ermittlung des materiellen Rechtes, vor allem dann, wenn Sie bedenken, daß im wirklichen Leben rechtlich problemlose Normalfälle dominieren? Was nützt der schönste Anspruch, wenn man ihn nicht durchsetzen kann? Was hilft die beste Betrugsdogmatik, wenn man den Betrüger nicht überführen kann? Verfahren ist freilich schwer zu lehren. Vielleicht keimt in Ihnen jetzt ein Verdacht. Das Übergewicht des materiellen Rechts im Studium kommt vielleicht daher, daß man es so bequem lehren und prüfen kann. Ein Verfahrenstraining fällt dagegen viel schwerer. Aber was gut für Lehre und Prüfung ist, muß nicht gut für das Leben sein.

(3) Blick in die Vergangenheit

Auch ein Blick zurück zeigt Ihnen die Bedeutung des Verfahrensrechts. Am Anfang, als der in Ihrem Lehrbuch erwähnte Robinson Crusoe auf seiner einsamen Insel Gesellschaft bekam und Freitag ihm die ersten Nüsse stahl, gab es ganz sicher noch keine materielle Rechtsordnung, in deren Mittelpunkt ein verfassungsmäßig garantiertes Eigentum an Nüssen stand. Am Anfang standen Verfahrensregeln. Wenn Robinson Freitag nicht einfach erschlagen wollte, was ihn zwangsläufig seines einzigen Gefährten beraubt hätte, dann mußte er sich ein Verfahren einfallen lassen, welches zur Schlichtung dieses Konfliktes führte. Er mußte Freitag zur Rede stellen, er mußte in einer Weise mit ihm reden, daß Freitag nicht einfach alles abstritt und den Inselaffen die Schuld gab, und er mußte eine Lösung dieses Konfliktes finden, bei der Freitag ein paar Nüsse behalten konnte und zum Ausgleich Fische fing, von denen er einige Robinson gab - kurz, er mußte Verfahrensregeln finden und anwenden.

c) Das Verfahrensrecht ist primär

(1) Am Anfang der Rechtsentwicklung stand das Verfahrensrecht

Sie brauchen keine rechtshistorischen Studien durchzuführen, um zu erkennen, daß am Anfang der Rechtsentwicklung die Erfindung von Verfahrensregeln zur friedlichen Bewältigung von Konflikten stand. Das Verfahrensrecht ist primär, das materielle Recht ist sekundär.

(2) Die Erfindung des Gerichts

In einer berühmten Szene der Ilias (II. 18. 497-508) schildert Homer einen Prozeß, der in einer Folge von Bildern auf dem legendären Schild des Achill dargestellt ist (Übersetzung von Wolfgang Schadewaldt):

„Das Volk aber war auf dem Markt versammelt. Dort hatte ein Streit sich erhoben: Zwei Männer stritten um das Wergeld für einen er-

schlagenen Mann. Der eine gelobte, daß er alles erstattet habe und
tat es dem Volke dar, der andere leugnete: nichts habe er empfan-
gen. Und beide begehrten, beim Schiedsmann einen Entscheid zu er-
langen, und das Volk schrie beiden zu, hüben und drüben als Helfer.
Und Herolde hielten das Volk zurück, die Ältesten aber saßen auf
geglätteten Steinen im heiligen Ring. Und sie hielten die Stäbe von
den Herolden, den luftdurchrufenden, in den Händen; mit denen
sprangen sie dann auf und taten abwechselnd ihren Spruch. In ihrer
Mitte aber lagen zwei Pfund Gold, um sie dem zu geben, der unter
ihnen das Recht am geradesten spräche. "

Die Stelle erlaubt es uns, einen flüchtigen Schimmer jenes Prozesses zu erhaschen, in welchem ein Volk den Schritt vom primitiven zu einem archaischen Rechtszustand tut. Offenbar hatte der
Beklagte einen Verwandten des Klägers ermordet, und offenbar
ging der Streit um die Erfüllung eines Paktes, mittels dessen sich
die Parteien über das Recht des Klägers zur Rache verglichen hatten. Es gab also bereits eine compositio, ein „Wergeld", welches die
primitive Blutfehde zu überwinden geeignet war. Und es gab offenbar schon ein Gericht. Hierüber wird zwar gestritten. Wie jedoch vor allem H.J.Wolff überzeugend herausgearbeitet hat,
beschreibt Homer ein echtes Gericht. Wolff deutet die Szene so:
Der Kläger war noch auf Selbsthilfe angewiesen. Er mußte den
Schuldner festnehmen und konnte, wenn dieser das Wergeld nicht
bezahlte, Blutrache nehmen, indem er den Schuldner umbrachte.
Der Beklagte rief zum Schutz gegen diese Selbsthilfe die Obrigkeit
an. Er fand bei den Ältesten Zuflucht und Schutz, bis seine Behauptung, das Wergeld sei gezahlt worden, geklärt war. Es existierte also eine Obrigkeit, die mit der Macht ausgestattet war, in eine
bereits angefangene private Vollstreckung einzugreifen. Die Existenz dieser Obrigkeit wird durch die Herolde belegt, die das Volk
zurückhielten. Die Obrigkeit selbst - ein König? - spielte im dem
Verfahren keine Rolle und wurde deshalb vom Dichter nicht erwähnt.

Als erster trug der Beklagte seine Sache vor *„und tat es dem Volke*
dar". Dann sprach der Kläger. Danach taten die Ältesten *„abwech-*
selnd" ihren Spruch, wobei sie die *„Stäbe von den Herolden"* in den
Händen hielten. Das Volk hörte schweigend jeden Vorschlag an.
Mißfiel ihm ein Vorschlag, hielt das Schweigen auch nach dem Vortrag an; anderenfalls akklamierte es. Der Älteste, dessen Vorschlag

den meisten Beifall fand, war der, der *„das Recht am geradesten"* sprach. Er erhielt die beiden Pfund Gold, welche die Parteien als Gebühr für den Spruch im voraus hinterlegt hatten.

Damit, schreibt H. J. Wolff, ist das *„hinter den Vorgängen stehende Prinzip klar. Die öffentliche Gewalt sucht den internen Frieden zu garantieren - nicht so sehr dadurch, daß sie sich denen zur Verfügung stellt, die eine friedliche gerichtliche Bestätigung ihrer Ansprüche suchten, als vielmehr dadurch, daß sie einem angegriffenen Mitglied des Gemeinwesens Schutz gewährte, solange das Recht des Angreifenden auf den Zugriff nicht feststand. So primitiv und unvollkommen dieses Verfahren auch sein mochte, der erste und entscheidende Schritt in der Richtung der Verhütung des Auswachsens der Selbsthilfe zur wilden Fehde, die die Ordnung und den Frieden des Gemeinwesens in Frage gestellt hatten, war getan."* Das Gericht war erfunden - *„die erste, vielleicht auch die letzte große Erfindung auf dem Gebiet des Rechts"* (W. Seagle).

10. Die Früchte des Prinzips Eigenverantwortung

a) Suchen Sie immer eigenverantwortlich den richtigen Einstieg

Zu solchen Dingen finden Sie, wenn Sie nichts als gegeben hinnehmen und selbständig auf die Suche nach Antworten auf immer dieselbe eine Frage gehen: Auf welche Weise steige ich in mein gerade aktuelles juristisches Thema ein? Zu Beginn ist es das große Thema Recht. Später werden es spezielle Themen sein. Die Methode wird immer die gleiche sein.

b) Weichen Sie gegebenenfalls auch von den Büchern ab

Vielleicht entscheiden Sie sich bei solcher Vorgehensweise dafür, beim Einstieg in das Recht von Ihrem Lehrbuch abzuweichen und auf der ersten Ebene die Unterbegriffe „Materielles Recht" und „Verfahrensrecht" zu verwenden. Dann müssen Sie als nächstes überlegen, ob diese Reihenfolge stimmt. Wenn es zutrifft, daß das Verfahrensrecht primär ist, müßte man eigentlich damit beginnen. Das geschieht aber nicht. Die Frage, warum das so ist, mag Sie dann zu der Einsicht führen, daß das Anspruchssystem des heutigen deutschen Privatrechtes aus dem römischen Aktionensystem, einem Verfahrensrecht, entstanden ist, und daß hier der Übergang von der Jurisprudenz des 18. Jahrhunderts zur Rechts-"wissenschaft" des 19. Jahrhunderts, wie er namentlich durch Friedrich Carl von Savigny bewirkt wurde, eine wesentliche Rolle gespielt hat. Und plötzlich wird Ihnen deutlich, warum bereits im ersten Semester rechtsgeschichtliche Vorlesungen angeboten werden.

c) Veränderungen stehen bevor

Ich breche hier ab. Ich will Sie mit dem Gesagten nicht dazu ermuntern, das Recht neu und anders zu erfinden. Natürlich müssen Sie die klassische Dogmatik beherrschen. Ich will Ihnen nur zeigen, daß das Recht trotz Ausdrucksweisen wie „objektives Recht" oder „Rechtsordnung" keine objektiv vorgegebene Erscheinung ist, sondern daß es aus Verabredungen zwischen den Menschen besteht, die historisch erklärbar sind, und die immer auch in Frage gestellt werden sollten. Diese Einsicht ist vor allem in einer Zeit des Umbruchs wichtig, und in einer solchen Zeit leben wir. Die traditionelle Juristenausbildung wird in den nächsten Jahren radikal verändert werden. Das bislang dominante Berufsbild des Richters wird in den Hintergrund treten. Das Berufsbild des Anwalts, und zwar des spezialisierten Anwalts, wird an Bedeutung gewinnen. Damit wird das materielle Recht zurücktreten und das Verfahrensrecht einschließlich der Techniken außergerichtlicher - außerrechtlicher - Konfliktlösungen wird in den Vordergrund treten.

Mit diesen Veränderungen werden Sie besser fertigwerden, wenn Sie Ihre Einstiegsentscheidung bewußt so treffen, daß Sie sich vornehmen, das Verfahrensrecht nicht in der Weise zu vernachlässigen, wie das meistens geschieht. Sie werden die (spärlichen) Lehrangebote zu Themen wie „Verhandeln", „Gerichts-Planspiele (Moot Court)", „Mediation", „Rechtliches Gestalten" wahrnehmen, vielleicht einmal selbst ein solches Planspiel oder ein Verhandlungsseminar organisieren (Dozenten lassen sich bei guter Verhandlungstechnik honorarfrei für solche Dinge begeistern). Und Sie werden in Ihrer späteren Berufspraxis nicht primär materiellrechtlich, in Ansprüchen, sondern auch und vor allem verfahrensrechtlich, in Lösungsmöglichkeiten, denken. Sie werden sich nicht nur auf die Existenz von Ansprüchen, sondern auch und in erster Linie um deren Durchsetzbarkeit und die Folgen kümmern.

Ich will mit alledem nicht sagen, daß Ihre Einstiegsstruktur in das Recht meinem Vorschlag entsprechen soll. Die Entscheidung müssen Sie selbst treffen, und sie kann ganz anders lauten. Aber Sie sollten diese Entscheidung bewußt und überlegt treffen. Ich zeige hier nur das Prinzip auf, nach dem Sie Ihre Entscheidungen treffen sollten. Bei jedem juristischen Gegenstand, ob groß ob klein, ob an der Spitze, ob an der Basis der Hierarchie, ist der Augenblick des Einstiegs der wichtigste Augenblick.

11. Konsequenzen für das juristische Lernen

a) Üben Sie die juristischen Regelwerke ein

Wenn Sie Ihr Lernen optimieren wollen, sollten Sie die juristische Regelwerke rational erhellen und einüben. Dazu müssen Sie Ihren Verstand einsetzen. Die Alternative bietet die intuitive Methode, die aber eine lange Berufspraxis erfordert, wie Sie Ihnen im Studium nicht verfügbar ist. Ich will die sechs wesentlichen dazu notwendigen Erkenntnisse zusammenfassen.

b) Zusammenfassung der sechs für den Umgang mit Rechtsregeln notwendigen Erkenntnisse

(1) Rechtsregeln sind Teil eines komplexen Regelsystems

Die erste Erkenntnis besagt, daß unsere rechtlichen Regeln Teil eines komplexen Regelsystemes sind, über das wir nur wenig wissen. Die vermeintliche Selbständigkeit der rechtlichen Regeln existiert dann nicht, wenn Sie auf das Wesen der Regel zurückgehen.

(2) Die meisten Regeln beherrschen uns

Die zweite Erkenntnis besagt, daß unsere Verhaltensregeln nur zu einem geringen Teil von uns beherrscht werden. Ganz überwiegend beherrschen die Regeln uns, und zwar ohne daß wir dies bemerken. Hieran können wir nichts grundlegendes ändern.

(3) Die elementaren Regeln sind uns vorgegeben

Die dritte Erkenntnis besagt, daß uns die elementaren - das heißt, die normalen - Regeln unseres Zusammenlebens sämtlich vorgegeben sind. Wir Juristen haben auf diesen Kernbereich der Regeln keinen Einfluß, und er ist sehr viel größer, als wir gemeinhin glauben.

(4) Regeln können nur unvollkommen in Rechtsregeln abgebildet werden

Die vierte Erkenntnis besagt, daß wir letztlich bei dem Bemühen scheitern, die uns vorgegebenen Regeln in Rechtsnormen abzubilden. Trotz aller Bemühungen verfehlen wir letztlich die vorhandenen Regeln.

(5) Es ist verfehlt, nach dem „Sinn" von Regeln zu fragen

Die fünfte Erkenntnis besagt, daß es verfehlt ist, nach dem „Sinn" von rechtlichen Regeln zu fragen. Regeln haben keinen „Sinn". Sie erfüllen vielmehr einen praktischen Zweck. Statt die Sinnfrage zu stellen, sollten Sie darauf achten, was Sie mit Regeln tun können.

(6) Das Verfahrensrecht ist primär

Die sechste Erkenntnis besagt, daß das Verfahrensrecht primär, das materielle Recht sekundär ist.

12. Nochmals: Der richtige Einstieg

a) Nochmals: Die richtige Einstiegsfrage

Sie sehen, wohin Sie die richtig gestellte und konsequent verfolgte Einstiegsfrage führen kann. Selbst wenn Sie mir auf meinen Wegen nicht folgen und sich lieber im Anschluß an die übliche Vorgehensweise auf die rechtlichen Regeln beschränken wollen, müssen Sie auch bei dieser Wahl den richtigen Einstieg finden. Es hat ja keinen Sinn, wie bei einem Roman etwa mit § 1 BGB zu beginnen, die Tatbestandsmerkmale *„Rechtsfähigkeit"*, *„Mensch"*, *„Beginn"* und *„Vollendung der Geburt"* mit ihren Auslegungsproblemen zu „lernen", dann in entsprechender Weise § 2 BGB zu behandeln, und auf diese Weise bis zu § 2385 BGB fortzufahren. Sie müssen etwas anderes tun, und ob das, was Sie tun ertragreich ist, hängt davon ab, ob Ihr Einstieg gelingt.

b) Kein Plädoyer für ein nichtjuristisches Studium

(1) Sie studieren Jura

Um nicht mißverstanden zu werden: Ich plädiere mit dem oben entwickelten Vorschlag für Ihren Einstieg in das Generalthema

Recht nicht dafür, daß Sie statt Jura etwas anderes - Anthropologie, Psychologie, Soziologie, oder was auch immer - studieren. Natürlich müssen Sie die rechtlichen Regeln am Ende Ihres Studiums perfekt beherrschen. Auf diesem Gebiet muß Ihr Schwerpunkt liegen. Ich will Sie nur darauf aufmerksam machen, daß Ihr Weg zu diesem Ziel je nach der Wahl Ihres Ausgangspunktes auf unterschiedliche Weisen gebahnt werden kann.

(2) Der Einstieg „Rechtsregeln"

Wenn Sie mit der Tradition nur die Rechtsregeln zu Ihrem Thema machen, werden Sie Ihre Aufgabe darin erblicken, diese Produkte des menschlichen Geistes zu verstehen. Da alles, was der Mensch geschaffen hat, auch vom Menschen verstanden werden kann, werden Sie ein alles verstehender, alles erkennender Jurist werden. Sie werden niemals auf die Idee kommen, daß es hier irgendwo Erscheinungen gibt, durch welche Sie überfordert werden können.

(3) Der Einstieg „Regeln"

Wenn Sie dagegen den übergeordneten Begriff Regeln zum Ausgangspunkt Ihrer Studiums wählen, dann werden Sie sehen, daß die rechtlichen Regeln nur ein Teilausschnitt aus einem sehr viel größeren Gebiet sind, und daß die Besonderheiten der rechtlichen Regeln nicht von wesentlicher Bedeutung sind. Die Orientierung an der Idee der Gerechtigkeit reduziert sich bei genauer Betrachtung auf das allen Regeln innewohnende Element der Gleichheit, und die Möglichkeit der Anwendung von äußerem Zwang ist zwar praktisch wichtig, für das Wesen der rechtlichen Regeln aber nicht charakteristisch. Jede Regel kann zwangsweise durchgesetzt werden. Wenn ein Mafiaboß die Leute zwingt, ihm Respekt zu erweisen, dann setzt er Regeln der Sitte zwangsweise durch. Und wenn eine Religionsgemeinschaft Andersgläubige vor die Wahl stellt, sich taufen zu lassen oder des Landes verwiesen zu werden, dann setzt sie in entsprechender Weise Regeln der Sittlichkeit (in dem von ihr verstandenen Sinne) durch. Sie werden weiter sehen, daß die Regeln uns weithin beherrschen und uns weithin vorgegeben sind. Sie werden sehen, daß wir bei der Aufgabe scheitern, die Regeln zu erfassen und treffend abzubilden, was zu Bescheidenheit angesichts dieser Überforderung führen wird. Und Sie werden vor der Gefahr gefeit, da Sinn zu suchen, wo nur praktische Zwecke existieren. Das wird Sie vor dem Schicksal bewahren, dunkle Behauptungen aufzustellen und für Sinn auszugeben, einem Schicksal, das Leute erleiden, die ihrem Gegenstand sprachlich nicht gewachsen sind. Gottfried Benn hat bemerkt, daß man hierzulande solche Leute Seher nennt.

13. Regeln in juristischen Texten

a) Übersetzen Sie juristische Texte

Alle juristischen Texte sind auf juristische Regeln bezogen. Die Kunst des richtigen Lesens besteht darin, diese Regeln zu erkennen, sie bewußt zu machen und an konkreten Fällen einzuüben. Dazu müssen Sie diese Texte in praktisch brauchbare Regeln übersetzen. Das will ich an Beispielen verdeutlichen.

b) Beispiele

(1) Formulierungen in juristischen Büchern

Lesen Sie bitte die folgenden Sätze mit typischen juristischen Informationen. Lesen Sie langsam und mit voller Aufmerksamkeit:

„Wer durch sein pflichtwidriges Handeln oder Unterlassen die Gefahr für den Eintritt schädlicher Erfolge geschaffen hat (sog. Ingerenz), ist verpflichtet, die drohenden Schäden zu verhindern. Das ergibt sich aus dem Verbot, andere zu verletzen, das zugleich das Gebot enthält, selbstgeschaffene Gefahren zu beseitigen, wenn aus ihnen die Verletzung fremder Rechtsgüter droht. "

„Das Mittel zur Verwirklichung der Privatautonomie ist das Rechtsgeschäft, welchen Begriff die Rechtswissenschaft durch Abstraktion aus den in der Rechtsordnung normierten Aktstypen gebildet hat. „

„Organisationsgewalt ist die Kompetenz zur Bildung, Errichtung, Einrichtung, Änderung oder Aufhebung von Gliedern und Organen durch die abstrakte oder konkrete Bestimmung ihrer Zuständigkeiten, ihrer Zusammenhänge und ihrer inneren Ordnung sowie durch ihre persönliche und sachliche Ausstattung. "

Sie werden mit mir darin übereinstimmen, daß diese drei Sätze typisch sind für unzählige Formulierungen, die Sie in den juristischen Büchern finden.

Bitte lesen Sie nunmehr den folgenden Sachverhalt:

*„Betriebsinhaber B hat Gewässer verunreinigt und sich nach §
324 StGB strafbar gemacht. Er leugnet die Tat und benennt als Zeugen
seinen Betriebsleiter T. T erkennt, daß eine falsche Aussage (§§ 153 ff.
StGB) von ihm erwartet wird. Um sein berufliches Fortkommen im Betrieb des B nicht zu gefährden, entlastet er den B vor Gericht und macht
damit eine falsche Aussage, die er beschwört. Ist außer T, der nach §
154 StGB wegen Meineids strafbar ist, auch B strafbar?"*

Der Fall birgt natürlich etliche strafrechtliche Probleme, und vielleicht ist Ihnen das eine oder andere davon spontan eingefallen. Vielleicht ist Ihnen auch überhaupt nichts eingefallen und Sie stehen völlig ratlos vor der Fallfrage? Wie auch immer - Ihr informationsverarbeitendes System war mit einer anschaulichen Geschichte beschäftigt, und Sie mußten die oben genannten juristischen Informationen in Ihrem Kurzzeitgedächtnis (dazu näher unten) zwischenspeichern.

Testen Sie jetzt bitte, wie gut Ihnen der Rückruf dieser Informationen gelingt. Nehmen Sie Bleistift und Papier. Versuchen Sie, die oben gelesene Definition der Ingerenz inhaltlich möglichst korrekt wiederzugeben. Sehen Sie nicht nach oben. Setzen Sie hier die Lektüre erst nach dieser kleinen Übung fort.

— — — — — — — —

Vergleichen Sie jetzt Ihr Ergebnis mit der oben stehenden Beschreibung der Ingerenz. Ich vermute, daß Ihnen die Darstellung der Ingerenz nur unvollkommen gelungen ist. Wenn das so ist, erkennen Sie am eigenen Leibe, wie Sie in der kurzen Spanne von wenigen Minuten Informationen, die Sie eben noch mit voller Aufmerksamkeit aufgenommen haben, wieder verlieren. Zwei komplizierte Sätze zu zwei ganz anderen Themen (Privatautonomie, Organisationsgewalt) und ein Sachverhalt mit Rechtsproblemen störten Sie so sehr, daß Sie die Ingerenz nicht einmal in Ihrem

Kurzzeitgedächtnis festhalten konnten. Von einer - womöglich Jahre und Jahrzehnte anhaltenden - Einspeicherung des Wissens über die Ingerenz in Ihr Langzeitgedächtnis kann keine Rede sein.

Setzen Sie jetzt bitte den Test fort. Nehmen Sie Ihre eben gefertigte Niederschrift und versuchen Sie, mit deren Hilfe den eben gebrachten Fall zu lösen. Gelingt Ihnen das? Lesen Sie erst weiter, wenn Sie diese kleine Übung absolviert haben.

- - - - - - - - -

Ich fürchte, auch diese Aufgabe wird Ihnen Mühe bereitet haben. Sie müssen also für Abhilfe sorgen. Das ist eine grundlegende Aufgabe, denn Texte wie die genannten Beispieltexte werden Sie durch Ihr ganzes Studium (und später durch Ihr juristisches Berufsleben) begleiten. Die Abhilfe besteht in der Fertigung von Übersetzungen, welche die Regeln enthalten, die in juristischen Texten stecken.

Übersetzen wir gemeinsam den genannten Text zur Ingerenz. Ich wiederhole ihn zunächst und bringe anschließend meinen Übersetzungsvorschlag :

„Wer durch sein pflichtwidriges Handeln oder Unterlassen die Gefahr für den Eintritt schädlicher Erfolge geschaffen hat (sog. Ingerenz), ist verpflichtet, die drohenden Schäden zu verhindern. Das ergibt sich aus dem Verbot, andere zu verletzen, das zugleich das Gebot enthält, selbstgeschaffene Gefahren zu beseitigen, wenn aus ihnen die Verletzung fremder Rechtsgüter droht."

Die Übersetzung lautet:

„1. Vorverhalten?

- Tun oder

- Unterlassen?

2. Pflichtwidrigkeit des Vorverhaltens?

3. Kausale Gefahrverursachung?

4. Wenn 1 - 4. Ja -> Ergebnis: Garantenpflicht aus Ingerenz"

Wenn Ihnen das Regelwerk der Ingerenz anhand von Normalfällen (dazu unten) restlos klar geworden ist, können Sie die Übersetzung noch kürzer fassen. Sie nehmen Ihre Finger zu Hilfe und formulieren etwa:

„Für Ingerenz brauche ich
- erstens Vorverhalten (Daumen),
- zweitens Pflichtwidrigkeit (Zeigefinger) und
- drittens Gefahrverursachung".

Jetzt ist die Regel merkbar geworden. Sie können die zentralen Elemente der Regel in Ihr Langzeitgedächtnis einspeichern, ohne sich selbst zu überfordern. (Auf diese Gefahr der Überforderung gehe ich noch ein.)

(2) Regeln in Gesetzen

Übersetzungen sind vor allem bei Gesetzen wichtig. Nehmen Sie als Beispiel den objektiven Betrugstatbestand, § 263 StGB. Die Vorschrift lautet:

„(1) Wer... das Vermögen eines anderen dadurch beschädigt, daß er durch Vorspiegelung falscher oder durch Entstellung oder Unterdrückung wahrer Tatsachen einen Irrtum erregt oder unterhält..."

Die Übersetzung lautet:

„Für einen Betrug brauche ich objektiv
- erstens Täuschung (Daumen),
- zweitens Irrtum (Zeigefinger),
- drittens Vermögensverfügung (Mittelfinger),
- viertens Vermögensschaden (Ringfinger)."

Oder nehmen Sie den Begriff des Verwaltungsaktes in § 35 S. 1 VwVfG. Die Vorschrift lautet:

„Verwaltungsakt ist jede Verfügung, Entscheidung oder andere hoheitliche Maßnahme, die eine Behörde zur Regelung eines Einzelfalles auf dem Gebiet des öffentlichen Rechts trifft und die auf unmittelbare Rechtswirkung nach außen gerichtet ist."

Die Übersetzung lautet:

„Für einen Verwaltungsakt brauche ich
- erstens Entscheidung (Daumen),

- *zweitens Behörde (Zeigefinger),*
- *drittens Einzelfall (Mittelfinger),*
- *viertens öffentliches Recht (Ringfinger)*
- *fünftens Regelung (kleiner Finger).* "

Der Begriff des Verwaltungsaktes ist ein komplexer Begriff, der lange vor Erlaß des VwVfG von der Rechtsdogmatik entwickelt worden war. Daß er mit fünf Elementen alle fünf Finger einer Hand beansprucht, und daß er der Kapazitätsgrenze unseres informationsverarbeitenden Systems (dazu unten) nahekommt, ohne sie zu überschreiten, ist kein Zufall. In der Dogmatik hat nur Erfolg, was unserem informationsverarbeitenden System angepaßt ist.

Wenn Sie es sich von Anfang an zur Gewohnheit machen, juristische Texte bewußt in Regeln nach Art der geschilderten Beispiele zu übersetzen, erwerben Sie ein mächtiges Werkzeug, mit dessen Hilfe Sie einen Lernprozeß abkürzen können, der bei den meisten Juristen auf rein intuitive Weise abläuft. Normalerweise dauert es etwa fünf Semester, bis der junge Jurist intuitiv beginnt, Texte in Regeln zu verwandeln. Da Texte immer lang und mühsam zu lesen sind, während (gute) Regeln immer knapp und leicht zu handhaben sind, ist das fünfte Semester auch der Zeitpunkt, zu dem der junge Jurist von den Professoren (welche meist lange und mühsam zu lesende Texte produzieren) zu den Repetitoren (welche knapp und bequem zu handhabende Regeln anbieten) überwechseln. Das können Sie besser machen. Übersetzen Sie einfach selbst an Stelle des Repetitors die Professoren.

II. Ein historischer Rückblick

1. Die Naturrechtsdiskussion

a) Das intuitive Empfinden der Existenz von Regeln

Zu allen Zeiten haben die Rechtsdenker gespürt, daß Regeln existieren, welche neben und vor den von Menschen geschaffenen rechtlichen Regeln existieren. Sie haben viele Anstrengungen unternommen, um dieses intuitive Gespür rational zu erfassen. Ein Beispiel hierfür bietet die bereits erwähnte Gerechtigkeitslehre des Aristoteles, die ich im vorigen Kapitel behandelt habe. In der Jahrtausende alten Naturrechtsdiskussion ist man diesem Phänomen nachgegangen. Im achtzehnten Jahrhundert wurde diese Diskussion beendet. In unserem Jahrhundert flackerte sie nur noch zweimal kurz auf. Dies geschah jeweils nach 1945 und 1990, als die beiden deutschen Unrechtsregime unserer Zeit überwunden wurden. In beiden Fällen konnte man nur schwer der Erkenntnis ausweichen, daß es den Gesetzen vorgegebene Befunde gebe, die ein Staat nicht ignorieren oder mißachten dürfe. In beiden Fällen wurden diese naturrechtlichen Ansätze jedoch rasch wieder erstickt. Nach 1945 gab es zu viele „Belastete", und nach 1990 sollte der „Aufschwung Ost" nicht durch eine teure „SED-Unrechtsbereinigung" gebremst werden.

Die sachlichen Probleme des Naturrechts existieren freilich weiter. Sie werden heute nur unter anderen Bezeichnungen diskutiert. Bei alledem ist merkwürdig, wie wenig wir Juristen uns mit dem Wesen von Regeln auseinandergesetzt haben, obwohl es doch nichts anderes als Regeln - Rechtsnormen und dogmatische Sätze - sind, mit denen wir in unserem Beruf hantieren. Ein kurzer Blick auf die historische Entwicklung ist in diesem Zusammenhang lehrreich.

b) Der Beginn der Naturrechtsdiskussion in der Antike

(1) Die kosmologische Epoche

Die Naturrechtsdiskussion begann schon in der griechischen Antike. Ursprünglich, in der sogenannten kosmologischen Epoche, war man von der Einheit von göttlichem Recht und menschlichem Gesetz ausgegangen. Heraklit hatte formuliert: *„Alle Gesetze nähren sich aus dem göttlichen Einen. "*

(2) Die Sophistik

In der Sophistik, der ersten Aufklärung der Geschichte, zersprang diese Einheit. Man erkannte, daß menschliche Gesetze auch fehlerhaft sein können, und daß der göttliche Wille nicht zu erkennen ist. Seit jener Zeit unterscheidet man zwischen dem Naturrecht und dem von Menschen gesetzten positiven Gesetzesrecht. Seitdem weiß man, daß zwischen beidem ein Widerspruch bestehen

kann. Später bürgerte sich hierfür die Rede von den „feindlichen
Brüdern" Naturrecht und Positivismus ein.

Die menschlichen Gesetze konnte man (scheinbar) leicht auffinden. Sie waren auf Tafeln gemeißelt, in Tonscherben eingeritzt oder
auf Pergament geschrieben. Man brauchte sie nur zu lesen. Mit der
Natur war das eine andere Sache. Einigkeit bestand nur darin, daß
die Frage nach der „Natur" identisch mit der Frage nach der Natur
des Menschen ist. Denn das Recht ist eine Veranstaltung von Menschen für Menschen. Was aber ist die Natur des Menschen? Das
war und ist die Kardinalfrage des Naturrechtes. Um hierauf eine
Antwort zu finden, gibt es nur zwei prinzipielle Möglichkeiten.
Man kann entweder den realen Menschen betrachten oder ein Idealbild des Menschen entwerfen. Beide Möglichkeiten wurden
schon in der Antike erprobt.

(3) Existenzielle Naturrechtslehren

Am Beginn, in der griechischen Sophistik, stand die Betrachtung
des existierenden Menschen mit seinen Bedürfnissen, Begierden,
Leidenschaften, Stärken, Schwächen, Lastern, Tugenden... Angesichts dieses Bildes hielten es die Sophisten für unmöglich, die Frage nach dem richtigen, dem Menschen vorgegebenen Recht
objektiv zu beantworten. Sie meinten, diese Frage könne nur durch
Abstimmung beantwortet werden und entwarfen demgemäß exi-
stenzielle Naturrechtslehren. Was die Mehrheit der Menschen für
richtig halte, sei richtig. Mehrheiten gewinnt man durch Rhetorik.
So begründeten die Sophisten die Rhetorik und führten diese Disziplin zu einer bis heute nicht wieder erreichten Höhe. Wir verdan-
ken ihnen die Demokratie. Das Recht verdankt ihnen so modern
anmutende Einrichtungen wie Staatsanwalt und Verteidiger. Da die
Sophisten der Überzeugung waren, daß es das obektiv richtige
Recht nicht gebe, mußte die Gerechtigkeit im Ringen widerstrei-
tender Standpunkte letztlich durch Abstimmung eines vielköpfi-
gen Gerichtshofes hergestellt werden. In der überschaubaren
griechischen Polis bildete das Volk diesen Gerichtshof. Es bestand
in Athen aus bis zu 6.000 Personen, die unmittelbar vor der Verhandlung durch das Los ausgewählt wurden und keine Kenntnis
des gerade anstehenden Falles hatten.

Original: Paris, Louvre

Die menschlichen Gesetze konnte man schon in der Antike leicht auffinden. Sie waren auf Tafeln gemeißelt, in Tonscherben eingeritzt oder auf Pergament geschrieben. Schwieriger war die Suche nach dem Naturrecht. — Die Abbildung zeigt den Codex Hammurapi, wie er auf der nach Susa verschleppten, 1902 wiedergefundenen und heute im Louvre in Paris befindlichen Dioritstelle überliefert ist. Hammurapi war 1782-1686 v. Chr. König von Babylon. Sein Kodex gilt als die wichtigste Rechtssammlung des Alten Orients. Mit 282 Rechtssätzen in altbabylonischer Sprache ist er umfangreicher und besser systematisiert als alle anderen (auch späteren) altorientalischen Rechtssammlungen.

Die Sophisten erfanden auch den bestimmten „Antrag" der Parteien, an den das Gericht gebunden war. Das Denken in „Ansprüchen" ist seitdem das Paradigma des abendländischen Rechts. Es wurde im römischen Aktionensystem rechtsdogmatisch fundiert und wird heute so fraglos praktiziert, daß etwa § 194 BGB die Befugnis, „von einem anderen ein Tun oder ein Unterlassen zu verlangen (Anspruch)" ganz selbstverständlich mit dem „Recht" gleichsetzt.[2]

Die Sophisten waren zu realistisch und zu nüchtern, um beim Publikum dauerhaften Erfolg zu haben. Es kam hinzu, daß sie anhand der sogenannten Paradoxien als erste entdeckten, daß die Sprache die Menschen überfordern und in die Irre führen kann. So verwirrte ein Sophist aus Kreta seine Umgebung mit der Behauptung, er lüge immer. Wenn das zutraf, dann log er auch bei dieser Behauptung, und damit traf es nicht zu, daß er immer lüge. Das war verwirrend. Einmal sagte er zu einem Freund, er werde nach Athen reisen. Der Freund sah ihn traurig an und sagte: *„Wenn Du sagst, Du reisest nach Athen, dann heißt das, Du reisest nicht nach Athen. Zufällig weiß ich aber, daß Du Dir schon eine Fahrkarte gekauft hast. Warum belügst Du mich, deinen Freund?"* Unverdrossen ging unser Kreter nach Hause und bat seine Frau, den Koffer zu packen. Er sagte zu ihr: *„Bitte packe mir auch Deine Pantoffeln ein. Natürlich meine ich nicht Deine, sondern meine Pantoffeln. Wenn ich aber ´mei-*

---

[2] Diese Entwicklung verlief keineswegs zwangsläufig. In vielen Kulturen der Welt - von fernöstlichen Ländern über Indien und die islamische Welt bis hin zu Afrika - existieren traditionell andere, konsensorientierte Modelle der Konfliktbeilegung. In den westlichen Industrieländern, insbesondere den USA, Kanada, Australien, aber auch in den europäischen Ländern, gibt es seit etlichen Jahren eine Gegenbewegung, die sich um Mediation und Verhandeln als Techniken der alternativen Konfliktbeilegung (Alternative Dispute Resolution ADR) bemüht. Ausgehend von der alten Erkenntnis, daß ein im Anspruchsdenken ausgetragener Streit immer zu einem Nullsummenspiel führt, bei dem der Gewinn des einen mit dem Verlust des anderen identisch ist (und bei dem häufig genug sogar alle Beteiligten verlieren), wird nach besseren Konfliktlösungsmodellen gesucht. Diese Modelle bieten für viele (nicht alle) Rechtsstreitigkeiten eine vorzugswürdige Alternative, und auch in der Politik zeigen sie zunehmend ihre Überlegenheit; ein bekanntes Beispiel hierfür bietet das durch Mediation des damaligen US-Präsidenten Jimmy Carter zustandegekommene Camp-David-Abkommen zwischen Ägypten und Israel. Manche Staaten, so etwa Japan, die im 19. Jahrhundert das deutsche Privatrecht übernommen haben, besinnen sich gegenwärtig zunehmend auf ihre eigenen konsensorientierten Traditionen.

ne` Pantoffeln sagen würde, dann würdest Du denken, ´meine` Pantoffeln und würdest mir Deine Pantoffeln einpacken. Ich brauche aber meine Pantoffeln. Damit Du das richtige tust, sage ich ´Deine` Pantoffeln. Dann denkst Du richtig ´Deine` Pantoffeln und packst mir meine Pantoffeln ein. Also, packe mir bitte Deine Pantoffeln ein." Während die arme Frau noch hierüber nachdachte, räsonierte ihr kleiner Sohn am Eßtisch: „*Wie gut, daß ich Spinat nicht mag. Denn würde ich ihn mögen, würde ich ihn essen, und ich hasse doch das Zeug.*"

(4) Ideelle Naturrechtslehren

Die Auflösung solcher Paradoxien gelang erst in der modernen Sprachphilosophie. Die Griechen waren jedenfalls verwirrt. Wenn Menschen dazu gebracht werden, an der Sprache, ihrem wichtigsten Erkenntnismittel, zu zweifeln, dann gibt es im allgemeinen nur zwei Möglichkeiten. Sie nehmen den Angriff nicht ernst, oder sind dem Angreifer gram. Das erstere können Sie bei jedem Witz erleben.[3] Das letztere geschah, als die Sophistik durch Sokrates und dessen Schüler Platon „überwunden" wurde. Aristoteles hat diesen Vorgang katalogisiert. Ein neuer Name mußte her, um dem Publikum zu zeigen, daß es mit Realitätssinn und Nüchternheit ebenso ein Ende hatte wie mit verwirrenden Paradoxien und natürlich auch mit der Demokratie. An die Stelle der Sophisten (Weisheitslehrer) traten die Philosophen (Freunde der Weisheit). Sie betätigten sich auch auf juristischem Gebiet und entwarfen anstelle der existenziellen Naturrechtslehren der Sophisten ideelle Naturrechtslehren, in denen sie von einem Idealbild des Menschen ausgingen. Diesen lag die Auffassung zugrunde, es existierten objektiver Wahrheiten, die in einem platonischen Ideenreich geschaut werden könnten. Dazu gehöre auch das Recht. Es habe eine objekive Existenz und könne „geschaut" werden. Dazu bedürfe es

---

[3] Beim Witz wird in der Pointe ein eben noch gültiges Sprachmodell blitzschnell durch ein anderes, ebenso plausibel erscheinendes Modell ersetzt. Darin liegt ein Angriff auf unser Erkenntnisvermögen, der uns eigentlich beunruhigen müßte. Indem wir lachen, beschließen wir, den Angriff nicht ernst zu nehmen. Das Lachen über den Witz ist Ausdruck unserer Hilflosigkeit. Dazu folgendes Beispiel: Ein alter Mann ist hochbetagt gestorben und kommt in den Himmel. Dort sitzt sein alter Freund, der vor kurzem ebenfalls gestorben ist. Auf seinen Knien sitzt ein bildhübsches junges Mädchen. Da leuchten die Augen des Neuankömmlings auf. „Ist sie Deine Belohnung?" will er wissen. Trauriges Kopfschütteln. „Nein, ich bin ihre Strafe."

freilich besonders kluger Menschen. Sie werden nicht überrascht sein, wenn ich anmerke, daß die Philosophen sich selbst für diese „Ideenschau" empfahlen.

Diese beiden Positionen wurden in den beiden folgenden Naturrechtsepochen, dem christlich-mittelalterlichen und dem neuzeitlichen Naturrecht, noch mehrfach variiert.

c) Das mittelalterliche Naturrecht

(1) Der Begriffsrealismus

Im Mittelalter knüpfte Thomas von Aquin, merkwürdig genug, an Aristoteles an und vertrat einen sogenannten „Begriffsrealismus", demzufolge die Universalbegriffe Realität haben sollten (*„universalia sunt realia"*), und zwar vor den Dingen (*„ante rem"*) oder in den Dingen (*„in rem"*). Diese Realität führte man auf Gott zurück, dessen Existenz man durch den berühmten scholastischen Gottesbeweis nachweisen wollte. Dazu schloß man aus der Existenz des Begriffes „Gott" auf die Existenz Gottes selbst. Konsequent bemühte man sich darum, die Gebote und damit den Willen Gottes zu erkennen. Man formulierte oberste „Naturrechtssätze" wie „Tue das Gute", „Meide das Böse" und leitete daraus über mehrere Stufen immer konkreter werdende Rechtsnormen ab wie „Tue Gutes, indem du deine Schulden bezahlst".

(2) Der Nominalismus

Es waren die englischen Franziskaner Duns Scotus und Wilhelm von Ockham, welche die Hybris dieses Gedankens erkannten. Sie griffen Gedanken auf, die schon Paulus und Augustinus geäußert hatten, und fragten, wie sich die Schöpfung anmaßen könne, den Willen des Schöpfers ergründen zu wollen? Gott, so lehrten sie, habe die Menschen nicht geschaffen, damit sie sein Wesen und seinen Willen ergründeten, sondern damit sie ihn und ihresgleichen liebten. Die Liebe sei aber kein Akt des Verstandes, sondern ein Akt des Willens. Die Begriffe hätten demgemäß keine reale Existenz. Sie seien bloße Namen (*„nomina"*), die im Anschluß an die realen Dinge gebildet worden seien (*„post rem"*). Zwischen Begriffsrealismus und Nominalismus entstand der Universalienstreit, der das Mittelalter bewegte. Der Nominalismus sollte in dieser

Auseinandersetzung siegen. Mächtige Bastionen des Begriffsrealismus blieben freilich bis heute unerobert. Die deutsche Rechtswissenschaft ist eine dieser Bastionen.

d) Das Ende der Naturrechtsdiskussion im 18. Jahrhundert

(1) Das Vernunftrecht

Die Naturrechtsdiskussion hatte in der ersten Aufklärung der menschlichen Geschichte, der Sophistik, begonnen. Sie endete in der zweiten Aufklärung des achtzehnten Jahrhunderts. Das neuzeitliche Naturrecht knüpfte wieder an die faktische Existenz des Menschen an. Man glaubte an die Allmacht der menschlichen Vernunft und suchte in ihr auch den Schlüssel zum richtigen Recht, zum Vernunftrecht. Ein typisch vernunftrechtlicher Gedankengang ging beispielsweise von der empirisch feststellbaren Tatsache aus, daß der auf sich allein gestellte Mensch hilflos ist. Die Hilflosigkeit *(„imbecillitas")* begründet etwa die Notwendigkeit des Güteraustausches. Das Vernunftrecht muß diesen Austausch durch entsprechende Normen gewährleisten.

Unter den Vernunftrechtlern jener Epoche sei hier exemplarisch Samuel von Pufendorf genannt. Er entwickelte beispielsweise eine strafrechtliche Zurechnungslehre *(„imputatio facti", „imputatio iuris"),* die für die moderne Strafrechtsdogmatik grundlegend geworden ist. Aus ihr hat sich die Unterscheidung von Unrecht und Schuld entwickelt. Es ist kein Zufall, daß demokratisches Gedankengut in jener Zeit wiederbelebt wurde, zwar nicht in Deutschland, wohl aber in den USA und in Frankreich. Pufendorf zählt zu den geistigen Vätern der amerikanischen Revolution. Es führt eine gerade Linie von den Sophisten über die englischen Franziskaner und das Vernunftrecht zu dem heutigen US-amerikanischen Rechtssystem, in dem der Ankläger nur anzuklagen und der Verteidiger nur zu verteidigen hat, während der Richter über die Einhaltung der Regeln wacht und die Geschworenen dem Recht „geben", der sie überzeugt hat. Ebenso führt eine gerade Linie von den Philosophen über Aristoteles und Thomas von Aquin zu dem heutigen deutschen Rechtssystem, in dem der Ankläger zugleich entlastende Umstände untersuchen und der Richter nach Zulassung der Anklage den Sachverhalt aufklären und das Recht „erkennen" soll, während der Verteidiger - genau besehen - überflüssig ist.

Original: Florenz, Cappelone degli Spagnoli in
S. Maria Novella

Im Mittelalter knüpfte Thomas von Aquin, *merkwürdig genug, an Aristoteles an und vertrat einen sogenannten „Begriffsrealismus",* demzufolge die Universalbegriffe Realität haben sollten (universalia sunt realia), *und zwar vor den Dingen* (ante rem) *oder in den Dingen* (in rem). *Die Abbildung zeigt Thomas v. Aquin und zu seinen Füßen die drei Häretiker (= Ketzer) Sabbelio, Averròe und Ario (Fresco von Andrea da Firenze).*

Porträt nach einem Kupferstich

Die englischen Franziskaner Duns Scotus *und Wilhelm von Ockham griffen Gedanken auf, die schon Paulus und Augustinus geäußert hatten. Sie vertraten den Nominalismus, der im Universalienstreit des Mittelalters über den Begriffsrealismus siegen sollte. Mächtige Bastionen des Begriffsrealismus blieben freilich bis heute unerobert. Die deutsche Rechtswissenschaft ist eine dieser Bastionen. Die Abbildung zeigt den Franziskaner Duns Scotus.*

Kupferstich von J.v. Sandrart, um 1690

Samuel von Pufendorf *(1632-1694) nahm unter den Vernunft-rechtlern der Aufklärung einen führenden Platz ein. Er entwickel-te beispielsweise eine strafrechtliche Zurechnungslehre, aus der sich die moderne Unterscheidung von Unrecht und Schuld im Straf-recht entwickelt hat. Es ist kein Zufall, daß demokratisches Ge-dankengut in jener Zeit wiederbelebt wurde, zwar nicht in Deutschland, wohl aber in den USA und in Frankreich. Pufendorf zählt zu den geistigen Vätern der amerikanischen Revolution.*

Holzstich-Porträt von A.v. Menzel, 1852

Paul Johann Anselm von Feuerbach *(1775-1833) ist der Begründer der modernen Strafrechtswissenschaft. Er überwand die Mißstände seiner Zeit und formulierte den Grundsatz* nulla poena sine lege. *Heute gilt dieser Satz im Range eines Grundrechts (Art. 103, Abs. 2, Grundgesetz).*

(2) Die Kodifikationsbewegung

Die Vernunftrechtler des achtzehnten Jahrhunderts gewannen zahlreiche Regeln aus der Vernunft. Was lag näher, als das Vernunftrecht in Gesetzbüchern aufzuschreiben? Man entschloß sich zur Verwirklichung dieses Gedankens, und es kam zu der Kodifikationsbewegung, einer einmaligen Erscheinung in der Geschichte des Rechts. Frühere Gesetzbücher sollten den Willen eines Gesetzgebers ausdrücken, so etwa im Falle des Codex Hammurapi, oder sie sollten das vorhandene Recht aufzeichnen, so etwa im Falle des Corpus Juris Justinians. Spätere Gesetze sollten das Rechtsstaatsprinzip durch die liberal-rechtsstaatliche Abwehr- und Begrenzungsfunktion des Gesetzes verwirklichen, welcher Gedanke erstmals durch Feuerbachs baierisches Strafgesetzbuch von 1813 verwirklicht wurde. Die Kodifikationsbewegung des achtzehnten Jahrhunderts wollte dagegen etwas anderes. Sie wollte die jahrtausendealte Naturrechtsdiskussion beenden, indem sie das durch Vernunft erkannte Naturrecht in Gesetzbüchern aufschrieb. So entstanden der Codex bavaricus civilis von 1756, das schon erwähnte Preußische Allgemeine Landrecht von 1794, der Code Napoleon von 1804 und das österreichische Allgemeine Bürgerliche Gesetzbuch von 1810. Mit diesen Gesetzbüchern wurde die Naturrechtsdiskussion (scheinbar) beendet.

2. Der Rechtspositivismus

a) Das Absterben der Rechtsphilosophie im 19. Jahrhundert

(1) Kant statt Hegel

Mit dem Naturrecht starb die Rechtsphilosophie ab. Zu Beginn des neunzehnten Jahrhunderts gab es zwar noch einmal mit Hegels Rechtsphilosphie den Versuch, eine ideelle Naturrechtslehre zu entwickeln. Aber die Mehrheit der deutschen Juristen entschied sich dafür, Kant zu folgen und metaphysische Gegenstände für unerkennbar zu halten oder deren Existenz zu verneinen. Es begann die Epoche des Rechtspositivismus, in der wir im Grunde heute noch leben. Für viele Juristen ist das Recht heute noch schlicht identisch mit dem Gesetz.

(2) Regeln jenseits des positiven Rechts

Sieht man indessen genauer hin, erkennt man, daß sich auch zu den Zeiten des extremsten Gesetzespositivismus immer wieder das Empfinden dafür regte, daß es noch etwas jenseits des Gesetzes gibt, etwas, das man spürt, das man aber nur schwer fassen kann. Schon zur Zeit der Kodifikationsbewegung wurde dies deutlich. In der Überzeugung, die neuen Gesetze seien vollständig und klar, erließen die Gesetzgeber Auslegungs- und Kommentierungsgebote. Das Preußische Allgemeine Landrecht enthielt eine Bestimmung, welche alle Richter anwies, nach Berlin Meldung zu erstatten, wenn das Gesetz einmal Zweifelsfragen aufwerfen sollte. Eine solche Meldung wurde aber nur ein einziges Mal erstattet. Dann wandten sich die Richter wieder dem gewohnten Geschäft der Anwendung des Gesetzes auch auf zweifelhafte Fälle zu. Schon bald nach Inkrafttreten des Code Civil erschien der erste Kommentar. Als Napoleon ihn sah, rief er aus: *„Mein Code ist verloren."* Mit all seiner Macht konnte er die Kommentierung seines Code nicht verhindern. Nicht besser erging es Feuerbach, zu dessen bayerischem Strafgesetzbuch ebenfalls ein Kommentierungsverbot ergangen war.

3. Die historische Rechtsschule

Im neunzehnten Jahrhundert wandte man sich von den Kodifikationen ab. Savigny, der 1810 von Wilhelm von Humboldt zur Gründung der neuen Universität nach Berlin gerufen wurde, erwähnte das wenige Jahre zuvor in Kraft getretene Preußische Allgemeine Landrecht in seinen Vorlesungen mit keinem Wort. Er lehrte das Römische Recht und gründete die historische Rechtsschule, derzufolge alles Recht eigentlich Gewohnheitsrecht sei. Es verdanke seine Entstehung den *„still wirkenden Kräften des Volksgeistes".* Im reiferen Stadium eines Volkes seien es die Juristen, und zwar die Rechtswissenschaftler, die das Volk in dieser Funktion repräsentierten. Indem sie das Recht weiterentwickelten, würden sie zur Rechtsquelle. Seitdem sprechen wir von Rechtswissenschaft.

4. Die Begriffsjurisprudenz

Aus diesen Ideen entwickelte sich die Begriffsjurisprudenz des neunzehnten Jahrhunderts. Die gelehrte Beschäftigung mit den Rechtsbegriffen führte dazu, daß man „Begriffspyramiden" errich-

Gemälde von Döbler, 1781

Im 18. Jahrhundert wurde der Naturrechtsgedanke wissenschaftlich widerlegt. Vollbracht hat diese Leistung Immanuel Kant (1724–1804). *In seinen Kritiken, vor allem in seiner „Kritik der reinen Vernunft", hat er „die schärfsten Waffen gegen das Vernunftrecht geschmiedet" (Artur Kaufmann). Der Mensch ist für Kant als vernunftbegabtes Wesen sittlich autonom. Sein Wille ist Gesetzgeber. Die aus der Vernunft stammende Idee der Freiheit macht den Menschen zu einem Glied der intelligiblen Welt. Die sittliche Autonomie des einzelnen ist das „Grundgesetz der moralischen Welt." Und so findet Kant zu seinem berühmten kategorischen Imperativ:* „Handle so, daß die Maxime Deines Willens jederzeit zugleich als Prinzip einer allgemeinen Gesetzgebung dienen könnte."

Original: Schiller Museum, Marbach

In Georg Friedrich Wilhelm Hegel (1770-1831) hat der deutsche Idealismus — und mit ihm das idealistische Naturrecht — seinen Höhepunkt erfahren. Mit seiner Philosophie knüpfte er an eine Tradition an, die Platon mit seiner Ideenlehre begründet hatte. In der Geschichte gibt es, so lehrte Hegel, kein dunkles Walten, kein Regiment des Zufalls. Für ihn vollzog sich die Geschichte mit logischer Notwendigkeit nach dem Gesetz der Vernunft. „Der einzige Gedanke" *schrieb er,* „den die Philosophie mitbringt, ist der einfache Gedanke der Vernunft, daß die Vernunft die Welt beherrsche, daß es also auch in der Weltgeschichte vernünftig zugegangen sei."

Original: ehem. Hohenzollern-Museum

Friedrich Carl von Savigny *(1779-1861) war der berühmteste deutsche Jurist des 19. Jahrhunderts. In einer Zeit der politischen Ohnmacht setzte er auf Bildung und begründete damit die Weltgeltung der deutschen Rechtswissenschaft. Seit ihm, durch ihn hat sich dieser Ausdruck überhaupt erst eingebürgert. Er gründete die historische Rechtsschule. Recht, so lehrte Savigny, ist immer schon da, wo die Menschen und Völker sich zu Staaten verbinden, genau wie die Sprache von Anbeginn an da ist. Recht entsteht also durch Sitte und Volksglaube, dann durch Jurisprudenz, aber immer als Gewohnheitsrecht und „überall also durch innere still wirkende Kräfte, nicht durch die Willkür eines Gesetzgebers."*

tete, in denen man herumkletterte. Man ließ die Begriffe fruchtbar werden, sich paaren, auf welche Weise neue Begriffe zu Tage befördert wurden, die bislang verborgen gewesen waren. Ein gelehrter Jurist namens Philipp Eduard Huschke (gest. 1886) ging sogar soweit, durch rein begriffliches Operieren auf die Existenz bestimmter Wirklichkeiten zu schließen. Er „entdeckte" die Existenz eines bislang unbekannten Tieres namens Bovigus, das man sich als Mittelding zwischen einem Pferd und einem Ochsen denken muß. Zwar hatte noch niemand dieses Tier gesehen, auch Huschke nicht, aber er war sich seiner Sache ganz sicher. Er hatte den Bovigus völlig korrekt durch logisch-systematische Begriffsarbeit aus Begriffen abgeleitet.

5. Die Interessenjurisprudenz

Rudolf von Ihering vollendete die Begriffsjurisprudenz und überwand sie nach einem Damaskuserlebnis. Er hatte durch abstrakte Begriffskonstruktionen eine Lehre entwickelt, die er dann zufällig auf einen konkreten Fall anwenden sollte. Diese Probe auf das Leben hielt seine Lehre nicht aus. Er gab sie auf und warf mit ihr zugleich die gesamte Begriffsjurisprudenz über Bord. Unter großem Widerhall der Praxis verkündete er eine neue Lehre, die Interessenjurisprudenz, und erklärte, im Recht gehe es um den Ausgleich von Interessen, ohne daß bis heute recht klar wurde, was das eigentlich bedeuten sollte.

6. Die rechtsphilosophische Neubesinnung im 20. Jahrhundert

a) Verschiedene Strömungen

Im neunzehnten Jahrhundert war die Rechtsphilosophie, wie schon gesagt, abgestorben. Ihren Platz nahm die Allgemeine Rechtslehre ein, die sich bemühte, allgemeine Erscheinungen des Rechts wie „Rechtssubjekt", „Rechtsobjekt", „Rechtsbeziehung" vor die Klammer der einzelnen Regelungen zu ziehen. Sie wurde einmal als Euthanasie der Rechtsphilosophie bezeichnet. Im zwanzigsten Jahrhundert kam es wieder zu einem rechtsphilosophischen Aufbruch, der aus den verschiedensten Quellen gespeist wurde und zu den verschiedensten Strömungen führte. Man suchte nach der ursprünglichen Verbindung des Rechts zu den Tatsachen und sprach von einem *„Naturrecht mit wechselndem Inhalt"*. Man stützte sich auf den der Norm immanenten Sinngehalt und forderte eine „*Konkretisierung*" des Gesetzes. Man forschte nach dem „*materialen Apriori*" im Recht und suchte ein „*komplexes ontisches Sein, das die gesetzlichen Strukturen und die Wertdifferenzen immanent in sich trägt und nicht erst von der Wissenschaft herangetragen bekommt*". Man befaßte sich mit „*sachlogischen Strukturen*". Man praktizierte „*konkretes Ordnungsdenken*". Man entwickelte eine „*phänomenologische Rechtslehre*". Man glaubte an die „*Stoffbestimmtheit der Idee*" und verband diesen Gedanken mit der Lehre von der „*Natur der Sache*", der „*Schau der Idee in dem Stoffe, den sie zu formen bestimmt ist*". Man arbeitete mit dem „*Typusbegriff*" und entwickelte aus der „*Stoffbestimmtheit der Idee*" die „*Ideenbestimmtheit des Stoffes*". Man beschäftigte sich mit dem „*konkret-allgemeinen Begriff*". Man untersuchte die „*Institutionen*" und entwickelte einen „*institutionellen Rechtsbegriff*". Man suchte das Recht in der „*Entsprechung*" von „Sollen und Sein". Man rätselte über das Begriffspaar „*Gesetz und Recht*" in Artikel 20 Absatz III GG. Man tat all dies und noch vieles mehr.

b) Ernüchterung in der Gegenwart

Alle diese Bemühungen um ein „Unverfügbares" im Recht haben bei den Rechtsdenkern zu Ernüchterung, ja, Enttäuschung geführt. So hat man sich in der Gegenwart einerseits formalen Rechtstheorien, andererseits prozeduralen Rechtstheorien zugewandt. Die ersteren betreiben analytische Rechtstheorien, bei denen durch Logik und Sprachanalyse „evidente" Aussagen über das Recht gefunden werden sollen. Die anderen setzen auf die Methoden des hermeneutischen Verstehens, der Argumentation, der Topik und der Rhetorik. Die ersteren werfen den letzteren vor, irrational zu sein. Die letzteren entgegnen den ersteren, daß sie keine Antwort auf die Probleme der Menschen hätten.

7. Nochmals: Regeln

a) Beschränkung auf rechtliche Regeln

Es ist merkwürdig, daß alle diesen Bemühungen sich nur mit rechtlichen Regeln zu befassen und außer acht zu lassen, daß diese nur ein Ausschnitt aus einem viel umfassenderen Regelwerk sind. Daß hier vorsprachliche Mechanismen wirksam sind, die wir gro-

Rudolf von Ihering *(1818-1892) vollendete und überwand nach einem Damaskus-Erlebnis die Begriffsjurisprudenz und begründete die Interessenjurisprudenz. Sein Wiener Vortrag „Der Kampf ums Recht" von 1872 wurde in fast alle europäischen Sprachen und ins Japanische übersetzt. Diese Schrift gilt heute als die am weitesten über die Erde verbreitete Veröffentlichung eines deutschen Rechtsgelehrten. In ihr schilderte er den Rechtskampf als „Behauptung" der „Persönlichkeiten" und bezeichnete ihn als „Pflicht".*

Gustav Radbruch *(1878-1949) war der bekannteste Rechtsphilosoph zu Beginn des 20. Jahrhunderts. Er war ein Vertreter des sogenannten „Neukantianismus" und stand an der Spitze jener Rechtsdenker, die in den ersten Jahrzehnten des 20. Jahrhunderts um eine Erneuerung rechtsphiliosophischen Denkens bemüht waren. Radbruch war auch politisch tätig. Er war zur Zeit der Weimarer Republik Reichsjustizminister. Im Jahre 1933 war er der erste deutsche Professor, der von den nationalsozialistischen Machthabern aus seinem Lehramt entfernt wurde.*

ßenteils nicht kennen, und die wir, sofern wir sie erkennen, nur sehr unvollkommen in Worte fassen können, wird bei der Beschränkung des Untersuchungsgegenstandes auf die Rechtsregeln unter Ausblendung anderer Regelsysteme nicht gesehen. Keiner der Rechtsdenker hat je die Möglichkeit auch nur erwogen, bei der Bewältigung seiner Aufgabe schlicht überfordert zu sein. Keiner hat sie gar eingeräumt. Die in der deutschen Sprache besonders leicht zu verwirklichende Möglichkeit, durch orakelnde Sprüche jenen silbernen Nebel zu erzeugen, den die Deutschen nach Mark Twain für Tiefsinn halten, hat ein übriges getan. Wenn jemand vom *„materialen Apriori"* oder von der *„Stoffbestimmtheit der Idee"* oder von *„sachlogischen Strukturen"* orakelt, dann meinen die Leute, sie hätten es mit sehr tiefgründigen Wahrheiten zu tun, obwohl in Wahrheit nur vage Andeutungen gemacht werden und mitunter überhaupt kein Sinn mehr vorhanden ist.

b) Die Existenz des platonischen Ideenreiches in den Regeln

Das, was Platon und seine Nachfolger gespürt haben, existiert, nicht irgendwo in einem metaphysischen Reich der Ideen, sondern in unserem eigenen informationsverarbeitenden System. Es ist schlicht das Regelwerk, nach dem sich unser Verhalten richtet. Erst in der Gegenwart hat man begonnen, sich mit diesem Regelwerk zu beschäftigen. Dies geschieht nur zum geringsten Teil bei uns Juristen. In erster Linie sind hier Vertreter anderer Disziplinen - Linguisten, Sozialpsychologen, Informatiker, Anthropologen - aktiv.

Die Mißachtung dieses Befundes hat zu verhängnisvollen Irrlehren geführt. Hegel hat beispielsweise die Behauptung aufgestellt, in der Geschichte gehe es vernünftig zu. Die Folgen können wir heute am Zusammenbruch des Kommunismus anschaulich studieren. Wer Begriffe und Ideen für real nimmt, ist autoritär, antidemokratisch, ein Feind der offenen Gesellschaft.[4] Seine Irrtümer können die Welt ruinieren.

---

[4] Ich empfehle Ihnen die Lektüre des Buches von Karl*Popper:* „Die offene Gesellschaft und ihre Feinde."

c) Das Recht existiert nur als Verabredung

(1) Wie wirklich ist das Recht?

Es wäre nicht nötig, das hier auszuführen, wenn nicht auch viele Juristen von der irrigen Vorstellung beherrscht wären, das Recht sei etwas, was wirklich existiere. Das Recht ist nichts anderes als eine Verabredung zwischen den Menschen über die verbale Formulierung und Geltung bestimmter Regeln als „Rechtsnormen" und über die Bereitstellung von Zwang zur Durchsetzung dieser Normen. Niemand hat Dinge wie das „Eigentum" oder den „Anspruch" je gesehen. Keiner hat eine „juristische Person" je leibhaftig erlebt. Niemand hat das „Unrecht" oder die „Schuld" je empirisch nachgewiesen. Alle diese rechtlichen Dinge existieren nur insoweit, als wir sie in unser rechtliches Regelwerk übernommen haben. Es sind von uns selbst konstruierte Wirklichkeiten, die uns freilich realer vorkommen als die Sachen, die uns umgeben und die wir anfassen können.

(2) Orakeln Sie nicht!

Während Ihres Studiums und während Ihrer späteren Berufspraxis werden Sie ständig der Versuchung ausgesetzt sein, die juristischen Dinge für real zu halten. Dann ist die Sinnfrage nicht mehr weit, und es droht das Orakeln. Widerstehen Sie dieser Versuchung. Es gibt keinen Sinn in Rechtsnormen. Es gibt nur ihren Zweck und die Frage, ob die Anwendung der Norm auf einen bestimmten Fall diesem Zweck dient oder nicht dient.

III. Das Problem der Komplexität

1. Unsere körpersprachlichen Automatismen

Der Ursprung unserer Verhaltensregeln liegt, wie erwähnt, in der Notwendigkeit, auf Informationen, die uns beispielsweise eine Gefahr signalisieren, rasch und richtig reagieren zu können. Zu diesem Zweck sind wir mit einem informationsverarbeitenden System ausgestattet, das über entsprechende Automatismen verfügt. Diese Automatismen werden in der Körpersprache, unserer Primärsprache, dargestellt und verarbeitet. Die Körpersprache ist unsere älteste Sprache. Sie ist keine Sprache zum Denken, sondern eine Sprache zum Handeln. Sie ermöglicht unmittelbare und analoge Reaktionen auf wahrgenommene Informationen. Beispiels-

Foto: dpa/Leonhardt

Die Körpersprache ist eine unmittelbare, analoge Sprache, die aus Gesten besteht, welche gewissermaßen durch Knopfdruck ausgelöst werden, und die infolge des Verzichts auf zeitraubende Verarbeitungsmechanismen lebensnotwendige Spontanreaktionen ermöglichen. Sammy Molcho hat sich in Büchern und Seminaren für das Studium dieser Primärsprache eingesetzt.

weise können wir mit ihrer Hilfe auf die Wahrnehmung einer Bedrohung durch Auslösung eines Fluchtimpulses reagieren. Eine zeitaufwendige Verarbeitung dieser Informationen darf dabei nicht erfolgen. Die Reaktion müssen vielmehr sehr schnell, gewissermaßen auf Knopfdruck, geschehen. Diese Notwendigkeit hat die Architektur unseres informationsverarbeitenden Systems geprägt. Ich komme hierauf zurück.

2. Rechtliche Regeln

a) Verbale Regeln

Rechtliche Regeln sind nun im Unterschied zu anderen Regeln in der verbalen Sprache, unserer Sekundärsprache, formuliert. Diese Sprache ist eine Geschichtensprache, die für einen ganz anderen Zweck geschaffen wurde als die Körpersprache. Mit ihrer Hilfe werden Informationen in einem abstrakten Zeichensystem abgebildet. Sie können auf diese Weise gespeichert und verarbeitet werden und erschließen uns die geschichtliche Dimension. Auch hierauf komme ich zurück.

b) Die Überforderung durch Komplexität

Damit entsteht bei rechtlichen Regeln das Problem der Überforderung unseres Denkvermögens durch Komplexität. Beim Einsatz der Körpersprache kann dieses Problem nicht entstehen. In unserer Primärsprache denken wir nicht. Hier wird einfach auf Schalter gedrückt. In unserer Sekundärsprache denken wir dagegen und stoßen dabei auf Grenzen, die wir letztlich nicht überwinden können.

Daß Komplexität unser Denken überfordert, ist ein Befund, den die moderne Psychologie in eindrucksvollen Untersuchungen erhoben hat. Diese Überforderung hat viele Nachteile zur Folge - in Recht, Wirtschaft, Verwaltung, Politik, Militärwesen... Wenn unsere Welt in vieler Hinsicht einen beklagenswerten Zustand erreicht hat, so liegt hier (auch) eine Ursache dafür. Komplexität - was ist das?

3. Was ist Komplexität?

a) Negative Bestimmung

Das Wesen von Komplexität kann zunächst negativ beschrieben werden. Komplexität ist etwas, was nicht als Erlebnis und damit nicht in der Geschichtensprache beschrieben werden kann. Ein jüdischer Witz mag verdeutlichen, was ich meine.

Ein Sohn möchte heiraten und präsentiert seinem Vater eine in Aussicht genommene Braut.

„Nein", sagte der Vater. „Sie ist zwar hübsch, aber sie hat kein Geld."

Schweren Herzens beendet der Sohn die Beziehung zu dem jungen Mädchen. Die nächste potentielle Braut ist reich, wie vom Vater gefordert, und der Sohn ist voller froher Erwartung.

„Nein", entscheidet der Vater. „Diese ist geizig. Sie hat einen schlechten Charakter."

Der Sohn macht sich betrübt erneut auf die Suche und präsentiert eine weitere Kandidatin.

„Nein", spricht der Vater. „Diese ist dumm. Du würdest es mit ihr nicht aushalten."

So geht es weiter. An jeder in Aussicht genommenen Braut findet der Vater etwas anderes auszusetzen. Schließlich fragt der Sohn ihn verzweifelt: „Wie soll denn die Braut sein?

Der Vater denkt eine Weile über dieses Problem nach.

„Anständig soll sie sein", erklärt er dann.

Ein Begriff wie „anständig" ist komplex. Er kann sprachlich nicht näher bestimmt werden. Er kann nur an Beispielen aufgezeigt werden. Der Vater wußte, was anständig ist, aber er konnte es nicht sagen. So ist der Sohn Junggeselle geblieben.

b) Positive Bestimmung

(1) Die Merkmale von Komplexität

Positiv gesagt ist Komplexität die Bezeichnung für eine Erscheinung, die folgende Merkmale aufweist: Es existiert ein Gegenstand, welcher durch eine Mehrzahl von Aspekten gekennzeichnet ist. Den Aspekten sind jeweils Unteraspekte mit weiteren Unter-Unteraspekten zugeordnet. Es existieren also Hierarchien von Aspekten. Regelmäßig sind diese Aspekte und Unteraspekte keine Ja-

Nein-Aspekte. Sie sind vielmehr abstufbare Mehr-oder-Minder-Aspekte. Auch sind sie durchweg untereinander „vernetzt". Sie bilden ein System. Der so gekennzeichnete Gegenstand ist in irgendwelcher Hinsicht problematisch, und es müssen Lösungen für diese Probleme gefunden werden. Diese Problemlösungen finden in einer Situation statt, welche typischerweise intransparent und eigendynamisch ist. Der Entscheider überblickt den Gegenstand nur unvollkommen, und er kann der Entscheidung nicht ausweichen. Trifft er keine Entscheidung, ist das auch eine Entscheidung, nämlich eine solche für die Fortsetzung eines laufenden Prozesses. Regelmäßig gibt es eine Mehrzahl von möglichen Lösungen zur Auswahl. Es gibt also etwas, was die Psychologen als Politelie bezeichnen. Nur ein Teil dieser Lösungen ist dem Entscheider bekannt. Andere, möglicherweise bessere Lösungen sind ihm unbekannt. Es gibt also auch so etwas wie eine Offenheit des Zielzustandes. Die verschiedenen Lösungen sind dabei regelmäßig miteinander unverträglich, was bis hin zum völligen Gegegensatz einzelner Lösungen reichen kann. Das alles ist Komplexität, und wenn Sie diese komplizierte Beschreibung schwer verständlich nennen, dann kann ich Ihnen nur zustimmen. Komplexität überfordert uns bereits dann, wenn wir sie nur beschreiben wollen.

(2) Das Lohhausen-Experiment

Eine der eindrucksvollsten Analysen der Überforderung des Menschen durch Komplexität hat das Lohhausen-Experiment ergeben, welches der Psychologe Dietrich Dörner mit seinen Mitarbeitern an der Universität Bamberg durchgeführt hat[5]. Lohhausen ist eine typische Kleinstadt, die nur eine einzige Besonderheit aufweist. Sie existiert nicht wirklich, sondern sie wurde nur als Computermodell geschaffen. Versuchspersonen sollten diese Kleinstadt als Bürgermeister reagieren und die Gesamtsituation der Stadt durch einzelne Maßnahmen verbessern. Insbesondere sollten einige Mißstände wie Jugendarbeitslosigkeit und Wohnungsnot behoben werden. Der Computer errechnete nun die jeweiligen Auswirkungen der getroffenen Entscheidungen auf das gesamte System. Es zeigte sich, daß die Menschen durch die Komplexität, wie sie in Lohhausen exemplarisch vorhanden ist, rasch überfordert

---

[5] *Dörner, Kreuzig, Reither, Stäudel (Hrsg.):*Lohhausen. Vom Umgang mit Unbestimmtheit und Komplexität. Bern, Stuttgart, Wien, 1983.

wurden. Sie trafen in bester Absicht Entscheidungen, die sich auf die Gesamtsituation der Stadt nachteilig auswirken. Kurz, sie regierten Lohhausen in Grund und Boden, etwas, was ja auch in der wirklichen Politik nicht ganz ungewöhnlich ist. Woran liegt das?

Dörner zählt die Gründe auf[6]. An erster Stelle nennt er die *„bislang herrschenden Denktraditionen"*, die der Notwendigkeit, in Problemnetzen zu denken, nur wenig gerecht werden. Die Tendenz zum *„monokausalen Denken in Wirkungsketten statt in Wirkungsnetzen"* sei *„nicht verträglich mit der Notwendigkeit, 'vernetzt' zu denken"*. Sodann nennt er ein Merkmal der *„motivationalen Organisation des Menschen"*, welches er als *„Prinzip der Überwertigkeit des aktuellen Motives"* bezeichnet. Kurz ausgedrückt besagt es: *"Menschen bemühen sich um die Beseitigung derjenigen Mißstände, die sie haben und kümmern sich nicht um diejenigen Mißstände, die sie nicht haben"*. Schließlich nennt er die Unfähigkeit, mit der Eigendynamik von Systemen umzugehen. *„Ein status-quo-Denken, welches den vorhandenen Zustand als in alle Ewigkeit extrapolierbar ansieht und den Wandel und seine Gesetzmäßigkeiten nicht berücksichtigt, scheint uns eher die Regel als die Ausnahme"*. Die Unfähigkeit, mit vernetzter Komplexität vernünftig umzugehen, kann auch, so vermutet er, *„Effekte haben, die über die geringe Qualität der Handlungen selbst weit hinausgeht. Die Folge der Unfähigkeit können Deformationen des Denkens sein..."*.

„Die bislang herrschenden Denktraditionen" - das verweist auf unsere Sprache, die als Geschichtensprache zum Geschichtenerzählen taugt, zum *„monokausalen Denken in Wirkungsketten"*. *„Die Überwertigkeit des aktuellen Motives"* - das verweist auf unseren Kopf, mit dem wir komplexe Gegenstände nur schlecht verarbeiten können. Das *„Status-quo-Denken"* verweist auf den sinnlich erlebten (oder vorgestellten) Einzelfall, welcher der Geschichte zugrundeliegt. Mit dieser Ausstattung taugt unser menschliches System der Informationsverarbeitung insgesamt nur schlecht für die Bewältigung von Komplexität (näher zu allem unten).

Parkinson, der das Wesen der Bürokratie erforscht hat, beschrieb einmal die Entscheidungsprozesse in großen Unterneh-

---

[6] AaO S. 23 f.

men. Der Bau einer neuen Fabrik mit Kosten von vielen Millionen wird im Aufsichtsrat in wenigen Minuten beschlossen. Die Errichtung eines weiteren Fahrradständers hinter dem Hauptgebäude wird dagegen stundenlang diskutiert. Anders als bei der Fabrik mit ihrer Komplexität kann der Fahrradständer vollständig im Kopf jedes einzelnen Aufsichtsratsmitgliedes bewältigt werden. Dieses Problem kann sich jeder vorstellen. Jeder begreift es. Jeder äußert sich dazu.

4. Sie müssen Komplexität bewältigen

a) Jede juristische Aufgabe ist komplex

Auch beim juristischen Lernen müssen Sie unentwegt Komplexität bewältigen. Später, in Ihrer Berufspraxis wird es ebenso sein. Ersetzen Sie das Wort „Anständigkeit" im oben erzählten Witz durch juristische Generalklauseln und unbestimmte Rechtsbegriffe wie „Angemessenheit", „gute Sitten", „Treu und Glauben", „Würde des Menschen", und Sie erkennen die juristische Relevanz des Problems des Komplexität. Es betrifft aber nicht nur die (wenigen) juristischen Feiertagsbegriffe, sondern die gesamte juristische Dogmatik.

Unentwegt stehen Sie vor der Aufgabe, einen konkreten Einzelfall in das System der Präzedenzfälle und daraus abgeleiteten Rechtssätze einzustellen. Damit stehen Sie unentwegt vor einem Lohhausen-Problem. Sie reden nicht mehr über den Einzelfall, sondern Sie reden über ein komplexes Regelwerk und prüfen, an welcher Stelle dieses Regelwerkes Ihr Fall seinen Platz finden soll.

b) Das Beispiel Raubmord

(1) Das Problem

Nehmen Sie ein Beispiel. Raubmord ist die Tötung aus Habgier, § 211 StGB. Der Täter tötet, um sein Vermögen zu vermehren. Tötet er die von ihm geschwängerte Frau, um Unterhaltsleistungen zu vermeiden, so will er sein Vermögen vor Minderung bewahren. Die Frage ist, ob auch dieser Fall als Raubmord anzusehen ist. Der Bundesgerichtshof hat diese Frage bejaht (BGH St 10,399). In der Literatur wird sie teilweise verneint. Beide Auffassungen werden als Regeln formuliert, die sich ihrerseits wieder auf andere Regeln stützen müssen, wenn sie nicht willkürlich oder zufällig erscheinen sollen. Besonders deutlich wird das erstere an Leitsätzen, welche die gleiche Wenn-dann-Struktur" aufweisen wie Straftatbestände. So lautet der Leitsatz des Bundesgerichtes zu dem genannten Fall: *„Aus Habgier handelt auch, wer tötet, um sich einer Unterhaltspflicht zu entziehen".* Dieser Leitsatz drückt folgende Regel aus: *„Wenn der Töter tötet, um sich einer Unterhaltspflicht zu entziehen, dann handelt er aus Habgier."* In gleicher Weise können alle dogmatischen Aussagen zu diesem Fall (wie zu jedem anderen Fall) zu Wenn-dann-Regeln umgeformt werden.

(2) Die Ableitungsregeln

Soll die Entscheidung nicht willkürlich oder zufallsbedingt getroffen werden, muß die Brücke zur gesetzlich festgelegten Regel durch Anwendung und Offenlegung der Ableitungsregeln getroffen werden. Welche Regeln ermöglichen nun in dem genannten Fall diesen Brückenschlag? Überlegen Sie sich das bitte, und notieren Sie das Ergebnis Ihrer Überlegungen, ehe Sie mit der Lektüre fortfahren.

— — — — — — — — —

(3) Die Regeln des Bundesgerichtshofes

Beim Studium von Rechtsprechung und Literatur werden Sie finden, daß Sie auf diese Frage sehr unterschiedliche Antworten erhalten. So hat der Bundesgerichtshof in seiner erwähnten Entscheidung zunächst ausgeführt, Habgier bedeute *„nach allgemeinem Sprachgebrauch"* ein *„übertriebenes Streben nach wirtschaftlichen Vorteilen".* Wer nicht einmal davor zurückschrecke, ein Menschenleben aus diesem Grunde zu töten, zeige ein *„Gewinnstreben, das in seiner Rücksichtslosigkeit das gewöhnliche Maß weit übersteigt".* Hierbei *„kann es nicht darauf ankommen, ob der Täter einen tatsächlichen Gewinn erzielen oder nur Aufwendungen vermeiden will".* In beiden Fällen gehe er *„in der gleichen rücksichts- und gewissenlosen Weise darauf aus, seine Vermögenslage zu verbessern".* Dabei hat der BGH ausdrücklich die Frage offengelassen, ob eine Notlage unter Umständen eine Habgier ausschließen könne.

In dieser Entscheidung klingen zwei Regeln an, ohne vollendet zu werden, ehe eine dritte Regel endlich ausformuliert, aber nicht begründet wird. Zunächst spricht der Bundesgerichtshof das Ziel des Täters an und spricht von einem *„übertriebenen"* Gewinnstreben, was nur dann einen Sinn ergibt, wenn es auch ein *„normales"* Gewinnstreben gibt. Hier scheint eine Regel wie folgt zu beginnen: *„Wenn der Täter aus übertriebenem Gewinnstreben tötet..."* Der BGH vervollständigt jedoch diese Regel nicht und erläutert auch den Unterschied zwischen *„normalem"* und *„übertriebenem"* Gewinnstreben nicht. Vielmehr wechselt er das Thema und geht auf etwas ganz anderes, nämlich das Tötungsmotiv des *„Gewinnstrebens"* ein. Jetzt scheint die Regel wie folgt zu beginnen: *„Wenn der Täter aus Gewinnstreben tötet..."*. Auch diesen Ansatz verfolgt der BGH aber nicht weiter, und er erläutert auch nicht, was *„Gewinnstreben"* sein soll. Statt dessen formuliert er eine dritte Regel, die man etwa wie folgt formulieren kann: *„Wenn der Täter seine Vermögenslage verbessern will, handelt er aus Habgier."* Dies ist endlich eine vollständige Regel, aber von einer schlüssigen Herleitung dieser Regel aus der gesetzlichen Regel des § 211 StGB kann gewiß keine Rede sein. Die hilflose Wendung, auf den Unterschied zwischen beiden Fällen *„kann es nicht ankommen"*, zeigt dies in aller Deutlichkeit. Schließlich spricht der BGH eine weitere mögliche Regel für den Fall einer Notlage an, ohne aber zu ihr Stellung zu nehmen. Revisionsrechtlich ist das sicher in Ordnung, aber den Regelsuchenden läßt diese Lücke unbefriedigt.

Es geht mir hier nicht darum, Urteilsschelte zu üben, sondern die methodische Überforderung durch Komplexität deutlich zu machen. Es ist unverkennbar, daß der BGH durchaus einleuchtende Regeln gespürt hat, ohne sie wirklich formulieren zu können. Wie sieht es nun in der Literatur zu dieser Frage aus? Ich greife einige Kommentare heraus.

(4) Die Regeln der Literatur

Jähnke[7] stimmt dem BGH zu. Habgier sei *„das rücksichtslose Streben nach Vermögensmehrung"*. Sodann führt er aus: *„Auch im Ziel der Ersparung von Aufwendungen kann sich das Besitzstreben äu-*

---

[7]) *Leipziger Kommentar*, 10. Aufl. 1989, § 211 Rz. 8.

ßern. " Dies sind zwei verschiedene Regeln, die unverbunden nebeneinander gestellt werden. Von „ *Vermögensmehrung* " zu „*Besitzstreben*" führt keine Brücke. Die zweite Regel basiert auf einer bloßen Behauptung.

Tröndle[8] wendet sich gegen die Auffassung des BGH und führt aus, „*beim bloßen Ziel, Aufwendungen zu ersparen, wird Habgier idR nicht vorliegen*". Auch hier führt keine Brücke vom Gesetz zur Regel, wobei Tröndle es freilich leichter als der BGH und Jähnke hat. Er will ja das Gesetz auf diesen atypischen Fall nicht anwenden und braucht das nicht weiter zu begründen. Dreher formuliert jedoch seine Regel durch die Wendung „idR" als eine Regel mit Ausnahmen. Über diese erfährt man aber nichts. Die Regel ist erklärtermaßen unvollständig, was unbefriedigend ist.

Horn[9] merkt zunächst an, die Definition der Habgier durch die „*Steigerung des Erwerbssinnes*" auf ein „*ungewöhnliches*" Maß helfe kaum weiter, „*solange nicht gesagt wird, wo das ´gewöhnliche`, ´gesunde` Erwerbsstreben seine Grenze findet.*" Vielmehr könne der „*Relationsaspekt*" hilfreich sein: „*das Tötungsunrecht ist besonders hoch, wo der Tod eines Menschen das Mittel sein soll nur zu dem Zweck... materielle Vorteile zu erlangen.*" Die vorangehenden Ausführungen zu den niedrigen Beweggründen zeigen, daß es Horn darauf ankommt, „*ob zwischen dem jeweiligen Tatmotiv (oder dem mit der Tötung verfolgten Zweck) und der dazu motivierten Tat ein besonders krasses Mißverhältnis besteht*"[10] Eine besonders verwerfliche Zweck-Mittel-Relation bestehe dann, wenn der Täter töte, „*um Vorteile zu erlangen, die er noch nicht besitzt.... Nicht in gleich besonders verwerflicher Weise unverhältnismäßig wollen jedoch die Fälle erscheinen... wo getötet wird, nicht um zu ‚haben', sondern um ‚behalten' zu können*". Es sei zu empfehlen, den „*Beispielsbegriff*" Habgier um „*diese nicht immer eindeutigen Fälle zu entlasten und sie dem flexibleren Allgemeinbegriff der ‚niedrigen Beweggründe' zu unterstellen.*"

Horn stellt also zunächst (und zwar für alle niedrigen Beweggründe) eine Relationsregel auf, die man etwa wie folgt formulieren

---

[8] *Tröndle*, StGB, 48. Aufl. 1997, § 211 Rz. 5.
[9] *Systematischer Kommentar*, 5. Aufl. 1993, § 211 Rz. 14.
[10] AaO Rz. 8.

kann: *„Wenn zwischen Motiv oder Ziel und Tat ein besonders krasses Mißverhältnis besteht, dann liegt ein niedriger Beweggrund vor."* Sodann wendet er diese Regel auf die Habgier an und verändert sie dabei, ohne diese Änderung zu begründen: *„Wenn nur zu dem Zweck, materielle Vorteile zu erlangen, der Tod eines Menschen bewirkt wird, liegt Habgier vor."* Sodann stellt er die weitere Regel auf: *„Wenn der Täter Vorteile erlangen will, die er noch nicht besitzt, liegt eine besonders verwerfliche Zweck-Mittel-Relation und damit Habgier vor".* Anschließend stellt er die Regel auf: *„Wenn der Täter Vorteile behalten will, liegt keine besonders verwerfliche Zweck-Mittel-Relation und damit keine Habgier vor".* Den Widerspruch zwischen dieser Regel und der zuvor formulierten Habgier-Regel räumt Horn nicht aus. Stattdessen fügt er unvermittelt eine Regel hinzu, die man wie folgt formulieren kann: *„Wenn kein eindeutiger Fall der Habgier vorliegt, soll man nicht Habgier bejahen, sondern auf den allgemeinen Begriff der niedrigen Beweggründe zurückgreifen."*

Ich breche ab. Es geht mir auch hier nicht darum, die Literatur zu kritisieren, sondern auf einen generellen Befund hinzuweisen, den Sie an jeder beliebigen Stelle der juristischen Dogmatik auffinden können: Überall stehen wir vor einem komplexen Regelwerk, dessen Komplexität uns überfordert, ohne daß wir uns das eingestehen. Wir tun so, als könnten wir unsere Regeln beherrschen, und wir tun weiter so, als gäbe es bei alledem einen Fortschritt. Aber wir können die Regeln nicht beherrschen, und einen Fortschritt wird es erst geben, wenn wir uns das eingestehen und formal anspruchsvolle Techniken unter Einsatz der modernen Informationstechnik zur Überwindung dieser Grenzen einsetzen. Davon sind wir aber noch weit entfernt.

(5) Keine eigene Lösung des Problems

Ich könnte Ihnen beim besten Willen nicht sagen, welche Regeln zur Lösung des Falles der Tötung aus „Behaltegier" führen. Rechtsprechung und Literatur zeigen hierzu eine bunte Mischung aus puren Behauptungen und Sprüngen von einer Regel zur anderen, ohne daß darin irgendein System erkennbar wäre. Ich jedenfalls werde nie wissen, was ein „ungewöhnliches" Gewinnstreben ist. Ich bin überfordert, wenn ich mir ausdenken soll, wo das besonders krasse Mißverhältnis zwischen Motiv oder Ziel und Tötung beginnt. Ich zweifle daran, ob es einen allgemeinen Grundsatz gibt, wonach man gesetzliche „Beispiele" (die es im Strafrecht theoretisch überhaupt nicht geben darf) anders als übergeordnete Begriffe nicht erweiternd auslegen darf.

Aber auch mit jeder Regel, die ich selbst formulieren würde, hätte ich meine Probleme. Ständig hätte ich das Gefühl, daß neue Fälle vorkommen können, denen meine Regel nicht gerecht wird. Ich brauche nur ein wenig Phantasie, um mir solche Fälle auszudenken. Ich stelle mir etwa einen richtigen Geizhals G vor, der seine Schulden nicht bezahlt. Nun kommt sein Gläubiger T und greift zur unzulässigen Selbsthilfe, worauf ihn G zur Verteidigung seines Besitzes erschießt. (Lassen wir die Notwehrproblematik dieses Falles außer Betracht. Der Tatbestand kommt vor den Rechtfertigungsgründen.) Nach den Regeln des BGH läge tatbestandlich ein glatter Mord vor, aber etwas sträubt sich in mir gegen dieses Ergebnis. Nur weiß ich nicht, was es ist. Ich müßte Regeln formulieren, aber wie lauten diese? Ich weiß es nicht.

Unsere Geschichtensprache ist für die Bewältigung dieser Aufgabe schlicht nicht geeignet. Diesen Befund sollten Sie sich zunächst klarmachen. Dazu wird es notwendig sein, näher auf diese Sprache und unsere Ausrüstung für den Umgang mit dieser Sprache einzugehen. Auch die Bedeutung des zuletzt angesprochenen Rechtsgefühles wird zu klären sein. Dann können wir gemeinsam überlegen, wie Sie mit dieser Überforderung fertig werden können - so gut es eben geht.

D. Ihre Betriebsausstattung

I. Übersicht

Nachdem ich im letzten Kapitel Ihren Rohstoff Recht beschrieben habe, möchte ich mich jetzt Ihrer Betriebsausstattung zuwenden. Ich möchte aufzeigen, mit welcher Ausstattung Sie Ihre Produkte erzeugen können. Diese Produkte sind Dienstleistungen. Sie wollen die sozialen Konflikte anderer lindern. Diese Konflikte werden Ihnen im Examen als Klausursachverhalte und später im Leben als wirkliche Fälle begegnen. Um Ihre Dienstleistung erbringen zu können, müssen Sie die Regeln des Rechts perfekt beherrschen. Darüber hinaus benötigen Sie weitere Fähigkeiten, insbesondere die Fähigkeit zum Verhandeln. Um Ihre Dienstleistungen erbringen zu können, benötigen Sie eine geeignete Betriebsausstattung.

Bei Ihrer Dienstleistung verarbeiten Sie Informationen. Deshalb will ich mich zunächst mit Ihrer technischen Ausrüstung, Ihrer „Hardware", beschäftigen. Ich will ein Modell der Informationsverarbeitung im Menschen entwerfen, das sich am Computer orientiert. Natürlich ist der Mensch kein Computer. Dennoch ist diese Betrachtungsweise hilfreich. Sie ist geeignet, die Architektur Ihres informationsverarbeitenden Systemes aufzuzeigen. Auf diese Weise wird deutlich werden, wo Ihre Stärken liegen und wo Ihre Schwächen. Über die ersteren ist nicht viel zu reden, wohl aber über die letzteren.

Ihre Schwächen (die ebenso meine Schwächen sind wie die jedes anderen Menschen) liegen in Ihrer „formal begrenzten Rationalität". Es wird deutlich werden, daß Sie ebenso wie alle anderen Menschen schlecht für die Aufgabe gerüstet sind, komplexe Gegenstände zu bewältigen. Über diesen Befund müssen Sie sich Klarheit verschaffen, denn bei der Verarbeitung des Rohstoffes Recht müssen Sie unentwegt Komplexität bewältigen. Wenn Sie die Kapazitäts- und Verarbeitungsgrenzen Ihrer „Hardware" kennen, können Sie überlegen, durch welche Produktionsmethoden Sie die Bewältigung des Komplexitätsproblemes verbessern können.

Dazu müssen Sie Ihre Sprache, Ihre „Software", näher betrachten. Auch hier wird die Analogie zu den Computersprachen hilfreich sein. Sie werden sehen, daß es mehrere Sprachstufen gibt, die den verschiedenen Generationen von Computersprachen entsprechen, und die jeweils bestimmte informationstechnische Entwicklungsstufen repräsentieren. Am Anfang steht die Körpersprache, eine unmittelbare, „analoge" Sprache, die aus Gesten besteht, die gewissermaßen durch Knopfdruck ausgelöst werden, und die infolge des Verzichtes auf zeitraubende Verarbeitungsmechanismen lebensnotwendige Spontanreaktionen ermöglicht. Evolutionsgeschichtlich sehr spät trat die verbale Sprache hinzu, welche die Speicherung und Verarbeitung abstrakter Zeichenmodelle ermöglicht, in denen Erlebnisse abgebildet werden. Sie eröffnete die geschichtliche Dimension und taugt nur bedingt für die Verarbeitung von Komplexität. Gegenwärtig zeichnen sich die Ansätze einer dritten Sprache ab, die man als Struktursprache bezeichnen könnte. Diese Sprache ist erst in Ansätzen vorhanden, die vor allem in den formal ausgerichteten Disziplinen, in erster Linie in der Mathematik, ausgearbeitet wurden.

Die Betrachtung unserer „Software" wird kein sehr ermutigendes Bild bieten. Gleichwohl bewältigen Juristen seit Jahrtausenden, wenn auch meist mehr schlecht als recht, das im Recht vorhandene Komplexitätsproblem. Es muß also so etwas wie ein „Betriebsgeheimnis" geben, mit dem die Juristen ihre Dienstleistungen verbessern können. Tatsächlich gibt es schon seit der Antike ein solches Betriebsgeheimnis. Wenn Sie es kennen, werden Sie Produkte erzeugen können, die unter den heutigen Bedingungen optimal sind (Verbesserungen wird es schon in naher Zukunft durch den Einsatz von Computern geben). Deshalb will ich zum Abschluß dieses Kapitels dieses Betriebsgeheimnis behandeln. Sie werden sehen, daß es in einer besonderen Methode besteht, welche von den antiken griechischen Wissenschaftstheoretikern „entdeckt" wurde, und welche von den klassischen römischen Juristen erstmals erfolgreich zur Bewältigung des Komplexitätsproblemes im Recht eingesetzt wurde. Bis auf den heutigen Tag ist uns (noch) nichts besseres eingefallen. (Das wird sich aber, wie gesagt, bald ändern.)

Zum Schluß dieses Kapitels werde ich mich mit dem Rechtsgefühl beschäftigen, und da ich schon im Computerwelsch bin, werde ich von „Feelware" sprechen. Sie werden sehen, daß dies eine Erkenntnisquelle ist, und zwar, genau besehen, unsere einzige Erkenntnisquelle.

II. Ihre Hardware

1. Ein Blick auf den Computer

a) Die Nützlichkeit der Analogie zur Technik

Wenn Sie Ihr Lernen verbessern wollen, sollten Sie sich zunächst mit der Arbeitsweise des menschlichen Gehirns befassen. Dabei ist es zweckmäßig, die Perspektive eines Datenverarbeiters zu wählen. Die Computer werden häufig mit dem menschlichen Gehirn verglichen. Das ist verfehlt. Sinnvoll ist es dagegen, das Gehirn (das trotz aller Fortschritte von Biologie, Biochemie, Neurologie, Physiologie und Psychologie noch längst nicht umfassend erforscht ist) mit einem Computer zu vergleichen. Die Technik der Informationsverarbeitung erlaubt nämlich gewisse Rückschlüsse auf vermutlich vorhandene Parallelen in der Biologie der Informationsverarbeitung. Schon Norbert Wiener, der Vater der „Kybernetik", beschritt diesen Weg. In seinem berühmten Buch „Kybernetik - Regelung und Nachrichtenübertragung im Lebewesen und in der Maschine" aus dem Jahre 1948 beschrieb er das uninverselle Prinzip der Rückkopplung, das zuerst in der Technik, etwa beim Fliehkraftregler der Dampfmaschine, entdeckt und dann auch als in Lebewesen und in der Gesellschaft wirksames Stabilisierungsprinzip erkannt wurde. Die Technik kann ein großer Lehrmeister sein.

b) Was ist ein Computer?

Ein Computer ist ein Gerätesystem, welches aus verschiedenen Komponenten besteht. Es gibt Eingabegeräte wie Tastatur, Scanner und Mikrofon, welche die Eingabe von Informationen ermöglichen. Der Computer kann also „lesen", „sehen" und „hören". Es gibt Ausgabegeräte, etwa Bildschirme, Drucker, Lautsprecher und Steuervorrichtungen. Der Computer kann also auch „schreiben", „reden" und „handeln". Und natürlich gibt es eine Verarbeitungskomponente, also ein Gerät, welches imstande ist, aufgenommene

Informationen zu verarbeiten. Heutzutage ist das ein Chip, der imstande ist, logische Operationen durchzuführen, etwa Vergleiche vorzunehmen und Berechnungen durchzuführen. Dieser Chip ist teuer. Seine Speicherkapazität ist begrenzt. Deshalb gibt es weitere Komponenten, welche die Aufgabe haben, Informationen so zu speichern, daß die Verarbeitungskomponente entlastet wird, indem die gespeicherten Informationen bei Bedarf von anderen Speichern abgerufen werden können. Als derartiger Speicher dient vor allem die Festplatte. Sie befindet sich zwar im Blechgehäuse, ist aber gleichwohl ein externer Speicher, dessen Informationen nicht unmittelbar für die Verarbeitung verfügbar sind. Vielmehr müssen diese Informationen erst geladen werden. Beim Einschalten eines Computers können Sie diesen Vorgang erleben. Unbegrenzte Speichermöglichkeiten eröffnen sich schließlich, wenn man weitere externe Speicher, etwa Disketten oder Magnetbänder, hinzufügt. All diese Komponenten müssen natürlich miteinander durch ein Steuergerät koordiniert werden, und es bedarf bestimmter Anweisungen - wir nennen sie Betriebssysteme und Programme - nach denen die Informationsverarbeitung dann durchgeführt wird.

c) Der Vergleich des menschlichen Gehirns mit dem Computer

Weiter will ich das Computerwelsch hier nicht treiben. Es geht mir ja nicht um den Computer, sondern um das, was wir von ihm über die menschliche Informationsverarbeitung lernen können. Stellt man die Analogie zum Menschen her, ergibt sich, daß im menschlichen Gehirn und darum herum Komponenten vorhanden sein müssen, die den genannten Computerbauteilen im Prinzip entsprechen. In der Tat verhält es sich so. Es gibt Eingabekomponenten - wir haben Augen, um zu sehen, Ohren, um zu hören, Sinne, um zu fühlen. Es gibt Ausgabekomponenten - wir haben eine Zunge, um zu reden, Hände, um zu schreiben und einen Körper, um zu handeln. Es gibt eine Verarbeitungskomponente - wir können mit ihrer Hilfe denken. Und es gibt Externspeicher, welche diese Verarbeitungskomponente entlasten. Teils sind sie in uns „eingebaut". Wir nennen diese „internen" Externspeicher Gedächtnisse. Teils befinden sie sich außerhalb unseres „Gehäuses" in Notizen, Akten, Büchern, elektronischen Speichern. Die letzteren eröffnen uns unbegrenzte Speichermöglichkeiten. Im großen und ganzen stimmt also die Analogie.

Ein Computer ist ein Gerätesystem, welches aus verschiedenen Komponenten besteht. Es gibt Eingabegeräte, mit deren Hilfe der Computer lesen, sehen und hören kann. Es gibt Ausgabegeräte, mit deren Hilfe der Computer schreiben, reden und handeln kann. Die Analogie zum Menschen ist hilfreich. Sie erlaubt es, die menschliche Informationsverarbeitung zu optimieren.

2. Die formal begrenzte Rationalität des Menschen

a) Die „magische Sieben"

(1) Kein meßbarer Fortschritt

Aber natürlich gibt es auch Unterschiede. Betrachten wir zunächst die Verarbeitungskomponente der menschlichen Hardware, also denjenigen Teil unseres informationsverarbeitenden Systems, in welchem unsere Denkprozesse stattfinden. Beim Computer gibt es hier keine prinzipiellen Grenzen. In regelmäßigen Abständen können wir in der Zeitung lesen, daß soeben ein neuer Superchip mit einer gegenüber dem Vorgängerchip um ein Vielfaches gesteigerten Verarbeitungskapazität entwickelt worden ist. In unserer menschlichen Verarbeitungseinheit gibt es dagegen keinen meßbaren „Fortschritt". Die Entwicklungsgeschichte kennt keine rasanten Entwicklungen. Unsere „Hardware" unterscheidet sich nicht von der eines Zeitgenossen Homers und wahrscheinlich nur geringfügig von der eines Cro-Magnon-Menschen.

(2) Die Speicherbegrenzung

Insbesondere existiert hier eine Speicherbegrenzung, die durch das Stichwort „magische Sieben" gekennzeichnet ist, und an der wir nichts ändern können. Daraus folgt eine formal begrenzte Rationalität, die Sie zunächst einmal sehen müssen. Dann können Sie überlegen, wie Sie trotz dieser Kapazitätsbegrenzung die Komplexität juristischer Aufgaben bewältigen können.

(3) „The magical number seven"

Vor etwa vierzig Jahren schrieb ein amerikanischer Psychologe namens G. A. Miller einen bahnbrechenden Aufsatz mit dem Titel „The magical number seven, plus or minus two. Some limits on our capacity for processing information"[1]. Darin wies er nach, daß wir in unserer Verarbeitungseinheit maximal sieben (plus oder minus zwei) „Items" gleichzeitig einspeichern und verarbeiten können. „Items" sind dabei (irgendwie) abgegrenzte Informationseinheiten. Das können Vokabeln sein, Stichworte, Personen, Ereignisse, Konzepte oder auch juristische Begriffe wie „Eigentum", „Zwei-

---

[1] Psychological Review, 1956, 81 ff..

kondiktionentheorie", „Drittwirkung der Grundrechte" oder „finale Handlungslehre".

b) Belege für die „magische Sieben"

(1) Raimundus Lullus

Die absolute Obergrenze liegt nach Miller bei neun Items. Es gibt einen eindrucksvollen historischen Beleg für die Richtigkeit dieser Kapazitätsbegrenzung. Das ist das Werk von Raimundus Lullus (1232 - 1315), eines spanischen Logikers, der eine sogenannte Ars magna (Ars generalis) entwickelte. Mit Hilfe der aristotelischen Syllogistik wollte er die Wahrheit jedes speziellen Wissensgebietes erfassen, indem er alle in ihm möglichen Urteile durch Erfassung aller möglichen Kombinationen der Grundprädikatoren des jeweiligen Gebietes aufzählen wollte. Lullus verwendete dazu konzentrisch übereinander angebrachte drehbare Scheiben, mit deren Hilfe alle jeweils möglichen Kombinationen hergestellt werden konnten. Sie gelten als frühe Vorstufen logischer Maschinen. Lullus ist der Ahnherr der modernen Datenverarbeitung.

Die Zahl dieser Grundprädikatoren betrug jeweils neun. Darin spiegelt sich die psychologische Erkenntnis von G.A. Miller wider, wonach die absolute Kapazitätsgrenze bei neun „Items" liegt. Lullus, der wie kein anderer sein Gehirn auf kombinatorisches Denken trainiert hatte, mußte an dieser Grenze stehenbleiben. Sie ist für niemanden von uns zu überwinden. Unsere Hardware kann - anders als die eines Computers - nicht weiterentwickelt werden. Wir sind, wenn man so will, informationstechnisch veraltet, ohne daß wir verbessert werden können.

Übrigens zeigt das traurige Ende von Raimundus Lullus, wie sehr die Menschen durch kombinatorisches Denken in ihrer Behaglichkeit gestört werden. Er zog mit seinen drehbaren Scheiben als Missionar durch den Mittelmeerraum, um die muslimische Welt für das Christentum zu gewinnen. Das mißfiel den Arabern, die seiner Kombinatorik nichts abgewinnen konnten, und die jedenfalls nicht auf diese Weise Christen werden wollten. Am Strand von Tunis steinigten sie ihn zu Tode.

(2) Der Hang zum Trikolon

Die Menschen lieben es nicht, neun „Items" im Kopf zu haben. Schon „sieben minus zwei = fünf" stellt für viele Menschen die Obergrenze dar. Die meisten Menschen empfinden schon drei „Items" als eine Fülle. Das erklärt die Beliebtheit des rhetorischen Trikolons von der Art „Veni, vedi, vici". Das erklärt auch, warum wir so tun, als gäbe es drei Rechtsgebiete, obwohl es in Wahrheit nur zwei gibt. Auch in anderen Disziplinen kann man diesen Hang zum Trikolon beobachten.

Am liebsten ist es vielen Menschen, wenn sie immer nur ein einziges „Item" in ihrer Verarbeitungseinheit haben. (Deshalb steht an manchen Behördentüren: „Bitte einzeln eintreten!"). Beim autoritären Denken, dem Gegenpol zum kombinatorischen Denken (dazu näher unten), hat man immer nur ein Item im Kopf - die Autorität. Das erklärt (unter anderem), warum bei uns Juristen „die herrschende Meinung" oder „der BGH" so beliebt sind. Sie ersparen uns die kombinatorische Mühe, eine Vielzahl von „Items" in unserer Verarbeitungseinheit einzuspeichern und erleichtern so scheinbar unser Leben. Freilich verfehlen wir darüber unsere Aufgabe. Ich komme hierauf zurück.

(3) Das Beispiel Garantendogmatik

Das Stichwort „magische Sieben" sollten Sie sich einprägen. Man kann die ganze juristische Dogmatik als eine Veranstaltung begreifen, die wesentlich aus dieser Kapazitätsbegrenzung zu erklären ist. Beispielsweise gab es in der strafrechtlichen Unterlassungsdogmatik ursprünglich drei Arten von Garantenpflichten (Gesetz, Vertrag, Ingrerenz). Als immer neue Garantenpflichten „entdeckt" wurden, schuf man ein neues System, bei dem man zwei Hauptgruppen (Obhutspflichten, Sicherungspflichten) mit jeweils drei Untergruppen unterscheidet.

Das ist so, nicht, weil es so ist (es gibt Dutzende von Garantenpflichten), sondern weil es so gut in unsere Verarbeitungseinheit hineinpaßt. Aus eben diesem Grunde besteht der objektive Diebstahltatbestand aus vier Merkmalen (Sache, fremd, beweglich, Wegnahme). Ebenso verhält es sich beim objektiven Betrugstatbestand (Täuschung, Irrtum, Vermögensverfügung, Vermögensschaden). Natürlich sind es in Wahrheit viel mehr Merkmale. Schauen Sie sich nur an, was die Kommentare alles zu diesen Beispielen schreiben. Aber mehr würde einfach nicht in unsere Verarbeitungseinheit passen.

(4) Die Vorprogrammierung juristischer Unfälle durch den Gesetzgeber

Wenn der Gesetzgeber diesen elementaren Befund ignoriert, wie er das bei modernen Gesetzen zunehmend tut, dann sind die juristischen Unfälle vorprogrammiert. Ein Beispiel bietet die Untreue mit ihren insgesamt zehn Varianten. Ich behaupte, daß es zur Untreue mehr „falsche" als richtige Gerichtsentscheidungen gibt, nicht, weil die Gerichte so unwissend wären, sondern weil ein Gebilde mit zehn Items selbst einen Raimundus Lullus überfordern würde.

3. Die menschlichen Gedächtnisse

a) Die Existenz mehrerer Gedächtnisse

Betrachten wir nun unsere Gedächtnisse, unsere „Speicher". Sie sind besonders wichtig. Das ganze Lernen besteht ja in nichts anderem als im Einspeichern von Informationen. Hier ist es zunächst wichtig, zu sehen, daß wir nicht *ein* Gedächtnis, sondern *drei* Gedächtnisse besitzen, nämlich ein *Langzeitgedächtnis*, ein *Kurzzeitgedächtnis* und ein *Ultrakurzzeitgedächtnis*. Die beiden letzteren sind dem Langzeitgedächtnis als Zwischenspeicher und zugleich als Filter vorgeschaltet.

b) Die Dynamik der Gedächtnisse

Diese Gedächtnisse dürfen Sie sich freilich nicht als abgrenzbare Einheiten im menschlichen Gehirn vorstellen. Vielmehr deutet die neueste Forschung darauf hin, daß unsere Gedächtnisse dynamische Gebilde sind, die überall im Gehirn in dynamischen Prozessen ständig neu gebildet und verändert werden. In der US-amerikanischen Psychologie hat man vor etwa fünfzig Jahren die Theorie der „Equipotentiality" aufgestellt, die inzwischen durch viele Experimente erhärtet wurde. *„It is impossible to ask where in the brain a particular memory is located"*, sagt der englische Biologe Steven Rose. *„Memory is a dynamic property of the brain as a whole rather*

*than of any one specific region. Memory resides simultaneously eve-
rywhere and nowhere in the brain.* " 2

c) Das Langzeitgedächtnis

Das Langzeitgedächtnis entspricht der Festplatte eines Computers. Es ist zwar fest im „Gehäuse" eingebaut, aber es bleibt gleichwohl ein in seiner Kapazität begrenzter (interner) Externspeicher.
Um das Langzeitgedächtnis mit Informationen zu beschicken,
müssen Sie einen mühevollen Prozeß absolvieren, den wir „Lernen" nennen. Er dauert heutzutage ein ganzes Leben lang. Und er
mißlingt oft. Das merken Sie, wenn Sie sich an etwas erinnern wollen, was Sie früher einmal „gelernt" haben. Dieses Bemühen schlägt
oft genug fehl. Dann ist Ihre Informationsverarbeitung gestört. Die
Experten streiten sich darüber, ob Informationen, die einmal gelernt wurden, die aber im Bedarfsfall nicht mehr abgerufen werden
können, physisch gelöscht oder nur psychisch blockiert sind. Diese
Frage kann hier offen bleiben. Das Ergebnis ist jedenfalls mißlich,
und Sie werden überlegen müssen, wie Sie solche Resultate verhindern können. Nichts ist ärgerlicher, als im Examen zu sitzen und
angesichts einer Frage zu wissen, daß Sie hierzu etwas gelernt haben, an das Sie sich aber einfach nicht mehr erinnern können.

Betrachten Sie nun Ihre beiden anderen Gedächtnisse. Für das
juristische Lernen ist Ihr Kurzzeitgedächtnis wichtig, aber die Betrachtung Ihres Ultrakurzzeitgedächtnisses zeigt Ihnen, wie Ihre
Informationsarchitektur entwicklungsgeschichtlich entstanden ist.
Sie erklärt Ihnen damit weiter, warum Ihnen das juristische Lernen
so große Schwierigkeiten bereitet.

d) Das Ultrakurzzeitgedächtnis

(1) Ein Zwischenspeicher

Das Ultrakurzzeitgedächtnis ist ein Zwischenspeicher. Er bewirkt, daß bestimmte wahrgenommene Informationen schnelle
und richtige Reaktionen auslösen. Dazu dient Regelwissen, das aus
dem Langzeitgedächtnis abgerufen und angewendet wird. Anschließend werden die Informationen wieder gelöscht. Das Ultra-

---

2) Zit. nach Time Magazin, May 5, 1997, S. 42.

kurzzeitgedächtnis ist also zugleich ein Filter, der verhindert, daß aufgenommene Informationen in das Langzeitgedächtnis eingespeichert werden. Das klingt kompliziert. Ich will es daher am Beispiel der schon erwähnten Gefahrregel verdeutlichen.

(2) Das Beispiel Gefahrregel

Stellen Sie sich eine Gefahrensituation vor. Sie gehen bei Grün über die Straße. Ein Autofahrer überfährt die rote Ampel und rast auf Sie zu. Sie sind zwar juristisch vollkommen im Recht und könnten im Einklang mit allen Gesetzen stehen bleiben, aber das würde Ihnen höchstens die Inschrift auf Ihrem Grabstein einbringen: „Hier liegt einer, der hatte Recht". Besser ist es, Sie springen zur Seite. Das muß im Bruchteil einer Sekunde geschehen. Zum Nachdenken ist dabei keine Zeit. Wenn Sie erst überlegen würden, wären Sie tot. Ihr Ultrakurzzeitgedächtnis ermöglicht die Anwendung solcher Automatismen. Es wirkt dabei zugleich als Filter. Ist die Information - im Beispiel die Information, daß ein Auto auf Sie zurast - „verbraucht", wird diese für Ihr weiteres Überleben nicht mehr benötigt. Sie wird daher wieder gelöscht. Das geschieht sehr rasch, in etwa ein bis zwei Sekunden. Ihr Langzeitgedächtnis wird so vor „Informationsmüll" bewahrt.

(3) Die Prägung der Architektur der menschlichen Informations-
    verarbeitung

Das Ultrakurzzeitgedächtnis ist unser ältestes Zwischengedächtnis. Als „Software" dient hier die Körpersprache. Beide Komponenten prägten die Architektur unseres informationsverarbeitenden Systems. Als lange Zeit später mit Kurzzeitgedächtnis und korrespondierender verbalen Sprache ein Sekundärsystem der menschlichen Informationsverarbeitung entstand, änderte sich an dieser Architektur nichts Wesentliches mehr, obwohl ganz neue Aufgaben zu bewältigen waren.

e) Das Langzeitgedächtnis ist ein Regelspeicher

(1) Kein Faktenspeicher

Lassen Sie mich noch einmal zu unserem Langzeitgedächtnis zurückkehren. Daraus, daß diesem mit dem Ultrakurzzeitgedächtnis ein Filter vorgeschaltet ist, können Sie ableiten, daß es nicht für die

Aufnahme von Faktenwissen von der Art „Am Montag fuhr ein Autofahrer bei Rot über die Kreuzung" geschaffen ist. Und daraus, daß seine ursprüngliche Aufgabe darin besteht, richtiges Verhalten zu gewährleisten, können Sie weiter folgern, daß es ein Regelspeicher ist. Auf der primären Ebene enthält es Verhaltensregeln. Diese sind nicht etwa in unserer verbalen Sprache formuliert nach der Art: „Wenn ein Auto auf mich zufährt, muß ich zur Seite springen". Sie sind vielmehr als unmittelbar ereignisorientierte „analoge" Regeln gespeichert. Sie sehen, daß ein Auto auf Sie zurast. Sie empfinden eine Gefahr. Dies aktiviert eine Verhaltensregel, die in Ihrem Langzeitgedächtnis für solche Gefahrensituationen bereitgehalten wird. Sie befolgen die Regel, springen zur Seite und entgehen der Gefahr. Ein Denk- und Übersetzungsvorgang findet nicht statt. Dies erklärt die Schnelligkeit des Vorgangs.

(2) Ein Regelspeicher

Halten Sie diese Einsicht bitte fest. Das Langzeitgedächtnis ist kein Faktenspeicher. Es ist vielmehr ein Regelspeicher. Diese wichtige Erkenntnis wird handfeste Konsequenzen für Ihr Lernen haben.

(3) Angeborene und erworbene Verhaltensregeln

Ein Teil der in Ihrem Langzeitgedächtnis eingespeicherten Verhaltensregeln ist angeboren. Sie benötigen diese vom Tage Ihrer Geburt an. Ein anderer Teil ist eingeübt. Die Automatismen, die Sie beispielsweise für die Ausübung von Sportarten oder für das Autofahren benötigen, sind nicht angeboren. Solches Regelwissen erwerben Sie durch Training. Wie lange ein solches Training für die Bewältigung komplexer Aufgaben dauert, können Sie etwa an den Statistiken der Kfz-Haftpflichtversicherer ablesen. Vier Jahre nach dem Führerscheinerwerb sinkt die Schadenskurve drastisch. Dann sind die für sicheres Fahren erforderlichen Automatismen eingeschliffen, und es können die Prämien gesenkt werden.

(4) Warum für das Jurastudium vier Jahre vorgeschrieben sind

Jetzt erkennen Sie, warum für das Jurastudium acht Semester, also vier Jahre, vorgeschrieben sind. So lange brauchen Sie bei der herkömmlichen intuitiven Lernweise, bis Sie Ihre juristischen Reflexe eingeschliffen haben und Sie mehr oder weniger automatisch etwas halbwegs „Richtiges" tun. Bei rationalem Training können Sie diese Zeit erheblich abkürzen. Im Extremfall, den ich Ihnen aber nicht anrate, können Sie, wie schon gesagt in einem halben Jahr vom Stande Null bis zur Examensreife gelangen.

(5) Sie müssen juristische Regelwerke eintrainieren

Es kommt bei Ihrem Lernen entscheidend darauf an, brauchbare juristische Regelwerke zu entwickeln und deren Anwendung zu trainieren. Zugleich ist es wichtig, Ihr Langzeitgedächtnis vor Faktenwissen zu bewahren. Begriffsdefinitionen und Rechtsprobleme samt zugehörigen Streitfragen mit juristischen „Theorien", Gerichtsentscheidungen sowie herrschenden und sonstigen Meinungen - das alles ist ganz überwiegend (von Ausnahmen abgesehen) „Informationsmüll", der Ihnen nicht nützt, sondern schadet.

(6) Der Mensch, der nichts vergessen konnte

In einer Kurzgeschichte „Funes der Erinnernde" schilderte der argentinische Schriftsteller Jorge Luis Borges das Schicksal eines jungen Mannes, der nach einem Sturz vom Pferde unfähig war, irgendeine Erfahrung zu vergessen - ob wirklich oder vorgestellt, ob aus der Gegenwart oder aus der Vergangenheit. *„Er erinnerte sich an die Form der südlichen Wolken zur Zeit der Morgendämmerung am 30. April 1882 und konnte sie mit der Marmorierung eines Bucheinbandes vergleichen, den er nur ein einziges Mal gesehen hatte".* Für den armen Funes war *„die Gegenwart fast unerträglich in ihrem Reichtum und ihrer Schärfe, und ebenso verhielt es sich mit seinen entferntesten und trivialsten Erinnerungen."* Seien wir froh, daß wir sein Schicksal nicht teilen müssen.

f) Das Kurzzeitgedächtnis

(1) Die Entstehung mit der verbalen Sprache

Wenden wir uns nun Ihrem Kurzzeitgedächtnis zu, dem Gedächtnis, welches Sie für die Verarbeitung von Informationen benötigen, die in unserer verbalen Sprache - einem abstrakten Zeichensystem - ausgedrückt sind. Es existiert eben so lange wie diese verbale Sprache. Die Sprachforscher wissen nicht, wann diese Sprache entstand. Aus den bekannten Sprachen der Erde kann man allenfalls bis etwa 3000 oder 4000 v. Chr. zurückschließen. Entwicklungsgeschichtlich ist das eine kurze Zeit. Was davor geschah, liegt im Dunkeln der Hypothesen. Manche glauben, die frühen Menschen hätten Tierlaute nachgeahmt, andere vermuten, die Sprache sei durch Zurufe und rhythmische Unterstreichung des Taktes bei der Arbeit entstanden.

(2) Die Verwendung einer ungeeigneten Hardware

Als diese Sekundärsprache entstand, lag die Architektur unseres informationsverarbeitenden Systems, wie schon gesagt, bereits längst fest. Zu wesentlichen Weiterentwicklungen der „Hardware" konnte es hier wegen der entwicklungsgeschichtlichen Kürze der zur Verfügung stehenden Zeit nicht kommen. Gott läßt sich nicht drängen. Ein Computerbauer würde sagen, die „Software" namens verbale Sprache mußte in einer für ganz andere Zwecke geschaffenen „Hardware" eingesetzt werden.

(3) Die Funktionen des Kurzzeitgedächtnisses

Das Kurzzeitgedächtnis erfüllt vergleichbare Funktionen wie das Ultrakurzzeitgedächtnis. Es ist ein Zwischenspeicher, der zur Bewältigung einer Gesprächs- oder Lesesituation eingesetzt wird. Dazu bedarf es des Abrufes von Regeln, insbesondere linguistischen Regeln, aus dem Langzeitgedächtnis. Zugleich ist das Kurzzeitgedächtnis ein Filter, der Ihr Langzeitgedächtnis vor Informationsüberflutung bewahrt. Informationen werden dort für die Dauer von fünfzehn bis dreißig Minuten gespeichert. Dann werden sie wieder gelöscht. Nur ausnahmsweise und nur aufgrund besonderer Anstrengungen gelangen sie in das Langzeitgedächtnis.

(4) Die Gewinnung der geschichtlichen Dimension

Es kam aber auch etwas Neues hinzu. Die verbale Sprache entstand aus dem Wunsch, Erlebnisse festhalten und wieder abrufen zu können. Wir wollten eine Vergangenheit und eine Zukunft haben. Um diese geschichtliche Dimension zu gewinnen, mußte die Leistungsfähigkeit unseres Langzeitgedächtnisses erweitert werden. Es mußte instand gesetzt werden, neben Regelwissen auch Faktenwissen von der Art „Am Montag fuhr ein Autofahrer bei Rot über die Kreuzung" aufnehmen zu können. Dieses Ziel konnte nur sehr unvollkommen erreicht werden. Unsere „Hardware" ist, wie schon gesagt, für diese Aufgabe aus prinzipiellen Gründen un-

geeignet. Wollen wir uns langfristig etwas merken, was verbal formuliert ist, gelingt uns das nur dann, wenn wir eine wahrhaft
„homerische" Anstrengung unternehmen.

Die Griechen haben diese Anstrengung in der Antike tatsächlich
unternommen. Fahrende Sänger lernten die Gesänge Homers auswendig und trugen sie in Mykene und Tiryns vor. So entstand ein
kollektives Gedächtnis. Aber das war schon damals eine Sache für
Spezialisten. Der normale Grieche wäre mit dieser Aufgabe überfordert gewesen. Er konnte sich die Formulierungen nicht merken.
Er merkte sich den Inhalt der Gesänge und reproduzierte sie bei
Bedarf mit Hilfe seiner Sprachregeln in eigenen Worten.

(5) Die Reproduktion sprachlich gespeicherter Erinnerungen

So machen wir es noch heute. Wir speichern verbale Informationen nicht so, wie wir sie aufnehmen, sondern wir setzen unser ge-
speichertes Regelwissen über die Sprache ein, um verbal aufgenommene Informationen zu rekonstruieren. Wir merken uns beispielsweise nicht den Text der Odyssee, sondern deren Inhalt, und
wir können diesen Inhalt mit Hilfe unseres gespeicherten Regelwissens über die Sprache in eigenen Worten, die natürlich nicht die
Sprachgewalt eines Homer erreichen, wiedergeben.

(6) Die moderne Linguistik

Die moderne Linguistik bemüht sich um die Erforschung dieses
sprachlichen Regelwissens. Der amerikanische Linguist Noam
Chomsky hat beispielsweise eine generative Grammatik begründet, der die Annahme zugrunde liegt, daß wir nicht einfach eine
lange Liste von Wörtern und Sätzen im Gedächtnis speichern, sondern daß wir ein Regelwerk besitzen, welches es uns ermöglicht,
beliebige Sätze zu bilden und zu verstehen, die wir noch nie gesprochen und noch nie gehört haben. Dieses Regelwerk ist uns freilich nicht bewußt. Die grundlegenden Regeln sind angeboren. Das
zeigt die Leichtigkeit und Schnelligkeit, mit der kleine Kinder sprechen lernen.

Ich will (und kann) hier nicht die Linguistik verfolgen. Ich will
nur auf den wichtigen Befund hinweisen, daß auch hinter dem
Kurzzeitgedächtnis ein Langzeitgedächtnis steht, welches primär

ein Regelspeicher ist. Die Einführung der verbalen Sprache hat an diesem Merkmal unserer Informationsarchitektur nichts geändert.

Daß wir dabei auch Fakten speichern können, und zwar in größerem Maße als zuvor, liegt an der sinnlichen Erfahrung, die uns deren Einspeicherung erleichtert. Wenn ich die Geschichte meines letzten Urlaubes erzählen will, tauchen viele Bilder vor meinem geistigen Auge auf, die zeigen, daß es mir gelungen ist, einen (kleinen) Teil des Erlebten in meinem Langzeitgedächtnis einzuspeichern. Dabei bietet mir die zeitliche Chronologie der Ereignisse eine bequeme Orientierungshilfe. Sie ist die Grundlage der linearen Struktur unserer verbalen Sprache, mit der wir freilich Komplexität nur unzulänglich bewältigen können.

Die neueste Forschung hat Belege dafür gefunden, daß unser Faktenwissen beim Erinnern nicht einfach abgerufen, sondern neu produziert wird. Hier liegt ein wesentlicher Unterschied zum Computer. Der Abruf von Faktenwissen erfolgt nicht durch einfaches Anklicken eines „Icons", wodurch das entsprechende Dokument von der Festplatte des Gehirns abgerufen wird. „*The brain does not file Polaroid pictures*", sagte der US-amerikanische Neurologe Antonio Demaso. „*Memory depends on several brain systems working in concert across many levels of neural organization.*"[3] Dabei ging und geht es primär nicht um die Vergangenheit, sondern um die Zukunft. „*Our brains*", merkt Demaso an, „*evolved to help us navigate the world safely.*"

4. Zusammenfassung

Damit will ich meine Skizze unserer Hardware beenden. Ich hoffe, es ist deutlich geworden, daß Sie beim juristischen Lernen die Architektur Ihres Informationssystems berücksichtigen müssen. Daraus ergibt sich, daß Sie Ihr Langzeitgedächtnis in erster Linie mit Regeln beschicken müssen, welche Sie zur Verarbeitung beliebiger Falldaten befähigen. Die bloße Anhäufung von Wissen genügt nicht, ja, sie schadet. Entscheidend ist die Methode, das Können, das Know-how. Natürlich setzt Können immer auch Wissen voraus. Aber es macht einen Unterschied, ob Sie Informa-

---

[3] Zit. nach Time Magazin, May 5, 1997, S.45.

tionen, etwa juristische „Definitionen" von der Art „Wegnahme ist Bruch fremden und Begründung neuen Gewahrsams" als einzuspeichernde Daten und damit als Wissen ansehen und entsprechend lernen, oder ob Sie diese als Regeln und damit als Können ansehen und lernen. Im ersteren Fall werden Sie bestenfalls zu einer Reproduktion der gespeicherten Daten imstande sein, was allenfalls im mündlichen Examen hilfreich sein mag, wenn ein gütiger Prüfer sich nach der „Definition" der „Wegnahme" erkundigt. Im letzteren Fall werden Sie dagegen imstande sein, Fälle (Eingabedaten - beispielsweise das Einstecken einer von einem anderen in der Eisenbahn zurückgelassenen Geldbörse) nach den „Regeln" der Definition (des Wegnahme-"Programmes") zu bearbeiten. Praktisch alle mißlungenen juristischen Klausuren kranken daran, daß dieser elementare Unterschied zwischen Wissen und Können beim vorangegangenen Lernen nicht erkannt worden ist.

Abbildung 1 macht das bisher Gesagte anschaulich:

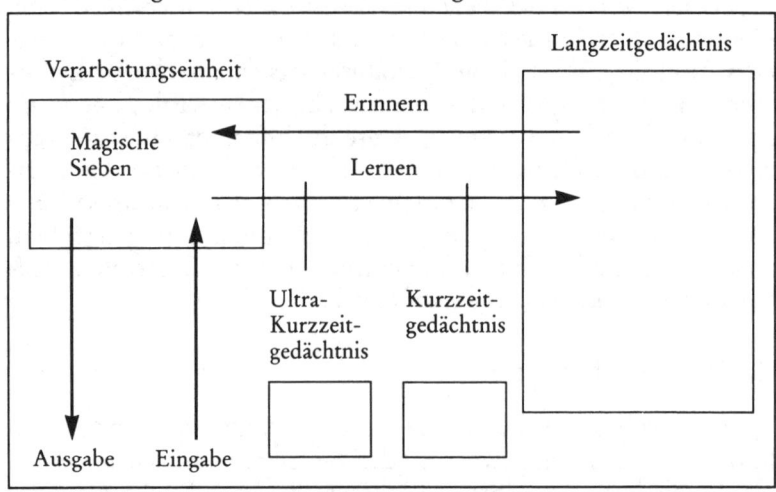

Abb. 1 Architektur der menschlichen Informationsverarbeitung

III. Ihre „Software"

1. Ein Blick auf die Computersprachen

Unter „Software" versteht man beim Computer alles, was nicht „hart", sondern „weich" ist, womit gemeint ist, daß es nicht angefaßt werden kann. Das sind die Computersprachen, in denen die Programme einschließlich der Betriebssysteme geschrieben sind, sowie die Daten. Wie steht es mit diesen Dingen beim Menschen? Auch hier ist die Analogie zur Technik - in diesem Falle: zu deren Sprachen - hilfreich.

Wenn Sie sich mit den Computersprachen befassen, sehen Sie einerseits, daß es verschiedene „Fremdsprachen" wie Pascal, Fortran, Cobol, „C" oder Prolog und andererseits verschiedene Sprachstufen gibt, welche die unterschiedlichen Stufen der Computerentwicklung repräsentieren. Auf der ältesten Stufe stehen die echten Maschinensprachen. Ihnen folgten die maschinenorientierten Assemblersprachen. Wieder eine Stufe höher finden Sie die problemorientierten Sprachen - und so fort. Gibt es Entsprechungen bei den natürlichen Sprachen? Es gibt sie.

2. Der Vergleich mit den menschlichen Sprachen

Auch bei den menschlichen Sprachen kann man einerseits verschiedene Fremdsprachen wie Englisch, Französisch, Russisch oder Spanisch und andererseits verschiedene Sprachstufen unterscheiden, welche den oben beschriebenen Stufen der Entwicklung unserer Hardware entsprechen. Auf der ersten, ältesten Stufe finden Sie hier die bereits erwähnte Körpersprache. Auf der zweiten Stufe folgt die verbale Sprache. Um eine dritte Stufe bemühen wir uns gegenwärtig. Auf ihr wird eine Struktursprache entstehen, die gegenwärtig freilich erst in Ansätzen existiert. Wir Juristen bemühen uns schon seit langer Zeit, wenn auch meist eher unbewußt und oftmals vergeblich, um diese dritte Stufe. Sie werden sich diese dritte Stufe bewußt machen müssen und ein Training in „Struktursprache" absolvieren müssen. Der Erfolg Ihres juristischen Lernens wird wesentlich von diesem Training abhängen.

3. Die Körpersprache

a) Unsere Primärsprache

Die Körpersprache ist unsere älteste Sprache, unsere Primärsprache. Hardwaretechnisch entspricht ihr das oben beschriebene Ultrakurzzeitgedächtnis. Die Körpersprache kennt noch nicht die abstrakten Zeichensysteme unserer später entstandenen verbalen

Sprache. Sie ist vielmehr eine unmittelbare, analoge Sprache, in der direkt auf Informationen - Reize, die als Auslöser dienen - reagiert wird. Erhebt jemand die Faust gegen mich, setze ich mich zur Wehr oder weiche aus. Das sind vererbte Reaktionen, die mein Überleben sichern. Die Körpersprache bildet also bestimmte Vorgänge und Empfindungen durch unmittelbar sprechende Gesten bildlich ab. So steht die Geste der geballten Faust für die Ankündigung des Schlagens und wird deshalb als aggressive Drohung empfunden, was dann bei dem, der diese Geste wahrnimmt, ein situationsgerechtes Verhalten bewirkt.

b) Eine situationsbezogene Sprache

Die Körpersprache ist also auf einzelne Situationen bezogen, die durch die schnelle Aktivierung von passenden, unsere Fortexistenz sichernden Verhaltensprogrammen bewältigt werden müssen. In dieser Sprache gibt es nur die Gegenwart, keine Vergangenheit und keine Zukunft. Es fehlt ihr mit anderen Worten die geschichtliche Dimension. Körpersprachliche Erfahrungen werden nur über Regelveränderungen tradiert. Ein Hund kann beispielsweise durch schlechte Behandlung verdorben werden, indem sein Regelsystem zum Schlechten verändert wird. Er merkt sich nicht die einzelne Mißhandlung, aber sein Regelsystem verändert sich zum Negativen, und er wird bissig.

c) Regelgeleitetes Verhalten

Warum behandle ich in einem Buch über das juristische Lernen das Thema Körpersprache? Die Körpersprache zeigt uns, wie wir durch regelgeleitetes Verhalten auf die sich ständig verändernden Fakten dieser Welt richtig reagieren können. Diese älteste Stufe unseres Sprechens hat, wie schon gesagt, die Architektur unseres informationsverarbeitenden Systems geprägt. Dessen wichtigstes Merkmal ist die Regelorientierung unseres Langzeitgedächtnisses. Es ist für die Einspeicherung von Regeln geschaffen und taugt nur schlecht zum Einspeichern von Fakten. Das ist ein Befund, den ich nicht oft genug wiederholen kann.

Wenn Sie sich als Jurastudent beispielsweise das Faktenwissen der Entscheidung des Bundesgerichtshofes in Strafsachen zum Fortsetzungszusammenhang im 39. Band nur schlecht oder womöglich überhaupt nicht merken können, dann lassen sich diese Schwierigkeiten letztlich auf denselben Grund zurückführen, aus dem sich der geprügelte Hund die einzelne Mißhandlung nicht merken kann. Wenn es Ihnen dagegen mit relativ wenig Mühe gelingt, sich das Regelwerk einer strafrechtlichen Konkurrenzprüfung durch Training einzuprägen, dann ist im Grunde derselbe Mechanismus wirksam, der den geprügelten Hund nach kurzer Zeit bissig macht. (Ich hoffe, weder Sie noch der BGH nehmen mir diesen Vergleich übel.)

d) Der Nutzen der Beobachtung von Körpersprache

Die Beobachtung von (eigener wie fremder) Körpersprache hat darüber hinaus praktischen Nutzen für den Umgang mit anderen Menschen. Zum einen bekommen Sie auf diese Weise Informationen, die Sie sonst nicht bekommen, beispielsweise Informationen über die Aufrichtigkeit und das Engagement Ihrer Partner. Zum anderen führt die Beobachtung von Körpersprache zur Selbsterkenntnis und erleichtert damit die Bewältigung schwieriger Situationen. *„Da sitzen sich zwei Verhandlungspartner gegenüber"*, schreibt Samy Molcho[4], *„und der eine versucht, den anderen argumentativ zu überzeugen. Registriert er die wegwischende Handbewegung des anderen? Reagiert er darauf? Geht er auf sie ein? Oder redet er weiter, obwohl er wissen müßte, daß er nun am anderen vorbeiredet? Es ist ganz einfach, hier richtig zu reagieren. Es wäre nur der eigene Redestrom zu stoppen, eine Frage zu stellen, die eigene Argumentation zu überprüfen, ohne dabei das eigene Ziel aus den Augen zu verlieren."* In der US-amerikanischen Verhandlungsliteratur wird empfohlen, in schwierigen Situationen geistig auf den Balkon zu gehen und sich selbst von oben zu betrachten. Stellen Sie sich Ihre mündliche Staatsprüfung als Verhandlung mit einem unsichtbaren Balkon vor, und Sie erkennen, wie hilfreich diese Hinweise sind.

4. Die verbale Sprache

a) Eine Geschichtensprache

Die verbale Sprache ist, im Unterschied zur Körpersprache, eine exklusiv menschliche Sprache. Über ihren Entstehungsprozeß wissen wir, wie schon gesagt, wenig. Auch ihr Regelsystem ist noch

---

[4] Körpersprache, München 1988, S. 14.

längst nicht erforscht. Ich beschränke mich hier auf die wenigen Aspekte, die für das juristische Lernen wichtig sind.

Im Vordergrund steht dabei die Tatsache, daß unsere verbale Sprache eine Geschichtensprache ist. Sie entstand aus dem Wunsch, uns unsere Erlebnisse merken zu können, diese speichern und sie wieder abrufen können. Wir wollten, wie schon gesagt, die geschichtliche Dimension gewinnen. Um ihre Erlebnisse, ihre Mythen und vor allem auch ihre religiösen Vorstellungen ausdrücken zu können, mußten unsere Vorfahren ein differenziertes Zeichensystem entwickeln, welches erfahrene und vorgestellte Wirklichkeiten abbildet und auf diese Weise speicher- und reproduzierbar macht. Sie schufen es.

b) Normalität und Sensationen

Der Wunsch, sich etwas merken und davon berichten zu können, war naturgemäß besonders groß bei aufregenden Erlebnissen, bei göttlichen Offenbarungen, Sintfluten, trojanischen Kriegen oder Völkerwanderungen. Die Sprache wurde vor allem dann benötigt, wenn Sensationen vorkamen. Die Normalität des Alltages interessierte sie dagegen weit weniger. Den Sprachwissenschaftlern ist schon längst der Befund aufgefallen, daß die Sprachentwicklung immer durch das Bemerken von atypischen Besonderheiten angestoßen wurde. Die Normalität hat dagegen keinen Namen. In der Sprache gibt es beispielsweise Bezeichnungen für Menschen, welche groß oder klein sind, schön oder häßlich, klug oder dumm, jung oder alt, kriminell oder redlich. Es gibt aber keine Bezeichnung für Menschen, die jeweils weder das eine noch das andere, sondern nur „normal" sind. (In Österreich hilft man sich in solcher Lage mit „Herr Baron".) Mitunter geht die Sprache so weit, daß zwei entgegengesetzte Extreme denselben Namen haben. Das Wort „Boden" bezeichnet das, was im Haus unter uns ist, und zugleich das, was über uns ist. Was dazwischen ist, hat keinen Namen. Es ist nicht sensationell. Im Schwäbischen verwendet man den Ausdruck „arg" auch für etwas, was „arg nett" ist.

c) Der juristische Drang zu den Problemen

(1) Juristische Sensationen

Im juristischen Informationswesen, das ja durchweg mit der verbalen Sprache arbeitet, ist dieser Drang zu den Sensationen besonders stark ausgeprägt. Überall, in der veröffentlichten Rechtsprechung, in den Kommentaren, in den Lehrbüchern, in den Aufsätzen und natürlich auch in den Lehrveranstaltungen, dominieren die atypischen „Probleme". Ein Marsbewohner, der sich anhand der veröffentlichten Rechtsprechung des Bundesgerichtshofes über das Wesen der Sachbeschädigung informieren wollte, würde lediglich auf zwei Fälle stoßen, nämlich das Luftablassen aus Autoreifen und das unbefugte Ankleben von Plakaten auf Telefonverteilerkästen. In den Kommentaren und Lehrbüchern würde er weitere - oft ausgedachte - Sensationen finden wie das Zerlegen einer Uhr, das Einbringen von Wanzen in Hotelbetten, oder das Dressieren des Papageis einer vornehmen alten Dame, so daß der Vogel unanständige Wörter krächzt. Wollten wir dem Marsbewohner wirklich weismachen, solche Fälle seien für die Sachbeschädigung des § 303 StGB kennzeichnend? Die wirkliche Sachbeschädigung ist der Vandalismus von Leuten, welche die Sitzpolster in öffentlichen Verkehrsmitteln aufschlitzen, Autoantennen abknicken, oder Fensterscheiben einwerfen. Aber das ist nicht sensationell, und deshalb kann man in den juristischen Büchern darüber nichts lesen.

(2) Die Lehrbuchkriminalität

Der Drang zu den juristischen Sensationen hat im Strafrecht eine vielbestaunte Lehrbuchkriminalität verursacht, die in der Realität niemals vorkommt. Welcher Erbneffe schickt schon seinen Erbonkel auf Flugreise (äquivalent kausale Ursache) in der Hoffnung (Vorsatz), das Flugzeug werde abstürzen, was dann auch wider alle Statistik geschieht (Mord?). Wer hat schon jemals im wirklichen Leben von zwei Wilderern gehört, die völlig unabhängig voneinander in exakt dem selben Sekundenbruchteil einen Förster umbringen, wobei der eine Wilderer das Gehirn und der andere das Herz des Försters trifft. Wer hat es schon erlebt, daß ein Mensch in der Absicht auf den Boden stapft, die Antipoden in Australien in die Luft zu springen (untauglicher Versuch?).

(3) Probleme zeigen die Normalität

Dieser juristische Drang zu den Sensationen ist in unserer verbalen Sprache angelegt. Er hat den Sinn, uns die Normalität des Lebens sprachlich zugänglich zu machen. Auch wir Juristen befassen uns nur zu dem einzigen Zweck mit den Rechtsproblemen, um die dahinter liegende Normalität besser zu verstehen. Probleme sind immer die Abweichung von einer Normalität, die sie uns als solche oft genug erst bewußt machen. Vorher bemerken wir sie schlicht nicht.

(4) Das Beispiel Meuchelmord

So gibt es seit Jahrtausenden die juristische „Normalität" des Meuchelmordes. Die Definition der Heimtücke lautete lange Zeit „Ausnutzung der Arg- und Wehrlosigkeit". Es mußte erst im Jahre 1956 der Fall eines Vollziehungsbeamten kommen, der der Veruntreuung von Geld überführt wurde und aus Verzweiflung beschloß, sich selbst zu töten und seine Familie mit in den Tod zu nehmen, ehe man erkannte, daß der „normale" Meuchelmörder aus Feindschaft zu seinem Opfer handelt, woran es in diesem Falle fehlte.[5] Seitdem wissen wir mehr über die „Normalität" der Heimtücke.

(5) Die Konsequenzen für Ihr Lernen

Sie sollten juristische Probleme daher nur (in begrenztem Ausmaß) zu dem Zweck studieren, etwas über die jeweils betroffene Normalität zu erfahren. Wenn Sie dagegen Probleme um ihrer selbst willen studieren und gar der (verbreiteten) Meinung folgen, Sie müßten diese Probleme „lernen", dann überfordern Sie sich und bringen sich um ihren „normalen" Verstand.

Welche Folgen das haben kann, habe ich vor einigen Jahren erlebt, als ich eine strafrechtliche Examensklausur korrigierte. Der Aufgabenverfasser hatte sich einen Fall ausgedacht, in welchem die Freundin F ihrem Liebhaber L den Laufpaß gegeben und sich einem anderen Mann M zugewandt hatte. L sann nun auf Rache und kam auf folgende Idee. Er läutete als Polizist verkleidet an der Wohnungstür der F. Als die F öffnet, teilte ihr der falsche Polizist wahrheitswidrig mit, M sei gerade bei einem Verkehrsunfall ums Leben gekommen. Daraufhin beging die F, wie von L geplant, Selbstmord. - Das ist eine typische Examenssensation, wie sie im Leben nicht vorkommt. Die Pointe der Geschichte liegt darin, daß weder der Aufgabenverfasser noch das Justizprüfungsamt noch die vielen hundert Klausurenbearbeiter bemerkt hatten, daß dieser Fall

---

[5] BGH St 9, 385.

im wirklichen Leben schlechthin unmöglich wäre. Ein ehemaliger Liebhaber kann sich unmöglich so verkleiden, daß seine frühere Freundin ihn nicht erkennt. Der falsche Bart, mit dem das möglich wäre, ist noch nicht erfunden. Und die Pointe geht noch weiter. Auch ich selbst hatte diesen Umstand bei der Korrektur zunächst nicht bemerkt. Erst mein Sohn, dem ich den Fall erzählte, wies mich darauf hin. Er studierte freilich nicht Jura, sondern Physik.

Ich werde Ihnen in diesem Buch empfehlen, Beschädigungen Ihres Verstandes durch das juristische Sensationswesen zu vermeiden, auf die Normalität der Rechtsfälle zu achten, die Normalfallmethode anzuwenden und Probleme als Schlüssel zu einer dahinter stehenden Normalität zu verwenden. Die Befolgung dieses Rates setzt voraus, daß Sie sich Klarheit darüber verschaffen, daß der verbreitete Drang zu den Problemen auf den Eigentümlichkeiten unserer verbalen Sprache aufsetzt. Während unsere Körpersprache eine Sprache der Normalität ist, ist unsere verbale Sprache ihrem Ursprung nach eine Sprache der Sensationen. Es ist daher leicht zu verstehen, daß die Welt der Juristen, deren Werkzeug ja die Sprache ist, ebenfalls eine Welt der Sensationen ist.

d) Die Eindimensionalität der Geschichtensprache

(1) Die Geschichte verläuft in der Zeit

Jede Geschichte verläuft eindimensional in der Zeit. Ein Kontinuum wie die Zeit können wir nur erfassen, wenn wir es strukturieren, in Jahre, Monate, Stunden, Sekunden. In entsprechender Weise erzählen wir auch Geschichten nicht als Kontinuum, sondern strukturieren sie. Wir wählen einzelne Ereignisse aus und verbinden sie miteinander. Ursachen werden zu Wirkungen. Wirkungen werden wieder zu Ursachen für andere Wirkungen - und so fort.

(2) Das Beispiel Urlaub

Wenn ich beispielsweise die Geschichte meines letzten Urlaubs erzähle, fange ich bei der ersten Station an (wir packen die Koffer), gehe zur nächsten Station über (beim Beladen des Autos entdecken wir, daß ein Koffer nicht mehr in das Auto paßt), gehe weiter zur nächsten Station (auf der Autobahn fragen wir uns gegenseitig, ob jemand den Küchenherd ausgemacht hat), gehe zur folgenden Station (an der Grenze entdecken wir, daß wir unsere Ausweise vergessen haben), gehe zur anschließenden Station (in Mailand wird uns das Auto gestohlen) - und so weiter.

Natürlich kann ich bei der Erzählung einer Geschichte auch springen, kann Seitenstränge eröffnen, kann mich im Kreise drehen, kann einzelne Stationen auslassen und kann dergleichen mehr tun. Ich kann Geschichten schlecht erzählen (und die meisten Menschen sind schlechte Geschichtenerzähler). Aber das ändert nichts daran, daß wir alle geborene Geschichtenerzähler sind.

Der gute Geschichtenerzähler ist vor allem ein Weglasser. Er schildert zwei, drei Details - und vor dem Zuhörer oder Leser entsteht eine prall mit Leben gefüllte Bühne. Der gute Erzähler regt seine Zuhörer dazu an, sich die Geschichte im Grunde selbst zu erzählen. Hierin liegt das Geheimnis der Dichter. Der schlechte Geschichtenerzähler erstickt dagegen die Phantasie seines Publikums unter einer Fülle von Einzelheiten. Ihm hört niemand zu.

(3) Rechtsfälle sind Geschichten

Was hier wie eine literarische Theorie klingt, hat für Ihr juristisches Lernen unmittelbare praktische Bedeutung. Denn Sie haben es immer mit Fällen als Ausgangsmaterial zu tun, und diese Fälle werden immer als Geschichten dargestellt. Jede Geschichte wird durch den chronologischen Ablauf der einzelnen Stationen zusammengehalten. Das ergibt eine sehr einfache Struktur, die von unserer „Hardware" mit ihrer begrenzt speicherfähigen Verarbeitungseinheit (Stichwort „magische Sieben") gut bewältigt werden kann. Es werden jeweils zwei, drei Stationen einer Geschichte als „Items" eingespeichert und erzählt. Dann werden die nächsten „Items" abgerufen und verarbeitet, und so fort. Das Kurzzeitgedächtnis eröffnet dabei zusätzliche Speichermöglichkeiten. Die Schwierigkeiten beginnen, wenn Sie versuchen, auch die Lösung Ihres Falles als Geschichte zu erzählen.

e) Die Grenzen der Geschichtensprache im Recht

(1) Die Grenze der Geschichtensprache beim Umgang mit Komplexität

Die Geschichtensprache stößt da auf Grenzen, wo wir nicht mehr über einzelne Ereignisse, sondern über komplexe Zusammenhänge reden müssen. In der archaischen Welt gab es dazu nur wenig Anlaß. Soweit die Komplexität der Welt bewältigt werden mußte, geschah dies mit Hilfe der oben geschilderten, automatisch ablaufenden Verhaltensregeln. Heute genügen diese Automatismen den Anforderungen der modernen Welt nicht mehr. Die Welt ist kompliziert geworden. Deshalb stehen wir heutzutage unentwegt vor der Notwendigkeit, mit Komplexität rational umzugehen. Das gilt vor allem für Rechtsfälle. Früher genügte es, dem Einzelfall einfach eine gute Fortsetzung zu geben. Heute muß jeder Fall nach Gesetz und Recht entschieden werden. Er muß in Übereinstimmung mit dem Rechtssystem entschieden werden. Um das leisten zu können, muß Komplexität bewältigt werden. Hierfür benötigen wir eine dritte, ganz anders geartete Sprache, die man als Struktursprache bezeichnen kann. Diese Sprache existiert nur in Ansätzen, und diese Ansätze wurden schon vor langer Zeit von uns Juristen geschaffen. Die Weiterentwicklung dieser Sprache wird letztlich nur durch den Einsatz der Computertechnik gelingen. Aber ein Stück weit können wir auch ohne Hilfe des Computers vorankommen.

(2) Formale Kunstsprachen

Viele Disziplinen wären steckengeblieben, hätten ihre Vertreter nicht die Grenzen der natürlichen Sprache überwunden und formale Kunstsprachen geschaffen. Die Anfänge der Mathematik liegen beispielsweise in der natürlichen Sprache. Heute hat sich die Mathematik völlig von der Realität losgelöst. In der Logik verhielt es sich entsprechend. Noch Aristoteles bildete seine Syllogismen anhand evident richtiger oder evident falscher inhaltlicher Beispiele von der Art „Wenn alle Professoren langweilig sind, und wenn Haft ein Professor ist, dann ist Haft langweilig" (= logisch richtig, inhaltlich natürlich falsch) oder „Wenn Wildschweine Lebewesen sind, und Haft ein Lebewesen ist, dann ist Haft ein Wildschwein" (= logisch und natürlich auch inhaltlich falsch) oder „Wenn Lernbücher nützlich sind, und wenn dieses Buch ein Lernbuch ist, dann ist dieses Buch nützlich (= logisch und inhaltlich richtig). Die moderne Logik ist demgegenüber formal. Sie hat alle Verbindungen zur verbalen Sprache gekappt. Nur auf diese Weise konnte sie ihr heutiges hohes Niveau erreichen. Entsprechend verhält es sich in der modernen Physik, die weithin aus Mathematik besteht.

(3) Keine juristische Kunstsprache

Der Weg einer formalen Kunstsprache ist uns Juristen aber trotz aller Bemühungen von Vertretern einer sogenannten juristischen Logik letztlich versperrt. Wir werden niemals imstande sein, eine konsequente Rechtslogik zu schaffen. Dafür ist das Recht zu sehr der Realität verhaftet. Wir können nur versuchen, die Komplexität juristischer Aufgaben in der natürlichen Sprache einigermaßen sachgerecht zu bewältigen, so gut das eben geht. Erst der Einsatz des Computers wird uns hier neue Möglichkeiten eröffnen. Aber davon sind wir noch ein gutes Stück entfernt.

5. Die Struktursprache

a) Einfache Hilfsmittel

Die Struktursprache hilft Ihnen, komplexe Gegenstände zu bewältigen, die Sie in der Geschichtensprache nicht angemessen behandeln können. Dazu müssen Sie sich freilich etwas einfallen lassen. Eine erste Grenzüberschreitung gelingt Ihnen durch die Verwendung einfacher formaler Hilfsmittel, wie Sie das auch zur Lösung nichtjuristischer komplexer Aufgaben tun.

b) Das Beispiel Stadtplan

Nehmen Sie als Beispiel eine Wegbeschreibung in einer Stadt. Manchmal muß man sie in Worte fassen. Das ist ein mühsames Unterfangen. Jeder Autofahrer, der einmal in einer fremden Stadt nach dem Weg gefragt hat, weiß das (*„An der zweiten Ampel halblinks und dann gleich wieder rechts, vor der Kreuzung links, dann um den Kreisel und schräg rechts herausfahren, hinter der Tankstelle links einordnen und am Straßenende wenden, dann gleich rechts, dann links...“*). Wieviel einfacher wird das Leben in einem solchen Falle, wenn ein Stadtplan oder ein computergestütztes Navigationssystem bei der Hand ist.

c) Juristische „Stadtpläne"

Auch für Rechtsfälle gibt es „Stadtpläne". Es gibt formale Hilfen wie Grafiken, Tabellen, Kurven. Ja, sogar die Finger können ein brauchbares Hilfsmittel sein, wenn Sie etwa die Tatbestandsmerkmale eines Paragraphen, wie schon erwähnt, an den Fingern einer

Hand abzählen („Für einen Betrug brauche ich im objektiven Tatbestand erstens eine Täuschung (Daumen), zweitens einen Irrtum (Zeigefinger), drittens eine Vermögensverfügung (Mittelfinger) und viertens einen Vermögensschaden (Ringfinger).

Aber es gibt etwas noch viel Besseres.

IV. Ihr Betriebsgeheimnis

1. Die Entdeckung des juristischen Betriebsgeheimnisses in der Spätantike

a) Das Betriebsgeheimnis besteht in einer Methode

Ich verrate Ihnen jetzt das juristische Betriebsgeheimnis. Bitte erzählen Sie es nicht weiter. Es ist das Geheimnis, nach dem ein Mediziner gesucht hat, als er einmal ausrief: „Ich wünschte, ich hätte Jura studiert. Dann könnte ich Ordnung in meinem Leben im allgemeinen und auf meinem Schreibtisch im besonderen schaffen."

Ihr Betriebsgeheimnis besteht in einer Methode, die in der Spätantike von den römischen Juristen entwickelt wurde, als diese begannen, Rechtssysteme zu schaffen. Damit standen sie unversehens vor dem oben geschilderte Problem der Komplexität. Sie bewältigten es, indem sie Ideen der griechischen Wissenschaftstheoretiker übernahmen. Damals war es schon so wie heute: Die einen haben gute Ideen, können diese aber nicht vermarkten. Die anderen beherrschen den Markt, haben aber selbst keine eigenen Ideen und beuten die Ideen anderer aus. Die letzteren sind immer die Gewinner.

b) Am Anfang stand das Fallrecht

(1) Einzelfallentscheidungen

In der großen, der „klassischen" Zeit der römischen Jurisprudenz hatte es noch keine Rechtssysteme gegeben. Die berühmten Juristen dieser Epoche hüteten sich vor allen Komplexitätsproblemen. Sie ahnten, welche Schwierigkeiten dort lauerten, und sie achteten sorgfältig darauf, die Grenzen der Geschichtensprache nicht zu überschreiten. Sie erzählten einfach so knapp wie möglich, was passiert war, ließen dabei alle individuellen Besonderheiten des Falles fort und leiteten diese Geschichte mit dem Wort „wenn" ein, damit klar war, daß ihre Behandung des Falles beispielhaft für künftige ähnliche Fälle sein sollte.

(2) Das Beispiel Cautio Muciana

Das sah etwa so aus:

„*Wenn ein Ehemann verstirbt und seiner jungen Witwe sein Vermögen unter der Bedingung hinterläßt, daß diese nicht wieder heiratet...*"

In dieser Art begann eine Geschichte des römischen Juristen Quintus Mucius Scaevola (um 140 - 82 v. Chr.), aus der sich die berühmte Cautio Muciana entwickeln sollte. Nachdem so der Sachverhalt formuliert war, überlegten sich die Klassiker, welche verschiedenen Fortsetzungen der Geschichte möglich waren. Im Beispiel konnte man etwa daran denken, der Witwe den Nachlaß erst dann auszuhändigen, wenn diese so alt war, daß ihre Wiederverheiratung nicht mehr zu befürchten war. Aber würde sie dann noch viel Freude an ihrem Vermögen haben? Andererseits erschien es auch nicht ratsam, ihr den Nachlaß sofort auszuhändigen. Eine Witwe, die nicht nur jung und hübsch, sondern auch vermögend war, war schließlich besonders begehrenswert, so daß die Gefahr einer Wiederverheiratung im Falle einer sofortigen Aushändigung der Erbschaft deutlich gesteigert wurde. Was also sollte geschehen?

Mucius war er ein begabter Jurist. Er verfügte über ein gutes Judiz, also ein gut ausgebildetes juristisches Regelwerk (dazu näher unten). Daher fand er eine Lösung des Problemes, die seinen intuitiv vorhandenen menschlichen Gerechtigkeitsregeln entsprach, und er formulierte sie als beispielhafte Fortsetzung der mit „wenn" begonnenen Geschichte, eingeleitet durch das Wort „dann":

„*...dann soll die Witwe das Vermögen sofort erhalten, es aber wieder herausgeben müssen, falls sie wieder heiratet.*"[6]

---

[6] Der hier verwendete Wortlaut stammt von mir.

Mucius deutete also die aufschiebende Bedingung in eine auflösende Bedingung um. Er unternahm keinerlei Anstrengungen, um dieses Resultat systematisch aufzuhellen und zu begründen. Er formulierte einfach seine Entscheidung des Falles und setzte seinen Namen darunter: „*Quintus Mucius Scaevola*". Das war alles. Kein Wort der Begründung. Kein Verweis auf den Römischen Kassationsgerichtshof. Keine Beschwörung der herrschenden Meinung. Keine Fußnoten. Kein begleitender Aufsatz in der Römischen Juristischen Wochenschrift mit dem Titel „Die aufschiebend bedachte Witwe im römischen Erbrecht". Keine Auseinandersetzung mit seinem Kollegen Paulus, der einen ähnlichen Fall ganz anders entschieden hatte. Die Eleganz der Lösung und der gute Name ihres Finders hatten Begründung genug zu sein. Mucius wußte, daß jedes zusätzliche Wort nur seine Kollegen in der Römischen Rechtsschule zum Widerspruch gereizt hätte. Warum sich das antun? Warum seinen Kollegen die Zeit stehlen, welche diese benötigten, um seinen Aufsatz zu lesen und eine Erwiderung zu verfassen? Warum sich und andere um die den Römern so wichtige Muße bringen, nachdem das Problem doch gelöst war? Die lakonische Art der Römer hatte ihre praktischen Vorzüge.

Mucius unternahm auch keinerlei Anstrengungen, um die Geschichtensprache zu verlassen. Er erzählte eine Geschichte, er malte sich aus, wie die Zukunft sein könnte, und er beschrieb das Handeln, durch welches die von ihm für gerecht gehaltene Wunschzukunft verwirklicht werden sollte. Zwar abstrahierte er von den individuellen Besonderheiten des Falles. Wie erfahren beispielsweise weder etwas über den Namen der Witwe noch über die Höhe des vererbten Vermögens noch über die Beweggründe, welche ihren verstorbenen Ehemann bei der Abfassung seines Testamentes geleitet hatten. Auch generalisierte er den Fall, indem er ihn in das Gewand einer Wenn-dann-Regel kleidete. Aber er verließ mit alledem nicht die Ebene der Geschichtensprache. Er erzählte die konkrete Geschichte einer jungen Witwe, deren verstorbener Ehemann ihr ein Vermögen unter der Bedingung hinterlassen hatte, daß sie nicht wieder heirate, und er beschrieb die von ihm angeordnete Fortsetzung dieses konkreten Geschehens. Mucius tat genau das, was die Geschichtensprache ermöglicht und wofür sie von uns geschaffen worden ist.

c) Die Suche nach dem Präzedenzfall

Ein Komplexitätsproblem entstand bei alledem nicht. Man möchte sich in diese heile Welt zurücksehnen. Aber sie existiert nicht mehr, und wir wissen auch, warum sie nicht mehr existiert. Über die Jahrhunderte hinweg hatten die Römer viele Rechtsfälle von der Art der Cautio Muciana entschieden. Eine ungeheure Menge an Präzedenzfällen der verschiedensten Art war auf diese Weise entstanden. Zugleich war die Begabung der Juristen geringer geworden als in früheren, kraftvolleren Zeitaltern. (Wir befinden uns jetzt in jener Epoche, in welcher der Untergang des römischen Reiches begann.) Beide Ursachen verstärkten den Wunsch, angesichts neuer Fälle auf die bereits entschiedenen Präzedenzfälle zurückgreifen und die dortigen Lösungen einfach übernehmen zu können. Solche Präzedenzfälle erleichterten das Leben. Starb beispielsweise ein Vater, und hinterließ er das Familienvermögen seinem Sohn unter der Bedingung, daß dieser sein Rechtsstudium zu Ende bringe, anstatt weiterhin Selbstverwirklichung durch Töpfern in der Toskana zu praktizieren, dann brauchte der zuständige Richter nur die Cautio Muciana heranzuziehen und die dort getroffene Entscheidung zu übernehmen. Der Sohn bekam das Geld, aber wenn er es nicht für den Repetitor verwendete und das Examen nicht bestand, mußte er es wieder herausgeben. In der Tat hatte es ja keinen Sinn, das Rad immer wieder neu zu erfinden, zumal die Erfinder immer unbegabter wurden. Auch neigten die Römer dazu, die Vergangenheit zu verklären. Sie redeten immerzu von der guten alten Zeit, statt optimistisch in die Zukunft zu blicken. Nach Präzedenzfällen zu suchen entsprach durchaus ihrem Wesen.[7]

d) Didaktische Nöte

Ein weiterer Wunsch kam hinzu. Man wollte junge Juristen mit den vorhandenen Problemlösungen der Väter von der Art der Cautio Muciana vertraut machen. Man wollte also erstmals jene Einrichtung installieren, die wir heute Jurastudium nennen, und die

---

[7] Mir fällt hier spontan die Geschichte von dem Amtsrichter in Passau ein, der auf jede neue Akte schrieb: „Bitte Simile!" Kam ein „Simile", ließ er die dort getroffene Entscheidung einfach abschreiben. Kam kein „Simile", schrieb er auf die Akte: „Bitte Wiedervorlage, wenn Simile vorhanden!" Sein Leben war sehr bequem.

das Thema dieses Buches ist. Die Klassiker brauchten diese Ausbildung nicht. Sie vertrauten einfach ihrem natürlichen Regelwerk. Späteren Generationen erging es in diesem Punkt schlechter. Sie mußten sich mit den Klassikern auseinandersetzen, was oftmals nicht ohne Beschädigung des eigenen Regelwerkes abging.[8]

e) Das Retrievalproblem

Wie aber sollten beide Aufgaben angesichts einer großen Zahl von Präzedenzfällen bewältigt werden? Unversehens entdeckten die Römer, daß die Methoden des Lesens und des Erzählens von Geschichten nicht mehr hilfreich waren. Im Bedarfsfalle konnten sie ja nicht Tausende von Fällen nacheinander durchlesen. Diese Fälle betrafen völlig unterschiedliche Sachverhalte. Sie lagen ohne Suchsystem im Archiv. Alle „Responsa" der Klassiker durchlesen zu wollen, wäre so gewesen, als wollten Sie heute angesichts eines neuen Falles alle Bände der BGH-Entscheidungen durchlesen. Der Computer eines juristischen Informationssystemes kann das heute zwar tun, aber damals gab es noch keinen Computer. (Übrigens ist diese Methode auch beim Computer nicht unbedingt sinnvoll.)

f) Das didaktische Problem

Die gleichen Schwierigkeiten traten beim Rechtsstudium auf. Auch die juristische Ausbildung konnten die Römer nicht in der Weise organisieren, daß sie den Studenten die Fälle der Väter in beliebiger Reihenfolge nacheinander erzählten. Die römischen Juristen mußten sich also etwas einfallen lassen, und sie ließen sich etwas einfallen. Sie schufen eine neue Methode und taten damit den ersten Schritt von der Geschichtensprache zur Struktursprache. Ansätz hierzu haben sich übrigens möglicherweise bereits bei Mucius gefunden. Er schrieb als erster Römer ein systematisches Handbuch des Rechts. Dieses Werk ist leider nicht erhalten. Erhalten sind uns dagegen die Institutionen des Gaius (um 160 nach Christus). In überarbeiteter Form bilden sie den ersten Teil des Corpus Juris Civilis, einer auf Veranlassung des Kaisers Justinian (527 - 565) veröffentlichten Sammlung des damals vorhandenen Rechtes, welche im Jahre 533 Gesetzeskraft erlangte. Die Institu-

---

[8] Das Verhalten vieler noch im Rechtsstaat ausgebildeter deutscher Juristen während der NS-Diktatur bestätigt diesen Befund.

tionen bestehen aus vier Büchern, die in Titel und seit dem Mittelalter in Paragraphen untergliedert sind. Ursprünglich waren sie ein Lehrbuch für Anfänger, welches ein „Institutionensystem" und damit erstmals eine Systematik enthielt, die noch modernen Gesetzbüchern - etwa dem französischen Code Civil - als Vorbild gedient hatte.

2. Das juristische Betriebsgeheimnis

a) Der Rückgriff auf die griechische Wissenschaftstheorie

Worin bestand nun diese neue und bis in die Gegenwart verwendete Methode? Gaius knüpfte an die griechische Wissenschaftstheorie an. Dort hatte man die Methode der Aufstellung von sogenannten Begriffsbäumen entwickelt. Man hatte erkannt, daß Begriffe einen Inhalt und einen Umfang haben. Zwischen beiden besteht ein reziprokes Verhältnis. Viel Inhalt bedeutet wenig Umfang und umgekehrt. Der Begriff „Sokrates" hat beispielsweise viel Inhalt und wenig Umfang. Er steht für alle Weisheit, die ein Mensch nur haben kann, aber er bezeichnet nur einen einzigen Menschen. Der Begriff „Mensch" hat dagegen wenig Inhalt und viel Umfang. Er läßt die spezifischen Eigenheiten aller Menschen unbeachtet und umfaßt die ganze Menschheit.

b) Begriffsbäume

(1) Die Suche nach dem Wesen der Dinge

Von dieser Erkenntnis ausgehend errichteten die griechischen Wissenschaftstheoretiker Begriffsbäume. Mit deren Hilfe wollten sie zu Erkenntnissen über das Wesen der Dinge gelangen. Damals entstand eine Definitionslehre, wonach man die Bedeutung von Begriffen durch die Angabe von Genus proximum (Oberbegriff) und Differentia specifica (artbildender Unterschied) festlegen wollte (omnis definitio fit per genus proximum et differentiam specificam). So definierte man beispielsweise den Schimmel als ein Pferd (Oberbegriff), welches weiß ist (artbildender Unterschied). (Spätere Kritiker wiesen freilich darauf hin, daß man ebenso gut den Schimmel als etwas Weißes (Oberbegriff) definieren könne, welches als Pferd daherkomme (artbildender Unterschied).

(2) Die arbor porphyriana

Der wohl bekannteste in der Antike aufgestellte Begriffsbaum stammt von Porphyrios von Tyros (um 234 - 304) und wird seit Petrus Hispanus (1210 - 1277, seit 1276 Papst Johannes XXI) arbor porphyriana genannt. Abbildung 2 zeigt die Darstellung der arbor porphyriane durch Petrus Hispanus.

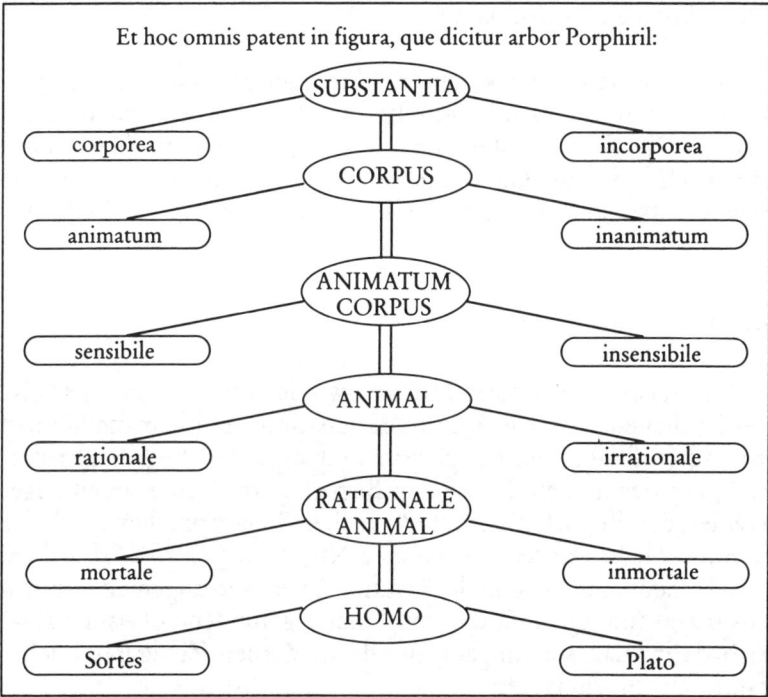

Et hoc omnis patent in figura, que dicitur arbor Porphiril:

Abb. 2 Darstellung der arbor porphyriana bei Petrus Hispanus
(Tractatus II. ed. de Rijk, 20)

Wie Sie sehen, fungiert „substantia" als allgemeinster Gattungbegriff, der keine Bestimmung mehr über sich hat. Von dort steigt man zu immer konkreteren Gattungen herab, die durch Angabe des artbildenden Unterschiedes jeweils in Arten eingeteilt werden. Über die richtige Deutung der arbor porphyriane herrscht Streit. Auch gehen die modernen Definitionslehren andere Wege. Das braucht uns hier aber nicht weiter zu interessieren. Entscheidend ist, daß erstmals erkannt wurde, daß unsere Sprache die Möglichkeit bietet, durch Steigerung des Abstraktionsgrades unterschiedlich viele Gegenstände zu bezeichnen. Dabei verlieren die Begriffe an Inhalt (so hat substantia viel weniger Inhalt als homo) und gewinnen an Ausdehnung (so umfaßt substantia viel mehr Gegenstände als homo). Es besteht also ein reziprokes Verhältnis zwischen der Intension und der Extension von Begriffen.

(3) Juristische Begriffsbäume

Die Griechen entwickelten ihre Methode als akademische Spielerei, während sie plaudernd unter der Mittelmeersonne lustwandelten. Die Römer saßen im Gerichtssaal und machten etwas Praktisches daraus. Gaius nutzte ihre Erkenntnisse zur Bildung von Rechtssystemen. Bis heute ist uns keine bessere Methode eingefallen.

(4) Das Beispiel Cautio Muciana

Am Beispiel der Cautio Muciana will ich diese Vorgehensweise verdeutlichen. Aus dem konkreten verstorbenen Ehemann können wir durch Steigerung des Begriffsumfanges den Begriff „Erblasser", aus der jungen Witwe den Begriff „Erbe" oder, noch allgemeiner, den Begriff „Bedachter" machen. In entsprechender Weise können wir fortfahren, bis wir eine Norm wie § 2075 BGB haben, welche heute die Lösung der Cautio Muciana in allgemeiner Form ausdrückt (die Qualität der von Mucius gefundenen Lösung zeigt sich darin, daß sie Eingang in alle modernen Zivilgesetzbücher fand). Die Norm lautet:

> *„Hat der Erblasser eine letztwillige Zuwendung unter der Bedingung gemacht, daß der Bedachte während eines Zeitraums von unbestimmter Dauer etwas unterläßt oder fortgesetzt tut, so ist, wenn das Unterlassen oder das Tun lediglich in der Willkür des Bedachten liegt, im Zweifel anzunehmen, daß die Zuwendung von der auflösenden Bedingung abhängig sein soll, daß der Bedachte die Handlung vornimmt oder das Tun unterläßt."*

Damit sind wir für alle denkbaren Fälle dieser Art gerüstet, seien es heiratswütige Witwen, studierunwillige Söhne oder was auch immer.

(5) Begriffsbäume vereinfachen Komplexität

In entsprechender Weise können wir mit der Steigerung des Abstraktionsgrades der Sprache fortfahren, indem wir etwa von den Begriffen „Erblasser" und „Bedachter" zu dem Begriff „Mensch" und von diesem noch abstrakter zum Begriff „Person", der auch die juristische Person umfaßt, emporsteigen. Das machen wir so, nicht, weil es so ist, sondern weil es zu vereinfachten Strukturen führt, die so gut in unsere Verarbeitungseinheit hineinpassen (Stichwort „magische Sieben"). Wir können auf diese Weise elementare Zweier- und Dreierstrukturen bilden und miteinander verbinden, die wir in unserer Geschichtensprache in unserer formal begrenzt leistungsfähigen Hardware noch verarbeiten können, obwohl sie keine Geschichten enthalten.

(6) Das Beispiel „Person"

Lassen Sie mich an den Begriff „Person" anknüpfen. Wenn ich alle Menschen ohne Rücksicht auf ihre individuellen Besonderheiten wie Name, Geburtsort, Geschlecht, Alter, Geisteszustand und dergleichen mehr sowie alle Vereine, Aktiengesellschaften, Körperschaften und so weiter einfach „Personen" nenne, brauche ich nur noch den in entsprechender Weise durch Abstraktion von konkreten Autos, Büchern, Tieren, Grundstücken usw. gebildeten weiteren Begriff „Sachen" zu bilden, und ich habe alles, wirklich alles, was auf der Welt existiert, und was man anfassen kann, in zwei Rechtsbegriffen abgebildet.

Nunmehr wende ich mich den unsichtbaren Beziehungen zwischen Personen zu, die wir nicht anfassen können, weil sie nicht real existieren, die wir aber benötigen, wenn wir unser Zusammenleben und unsere Beziehungen durch Regeln ordnen wollen. Ich nenne den ganzen Bereich der notfalls mit Zwang durchsetzbaren Beziehungen einmal „Rechtsbeziehungen". Schon habe ich die elementaren Grundlagen für ein Privatrecht geschaffen, in welchem es ein Schuldrecht, ein Familienrecht und ein Erbrecht (Rechtsbeziehungen zwischen Personen und Personen) sowie ein Sachenrecht (Rechtsbeziehungen zwischen Personen und Personen in Bezug auf Sachen) gibt. Abbildung 3 verdeutlicht diesen elementaren Befund.

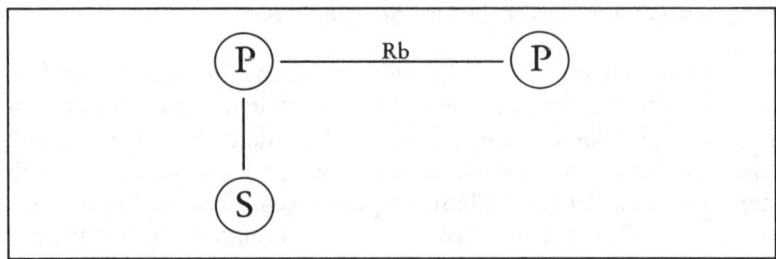

Abb. 3 Grundstruktur des Privatrechts (P = Person, S = Sache, Rb = Rechtsbeziehungen)

c) Das Prinzip

Ich will an dieser Stelle die juristische Dogmatik nicht weiter durchbuchstabieren, sondern nur das Prinzip aufzeigen. Unsere Sprache bietet abstrakte Begriffskonzepte wie „Personen", „Sachen", „gewerbliche Rechte", die gewissermaßen die Summe vieler erlebter (oder gedanklich vorgestellter) Ereignisse sind, und mit deren Hilfe wir vom Geschichtenmodus zum Strukturmodus übergehen können.

d) Nochmals: Die Begriffsjurisprudenz

Diese von den Griechen entdeckte und von den Römern praktisch genutzte Möglichkeit, aus den Begriffen unserer Sprache hierarchische Systeme zu bilden, wurde in der sogenannten Begriffsjurisprudenz des 19. Jahrhunderts mit einer wahren Leidenschaft praktiziert. Heute sind sich alle Rechtsdenker darin einig, daß diese Anstrengungen verfehlt waren. Aber diese Einigkeit darf uns nicht darüber hinwegtäuschen, daß auch die moderne Dogmatik bislang noch keinen Ersatz für die Begriffsjurisprudenz gefunden hat. Wir lächeln über jenen von mir oben erwähnten Huschke, der ein unbekanntes Tier - den Bovigus - aus Rechtsbegriffen deduziert hatte, aber Sie brauchen nur das Inhaltsverzeichnis des Bürgerlichen Gesetzbuches oder die Systematik der Lehrbücher des Zivilrechts zu lesen, um zu erkennen, daß die Begriffsjurisprudenz nach wie vor höchst lebendig ist. Es ist uns, wie gesagt, seit Gaius nichts besseres eingefallen.

e) Die Laien kennen das juristische Betriebsgeheimnis nicht

Das ist das juristische Betriebsgeheimnis. Die Laien kennen es nicht. Es sichert unseren Vorsprung vor den übrigen Menschen.

Mir ist mein eigener Übergang von der Welt der juristischen Laien in die Welt der Juristen noch lebhaft in Erinnerung. Als ich vor unvordenklicher Zeit meine BGB-Anfänger-Übung absolvierte, wurde ein Fall ausgegeben, in welchem es um den Verkauf eines Pfluges ging. Die Einzelheiten sind mir nicht mehr in Erinnerung. Wahrscheinlich war der Verkäufer unerkannt geisteskrank gewesen, oder der Pflug konnte nicht pflügen, oder der Bauer war über den Pflug gestolpert und hatte sich ein Bein gebrochen. Wie auch immer - ich irrte durch das juristische Seminar und suchte nach Material zum Verkauf eines Pfluges. Ich fand nichts. Damals dämmerte mir zum ersten Mal die Erkenntnis, daß es so etwas wie ein juristisches Betriebsgeheimnis geben müsse, mit dessen Hilfe man den Verkauf eines Pfluges überprüfen könne, ohne daß von einem Pflug die Rede war.

f) Die deutsche Fixierung auf Rechtsbegriffe

Als gründliche Leute haben wir in Deutschland die Methode des Gaius mit besonderem Eifer übernommen. Das geschah seit der Rezeption des Römischen Rechtes zu Beginn der Neuzeit und besonders im 19. Jahrhundert, als das römische Recht als beispielhaft für unsere Rechtsordnung studiert wurde. Seitdem sind wir auf Rechtsbegriffe und Rechtssätze fixiert. Das wirkliche Leben halten wir für eine Veranstaltung, deren Zweck darin besteht, unter Rechtsbegriffe subsumiert zu werden. Wenn beispielsweise ein Kind mit sechs Fingern an jeder Hand geboren wird, dann meinen wir, es sei der Rechtsbegriff „Krankheit" im Sinne des Sozialversicherungsrechtes, dessen Auslegung uns darüber aufkläre, ob das Kind krank oder gesund sei. Der Fall selbst, so meinen wir, sage es uns nicht. Bei alldem vergessen wir leicht, daß abstrakte Rechtsbegriffe nur Mittel zum Zweck sind. Sie sollen uns zu helfen, mit der Komplexität einer im Grunde nicht zu bewältigenden Aufgabe fertig zu werden.

g) Das angelsächsische Case law

(1) Der Fallvergleich

In anderen Ländern spielt das Operieren mit Begriffen längst nicht die zentrale Rolle, die es in Deutschland spielt. Im angloamerikanischen Case law müht man sich beispielsweise um einen unbefangeneren Umgang mit precedents. Die Cautio Muciana würde dort als leading case für andere, ähnliche Fälle angesehen werden. Statt an Begriffen zu arbeiten, würde man dort Fälle miteinander vergleichen.

(2) Die Regel des Fallvergleiches

Aber auch im angelsächsischen Recht ist der unmittelbare Weg vom Präzedenzfall zum neuen Fall versperrt. Auch dort bedarf es des Umweges über die abstrakte Regel, die freilich in weit stärkerem Maße vom Rechtsanwender selbst hergestellt werden muß als in Deutschland, dem Land der Gesetze.

(3) Das Beispiel Palsgraf v. Long Island Railroad Company

Es gibt berühmte Fälle, anhand derer die Studenten die Formulierung der aus dem Fall abzuleitenden Regel üben. Ein Beispiel bietet der zivilrechtliche Fall Palsgraf v. Long Island Railroad Company, an dem sich in den USA Generationen von Juristen versucht haben. Die Kompliziertheit des Problems zeigt ein Benjamin Cardozo zugeschriebener Versuch, bei dem ausgeführt wird, *„daß ein Eisenbahnunternehmen einem wartenden Fahrgast gegenüber nicht die Rechtspflicht hat, seinen Schaffnern zu verbieten, in einen anfahrenden Zug einen anderen Fahrgast zu schieben, der ein harmlos aussehendes Päckchen mit Feuerwerkskörpern trägt, das, wenn es aus dem Arm des aufsteigenden Fahrgastes herausgestoßen wird, auf die Gleise fällt, explodiert, den Bahnsteig erschüttert, eine Waage umwirft und dadurch den wartenden Fahrgast verletzt“.*

3. Recht und Rechtssystem

a) Keine Identität

Die Beschäftigung mit dem Rechtssystem ist keine Beschäftigung mit dem Recht. Sie ist lediglich eine Beschäftigung mit Hilfstechniken, die mit der eigentlichen Aufgabe der Juristen, den Sand aus dem sozialen Getriebe zu entfernen, nur indirekt etwas zu tun haben. Natürlich müssen Sie das heutige Rechtssystem beherrschen. Ich werde noch aufzeigen, wie Sie dieses Ziel auf ökonomische Weise erreichen können. Aber ich möchte die Bedeutung dieses Vorgehens vorab relativieren. Als Jurist werden Sie ab dem ersten Tag Ihres Studiums dazu angehalten, die Lösung des Falles im Gesetz oder im Kommentar zu suchen. Dort finden Sie auch oft genug eine brauchbare Lösung, aber nicht immer. Vor den begrifflichen Operationen, die uns durch die Bücher führen, steht das elementare Gefühl für Recht und Unrecht, das uns kein Rechtssystem zu geben vermag. Wir müssen es einfach haben, und wir müssen darauf achten, daß unsere Begriffe und Rechtssätze dieses elementare Wissen nicht verschütten. Dies muß angesichts unserer Geschichte betont werden.

b) Die Unrechtsperioden der deutschen Geschichte

(1) Die nationalsozialistische Unrechtsdiktatur

In Deutschland haben wir mit der nationalsozialistischen Diktatur die schlimmste Unrechtsherrschaft erlebt, die es jemals in der Menschheitsgeschichte gegeben hat. Der Berufsstand der deutschen Juristen hat trotz aller Gelehrsamkeit hiergegen kaum Widerstand geleistet.

(2) Der Erste Weltkrieg

Schon zuvor hat es in unserer Geschichte Ereignisse gegeben, bei denen ungeachtet aller Rechtsgelehrsamkeit unser Rechtsbewußtsein versagt hat. Der Erste Weltkrieg begann mit einem Völkerrechtsbruch, dem Einmarsch in das neutrale Belgien. Kein deutscher Rechtsgelehrter fand etwas dabei. Im Ersten Weltkrieg begingen deutsche U-Boot-Kommandanten Kriegsverbrechen, indem sie englische Lazarettschiffe versenkten und anschließend die Insassen der Rettungsboote - Verwundete, Ärzte, Sanitäter, Zivilisten - rammten und erschossen. Der nach der Niederlage im Versailler Vertrag auferlegten Pflicht, diese Verbrechen zu ahnden, wurde mit den Leipziger Prozessen des Jahres 1921 in einer Weise nachgekommen, die nur als Maskerade bezeichnet werden kann. Ein so angesehener Jurist wie Gustav Radbruch, damals Justizminister, deckte dieses Verhalten.

(3) Der DDR-Unrechtsstaat

Längst vergangene Geschichte? Betrachten Sie die jüngste Unrechtsperiode in der deutschen Geschichte, die Zeit der DDR. Aus Kostengründen wurden im Einigungsvertrag des Jahres 1990 sämtliche Hoheitsakte dieses Unrechtsstaates - Gerichtsurteile und

Verwaltungsakte - rückwirkend legalisiert. Millionenfaches Unrecht wurde durch einen Federstrich des Gesetzgebers „legalisiert". Auf dieser Basis wurden dann in einer zögerlichen und engherzigen sogenannten „SED-Unrechtsbereinigungsgesetzgebung" die allerschlimmsten Fälle, mit vielen Einschränkungen, „bereinigt". Und (fast) niemand hat dagegen protestiert. Seit Jahrhunderten diskutieren die deutschen Rechtsphilosophen über das Problem des „gesetzlichen Unrechts", aber als am 3. Oktober 1990 vierzig Jahre millionenfachen gesetzlichen Unrechts in Deutschland durch wenige kurze Paragraphen einfach legalisiert wurden, haben sie es nicht einmal bemerkt. Seitdem bin ich skeptisch gegenüber dem Nutzen der Rechtsphilosophie.

c) Rechtsbegriffe und Rechtssätze dienen nur zur Komplexitätsbewältigung

Die Rechtsbegriffe und Rechtssätze, die vom ersten Tag des Studiums an so sehr in den Vordergrund der Betrachtung geschoben werden, sind nicht identisch mit dem Recht. Sie dienen nur zur Komplexitätsbewältigung. Und sie verdecken leicht das, worum es eigentlich geht. Blättert man im Reichsgesetzblatt der Jahre 1933 bis 1945, findet man auf fast jeder Seite verbrecherische Bestimmungen. Aber sie sind im üblichen Jargon der Juristen angefaßt, sie lesen sich wie harmloses Hypothekenrecht, und sie wurden darum von der Mehrzahl der deutschen Juristen bedenkenlos als „Recht" angesehen und befolgt. Verhindern Sie, daß die juristischen Begriffe Ihr natürliches Empfinden beschädigen. Damit komme ich zur Bedeutung des Rechtsgefühls.

V. Ihre „Feelware"

1. Ein neuer Begriff

Der Ausdruck „Feelware" wird Ihnen selbst dann fremd sein, wenn Sie ein hartgesottener Computerfreak sein sollten. Sie kennen vielleicht den Ausdruck „Brainware". Aber „Feelware"? Die Sache wird sofort deutlich werden, wenn ich Ihnen sage, daß ich damit das Rechtsgefühl meine, aber nicht in dem Sinne, in dem dieser Begriff herkömmlicherweise verstanden wird. Ein passendes

Wort für das, was ich meine, fehlt bislang, und da ich mich ohnehin an neudeutschen Computerbegriffen entlanghangle, habe ich den Ausdruck „Feelware" gebildet. Ich will damit aufzeigen, daß hier - entgegen der landläufigen Meinung - eine Erkenntnisquelle vorhanden ist, die Sie fassen und erschließen sollten. Es gibt etwas in uns allen, was klüger ist als unser Verstand, und wir sollten unserem Verstand nicht gestatten, uns an der Nutzung dieser Quelle zu hindern.

2. Die herkömmliche Einstellung zum Rechtsgefühl

a) Ein Gegensatz zum Verstand

Eben dies geschieht beim herkömmlichen Umgang mit dem Rechtsgefühl. Wenn man unter Juristen das Wort „Rechtsgefühl" verwendet, haben die anderen das Empfinden, jetzt werde der Verstand ausgeschaltet, und es würden unklare Emotionen ausgelebt. Ich nehme an, auch Sie werden ähnliche Empfindungen haben. Günstigstenfalls haben Sie vielleicht das Bild eines weisen, „salomonischen" Richters vor Augen, der aus seinem Gerechtigkeitsempfinden heraus einen Streit schlichtet. Ungünstigstenfalls denken Sie vielleicht an das „gesunde Volksempfinden" unseligen Angedenkens oder an Fälle der Lynchjustiz. Dem modernen Juristen, so scheint es, könne das Rechtsgefühl allenfalls dazu helfen, eine geplante Entscheidung auf ihre gefühlsmäßige Stimmigkeit hin zu überprüfen. Aber genau sagen, was das Rechtsgefühl eigentlich sei, das könne man nicht. Es komme hinzu, daß sich hinter dem Rechtsgefühl auch die Vorurteile des einzelnen verbergen würden. Das Rechtsgefühl sei ein anderes, je nachdem, ob der Gefühlsinhaber konservativ, progressiv, grün oder sonstwie gefärbt sei. Damit sei das Rechtsgefühl keine Erkenntnisquelle, sondern nur ein - letztlich fragwürdiger - Korrekturmechanismus.

b) Die Geringschätzung des Rechtsgefühls in den Büchern

(1) Kein Argument

Entsprechend geringschätzig wird das Rechtsgefühl in den Büchern zur juristischen Methodenlehre und zur Rechtsphilosophie behandelt. Als Gefühl, so kann man dort lesen, sei es ein psychischer Vorgang, der eine Wertung in sich schließe, die sich als Billi-

gung oder Mißbilligung einer vorgeschlagenen Entscheidung
äußere. Keinesfalls liege darin ein Argument.

(2) Keine Rechtserkenntnisquelle

Das Rechtsgefühl, so heißt es weiter, sei keine Rechtserkenntnisquelle, sondern allenfalls ein Faktor, der einen Erkenntnisprozeß
in Gang setze. Er biete Anlaß, nach den Gründen zu fragen, die ein
zunächst nur gefühlsmäßig gefundenes Ergebnis als richtig erscheinen ließen. Wer nur nach dem Gefühl entscheide, ohne nach den
Gründen zu fragen, der handle willkürlich und voreingenommen.

(3) Negative Stoßrichtung

In diesem Zusammenhang wird gerne auf die vorwiegend negative Stoßrichtung des Rechtsgefühls hingewiesen. Es sei leichter, zu
sagen, was ungerecht als was gerecht sei. So wird denn im Zusammenhang mit dem Rechtsgefühl vor allem darüber diskutiert, ob
der Richter angesichts einer durch das Gesetz gebotenen, aber als
ungerecht empfundenen Entscheidung berechtigt sei, der Stimme
seines Gewissens zu folgen und contra legem zu judizieren. Verbiete man ihm dies, mute man ihm ein sacrificium intellectus zu,
welches seine Rechtsgesinnung korrumpieren und ihn in seinem
richterlichen Ethos wie in seiner persönlichen Würde erniedrigen
müsse. Erlaube man es ihm, liege ein Verstoß gegen die Tugend des
Gesetzesgehorsams vor. Dieser Konflikt wird in der Literatur regelmäßig gegen das Rechtsgefühl entschieden.

(4) Auflösung des Rechtsgedankens

Würde das Rechtsgefühl an die Stelle des Gesetzes treten, so argumentiert man, würde nicht nur die gesetzliche Ordnung, sondern
der Rechtsgedanke überhaupt aufgelöst werden. Das Rechtsgefühl
dürfe daher keinesfalls die Grundlage einer Entscheidung sein. Es
dürfe lediglich behutsam im Rahmen zulässiger „Auslegung" als
Hilfe zur Korrektur des Gesetzes beachtet werden.

(5) Nachträgliche Korrektur einer getroffenen Entscheidung

All diesen Überlegungen ist die Vorstellung gemeinsam, das
Rechtsgefühl setze erst dann ein, wenn eine Entscheidung zumindest probeweise getroffen worden sei. Im Schema der Subsumtion

hat das Rechtsgefühl daher seinen Platz an der Stelle, an der die Abwägung von pro und contra zu einem vorläufigen Ergebnis geführt hat. Besteht die vorgeschlagene Entscheidung die Probe auch vor dem Rechtsgefühl, kann die Entscheidung für endgültig erklärt werden. Besteht sie diese Probe nicht, muß der Argumentationsgang noch einmal überprüft werden. So besteht etwa die Bejahung des Mordtatbestandes in außergewöhnlichen, tragischen Fällen, in denen gleichwohl alle Tatbestandsmerkmale des Mordes erfüllt sind, diese Probe nicht, weshalb in Rechtsprechung und Literatur verschiedene Auslegungswege beschritten werden, die sämtlich zu einer Verneinung des Mordes führen. All dem liegt die Vorstellung zugrunde, es gebe bestimmte Entscheidungen, die allein wegen ihres Inhaltes durch das Rechtsgefühl mißbilligt oder gebilligt würden. Die probeweise getroffene Entscheidung, der Euthanasiearzt sei ein Mörder, soll dem Rechtsgefühl als inhaltlich ungerecht erscheinen, weshalb sie zu korrigieren sei.

3. Das Rechtsgefühl reagiert auf Regelverstöße

a) Reaktion auf Fehler beim Zustandekommen der Entscheidung

Im Gegensatz zu den genannten Meinungen hat das Rechtsgefühl nichts mit dem Inhalt der Entscheidung zu tun. Es hat vielmehr ausschließlich mit der Art und Weise zu tun, wie diese Entscheidung zustandegekommen ist. Das Rechtsgefühl gibt uns eine Antwort auf die Frage, ob wir auf dem Wege zu unserer Entscheidung methodische Fehler gemacht haben. Wenn das Rechtsgefühl sich dagegen sträubt, den Euthanasiearzt wegen Mordes zu bestrafen, dann nicht *erst* deshalb, weil diese Entscheidung inhaltlich als unerträglich empfunden wird, sondern *schon* deshalb, weil sie auf eine fehlerhafte Weise getroffen wurde und wegen des Regelverstoßes bei ihrem Zustandekommen unerträglich ist. Das Rechtsgefühl reagiert mit anderen Worten nicht auf inhaltliche, sondern auf formale Unerträglichkeiten. Es ist unser Kontrollmechanismus, der uns meldet, ob wir methodisch fehlerhaft oder fehlerfrei entschieden haben. Es zeigt uns, ob wir unsere Regeln richtig oder falsch angewendet haben. Hierin liegt die Erklärung für das vielbestaunte Phänomen, daß das Rechtsgefühl uns vor allem zur Erkenntnis ungerechter Entscheidungen verhilft. Ihnen muß eine Regelverletzung vorangegangen sein, denn andernfalls würde unser Rechtsgefühl nicht erwachen.

b) Entscheidungsgrundlage gerechter Entscheidungen

Aber auch gerechte Entscheidungen lassen sich letztlich auf das Rechtsgefühl zurückführen. Nehmen Sie als Beispiel die im vorigen Abschnitt erwähnte Cautio Muciana. Dieser Entscheidung lagen weder Willkür noch Zufall zugrunde. Mucius hatte weder aufs Geratewohl entschieden noch gewürfelt. Er hatte vielmehr sein juristisches Regelwerk in Gang gesetzt. Aber er hätte nicht sagen können, wie die einzelnen Regeln lauten, die er herangezogen, miteinander harmonisiert und insgesamt optimiert hatte. Und wir Heutigen können es auch nicht. Wir sind seitdem nicht klüger geworden. Die Cautio Muciana hat etwas mit einer Regel zu tun, wonach ein vom Erblasser gewünschtes Ergebnis so weitgehend wie nur irgend möglich verwirklicht werden soll, und mit einer anderen Regel, wonach die Ungewißheit über ein künftiges Ereignis den Betroffenen so wenig wie möglich belasten soll, und mit einer dritten Regel, wonach der, der etwas vererbt, frei über sein Vermögen verfügen kann, und mit einer vierten Regel, wonach Wohltaten bei Undank des Empfängers zurückgefordert werden können, und mit einer fünften Regel, wonach der Mensch die Konsequenzen seines eigenen freiverantworteten Handelns hinzunehmen hat, und wahrscheinlich noch mit etlichen weiteren Regeln, die uns sämtlich nicht bewußt sind, nach denen wir uns aber richten, und die einen begabten Juristen wie Mucius zu einer so qualitätvollen Lösung wie die Cautio Muciana geführt haben.

4. Das uns vorgegebene Regelsystem

Erneut stoßen wir hier auf die schon mehrfach angesprochene Existenz eines uns vorgegebenen und uns auf unbewußte Weise beherrschenden Regelsystems. Richten wir uns nach diesem Regelsystem, ist alles in Ordnung, und es fällt uns nichts weiter auf. Verletzen wir es dagegen, angetrieben von einem zwar wohlmeinenden, aber methodisch überforderten und darum in die Irre führenden Verstand, dann spüren wir den Regelverstoß, und dann protestiert unser Rechtsgefühl, ohne daß wir imstande wären, diesen Protest rational zu erfassen. Hier liegt die Ursache für die erwähnte vorwiegend negative Stoßrichtung des Rechtsgefühles, das uns etwas, was Unrecht ist, viel stärker empfinden läßt als etwas, was Recht ist. Manche Leute regen sich so sehr darüber auf, daß sie an ihrem Protest zugrundegehen. Michael Kohlhaas bietet hierfür ein berühmtes literarisches Beispiel. Aber auch das wirkliche Leben ist voller kleiner Michael Kohlhaasen. Es gibt keine zuverlässigere Methode, sein Leben zu verderben, als die, den Kampf gegen eine Ungerechtigkeit aufzunehmen.

5. Rechtsprechung und Dogmatik folgen dem Rechtsgefühl

a) Mitunter gelingt die dogmatische Umsetzung des Rechtsgefühls

Mitunter gelingt es der Rechtsprechung und der Dogmatik, dem Rechtsgefühl folgend ungerechte Ergebnisse durch begriffliches Operieren zu vermeiden. So konnte im Falle des Euthanasiearztes begrifflich durch Hinzufügung des Merkmales „in feindseliger Willensrichtung gegenüber dem Opfer" beim Tatbestandsmerkmal Heimtücke geholfen werden. Die Rechtsprechung hat damit etwas, was wir in unserem vorrationalem Regelsystem immer schon, wenn auch nur gefühlsmäßig, „gewußt" haben, für unser rationales rechtsdogmatisches Regelsystem erschlossen. Seit diesem Fall wissen wir genauer als vorher, was Heimtücke ist.

b) Mitunter gelingt die dogmatische Umsetzung des Rechtsgefühls nicht

Mitunter stößt dieser Weg aber auf Grenzen. Das zeigt exemplarisch der Fall jenes Täters, der unter außergewöhnlichen Umständen einen Menschen getötet hat, ohne daß es möglich wäre, durch begriffliches Operieren das Merkmal „Heimtücke" zu verneinen. Die Rechtsprechung hat sich gleichwohl - und dies zu Recht - geweigert, die für Begehung eines Mordes zwingend vorgeschriebene absolute Rechtsfolge der lebenslangen Freiheitsstrafe anzuordnen. Sie ist - und dies ebenfalls zu Recht - ihrem Rechtsgefühl gefolgt. Dies zeigt, daß das Rechtsgefühl - entgegen der landläufigen Meinung - eine Erkenntnisquelle ist, und zwar, wenn wir genau hinsehen, unsere einzige Erkenntnisquelle. Die Gesetze bieten ihr nur eine Fassung. In den meisten Fällen taugt diese Fassung etwas. Mitunter aber bietet sie dem Rechtsgefühl kein Bett - siehe das Beispiel der Kasuistik des Mordes - und dann hilft uns nicht das hermeneutische Orakeln am Gesetz, sondern der Rückgriff auf unser Rechtsgefühl. Das Gesetz ist in solchen Fällen ein Teil des Problems, nicht ein Teil der Lösung des Problems.

6. Das Rechtsgefühl betrifft das Verfahrensrecht

a) Wie wir zu „verfahren" haben

Da das Rechtsgefühl auf Regelverstöße reagiert, betrifft es das Verfahren, und das Verfahrensrecht ist denn auch, wie schon gesagt, sowohl historisch als auch sachlich das primäre Recht. Erst waren und sind die Verfahrensregeln da, dann kam und kommt das materielle Recht, das im Grunde auch Verfahrensrecht ist: Es sagt uns, wie wir angesichts eines Falles zu „verfahren" haben.

b) Das Beispiel „Fairneßprinzip im Strafverfahren"

(1) Das oberste Prinzip

Am deutlichsten können Sie dies am Beispiel des Strafverfahrens sehen, jenes Verfahrens, durch das am tiefsten in die Lebensschicksale der Betroffenen eingegriffen wird. Es besteht weitgehend Einigkeit darüber, daß das oberste Prinzip des Strafverfahrens das schon erwähnte Fairneßprinzip ist, aber was darunter zu verstehen ist, ist umstritten. Das ist kein Wunder, hat doch die deutsche Sprache nicht einmal ein passendes Wort für das, was gemeint ist. Durchweg wird das Fairneßprinzip inhaltlich verstanden. Es soll die größtmögliche Optimierung verfassungsmäßiger Werte, etwa der Menschenwürde, verlangen.

(2) Das Fairneßprinzip als formales Verfahrensprinzip

Aber das Prinzip von Fair Play ist kein inhaltliches, sondern ein formales Prinzip. Es fordert uns auf, die Spielregeln zu beachten, ohne die das Spiel seinen Sinn verliert, im Sport wie vor Gericht. Wenn die Regel dazu auffordert, den Ball mit dem Fuß zu bewegen, wird das Spiel für alle Spieler sinnlos, sobald ein Spieler die Hände dazu benutzt. Und wenn uns die Regel dazu auffordert, Untersuchungshaft nur aus den im Gesetz genannten Gründen anzuordnen, dann wird das strafprozessuale Spiel sinnlos, sobald sie als „Erpressungshaft" zu dem Zweck verhängt wird, den Beschuldigten zur Nennung seiner geheimen Bankschließfächer oder Her-

ausgabe der Tresorschlüssel zu zwingen. Es mag dann zu einer
Verurteilung kommen, und diese Verurteilung mag auch inhaltlich
wegen der Schuld des Verurteilten gerechtfertigt sein, aber es ist
uns allen etwas angetan worden. Die Veranstaltung Recht ist beschädigt worden, und damit unser geordnetes Zusammenleben.
Das merken zwar die guten Bürger nicht, haben sie doch weder
Steuern hinterzogen noch verfügen sie über geheime Bankschließfächer voller Schwarzgeld. Aber sie werden es merken, sollten sie
jemals mit der Strafjustiz Bekanntschaft machen, etwas, was jedermann widerfahren kann.

c) Die Sicherheit des Rechtsgefühls

Unser Rechtsgefühl reagiert auf Regelverletzungen, und es leitet
uns dabei mit der gleichen Sicherheit, mit der wir es im Alltag regi-
strieren, wenn ein Fall von Unfairneß vorgekommen ist. Es ist also
keineswegs so, daß zwischen Rechtsgefühl und Gesetzesgehorsam
ein Widerspruch bestehen muß, und daß der, der für die Beachtung
des Rechtsgefühls plädiert, damit notwendigerweise für eine Auf-
kündigung des Gesetzesgehorsams eintreten muß. Im Unrechts-
staat, wir wir ihn im Deutschland dieses Jahrhunderts gleich
zweimal erleben mußten, kommt so etwas natürlich vor, und zu ihrer Schande haben viele Juristen damals nicht auf die Stimme ihres
Gewissens gehört. Im Rechtsstaat wird dagegen dieser Fall keine
praktische Bedeutung erlangen. Wenn die Rechtsprechung sich
weigert, den Täter, der in tragischer Not einen Menschen „heim-
tückisch" getötet hat, wegen Mordes zu bestrafen, dann kündigt sie
nicht dem Gesetz den Gehorsam auf, sondern dann wendet sie diese Bestimmung auf regelgerechte Weise an, ohne diese Regeln in
Worten formulieren zu können. Ich wiederhole es: unser Gefühl ist
klüger als unser Verstand.

7. Das Rechtsgefühl ist unsere wesentliche Erkenntnisquelle

Unser Rechtsgefühl ist also eine Erkenntnisquelle, ja, es ist sogar
unsere wesentliche Erkenntnisquelle. Der Verstand mag dann helfen, wenn es um eher technische Rechtsgebiete geht, die unser natürliches Empfinden wenig oder überhaupt nicht berühren. Aber
im Kern, da, wo es um Recht und Unrecht geht, schadet der Verstand eher. Jeder Jurist kennt das: Er hat ein Ergebnis vollkommen
korrekt durch Auslegung und Subsumtion aus dem Gesetz abgelei-

tet - und er sagt sich angesichts dieses Ergebnisses: „Das kann doch nicht sein!" Wenn das passiert, hat der Verstand uns Schaden zugefügt. Die Römer hatten dafür den Ausdruck „Summum ius, summa iniuria". Die Bürgerrechtler der ehemaligen DDR drückten das mit den Worten aus: „Wir wollten Gerechtigkeit und bekamen den Rechtsstaat". Ein Anwalt sagte es einmal seinem Mandanten so: „Sie suchen Gerechtigkeit? Sie bekommen ein Urteil."

Immer wieder hat es „Bewegungen" gegeben, die für den Primat des Rechtsgefühls eintraten. Die von Ihering im neunzehnten Jahrhundert gegründete Interessenjurisprudenz war beispielsweise eine solche Bewegung. Zu Beginn des zwanzigsten Jahrhunderts gab es eine Freirechtsbewegung, die sich mit viel Eifer und Polemik für diesen Gedanken und gegen das logische Operieren mit Begriffen einsetzte. Allen diesen Bewegungen war kein Erfolg beschieden, nicht, weil sie einen falschen Ansatz vertreten hätten, sondern weil sie ihren Gegenstand nicht scharf genug fassen konnten. Sie erkannten nicht, daß juristische Regeln nur ein Ausschnitt aus einem umfangreichen und komplexen Regelwerk sind, von dessen Erkenntnis wir weit entfernt sind und weit entfernt bleiben werden, und das rational beherrschen zu wollen, kein sinnvolles Ziel wäre. Denn diese Regeln sind kein taugliches Objekt für unseren Verstand.

Wie sicher und zuverlässig die Erkenntnisquelle „Rechtsgefühl" funktioniert, wurde mir einmal im mündlichen Examen bewußt, als ich Umweltstraftaten prüfte. Laut der Prüfungsordnung des Landes Baden-Württemberg darf der 28. Abschnitt des StGB nur „im Überblick" geprüft werden. Die Kandidaten brauchen hier also keine Details zu kennen. Demgemäß „lernen" sie hier weniger als bei den Abschnitten, deren vollständige Beherrschung gefordert wird. Insbesondere lernen sie keine „Probleme". Im Prüfungsgespräch kam ich dann doch auf ein solches „Problem" zu sprechen und stellte die Frage, ob ein Schwimmbad ein „Gewässer" im Sinne des § 324 StGB sei. Die Kandidatin antwortete sofort mit „Nein". Sie überlegte nicht. Sie kramte auch nicht in ihrem Gedächtnis. Sie hatte das richtige Gefühl. Auf Nachfragen konnte sie ihr Ergebnis dann freilich nicht begründen (Argument aus dem Rechtsgut der Umweltstraftaten - ein Schwimmbad ist kein Teil der Umwelt). In der anschließenden Notenbesprechung waren meine Mitprüfer der

Ansicht, eine richtige Antwort, die nur gefühlsmäßig gefunden worden sei, sei weniger wert als eine solche, die rational, durch „Auslegung" des Gesetzes gefunden worden sei. An diesem Beispiel sehen Sie, welche konkreten Auswirkungen die richtige oder falsche Einschätzung der Rolle des Rechtsgefühls haben kann.

Das Rechtsgefühl ist also in Wahrheit weder eine vage noch eine geheimnisvolle Sache. Das Rechtsgefühl ist einfach unser intuitives Wissen darum, daß wir nach sinnvollen Regeln leben und zusammenleben müssen, und daß wir alle Schaden nehmen, wenn diese Regeln verletzt werden. Es ist das Wissen darum, daß unsere formalen Verhaltensmechanismen funktionieren müssen. An unerträglichen Ergebnissen stört sich das Rechtsgefühl nicht wegen ihres Inhaltes, sondern wegen des Regelverstoßes bei ihrem Zustandekommen.

8. Mißtrauen Sie den großen Worten

Eine konkrete Konsequenz aus dieser Erkenntnis sollte ein tiefes Mißtrauen gegen den Jargon der großen Worte sein. „Gerechtigkeit" ist beispielsweise ein solches Wort, oder „Menschenwürde", oder „Schuld". Unzählige Autoren haben sich inhaltlich mit diesen Begriffen befaßt und sie „ausgelegt", so, als gäbe es hier einen Sinn, den man erkennen könne. Die deutsche Sprache erleichtert diese Vorgehensweise. Sie eignet sich mehr als andere Sprachen dazu, sinnlose Formulierungen zu bilden und ihnen den Anschein von besonderem Tiefsinn zu verleihen. Mißtrauen Sie dem Jargon. Eine Formulierung wie „Die Würde des Menschen ist unantastbar" (Art. 1 GG) hat keinen „Sinn". Sie beschreibt vielmehr ein komplexes Regelwerk, das auch der gelehrteste Kommentator des Grundgesetzes nicht einmal andeutungsweise erfassen könnte, und das gleichwohl unser aller Besitz ist.

Was ich mit alledem sagen will: Trauen Sie Ihrem Rechtsgefühl - und folgen Sie ihm! Es war, ist und bleibt Ihre primäre Erkenntnisquelle.

E. Ihre Unternehmensgrundsätze
I. Strategisches Denken

1. Die üblichen Fehler

a) Übersicht

Seien Sie ein Stratege. Gewinnen Sie, indem Sie die Fehler der anderen Studenten vermeiden und es besser machen. Die Fehler liegen in einer unüberlegten Wahl des Faches Jura, im fehlenden Bemühen um die erforderlichen Voraussetzungen, in der unzureichenden Gestaltung des Studiums und in der unterbliebenen Orientierung des Studiums am späteren Beruf. Durch strategisches Denken vermeiden Sie diese Fehler und optimieren Sie Ihre Produktion.

b) Jura als Zufallsentscheidung

Die meisten Jurastudenten „stolpern" mehr oder weniger zufällig in dieses Fach, weil sie hier nur geringe Zulassungshürden zu überwinden brauchen, weil sie hier - anders als etwa Mathematiker, Physiker oder Musiker - scheinbar keine besondere Begabung mitbringen müssen, und weil von ihnen auch - anders als etwa von Altphilologen oder Theologen - scheinbar keine besonderen Vorkenntnisse, etwa Latein- und Griechischkenntnisse, erwartet werden. Wer mit Stolpern beginnt, stolpert weiter. So stolpern diese Studenten von den Vorlesungen zu den Übungen, von den kleinen Scheinen zu den großen Scheinen, von der „Uni" zum „Rep", von dort zum „Freischuß" und dann zur vergeblichen Notenverbesserung im echten Examen. Irgendwann stolpern sie hinaus in das Leben, und erst dann merken sie, daß der Wind ihnen kalt um die Ohren pfeift.

c) Fehlende Voraussetzungen

Früher wurden von den Jurastudenten noch Lateinkenntnisse gefordert. Das ist vorbei. Früher wurde auch ein gewisses historisches Grundwissen erwartet. Das ist ebenfalls vorbei. Ich habe es in Staatsprüfungen erlebt, daß die Carolina auf Karl den Großen zurückgeführt wurde, und daß auf meine Bitte, Karl den Großen zeitlich einzuordnen („nur ungefähr, auf fünfhundert Jahre genau") das Jahr 1700 genannt wurde. Dieses Jahr 1700 wurde übrigens von anderen Kandidaten als Beginn der Neuzeit bezeichnet. Ich habe eine Doktorprüfung abgenommen, in der ich Homer erwähnte, worauf sich herausstellte, daß dieser Dichter dem Kandidaten völlig unbekannt war („Homer - wer oder was, bitte, ist das?"). Früher wurde auch eine gewisse Allgemeinbildung vorausgesetzt. Das ist ebenfalls vorbei. In jüngster Zeit habe ich es im Staatsexamen wirklich und wahrhaftig erlebt, daß die Teilnehmer nicht wußten, was eine „Bestimmungsmensur" ist. Keiner der genannten Kandidaten ist übrigens durch die Prüfung gefallen. (Vor hundert Jahren, so vermute ich, wäre das anders gewesen.) Keiner hat aber auch besonders glanzvoll abgeschnitten.

d) Unzureichende Gestaltung des Studiums

Natürlich darf auch nicht übersehen werden, daß viele (nicht alle) Jurastudenten - anders als etwa die angehenden Naturwissenschaftler oder die jungen Mediziner - traditionell ein ausgesprochenes Herrenleben führen. Sie besuchen Vorlesungen nach Lust und Laune, oder sie lassen es auch bleiben, und wenn sie es bleiben lassen, erscheint Ihnen das als die normalste Sache von der Welt, denn vor dem Examen geht man ja zum „Rep" und bekommt dort mit auf den Weg, was nötig ist. Ich habe einmal arglos in dem Glauben, der Freitag sei ein Werktag, eine Vorlesung auf Freitagnachmittag 14 - 16 Uhr angesetzt. Niemals habe ich einen leereren Hörsaal erlebt. Ich wollte den Termin verlegen, aber dagegen wandte sich der Dekan mit dem Argument, einmal festgelegte Vorlesungstermine begründeten Vertrauenstatbestände. Sie kurzfristig zu ändern, dürfe man den Studenten nicht antun.

e) Vernachlässigung der Berufschancen

Auch um ihre künftigen Berufschancen machen sich die meisten Jurastudenten nur geringe Sorgen. Den Studenten anderer Fächer kommt die Lage viel ernster vor. Wenn etwa die deutsche Maschinenbauindustrie gerade einmal Arbeitsplätze abbaut, dann bedeutet dies, daß die betroffenen Absolventenjahrgänge der Maschinenbaustudenten nach ihren Examina schlicht auf der Straße stehen. Wenn dann später wieder junge Leute eingestellt werden, kommen natürlich die inzwischen frischgebackenen Absolventen zum Zuge. Wer ein paar Jahre Taxi gefahren ist, besteht nicht einmal mehr die Vorsortierungsrunde in den Personalabteilungen der Unternehmen. Den Juristen, so meinen viele Jurastudenten, kann das nicht passieren, denn Juristen werden, wie man so schön sagt, „immer gebraucht". Schlimmstenfalls geht man als Rechtsanwalt statt nach München oder Düsseldorf nach Zwickau oder Frankfurt an der Oder (bitte keine Protestbriefe aus diesen Orten).

f) Vermeiden Sie diese Fehler

Daß dies alles verkehrtes Denken und Handeln ist, brauche ich nicht groß auszuführen. Sie müssen bestimmte Voraussetzungen mitbringen, insbesondere die Bereitschaft und Fähigkeit zum pfleglichen Umgang mit der deutschen Sprache, die Fähigkeit, Ordnung zu halten und eine gewisse Allgemeinbildung, die Sie durch Lektüre von Büchern und der (anspruchsvollen) Presse ständig ausbauen sollten. Wenn Ihr Abiturzeugnis in Deutsch nur ein „ausreichend" enthält und als Leistungskurse „Sport" und „Musisches Gestalten" ausweist, sollten Sie sich für etwas anderes als das Jurastudium entscheiden.

2. Denken Sie strategisch!

Es genügt aber nicht, die genannten Fehler zu vermeiden. Sie müssen strategisch denken. Das klingt einfach, ist aber schwierig. Die Jurastudenten, die ihr Studium strategisch betreiben, kann man mit der Lupe suchen. Ich merke an, daß solche Lupen überall - bei Gerichten, Behörden, Anwaltskanzleien, Wirtschaftsunternehmen, Verbänden - existieren und über die Bewerbungen der jungen Assessoren gehalten werden. Aber viel zu selten wird dabei ein Stratege entdeckt. Geschieht dies, kann er sich vor lukrativen Angeboten nicht retten. Und natürlich wird er nur das allerbeste Angebot annehmen - schließlich ist er ein Stratege.

3. Was ist ein Stratege?

a) Der klassische Strategiebegriff

(1) Strategien in der Antike

In Athen gab es seit Kleisthenes ein Kollegium von zehn Feldherren, die unter dem nominellen Oberbefehl des Polemarchen, des Führers im Krieg, standen. Sie hießen Strategen. Seit 487 v. Chr. hatten sie wechselweise selbst den Oberbefehl inne und gewannen Einfluß auf die Politik. Der bekannteste Stratege war seit 443 Perikles.

Ein Stratege ist also ursprünglich ein Feldherr. Strategie ist die Kunst der Kriegsführung. Ansätze zu strategischer Planung waren bereits bei Alexander dem Großen, Hannibal und Cäsar vorhanden. Aber damals dominierte noch die einzelne Schlacht.

(2) Strategen in der Neuzeit

Erst in der frühen Neuzeit wurden umfassendere Kriegskonzepte entwickelt. Hier gelten Gustav II. Adolf von Schweden und Wallenstein als strategisch planende Feldherren.[1] Die moderne Militärstrategie wurde von Friedrich dem Großen begründet. Er befolgte folgende Grundsätze: Ständig die Initiative behalten! Die Gegner getrennt angreifen! An den entscheidenden Punkten die eigene Übermacht konzentrieren! Lange hingezogene Kriege vermeiden! (Das sind auch für das Jurastudium gute Grundsätze.) Machiavelli gilt als der erste Theoretiker, der das strategische Denken auch auf andere Bereiche als die Kriegsführung übertrug.

b) Der moderne Strategiebegriff

Heute wird der Begriff Strategie in einem umfassenden Sinne verwendet. Er steht für den Entwurf und die Durchsetzung eines Gesamtkonzeptes, nach dem der Handelnde in Auseinandersetzung mit anderen ein bestimmtes Ziel zu erreichen sucht. Gegenbegriff ist die Taktik. Sie befaßt sich mit den Einzelschritten des Gesamtkonzepts. Strategie spielt in den Wirtschaftswissenschaften eine große Rolle. Die Theorie strategischer Spiele ist ein Anwendungsgebiet der modernen Mathematik. Sie behandelt Spiele mit Entscheidungsproblemen, deren Ausgang auch oder ausschließlich vom Verhalten der Spieler abhängt. Die richtige Strategie führt zu einem optimalen Ergebnis. Sie kommt freilich nicht von selbst, sondern will hart erarbeitet sein. Das gilt auch für das Jurastudium.

---

[1] Ich empfehle Ihnen als Lektüre hierzu drei Bücher: Ricarda *Huch*, Der Dreißigjährige Krieg; Golo *Mann*, Wallenstein; Barbara *Wedgewood*, Der Dreißigjährige Krieg.

Antike Herme in Rom

Perikles *(um 500-429 v. Chr.)* *ist der bekannteste Stratege der Antike. Heute wird der Begriff Strategie in einem umfassenden Sinne verwendet. Er steht für den Entwurf und die Durchsetzung eines Gesamtkonzeptes, nachdem der Handelnde in Auseinandersetzung mit anderen ein bestimmtes Ziel zu erreichen sucht. Gegenbegriff ist die Taktik. Strategie ist für ein erfolgreiches Jurastudium unerläßlich.*

4. Ihre Strategie für das Jurastudium

a) Übersicht

Sie sollten für Ihr Studium ein Gesamtkonzept - eine Strategie - entwickeln, und Sie sollten danach die einzelnen Schritte - Ihre Taktik - gehen, mit denen Sie dieses Gesamtkonzept dann auch verwirklichen können. Maßgeblich ist Ihr Ziel. Alexander wollte die Welt erobern, Cäsar wollte in Rom der erste sein, Friedrich II. von Preußen hatte es auf Schlesien abgesehen. Was wollen Sie erreichen? Wenn Sie hier keine Klarheit schaffen, wird es Ihnen wie Wallenstein gehen, der trotz aller Astrologie nie herausbekam, was er wirklich wollte, und der deshalb mit all seinen Plänen scheiterte.

b) Was wollen Sie erreichen?

(1) Orientieren Sie sich an Ihrem späteren Beruf

Die meisten Jurastudenten würden auf die Frage nach ihrem Studienziel antworten, sie wollten ein möglichst gutes Examen machen. Alles Weitere werde sich dann schon finden. Wer so antwortet, denkt nicht strategisch. Das Examen ist kein Ziel und kein Wert an sich und auch keine Garantie für irgendetwas. Das Examen ist nur eine (wenn auch eine sehr wichtige) Zwischenstation auf dem Weg zu einem juristischen Beruf. Die richtige Frage lautet daher: Welchen juristischen Beruf möchte ich später einmal ausüben? Davon hängt alles Weitere ab.

Vielleicht wenden Sie ein, es sei im Hinblick auf die vielen Unwägbarkeiten des Studiums und des Examens unmöglich, einen konkreten Berufswunsch zu verfolgen. All zu leicht bleibe dies ein frommer Wunschtraum. Sie könnten sich beispielsweise hundertmal vornehmen, bayerischer Notar zu werden. Wenn Sie nicht die erforderliche Platzziffer an der Spitze Ihres Examensjahrgangs erreichten, könnten Sie dieses Berufsziel glatt vergessen. Ob Sie diese Platzziffer erreichen, hänge so sehr vom Glück ab, daß jede Planung hier vermessen sei.

Darauf erwidere ich: „Wenn es wirklich Ihr Wunsch ist, bayerischer Notar zu werden, dann müssen Sie eine Strategie entwickeln, um dieses Ziel auch zu erreichen. Aber ich bin mir nicht sicher, ob dies wirklich Ihr Wunsch ist. Vielleicht denken Sie nur an die Privilegien oder an die hohen Einkünfte eines bayerischen Notars. Wenn es Ihnen nur um diese geht, dann verfolgen Sie die falschen Ziele, und dann werden Sie Ihr Berufsziel in der Tat höchstwahrscheinlich auch nicht erreichen. Die Wahl des richtigen Berufes hat - die Sprache ist hier eindeutig - etwas mit Berufung zu tun. Wenn Sie wirklich zum Notar berufen sind, können und werden Sie dieses Ziel auch erreichen. Wenn es Ihnen dagegen nur darum geht, ein hohes Jahreseinkommen zu erzielen, wäre vielleicht der Gebrauchtwagenhandel eine überlegenswerte Alternative. Also überlegen Sie sich, was Sie *wirklich* beruflich tun wollen!"

(2) Finden Sie Ihr Berufsziel heraus

Ich weiß, daß es eine schwierige Aufgabe ist, dies herauszufinden, und daß es viele Menschen gibt, die ihr Leben lang keine Antwort auf die Frage nach ihrer eigentlichen Berufung finden. Als Juristen stolpern sie nach dem Examen in irgendeine Stellung hinein und harren dann dort bis zu ihrer Pensionierung aus, einfach deshalb, weil sich nichts anderes und schon gar nichts Besseres mehr ergibt. Ein Kollege, der mit mir zusammen sein Examen gemacht hatte, fand sich zu seinem Schrecken alsbald im Großraumbüro eines Unternehmens wieder, wo er als Sachbearbeiter langweilige Routineaufgaben zu erledigen hatte. Wir verloren uns aus den Augen. Ein paar Jahre später traf ich seine Frau und erkundigte mich, wie es Ihrem Mann ginge. „Er klagt nicht mehr", war die Antwort. Tun *Sie* etwas, um nicht an die Klagemauer zu geraten, und tun Sie es *jetzt*.

Also, die Antwort auf die Frage nach dem richtigen Beruf mag Ihnen schwer fallen. Gleichwohl sollten Sie nach dieser Antwort suchen. Es gibt im Studium keine wichtigere Frage als die nach dem erstrebenswerten Berufsziel. Wenn Sie diese Frage, so, wie das die meisten Studenten tun, nicht einmal stellen, dann werden Sie ganz gewiß niemals eine Antwort darauf bekommen. Also stellen Sie diese Frage, auch auf die Gefahr hin, keine oder keine restlos befriedigende Antwort darauf zu finden. Sie haben dann wenigstens die Chance, eine Antwort zu finden. Entfernen Sie dabei alle unwesentlichen Attribute aus Ihrer Phantasie. Planen Sie nicht, Vorstand der Deutschen Bank zu werden, weil Sie dann im Mercedes durch die Gegend gefahren werden. Nehmen Sie sich nicht vor, Diplomat zu werden, weil Sie dann irgendwo in den Tropen unter Palmen auf der Veranda sitzen und Ihren Sundowner schlürfen können. Konzentrieren Sie sich auf die Arbeit, die Sie gerne verrichten wollen, und mit der Sie, wenn Sie nicht gerade ein Millionenvermögen erben (was zu einem harten Leben führen kann), unvermeidlich die besten Stunden der besten Jahre Ihres Lebens verbringen werden.

Um eine Antwort auf die Frage nach Ihrem Berufsziel zu finden, können Sie zwei Dinge tun. Sie können sich selbst beobachten, und Sie können andere befragen.

(3) Beobachten Sie sich selbst

Selbstbeobachtung geschieht nicht von selbst. Nicht umsonst gehörte zu den Sprüchen der sieben Weisen im alten Griechenland auch der Spruch „Erkenne dich selbst!" Ich kann Ihnen hierzu nur einige Anregungen geben.

So können Sie sich prüfen, ob Sie eher der Typ des introvertierten Schreibtischarbeiters oder des aktiven Menschenbehandlers sind. Ersterenfalls wird Ihnen möglicherweise eine wissenschaftliche Tätigkeit liegen. Letzterenfalls werden Sie sich vielleicht als Strafverteidiger gut machen.

Sie können sich fragen, ob Sie lieber gestaltend oder beurteilend tätig werden möchten. Ersterenfalls wird Sie möglicherweise eine Tätigkeit in der Verwaltung reizen. Letzterenfalls eignen Sie sich wahrscheinlich für den Richterberuf.

Sie können überlegen, ob Sie Interesse an wirtschaftlichen Vorgängen haben, oder ob Sie sich auf juristische Themen konzentrieren möchten. Ersterenfalls kommt eine Tätigkeit im Management für Sie in Betracht. Letzterenfalls werden Sie eher in der Justiz oder der Anwaltschaft Ihren Beruf finden.

In entsprechender Weise können Sie sich weiter prüfen und beispielsweise überlegen, ob Sie sich politisch oder sozial engagieren möchten, ob Sie in einem klassischen Beruf tätig werden wollen, ob Sie etwas Neues machen wollen (Computer im Recht?) oder ob Sie lieber die Routine mögen (Schadensachbearbeiter bei einer Versicherung), ob Sie ein Einzelkämpfer oder ein Teamplayer sind, ob Sie lieber schreiben oder reden, ob Sie materiell oder ideell eingestellt sind. Dies alles und noch vieles mehr können Sie sich fragen, und auf der Suche nach einer Antwort werden Sie zwar vielleicht keine völlige Klarheit bekommen, aber doch eine Vorstellung davon, was Sie einmal tun möchten. Das ist besser als nichts.

(4) Befragen Sie andere

Sie sollten aber auch andere befragen, einfach deshalb, weil Ihnen die Realität der verschiedenen juristischen Berufe nicht bekannt sein wird. Am informativsten sind hier natürlich Berufspraktika, wie sie ja auch in den Prüfungsordnungen vorgesehen sind. Aber Sie können noch viel mehr tun, als vier Wochen in einer Anwaltskanzlei oder bei einem Amtsgericht zu arbeiten. Sie können Angehörige der verschiedenen juristischen Berufe besuchen und diese um Rat fragen. Besuchen Sie einen Rechtsanwalt, einen Richter, einen Industriesyndikus, einen Verbandsjuristen, oder wen immer Sie besuchen wollen. Nichts freut einen erfahrenen Berufspraktiker mehr als der Besuch eines jungen, wißbegierigen Menschen, der nichts anderes von ihm erhalten möchte als Informationen über seinen Beruf. Er wird Ihnen gerne etwas aus dem reichen Schatz seiner Erfahrungen abgeben, und er wird sich auch die Zeit dafür nehmen. (Die Situation ist völlig anders als die Situation Ihrer Kommilitonen, die ein paar Jahre später nach einem Vier-Punkte-Examen das Gespräch mit diesem Praktiker suchen. Sie werden erst gar nicht zu ihm vorgelassen werden.)

Ich habe vielen Studenten den Rat gegeben, sich frühzeitig über Berufe, die sie interessierten, zu informieren, einfach indem sie (natürlich nach entsprechender höflicher Voranfrage) hingehen und Berufspraktiker befragen. Dagegen wurde oft eingewandt, das gehe doch nicht. Man könne doch nicht einen wildfremden Personalchef oder Rechtsanwalt anrufen und ihn um einen Besuchstermin bitten. Meine Antwort lautet immer: „Warum soll man das nicht können? Eine andere Methode gibt es doch nicht." (Natürlich sähe die Sache anders aus, wenn sich die auskunftheischenden Jurastudenten zu einer Landplage entwickeln würde. Aber das ist nicht zu besorgen. Nur wenige Leser dieses Buches werden meinen Ratschlag auch befolgen. Es wird immer nur eine geringe Zahl von

Strategen geben.) Also rufen Sie bedenkenlos an. Das schlimmste, was Ihnen passieren kann, ist eine Absage. Na und?

5. Die Informationsbeschaffung für Ihren Gesamtplan

a) Die Rechtsgrundlagen Ihres Studiums

(1) Beschaffen Sie sich alle Normen

Wenn Sie die Einstiegsfrage nach Ihrem Berufsziel beantwortet haben, oder wenn Sie wenigstens - was eher wahrscheinlich ist - die ungefähre Richtung erkannt haben, in die Sie sich bewegen wollen (und damit auch wissen, was Sie später nicht tun wollen), dann sollten Sie sich als nächstes die Informationen beschaffen, die Sie für Ihren Gesamtplan benötigen. Dazu sollten Sie sich als erstes sämtliche Rechtsgrundlagen für Ihr Jurastudium beschaffen.

Es gibt einen Plan, der Ihnen von der Universität präsentiert wird. Das ist der Studienplan, wie ihn jede Rechtsfakultät besitzt. Dessen Grundlage ist jeweils eine Verordnung der Landesregierung über die Ausbildung und Prüfung der Juristen. Ergänzend kommt mitunter noch eine Universitätssatzung über die Durchführung studienbegleitender Leistungskontrollen hinzu. Außerdem gibt es eine Promotionsordnung, die Sie ebenfalls rechtzeitig studieren sollten. Weitere Ordnungen regeln den Betrieb der Bibliothek und sonstiger Universitätseinrichtungen. Auch das Universitätsgesetz Ihres Bundeslandes sollten Sie studieren. Als Student sind Sie Mitglied Ihrer Universität, einer öffentlichrechtlichen Körperschaft. Das Universitätsgesetz klärt Sie über Ihre Stellung sowie Ihre Rechte und Pflichten auf.

(2) Werten Sie die Normen aus

Mit allen diesen Rechtsgrundlagen sollten Sie sich eine Weile beschäftigen. Und auch hier sollten Sie sich als Stratege vor allen Einzelfragen mit den elementaren Grundstrukturen befassen.

(3) Sie werden einen Widerspruch zwischen Studium und Prüfung finden

Wenn Sie so vorgehen, werden Sie auf einen prinzipiellen Widerspruch zwischen Studium und Prüfung stoßen, den es in etlichen anderen Fächern - etwa bei den Philologen oder bei den Betriebswirten - nicht gibt. Ihr Studium findet an einer Universität statt. Das Examen nimmt aber der Staat ab. Die Erste juristische Prüfung ist (ebenso wie die Zweite Prüfung) eine „Staatsprüfung". Die Frage drängt sich auf, warum das so ist. Und die weitere Frage tritt hinzu, ob hier nicht zwei verschiedene Köche einen Brei anrühren und diesen dabei möglicherweise verderben.

(4) Der ideale Lernende

Offensichtlich geht es hier um eine grundsätzliche Frage. Ich will an dieser Stelle abermals die Rolle eines idealen Lernenden übernehmen, der in die Seminarbibliothek oder in die Universitätsbibliothek geht und dort nachliest, warum der genannte Widerspruch besteht. Das führt zu einem kurzen Exkurs über die Geschichte der Universitäten im allgemeinen und der Rechtsfakultäten im besonderen. Er zeigt, daß manches, was im Mittelalter existierte, moderner war als das, was wir heute besitzen.

b) Exkurs: Universitätsstudium und Staatsprüfungen

(1) Die Entstehung der Universitäten

Die Universitäten entstanden im Mittelalter und führten ursprünglich den Namen „Studium generale". Der Ausdruck „universitas" bezeichnete die Gesamtheit der Lehrenden („universitas magistrorum") oder die Gesamtheit der Lernenden („universitas scolarium"). Grund für die Entstehung der Universitäten war das wachsende wissenschaftliche Erkenntnisinteresse, dem die alten Kloster- und Domschulen nicht mehr gerecht werden konnten. Private Gelehrte schlossen sich zusammen. Schüler aus allen Nationen kamen zu ihnen. Aufgrund kaiserlicher und päpstlicher Privilegien erhielten sie Satzungsautonomie, das Recht der Verleihung akademischer Würden, eigene Gerichtsbarkeit, Lehrfreiheit, Steuerfreiheit und die Sicherung des freien Geleites. Die ältesten europäischen Universitäten entstanden zwischen dem 11. und 13. Jahrhundert in Parma, Bologna, Oxford, Modena, Perugia, Padua, Neapel, Salamanca, Siena und Paris. Die ersten deutschen Universitätsgründungen waren Prag (1348), Wien (1365), Heidelberg (1386) und Leipzig (1409).

(2) Die Gliederung der Universitäten

Die Universitäten gliederten sich in Fakultäten, wobei die der Theologie, des Rechts und der Medizin als „obere" Fakultäten und die Artistenfakultät als „untere" Fakultät galten. Die propädeutischen Studien der Artistenfakultät in den sieben Artes liberales waren unterteilt in das Trivium (Grammatik, Rhetorik, Dialektik) und das Quadrivium (Arithmetik, Geometrie, Musik, Astronomie). Sie mußten absolviert werden, ehe ein Student das Studium in der oberen Fakultät aufnehmen konnte.

(3) Die Studenten und der Unterricht

Die Studenten waren sehr jung, oftmals nicht älter als zwölf Jahre. Sie schlossen sich nach ihrer Herkunft zu Nationen zusammen und lebten in Kollegien oder Bursen. Der Unterricht fand durch Vorlesungen (lectiones) und Streitgespräche (disputationes) statt. Der Rektor wurde von den Studenten gewählt. Er konnte selbst ein Student sein. Die akademischen Grade waren „baccalaureus", „magister", „licentiatus", „doctor". Sie waren in ganz Europa anerkannt.

(4) Das Mittelalter war „moderner" als unsere Zeit

Vieles davon war „moderner" als das, was wir heute haben. Die damals selbstverständliche Internationalität ist beispielsweise etwas, um das wir uns gegenwärtig erst wieder im Zuge der europäischen Einigung bemühen, wobei das Englische die Rolle spielen wird, die damals das Lateinische spielte. Bemerkenswert ist auch die Jugend der mittelalterlichen Studenten. Zwölf Jahre ist vielleicht ein bißchen zu jung, aber gewiß sind die meisten heutigen Jurastudenten bei ihrem Examen zu alt. Ihre Altersgenossen in den anderen europäischen Ländern und in den USA treten um Jahre früher in das Berufsleben ein - mit dem entsprechenden beruflichen Vorsprung.

Auch die Reihenfolge „Methode vor Wissen" ist beachtenswert. Im Trivium wurden Verhaltensfertigkeiten vermittelt, wie man sie nun einmal braucht, wenn man etwa eine Disputation mit Anstand und Nutzen bestehen soll. Grammatik, Rhetorik und Dialektik sind Dinge, die den Studenten heutzutage in erheblichem Umfang

Universitätskirche und Front der alten Leipziger Universität (1964; vor dem Abriß)

Die europäischen Universitäten entstanden seit dem 11. Jahrhundert. Grund für ihre Entstehung war das wachsende wissenschaftliche Erkenntnisinteresse, dem die alten Kloster- und Domschulen nicht mehr gerecht werden konnten. Die Universitätslehrer verstehen ihre Tätigkeit traditionell nicht als Vorbereitung auf Staatsprüfungen. Daraus entstehen Probleme, mit denen viele Jurastudenten nicht zurechtkommen.

abhanden gekommen sind. Ordentliches Deutsch, lesbare Schrift, klare Gedankenführung, Diskussions- und Verhandlungsfertigkeiten, die Fähigkeit zur freien Rede - all das fehlt weithin, wie jeder weiß, der sich in einem Seminar die Referate der Teilnehmer anhören muß, der juristische Examensklausuren zu korrigieren hat und der mündliche Prüfungen abzunehmen hat. Ich habe einmal eine Lehrveranstaltung für Anfangssemester mit dem Titel „Basic Skills für Juristen" angeboten, in der ich alle diese Themen und darüber hinaus die Technik des Lernens vermitteln wollte. Hierzu fand sich 1 (in Worten: ein) Student ein, worauf ich die Veranstaltung absagte. Heute beherzigen die Studenten offensichtlich den Grundsatz: Quod non est in examine non est in mundo!

(5) Die Einführung der Staatsprüfungen

Schließlich beeindruckt die Ausrichtung des Zwecks der ganzen Veranstaltung an wissenschaftlicher Erkenntnis und an nichts sonst. Als Wilhelm von Humboldt zu Beginn des 19. Jahrhunderts das Modell der modernen Universität schuf, lehnte er es, ganz in diesem Geiste, ausdrücklich ab, im Studium eine Vorbereitung auf das Berufsleben zu sehen. Es war unvermeidlich, daß der Staat beim Jurastudium, welches (auch und damals nahezu ausschließlich) künftige Staatsdiener ausbildete, Staatsprüfungen einführte, die der Universität entzogen waren. So kam es im absolutistischen Staat des 17. und 18. Jahrhunderts zu der Trennung zwischen dem akademischem Studium des Rechts an der Universität und dem Abschluß dieses Studiums durch eine Prüfung, an der außerhalb der Universität tätige Staatsbeamte - Richter, Verwaltungsbeamte, Rechtsanwälte (sie waren früher auch Beamte - Justizräte) - und daneben (und zwar im Staatsauftrag) auch Universitätslehrer mitwirken.

(6) Die Universität bietet nach ihrem Selbstverständnis keine Vorbereitung auf die Staatsprüfungen

Sie werden das Geschehen an Ihrer Rechtsfakultät besser begreifen, wenn Sie sich klarmachen, daß die Universitätslehrer ihre Tätigkeit traditionell *nicht* als Vorbereitung auf die Staatsprüfung verstehen. Die Professoren wollen Sie vielmehr an einem wissenschaftlichen Erkenntnisprozeß teilhaben lassen und behandeln Sie so, als wollten Sie ebenfalls ein Rechtsgelehrter werden. Aber dieses Ziel verfolgen Sie wahrscheinlich nicht. Und deshalb haben Sie ein Problem. Einerseits sind Sie an der Universität Mitglied eines gelehrten Zirkels, in dem akademische Vorlesungen und (in den Seminaren) Disputationen stattfinden. Andererseits müssen Sie am Ende Ihres Studiums eine praktisch ausgerichtete Staatsprüfung absolvieren, in der Sie konkretes Handlungswissen für die Lösung von Rechtsfällen einsetzen müssen. Die meisten Jurastudenten kommen mit diesem Widerspruch nicht zurecht. Von diesem Unvermögen lebt der Repetitor.

Behalten Sie diesen Umstand im Auge. Damit verlasse ich meine Zwischenrolle als idealer Lernender und werde wieder normaler Buchautor.

6. Der Entwurf Ihres Gesamtplans

a) Die Grundentscheidung

(1) Universitätsstudium - Ja oder Nein?

Nunmehr können Sie Ihren Gesamtplan entwerfen. Hier müssen Sie zunächst die aus dem eben aufgezeigten Widerspruch zwischen universitärer Ausbildung und staatlicher Prüfung resultierende Grundfrage beantworten, ob Sie Ihre Ausbildung an der Universität absolvieren wollen, oder ob Sie andere Ausbildungswege beschreiten wollen. Daß diese Frage von strategischer Bedeutung ist, liegt auf der Hand. Viele Jurastudenten gehen ihr aus dem Weg. Sie beteiligen sich zu Beginn mehr oder weniger intensiv am Universitätsleben. Später, wenn sie ihre Scheine erworben haben, oftmals auch schon früher, bröckelt dieses Interesse ab, und sie bereiten sich dann gegen Ende ihres (nur noch auf dem Papier absolvierten Studiums) mit Hilfe von Repetitorien, Skripten, Büchern oder einfach von Kaffeesatz auf ihr Examen vor.

(2) Alles, was nützt, ist erlaubt

Ich behaupte nicht, daß das Universitätsstudium den einzig richtigen Weg zum Examen eröffnet. Alles, was Ihnen nützt, ist erlaubt, und wenn es Kaffeesatz ist. Nur sollten Sie sich als Stratege klar entscheiden. Ein bißchen Universität oder ein bißchen Repetitor ist so schlecht wie ein bißchen Examen. Bei Ihrer Entscheidung sollten Sie alle Ihre individuellen Entscheidungskriterien berücksichtigen und gegeneinander abwägen.

(3) Ihre Entscheidungskriterien

Ihre Entscheidungskriterien ergeben sich aus Ihren Antworten auf Fragen wie: Über welche Ressourcen verfügen Sie? Wieviel Zeit können Sie aufwenden? Wieviel Geld steht Ihnen zur Verfügung? Müssen Sie während des Studiums zusätzlich Geld verdienen oder können Sie sich ganz Ihrem Studium widmen? Welche Vorkenntnisse haben Sie? Können Sie „normal" studieren oder kommen Sie von einem anderen Studium her, das Ihnen - wie etwa Betriebs- oder Volkswirtschaft - teilweise angerechnet wird? Haben Sie einige Semester verbummelt? Haben Sie bereits juristische Praxiskenntnisse erworben? Streben Sie eine akademische Karriere an? Trauen Sie sich zu, dem allgemeinen Trend zum Repetitor zu widerstehen? Können Sie mit Büchern umgehen? Sind Sie zu selbständiger Arbeit imstande? Gibt es Kommilitonen, mit denen Sie eine Arbeitsgemeinschaft gründen können?

(4) Befragen Sie auch andere

Auch bei dieser Grundentscheidung mag die Befragung anderer, die ihr Studium bereits erfolgreich hinter sich gebracht haben, eine gewisse Hilfe sein. Aber Vorsicht. Jeder, der nicht gerade durchgefallen ist, wird auf seine Methode („Du mußt im fünften Semester zum Rep gehen, alles andere ist Unfug") ebenso schwören wie auf seinen Zahnarzt. Was andere tun, muß keineswegs richtig sein. Fragen Sie nach der Note des Ratgebers, und wenn diese nicht mehr als „ausreichend" ist, würde ich seiner Empfehlung nicht folgen.

b) Die Entscheidung für eine alternative Ausbildung

(1) Der Zwang zu einer Alternative

Oftmals werden Sie zu dem Ergebnis kommen, daß das Universitätsstudium für Sie von vornherein nicht in Betracht kommt. Dies gilt immer dann, wenn irgendetwas in Ihrem Lebenslauf nicht „normal" nach dem Weltbild der Universität verlaufen ist.

(2) Die Universität hilft nur dem idealen Studenten

Im (lebensfremden) Weltbild der Universität existiert nur der ideale Student, der nach seinem Abitur zu ihr kommt, dem Lehrplan folgt und acht Semester später planmäßig sein Examen ablegt. Die Universität hilft Ihnen dann nicht mehr, wenn Sie aus diesem Plan - aus welchem Grunde auch immer - einmal herausgefallen sind. Haben Sie den Grundkurs BGB - Allgemeiner Teil im ersten Semester einmal versäumt, können Sie diese Veranstaltung nicht mehr nachholen. Sie wird nur ein einziges Mal, eben nur für das erste Semester angeboten. Später werden keine Ersatzveranstaltungen mehr angeboten. Entsprechend verhält es sich mit allen anderen Lehrveranstaltungen. Sie sind Einmalangebote. Fallen Sie aus diesem System heraus, sind Sie draußen - für immer. Denn Sie können ja nicht im fünften oder sechsten Semester so tun, als wären Sie im ersten Semester. In diesem Falle müssen Sie eigene Wege gehen, ob Sie wollen oder nicht.

(3) Die freiwillige Entscheidung gegen die Universität

Sie können sich natürlich auch freiwillig gegen das Universitätsstudium entscheiden. Ich empfehle das zwar nicht, aber in der Praxis entscheiden sich die meisten Studenten so. Wenn Sie sich dieser großen Masse anschließen, sollten Sie freilich eines tun: Sie sollten Ihre Entscheidung bewußt und begründet treffen. Dabei gibt es gute Gründe (etwa: „Ich lerne durch Lesen schneller als durch den Besuch von Vorlesungen") und schlechte Gründe (etwa: „Ich gehe zum Repetitor, weil die meisten anderen das tun").

(4) Die alternative Strategie

Wenn Ihre Entscheidung gegen die (normale) Universität getroffen ist (wozu ich außer im Notfalle, wie gesagt, nicht rate), sollten Sie eine entsprechende Strategie entwickeln. Dabei steht wieder am Beginn die Frage, welche prinzipiellen Möglichkeiten Sie haben. Es sind drei Möglichkeiten: Sie können anhand der Literatur studieren. Sie können den Repetitor besuchen. Und Sie können ein Fernstudium absolvieren. Wofür Sie sich entscheiden, hängt davon ab, ob Sie am liebsten durch Lesen, durch Hören oder durch Tun lernen (siehe dazu unten Kapitel F.)

(5) Informieren Sie sich über die alternativen Angebote

Der nächste Schritt besteht darin, sich zu näher über diese Möglichkeiten zu informieren. So gibt es beispielsweise den Repetitor alten Stils („Pauker") und den modernen methodenorientierten Repetitor („Hart, intensiv usw."). Dabei gibt es unterschiedliche Persönlichkeiten und Methoden. Gehen Sie testweise hin und finden Sie heraus, wer und was für Sie am besten geeignet ist. Ich breche hier ab, denn das, was ich im folgenden zum Universitätsstudium sage, trifft auch - cum grano salis - für den alternativen Ausbildungsweg zu.

c) Die Entscheidung für das akademische Studium

(1) Folgen Sie dem Lehrplan

Wenn irgend möglich, sollten Sie die Möglichkeiten des akademischen Studiums nutzen. Die Erfahrung zeigt, daß die wenigen Spitzenprädikate im Examen durchweg von den Universitätsabsolventen erzielt werden.

(2) Besuchen Sie alle Lehrveranstaltungen

Wenn Sie dieser Empfehlung folgen, sollten Sie *alle* im Studienplan Ihrer Fakultät vorgesehenen Lehrveranstaltungen besuchen (auch die am Freitag nachmittag). In diesem Plan steckt nun einmal eine lange Erfahrung, die Sie nutzen sollten.

Sie sollten sich nicht davon beeinflussen lassen, daß manche Dozenten vor leeren Hörsälen stehen. Viele Studenten besuchen Vorlesungen in Abhängigkeit vom Unterhaltungswert der Dozenten. Aber das Studium ist keine Unterhaltungsveranstaltung. Jeder, auch der didaktisch ungeschickte, trockene, langweilige Dozent hat Ihnen etwas Wesentliches zu sagen. Nutzen Sie dieses Angebot, zumal es kostenlos dargeboten wird.

Wenn Sie erst einmal anfangen, darüber nachzudenken, ob Sie bestimmte Veranstaltungen nicht besuchen wollen, werden Sie ständig in einer Versuchung sein, der Sie dann nur allzu leicht erliegen werden, etwa wenn die Sonne scheint, oder wenn Sie müde sind, oder wenn Sie zu einem verlängerten Wochenende eingeladen werden, oder... Lassen Sie solche Versuchungen nicht erst an Sie herankommen. Ein Stratege nimmt seine eigenen Grundsätze ernst.

(3) Erkennen Sie die Mängel des Studienplans

Sie sollten dem Studienplan Ihrer Fakultät aber nicht kritiklos folgen. Sie sollten vielmehr auch die Mängel dieses Planes sehen. Er orientiert sich durchweg an der Gesetzessystematik und ist damit stark auf die Bequemlichkeit der Dozenten ausgerichtet. Wenn ich eine Vorlesung Strafrecht Allgemeiner Teil veranstalte, weiß ich genau, was ich in welcher Reihenfolge zu erzählen habe (Handlung, Tatbestand, Rechtswidrigkeit, Schuld ...). Aber den Allgemeinen Teil des Strafrechts gibt es für sich so wenig wie den Allgemeinen Teil des BGB. Beide existieren nur deshalb, weil der Gesetzgeber gewisse Dinge vor die Klammer gezogen hat, um sie nur einmal regeln zu müssen. Der Gesetzgeber wollte auf diese Weise seine eigene Arbeit und die der Rechtsanwender vereinfachen. An das Studium hat er dabei nicht gedacht. Im Strafrecht hängt der Allgemeine Teil immer an konkreten Tatbeständen des Besonderen Teils. Mit diesem müßte man eigentlich beginnen. Für das Studium ist die herkömmliche Reihenfolge im Grunde ungeeignet.

Entsprechend verhält es sich mit den anderen Rechtsgebieten. So wird das Zivilrecht herkömmlicherweise in der Reihenfolge der fünf Bücher des BGB (Allgemeiner Teil, Schuldrecht, Sachenrecht usw.) gelehrt. Didaktisch ist das verfehlt. Wenn ich die Didaktik des BGB zu entwickeln hätte (was nicht meine Aufgabe ist, und was ich auch nicht tun werde), würde ich wahrscheinlich mit dem Sachenrecht beginnen, weil man hier die Grundelemente des Privatrechtes - die Beziehungen zwischen Personen im Hinblick auf die sinnlich wahrnehmbaren Güter dieser Welt (Sachen) - am besten aufzeigen kann. Das Schuldrecht mit seiner Privatautonomie, seiner Vertragsfreiheit und seinem Abstraktionsprinzip ist dagegen viel schwerer zu begreifen. Es käme bei mir nach dem Sachenrecht. Aber alle anderen Kollegen müßten bei solchen Veränderungen mitziehen, was natürlich ausgeschlossen ist. Also lasse ich das BGB so, wie es ist. Sie freilich müssen eigene Strukturen auch gegen den Studienplan bilden (näher dazu unten III.).

(4) Organisieren Sie Ihren Wissenserwerb

In den Vorlesungen wird die juristische Dogmatik mit ihren Streitfragen erläutert. Die Dozenten sagen ihnen aber im allgemeinen nicht, welche vorgetragenen Informationen Sie sich auf welche Weise merken müssen (und welche nicht). Auch die Lehrbücher lassen diese Frage meist offen. Sie ist für Sie aber von zentraler Bedeutung. Sie müssen das Gehörte (und Gelesene) ja in Handlungswissen umsetzen. Im Examen werden Sie später nicht etwa abstrakt zur bereicherungsrechtlichen Saldotheorie befragt. Sie bekommen vielmehr einen Fall, in dem ein Gebrauchtwagenhändler betrügerisch ein Auto verkauft hat, der Käufer den Vertrag wegen arglistiger Täuschung angefochten hat, das Auto alsdann durch einen umstürzenden Baum zerstört wurde, und die Frage lautet, ob der Käufer den Kaufpreis zurückfordern kann.

(5) Setzen Sie Informationen in Regelwissen um

Zu Ihrer Strategie sollte daher der Grundsatz gehören, alle wahrgenommenen Informationen in Regelwissen umzuwandeln. Sie müssen Regeln bilden, die Sie in Ihr Langzeitgedächtnis einspeichern und dort mit anderen Regeln verknüpfen. Bei diesem „aktiven Lernen" werden Sie nur wenig Hilfe bekommen. Also helfen Sie sich selbst.

(6) Verschaffen Sie sich immer den Gesamtüberblick

Zu Ihrer Strategie sollte weiter der Grundsatz gehören, sich immer zu Beginn einen Gesamtüberblick über das jeweils zu lernende Rechtsgebiet zu verschaffen und diesen stets bewahren. Sie müssen immer wissen, *wo* Sie gerade im System sind. Nur unter dieser Voraussetzung beherrschen Sie das System. Wenn Sie beispielsweise im mündlichen Examen den Fall bekommen, das in einem Raumschiff der Sauerstoff knapp wird, was Millionen Menschen am Fernseher verfolgen, und wenn der Prüfer hierzu wissen will, warum diese Menschen nicht wegen unterlassener Hilfeleistung (§ 323 c StGB) strafbar sind, dann müssen Sie durch Einsatz Ihres Regelwissens erkennen, daß Sie sich an der Systemstelle des strafrechtlichen Handlungsbegriffes befinden, und daß bei den Unterlassungsdelikten mangels allgemeiner Möglichkeit des Tuns das Vorliegen einer Handlung zu verneinen ist, weshalb sich (milde

Kritik am Prüfer) die Frage nach irgendwelchen Tatbeständen, also auch die nach § 323c StGB, nicht erst stellt.

(7) Gewichten Sie Ihr Regelwissen

Zu Ihrer Strategie sollte ferner der Grundsatz gehören, Ihr Regelwissen auch zu gewichten. Dinge, die Sie mit Sicherheit immer brauchen werden, müssen Sie perfekt beherrschen. Dinge, die nur nach dem Zufallsprinzip vorkommen werden, können Sie dagegen auch in die zweite oder dritte Wissensreihe verweisen. Im Strafrecht haben Sie es beispielsweise so gut wie immer mit dem Zusammentreffen mehrerer, oftmals vieler Tatbestände zu tun. Die Konkurrenzlehre regelt dieses Zusammentreffen. Also müssen Sie sich perfekt funktionierende Konkurrenzprogramme erarbeiten. In den Lehrbüchern heißt es dazu meist, die Konkurrenzen seien als Block am Schluß zu prüfen. Wenn Sie das nachprüfen, werden Sie rasch erkennen, daß dies zwar ein wissenschaftlich korrekter, praktisch aber ein schlechter Ratschlag ist. Zum einen ist am Ende der Arbeit die Zeit regelmäßig knapp, zum anderen müssen Sie (und Ihr Prüfer) bei Befolgung dieses Ratschlages am Schluß der Arbeit nochmals längst abgehakte Tatbestände in den Kopf zurückrufen, was Sie (und Ihren Prüfer) vermeidbar belastet. Besser ist es, die Konkurrenzprüfung jeweils so früh wie möglich durchzuführen, also immer dann, sobald Sie einen zweiten Tatbestand bejaht haben. (Dagegen läßt sich zwar theoretisch einiges einwenden. Beim Mittäterexzeß lebt beispielsweise ein verdrängter Tatbestand wieder auf. Aber hier geht es nicht um die professorale Lehre, sondern um die Examenspraxis).

(8) Lernen Sie im Baukastensystem

Zu Ihrer Strategie sollte schließlich der Grundsatz gehören, im Baukastensystem zu lernen und Ihr Regelwissen möglichst vielseitig zu verwenden. Sie sollten ebenso rationell vorgehen wie ein Automobilproduzent, der viele verschiedene Modelle unter Verwendung möglichst identischer Bauelemente produziert. Möglichkeiten dazu gibt es reichlich. Nehmen Sie etwa das eben gebrachte Beispiel der strafrechtlichen Konkurrenzprogramme. Wenn Sie diesen Feldherrnhügel schon einmal erklommen haben, sollten Sie vor dem Abstieg Umschau halten und prüfen, ob es eine vergleichbare Situation auch anderswo, etwa bei den Anspruchsgrundlagen des Zivilrechts, gibt. Zwar ist deren Zahl niemals so groß wie die der strafrechtlichen Tatbestände. Aber das Zusammentreffen mehrerer Anspruchsgrundlagen (etwa vertraglicher und gesetzlicher Ansprüche) wird vermutlich auch im Zivilrecht der Regelfall sein. Hat das Problem hier ebenfalls praktische Bedeutung? Gibt es Unterschiede zum Strafrecht? Können Sie die strafrechtlichen Konkurrenzprogramme ganz oder teilweise auf das Zivil recht übertragen? - Das sind gute Fragen, die Sie sich als Stratege stellen und beantworten sollten. (Weder Ihr Strafrechtsprofessor noch Ihr Zivilrechtsdozent werden Ihnen dazu etwas sagen.)

7. Ihre Taktik

Wenn Sie Ihre Strategie entwickelt haben, können Sie sich Ihrer Taktik zuwenden. Es geht dabei um die Einzelschritte des Gesamtkonzepts. Ich brauche hierzu nichts auszuführen. Wenn Ihre Strategie stimmt, werden sich diese Schritte ganz von selbst ergeben. Im Militärwesen überläßt der Stratege die Taktik seinen Untergebenen. Das Verhältnis von Strategie und Taktik illustriert eine Geschichte von dem preußischen Generalfeldmarschall Helmuth von Moltke, der in jahrelanger Arbeit die Strategie für den siegreichen Krieg gegen Frankreich im Jahre 1871 entwickelt hatte. Als der Krieg endlich ausbrach, meinte ein Freund zu ihm, jetzt habe er bestimmt viel zu tun. *„Im Gegenteil"*, erwiderte Moltke, *„ich hatte noch nie im Leben so wenig zu tun wie gegenwärtig."*

II. Normalfalldenken

1. Das Prinzip

Ihr zweiter Unternehmensgrundsatz besagt, daß Sie sich auf die Normalität der juristischen Dinge konzentrieren sollten. Rechtsprobleme sollten Sie nur als Schlüssel zu dieser Normalität begreifen. Die Bewußtmachung und Beherrschung dieses Normalfalldenkens bewahrt Sie vor viel überflüssiger Arbeit.

2. In Wirklichkeit, Gesetz und Dogmatik herrschen die Normalfälle

Im wirklichen Leben dominieren die Normalfälle. Auf tausend Fälle etwa der „normalen" Sachbeschädigung (Demolieren von Telefonzellen, Einwerfen von Fensterscheiben, Verwüsten von S-Bahn-Abteilen, Zertrampeln von Blumen in Grünanlagen, Abknicken von Autoantennen und dergleichen mehr) kommt vielleicht ein pathologischer Fall (Zerlegen einer Uhr in ihre Einzelteile, wobei ich freilich bezweifle, daß je ein Mensch die Mühsal auf sich genommen hat, so etwas zu tun).

Alle Gesetze und dogmatischen Lehrsätze sind denn auch völlig selbstverständlich auf normale, typische, alltägliche Fälle bezogen (wobei ich den Begriff Normalität im juristischen Sinne verwende; für den Laien mag es beispielsweise keinen „normalen" Mord geben; für uns Juristen gibt es das).

In der Praxis dominiert demgemäß die Normalität. Der erfahrene Jurist erwirbt und trainiert sein Know-how durch die Bearbeitung zahlreicher verschiedener Fälle, denen gemein ist, daß sie „normal" sind. Häufig genug braucht er dazu nicht einmal das Gesetz aufzuschlagen. Er verfügt über genügend Routine, mit der er den Berufsalltag mehr oder weniger automatisch richtig bewältigen kann.

3. Warum spielen „Probleme" in Studium und Schrifttum eine derart große Rolle?

a) Die juristischen Sensationen

Im Studium und im Examen wird die Realität auf den Kopf gestellt. Unentwegt begegnen Ihnen ungewöhnliche, ausgefallene Fälle, in Vorlesungen und Lehrbüchern ebenso wie in Übungen, Examensklausuren und mündlichen Prüfungsgesprächen.

Dieser Hang zu den Problemen ist nicht nur für das Ausbildungswesen, sondern für das gesamte juristische Schrifttum kennzeichnend, für Kommentare, Aufsätze und veröffentlichte Entscheidungen. Das juristische Veröffentlichungswesen ist ein Sensationsverbreitungswesen. Niemand kommt auf den Gedanken,

Aufsätze über normale Nötigungen, normale Kaufverträge, normale Grundrechtsverstöße zu schreiben, und käme er auf diesen Gedanken, würde ihn kein Verlag drucken. Auch die Gerichtsentscheidungen werden nur veröffentlicht, soweit sie sich mit Problemfällen befassen. Jedes Jahr ergehen, wie schon gesagt, zwei bis drei Millionen „normale" Entscheidungen, aber nur wenige tausende werden veröffentlicht, eben die, welche ausgefallene, atypische Fälle betreffen. Der Rest verschwindet in den Archiven.

b) Drei Gründe erklären das juristische Sensationsverbreitungswesen

(1) Normalität ist nicht spannend

Bei juristischen Veröffentlichungen liegen die Gründe für den Hang zu den Problemen auf der Hand. Sensationen sind spannend, und was spannend ist, wird gekauft und (mitunter auch) gelesen. Normalität ist dagegen langweilig und verschwindet in den Archiven der Gerichte. Es ist wie bei den Autoren von Kriminalromanen. Würden diese in ihren Romanen die Morde weglassen (was sicher der Normalität des Alltags entspräche), würde niemand ihre Werke kaufen.

Auch Ihr Studium soll spannend gestaltet werden, damit Sie nicht aus den Hörsälen davonlaufen. Hier liegt eine erste Erklärung für das Vorkommen von Problemen im Studium.

(2) Normalität wird erst anhand von Problemen bemerkt

Einen weiteren, gewichtigeren Grund habe ich bereits genannt: Normalität wird nicht bemerkt. Sie fällt erst auf, wenn Problemfälle vorkommen.

Ein Beispiel mag das verdeutlichen. Ein verbreitetes Lehrbuch des Bürgerlichen Rechtes für Erstsemester bringt auf der ersten Seite folgenden Fall[2]:

„Eine alte Dame möchte ihren Dackel zum Erben ihres Vermögens einsetzen. Ist das möglich?"

---

[2] Ich zitiere nach dem Gedächtnis, weshalb der Wortlaut im Original anders lauten mag.

Sie brauchen kein Erbrecht studiert zu haben, um zu erkennen, daß dies ein Problemfall ist. Dackel werden normalerweise nicht als Erben eingesetzt, sondern selbst vererbt. Aber was hier im Rechtssinne problematisch ist, erkennen Sie nur, wenn Sie den Normalfall dagegen halten, in welchem die alte Dame ihren Sohn oder ihre Nichte, also einen Menschen, als Erben einsetzt. Die Frage ist, ob man den Dackel wie einen Menschen als Erben einsetzen kann oder nicht (Abweichung vom Normalfall). Wenn Sie einen Dackel unter erbrechtlichem Aspekt mit einem Menschen vergleichen, dann werden Sie trotz mancher Ähnlichkeiten zu dem Ergebnis kommen, daß jedenfalls unter erbrechtlichem, genauer, privatrechtlichem Aspekt bestimmte Unterschiede zwischen Dackel und Mensch bestehen, weshalb Dackel nach deutschem Erbrecht nicht als Erben eingesetzt werden können.

Der Verfasser des Lehrbuches hat diesen Fall ausgewählt, um Ihnen die Normalität der Person als Träger von Rechten und Pflichten deutlich zu machen. Es lag ihm völlig fern, Ihnen etwas über den Dackel im Erbrecht mitteilen zu wollen. Er hat einen Problemfall ausgewählt, um Ihnen eine Normalität zu zeigen, die Sie sonst nicht bemerken würden, weil die Normalität, wie ich schon gesagt habe, niemals auffällig ist. Entsprechend verhält es sich mit allen anderen Rechtsproblemen.

(3) Problemfalldenken befördert die Selbständigkeit des Denkens

Der dritte Grund für das Problemfalldenken ist vielleicht der wichtigste. Er liegt darin, daß die Befassung mit Problemen die Selbständigkeit Ihres Denkens und damit Ihre Unabhängigkeit gegenüber allen rechtlichen Regelungen befördert. Würden Sie sich nur mit der Normalität der gesetzlichen und dogmatischen Regelungen befassen, wären Sie in allen Situationen, die im System nicht vorgesehen sind oder die dort nicht oder nicht (mehr) sachgerecht geregelt sind, hilflos. Das darf nicht geschehen. Wir Juristen erwerben mit der Rechtstreue zugleich die Bereitschaft zum Widerstand gegen das Recht. Wenn im Gesetz das Wort „Sonne" steht, müssen wir jederzeit auch bereit sein, den „Mond" als Sonne im Sinne des Gesetzes anzusehen, sofern das aufgrund besonderer Umstände ausnahmsweise sachgerecht ist. Dahinter steht die Einsicht in die Unvollkommenheit allen Rechtes als Menschenwerk. Niemals wird es möglich sein, der Fülle des Lebens durch Paragraphen und

Eine alte Dame möchte ihren Dackel als Erben ihres Vermögens einsetzen. Im wirklichen Leben wird dieser Fall kaum jemals vorkommen. In der Rechtsdogmatik werden ständig „Problemfälle" von dieser Art behandelt. Ihr einziger Sinn liegt darin, eine hinter ihnen liegende Normalität — im Beispiel die Normalität des Rechtsbegriffs „Person" — sichtbar zu machen.

dogmatische Sätze restlos gerecht zu werden. Auch deshalb denken wir darüber nach, ob man nicht ausnahmsweise einmal einen Dackel als Erben soll einsetzen können. Es könnte doch einmal ein Fall vorkommen, in dem das sachgerecht wäre.

Der Bürokrat, der nur den Wortlaut seiner Bestimmungen kennt, ist zu solcher Selbständigkeit des Denkens außerstande. In Carl Zuckmayers „Hauptmann von Köpenick" können Sie die Folgen dieses Paragraphengeistes anschaulich studieren: Der arbeitslose Schuster Voigt bekommt nur Arbeit, wenn er einen Paß hat. Einen Paß bekommt er aber nur, wenn er Arbeit hat. Vor solch widersinnigen Ergebnissen schützt uns die stete Bereitschaft zum Widerspruch, zur Infragestellung und gegebenenfalls zur Änderung ungerechter Ergebnisse, die zwangsläufig aus der Beschäftigung mit Problemen erwächst.

4. Und dennoch - lernen Sie keine Probleme!

a) Ziehen Sie keinen falschen Schluß

Die Beschäftigung mit Problemen hat also durchaus ihre Berechtigung. Aber Sie dürfen daraus nicht den falschen Schluß ziehen, Probleme lernen zu wollen. Eben dies tun praktisch alle Jurastudenten. Sie meinen, das Jurastudium sei eine Veranstaltung, in der es primär um Rechtsprobleme gehe, die sie möglichst alle lernen müßten. Entsprechend verhalten sie sich. Wenn ich zu einer Zeit, zu der Hausarbeiten geschrieben würden, im juristischen Seminar über den Korridor gehe, stoße ich überall auf Gruppen von Studenten, die über die Probleme des gerade aktuellen Falles diskutieren. Ich bin dann versucht, beim Vorübergehen ein dunkles Wort wie „Rücktrittshorizont" oder „Durchgriffskondiktion" oder „Grundrechtsmündigkeit" fallen zu lassen. Ganz gleichgültig, worum es in der gerade diskutierten Hausarbeit geht - die Studenten würden sich auf dieses Wort aus berufenem Munde stürzen und intensiv darüber diskutieren. - Natürlich halte ich mich zurück und stifte keine Verwirrung.

b) Drei Gründe sprechen gegen das Lernen von Problemen

Die Vorstellung, Sie müßten bis zum Examen möglichst viele Probleme lernen, ist ein verhängnisvoller Fehlschluß - aus drei Gründen.

(1) Ihre begrenzte Hardware

Zunächst einmal können Sie Probleme mangels einer geeigneten Hardware überhaupt nicht lernen. Sie müßten dazu imstande sein, Faktenwissen dauerhaft zu lernen. Das menschliche Langzeitgedächtnis ist aber prinzipiell kein Faktenspeicher, sondern ein Regelspeicher (siehe oben Kapitel D.). Daß Sie sich einzelne Probleme von der Art „Nach Auffassung des Schrifttums ist der lege artis durchgeführte ärztliche Heileingriff keine Körperverletzung, sondern deren Gegenteil" merken können, täuscht Sie nur über diesen elementaren Befund hinweg. Eine umfassende Problemeinspeicherung ist unmöglich, und auch zu den eingespeicherten Problemen können Sie sich praktisch keine Details merken. Oder sind Sie imstande, das Für und Wider der strafrechtlichen Beurteilung des ärztlichen Heileingriffes als Körperverletzung komplett zu reproduzieren?

Unser Langzeitgedächtnis ist, wie schon gesagt, nicht vergangenheits-, sondern zukunftsorientiert. Es speichert weder Texte noch Polaroidaufnahmen, sondern versieht uns mit Handlungsanweisungen für die Bewältigung bestimmter Situationen, die wir in ähnlicher Weise bereits früher erlebt und erfolgreich bewältigt haben.

Ich selbst mache immer wieder die Erfahrung, daß ich zwar weiß, daß zu bestimmten Problemen obergerichtliche Entscheidungen ergangen sind, und daß ich diese Entscheidungen nicht nur gelesen, sondern sogar in Vorlesungen behandelt habe, daß ich aber nicht mehr auswendig sagen kann, in welchem Sinne diese Entscheidungen ergangen sind. Beispiele bieten etwa Entscheidungen zu Fragen wie „Ist der Kilometerstand des Tachometers in einem Auto eine 'technische Aufzeichnung' i.S.d. § 268 StGB?", „Ist eine Langlaufloipe eine 'Sache' i.S.d. § 303 StGB?", „Ist das Luftablassen aus Autoreifen ein 'Beschädigen' i.S.d. § 303?", „Liegt eine Körperverletzung ‚mittels' eines gefährlichen Werkzeuges i.S.d. § 223 a StGB vor, wenn der Täter sein Opfer gegen einen glühenden Ofen preßt?" Früher habe ich in dieser Gedächtnisschwäche ein Manko gesehen. Heute verzichte ich bewußt auf den Versuch, mir so etwas merken zu wollen. Es gibt so viele Datenspeicher für diese Aufgabe - Entscheidungssammlungen, Kommentare, Fachzeitschriften, Datenbanken, CD-ROM´s. Warum soll ich den untauglichen Versuch unternehmen, mich auf dieses technische Niveau herabzulassen?

(2) Probleme sind ohne Normalität nicht zu verstehen

Der zweite Grund gegen das Lernen von Problemen liegt darin, daß das Wesen eines Problems, wie erwähnt, darin liegt, von einer Normalität abzuweichen. Wenn Sie sich diese Normalität nicht klarmachen, können Sie das Problem überhaupt nicht verstehen. Auch wenn Sie kein erklärter Anhänger des Normalfalldenkens sind, müssen Sie dieses Denken praktizieren. Sie werden es dann freilich intuitiv und damit auf unkontrollierte Weise tun. Ich will dagegen erreichen, daß Sie diese Denkmethode bewußt und rational befolgen.

Nehmen Sie als Beispiel nochmals die Sachbeschädigung. Das oben erwähnte unbefugte Plakatieren ist ein Problemfall der Sachbeschädigung, weil die beklebte Sache (beliebt sind hier die Telefonverteilerkästen, denen „ihrer Bestimmung nach keine besondere Ansehnlichkeit innewohnt") als solche nicht beschädigt wird. Wäre dies der Fall (etwa weil Löcher in das Metall gebohrt wurden), läge fraglos eine Sachbeschädigung vor, und jedermann würde ebenso fraglos (und ohne jeden Begründungsaufwand) den Tatbestand des § 303 StGB (Beschädigen) als erfüllt ansehen. Dieser Tatbestand wurde ja erst geschaffen, *nachdem* Dinge wie das Bohren von Löchern, das Zerkratzen von Oberflächen, das Zerbeulen von Gehäusen und ähnliches vorgekommen waren.

Nun haben Sie es mit dem Plakatieren, einem pathologischen Sonderfall, zu tun. Sie können hier eine Sachbeschädigung bejahen. Sie können sie aber auch verneinen. Beide Auffassungen wurden und werden in Literatur und Rechtsprechung vertreten. Wenn Sie das alles lernen wollten, würden Sie sich nicht nur hoffnungslos überfordern. Sie würden sich vor allem auch den Weg zum Verständnis dieses Problems verstellen. Ohne Rückgriff auf die normale Sachbeschädigung können Sie einfach nicht verstehen, was am unbefugten Plakatieren problematisch ist. Für diesen Rückgriff brauchen Sie aber kein gelerntes Wissen. Die Normalität der Sachbeschädigung ist Ihnen selbst dann verfügbar, wenn Sie sich mit dem § 303 StGB noch niemals näher befaßt haben.

(3) Normalfalldenken bewahrt Sie vor begriffsrealistischem Orakeln

Der dritte Grund ist vielleicht der wichtigste. Normalfalldenken bewahrt Sie vor dem begriffsrealistischen Orakeln, wie es immer dann einsetzt, wenn Gesetze „ausgelegt" werden und Problemlösungen „herausgeholt" werden, obwohl diese darin nicht enthalten sind.

Beim Normalfalldenken erkennen (und bekennen) Sie, daß Sie selbst als Rechtsanwender es sind, der angesichts eines Problemfalles eine Entscheidung fällen muß. Gesetz und Dogmatik, die in Normalfällen die Entscheidung vorgeben, versagen hier. Statt Hilfe zu geben, werden sie ihrerseits zum Problem. Wenn Sie nun gleichwohl so tun, als würden die Rechtsbegriffe Ihnen helfen, geraten Sie unvermeidlich ins Orakeln. Sie überhöhten schlichte Wörter (Sprachmodelle) wie „Sache" und „beschädigt" ins Metaphysische und zaubern Kaninchen aus dem Hut, ohne zuzugeben, daß Sie diese vorher mit Tricks hineingesteckt haben. Die eigentlichen Grundlagen der Entscheidung bleiben dabei selbst Ihnen verborgen. Sie werden dann ein Opfer Ihrer Vorurteile.

Ein solches Verhalten ist nicht sachgerecht. Da Sie mit guten Argumenten sowohl im einen als auch im anderen Sinne entscheiden können, und da eine oberste Instanz nicht vorhanden ist, die den Problemfall mit Anspruch auf letztgültige Richtigkeit entscheiden könnte, müssen Sie in sich selbst hineinschauen. Dabei mögen Sie denn finden, daß es durchaus eine Rolle spielt, was auf den Plakaten gestanden hat. Auch der Zeitpunkt (etwa Wahlkampfzeiten) und der Ort mögen eine Rolle spielen (so werden Sie etwa ein Pornoplakat am Kirchentor möglicherweise anders beurteilen als ein Kirchentagsplakat am Eingang zum Eroscenter). Ob Sie selbst als Student einmal beim Jobben Plakate geklebt haben, oder ob Sie sich auf der Hausbesitzerseite über eine immer wieder beklebte und besprühte Hauswand geärgert haben, wird Sie nicht völlig unberührt lassen. Alle diese (und sicherlich noch viele weitere) Gesichtspunkte können Ihre Vorurteilsstruktur prägen. Sie sollten diese darum nach Möglichkeit aufdecken und zur Diskussion stellen. Dabei sollten Sie sich nicht dadurch beirren lassen, daß derartige Gesichtspunkte angeblich juristisch irrelevant seien. (In der reichhaltigen Rechtsprechung zum unbefugten Plakatieren wird beispielsweise nirgendwo etwas über den Inhalt der Plakate mitgeteilt.) Sie sind nur deshalb angeblich irrelevant, weil sie im Schema von Auslegung und Subsumtion keinen Platz finden. Aber dieses Schema ist verfehlt. Das gilt schon für die Normalfälle, wo es Ursache (Normalfall) und Wirkung (Tatbestand) vertauscht. Es gilt erst recht für die Problemfälle, wo schlechterdings nichts im Gesetz zu finden ist.

Darüber müssen Sie mit den Betroffenen diskutieren. Das ist nicht bequem und vielleicht auch dem ruhigen Schlaf nicht unbedingt förderlich - aber es ist sachgerecht, und es ist ehrlich.

5. Der Ertrag des Normalfalldenkens

a) Übersicht

Ihr Ertrag wird groß sein. Sie ersparen sich viel vergebliche Mühe, erwerben statt dessen eine hilfreiche Methode, bewahren sich vor Selbsttäuschungen, simulieren in kurzer Zeit die Arbeitsweise eines erfahrenen Juristen, verbessern Ihre Informationsverarbeitung und tragen last not least der Tatsache Rechnung, daß auch im Studium und im Examen - allem Anschein zum Trotze - die Normalität regiert. Im einzelnen:

b) Sie ersparen sich viel vergebliche Mühe

Durch bewußt praktiziertes Normalfalldenken ersparen Sie sich, wie schon gesagt, das „Pauken" der unzähligen juristischen Probleme. Nehmen Sie ein Lehrbuch oder einen Kommentar zur Hand und markieren Sie alle Problemerörterungen mit einem Leuchtstift. (Natürlich sollten Sie das nur mit einem Buch machen, das Ihnen gehört.) Sie werden darüber staunen, welche Fülle an Stoff Sie schlicht beiseite lassen können.

c) Sie erwerben eine hilfreiche Methode

Statt Probleme zu lernen, erwerben Sie eine Methode, die Ihnen bei allen Problemen hilft, ohne daß dazu Kenntnisse der einzelnen Probleme erforderlich sind. Die Fülle der Rechtsprobleme reduziert sich im Grunde auf zwei Fragen: Die eine kann lauten: Ist die Abweichung des zu prüfenden Falles von der Normalität so groß und so wesentlich, daß Sie den problematischen Fall nicht mehr der Normalität zuordnen können? Oder kommen Sie über die Abweichung - wenn auch mit einiger Mühe - hinweg, so daß Sie den Problemfall noch als - wenn auch vielleicht am Rande liegenden - Normalfall anzusehen haben? Die andere Frage kann lauten: Ist ein an sich gegebener Normalfall aufgrund besonderer Umstände aus dem Normalfallbereich herauszunehmen? Nur diese beiden Fragen sind möglich.

Um sie in einem konkreten Fall letztlich überzeugend beantworten zu können, mag es eines großen Aufwandes an „Rhetorik", an Argumentation, an Scharfsinn und an Ideenreichtum bedürfen. Aber im Kern geht es immer nur um diese beiden Fragen. Das gilt für jedes juristische Problem. Wenn Sie das klarmachen, sind Sie für die mit Gewißheit im Examen (wie später im Beruf) zu erwartende Situation gerüstet, in der Sie es mit unbekannten - nicht gelernten - Problemen zu tun haben.

Diese Vorgehensweise entspricht genau der Beschaffenheit der menschlichen Hardware, die auf den Erwerb und die Anwendung von zukunftsbezogenem Regelwissen ausgerichtet ist. Anhand einer begrenzten Menge von Fällen (Normalfällen und Problemfällen) erwerben Sie die Fähigkeit zur Beherrschung einer unbegrenzten Fallvielfalt.

d) Sie bewahren sich vor Selbsttäuschungen

Sie erkennen, daß Ihr Ergebnis nicht irgendwo in einem platonischen Ideenreich zu finden ist, sondern von Ihnen produziert wird. Als Produzent haften Sie für Ihr Produkt. Das macht Sie offen für Einwände und Kritik an Ihrem Ergebnis.

e) Sie simulieren die Arbeitsweise des erfahrenen Juristen

Sie simulieren die Arbeitsweise des erfahrenen Juristen, der sein berufliches Know-how ebenfalls anhand von Normalfällen eingeübt hat. Anhand einer Vielzahl verschiedener Normalfälle hat er in einem langen Berufsleben die intuitive Sicherheit erworben, die er für die Ausübung seines Berufes benötigt. Durch bewußtes Normalfalltraining können Sie diesen Prozeß abkürzen. Dabei werden Sie in den Vorlesungen und Büchern wenig Hilfe bekommen. Über normale Fälle wird ja kaum jemals ein Wort verloren. Aber zum Glück ist die Normalität nicht schwer zu finden. Sie müssen nur mit offenen Augen durch die Welt gehen und Ihre Phantasie bemühen.

f) Sie verbessern Ihre Informationsverarbeitung

Sie erwerben die Fähigkeit des bewußten Ladens von verschiedenen „Items" in Ihre Verarbeitungseinheit. Sie lernen, zusätzlich zu dem gerade anstehenden Problemfall (etwa dem Luftablassen aus Autoreifen) Normalfälle (etwa das Einwerfen von Fensterscheiben oder das Abknicken von Autoantennen) in Ihre Verarbeitungseinheit zu holen und dort mit dem Problemfall zu vergleichen. Sie lernen, mehrere Arbeiten gleichzeitig zu verrichten. Sie erwerben die Fähigkeit, komplexe Aufgaben zu bewältigen. Nur wenige Menschen - etwa Flugzeugpiloten - verfügen über diese Fähigkeit. Dies vergrößert ihren Marktwert. (Flugzeugpiloten werden gut bezahlt.)

g) In Studium und Examen regiert in Wahrheit die Normalität

Wenn Sie genau hinsehen, werden Sie feststellen, daß die Probleme nur scheinbar im Studium dominieren. In Wahrheit dominiert auch hier die Normalität. Probleme können Ihnen gar nicht anders als in einer Normalfallumgebung präsentiert werden. Selbst die scheinbar so „problematische" Examensklausur besteht zu über neunzig Prozent aus juristischer Normalität, und wenn Sie vor aller Problemdiskussion eine handwerklich saubere Normalfall-lösung erstellen, ist Ihre Arbeit bereits über dem Strich (näher dazu unten).

6. Anmerkung

Ich verkünde die Botschaft von der Nützlichkeit des Normalfalldenkens seit vielen Jahren. Ich habe noch nie ein sachliches Argument dagegen gehört. Ich habe aber schon oft in zweifelnde Studentengesichter geblickt. Die - ausgesprochene oder unausgesprochene - Frage lautete immer, ob das Normalfalldenken nicht eine persönliche Marotte von mir sei, vergleichbar den vielen juristischen Theorien, über die so heftig und so trefflich gestritten werden kann. Die Normalfallmethode ist aber keine Marotte von mir. Sie ist die Grundlage jeder Problembehandlung. Die Frage ist nur, ob Sie sich das klarmachen oder nicht.

Hätte ich das Studium zu reformieren, würde ich ein konsequentes Normalfallstudium mit begrenztem Problemfalldenken organisieren. Das wäre viel besser als unser heutiges System. Teilweise geschieht das übrigens schon, freilich nicht an den Universitäten, sondern an den Fachhochschulen. Die angehenden Bezirksnotare und Rechtspfleger werden an der Normalität ihrer künftigen Berufe geschult. Sie erhalten einen hervorragenden Rechtsunterricht und verfügen nach Abschluß ihrer Ausbildung auf ihren Gebieten über Rechtskenntnisse, von denen die meisten Volljuristen nur träumen können. Freilich ist ihr Widerspruchsgeist („Der Mond ist die Sonne im Sinne des Gesetzes") deutlich schwächer ausgeprägt als der ihrer volljuristischen Kollegen.

Wir haben hier nicht das deutsche Rechtsstudium zu reformieren. Aber Sie können Ihr Unternehmen reformieren. Tun Sie es! Haben Sie dabei keine Sorge, daß die Probleme und damit die Selbständigkeit Ihres Denkens auf der Strecke bleiben. Um die Probleme brauchen Sie sich nicht zu sorgen, wohl aber um die Normalität.

III. Strukturdenken

1. Strukturdenken und lineares Denken

In diesem Kapitel empfehle ich Ihnen die Einübung des Strukturdenkens. Den Gegensatz dazu bildet das lineare, punktuelle Denken, welches im Alltag zwar üblich, bei den juristischen Dingen aber schädlich ist. Mit dem Strukturdenken verhält es sich wie mit der Ordnung. Beide kommen nicht von selbst. Von selbst kommen dagegen Unordnung und lineares Denken. Um das Strukturdenken müssen Sie sich daher bemühen.

2. Was ist Strukturdenken?

a) Eine Anleihe bei den Systemanalytikern

Was ist Strukturdenken? Es ist - der Name sagt es - ein Denken in Strukturen. Strukturen sind gedankliche Gebilde, die aus (irgendwelchen) Elementen und (irgendwelchen) Relationen zwischen diesen Elementen bestehen. Zum besseren Verständnis nehme ich auch an dieser Stelle eine Anleihe bei den Datenverarbeitern auf, und zwar bei den Systemanalytikern. Die Systemanalytiker, der Name sagt es, analysieren Systeme, und Systeme sind nichts anderes als Strukturen. In der Systemtheorie abstrahiert man von den in der Wirklichkeit vorkommenden Systemen (beispielsweise Systemen wie „Mensch", „Blutkreislauf", „Tier", „Gesellschaft") und bildet diese in abstrakten Modellen ab. Man kann auf diese Weise beliebige Ausschnitte der Wirklichkeit modellieren und deren Eigenschaften studieren. So gibt es beispielsweise statische Systeme, die keine veränderlichen Elemente enthalten, und dynamische Systeme, bei denen Veränderungen auftreten. Die letzteren können wiederum durch Regelung (Rückkopplung) stabil gehalten werden. Ich will das nicht weiter ausführen. Für unsere Zwecke genügt die zentrale Ausgangsüberlegung der Systemtheorie. Sie besagt, daß ein System aus kleinsten Einheiten irgendwelcher Art (Elementen) und irgendwelchen Beziehungen (Relationen) zwischen diesen Elementen besteht. Beides zusammen ergibt ein System oder eine Struktur.

b) Die Modellierfreiheit

Bei der Modellierung solcher Systeme herrscht große Freiheit. Ein Element kann alles sein, was als Baustein für irgendein Gebäude benutzt werden kann. Auch die Relationen können von beliebiger Art sein. Entscheidend ist nur, *daß* irgendwelche Elemente unterschieden werden, und *daß* irgendwelche Relationen zwischen diesen Elementen vorhanden sind.

c) Die Überforderung des Menschen durch Strukturen

So einfach das klingt, so schwer ist es in der Geschichtssprache zu praktizieren. Denn Strukturen überfordern uns rasch. Die juristischen Strukturen bestehen aus Elementen und Relationen, die durchweg nicht anschaulich erfahrbar sind. Das Unanschauliche aber fliehen wir gerne. Hinzu kommt die Komplexität selbst der einfachsten Strukturen. Wir verlieren hier sehr schnell den Überblick. So konzentrieren wir uns gerne auf einzelne Elemente, und das heißt im Recht, auf einzelne Begriffe, ohne nach rechts oder links zu blicken. Das Ergebnis ist lineares, punktuelles Denken.

Es ist kein Zufall, daß in der juristischen Methodenliteratur die Auslegung einzelner Tatbestandsmerkmale wie „Waffe", „Heimtücke", „Sache", „Gewalt", „Bande", „Menschenmenge" dominiert, und daß dabei linear mit den klassischen Auslegungsmethoden (grammatische, historische, teleologische Auslegung usw.) gearbeitet wird. Diese Vorgehensweise überfordert uns nicht und findet deshalb großen Anklang. Daß sie der Komplexität der jeweiligen Aufgabenstellungen nicht gerecht wird, steht auf einem anderen Blatt.

d) Ein Experiment zum Strukturdenken

(1) Der Mauswieselfall

Sie können sich die Schwierigkeiten des Strukturdenkens anhand eines einfachen Selbstversuches klarmachen. Bitte lesen Sie den von Jürgen Baumann stammenden strafrechtlichen Mauswieselfall:

> *Wilderer W erlegt ein Mauswiesel (Wild im Sinne des § 292 StGB), hält es irrig für eine Maus und meint weiter irrig, auch Mäuse seien Wild im Sinne des § 292 StGB, so daß er wegen Wilderei strafbar sei (für Lehrbuchzwecke sind derartige Irrtümer gestattet).*

W befindet sich in einem doppelten Irrtum: Er hat gewildert, und er hat im Ergebnis auch die Vorstellung, wegen Wilderei strafbar zu sein. Dazwischen liegen freilich zwei Irrtümer. Ist W strafbar? Bitte notieren Ihre Antwort auf diese Frage samt Begründung vor der weiteren Lektüre.

– – – – – – – – –

Nun prüfen Sie bitte, ob Sie Ihr Ergebnis „freihändig" gefunden haben, oder ob Sie es aus der Dogmatik des Strafrechts unter richtiger Einordnung der drei von diesem Fall betroffenen Versatzstücke „objektiver Tatbestand", „Vorsatz" und „Unrechtsbewußtsein" abgeleitet haben. Ersterenfalls haben Sie lineares Denken, letzterenfalls Strukturdenken praktiziert.

–––––––––

Ich bin fast sicher, daß Sie ersteres getan haben. Dies einfach deshalb, weil eine übersichtliche Gesamtdarstellung aller möglichen Kombinationen von drei Elemenen, die jeweils zu bejahen oder zu verneinen sein können („Objektiver Tatbestand: Ja oder Nein", „Vorsatz: Ja oder Nein", „Unrechtsbewußtsein: Ja oder Nein") in der linearen Geschichtensprache unmöglich ist. Solange Sie in dieser Sprache verharren, können Sie nur punktuell über den Einzelfall reden. Für eine systemkonsistente Fallbehandlung ist das zu wenig.

(2) Verbesserung der Darstellungsmöglichkeiten mit Hilfe einer Entscheidungstabelle

Sie können solche Probleme lösen, wenn Sie die Darstellungsform einer Entscheidungstabelle wählen. Derartige Tabellen werden von Informatikern benutzt. Eine Entscheidungstabelle enthält in den oberen Feldern die Bedingungen, die jeweils erfüllt oder nicht erfüllt sein können. Für jede mögliche Kombination mehrerer jeweils zu bejahender oder zu verneinender Bedingungen werden dann in den unteren Feldern die dadurch ausgelösten Folgen (Aktionen) angegeben.

Ein einfaches Beispiel bietet eine Entscheidungstabelle zu dem Problem eines Studenten: Gehe ich heute zur Vorlesung in die Universität, gehe ich in das Freibad oder bleibe ich zu Hause? Das hängt zum einen davon ab, ob das Wetter gut oder schlecht ist, zum anderen davon, ob die Vorlesung spannend ist oder nicht.[3] Insgesamt ergeben sich vier Möglichkeiten, die in der folgenden Entscheidungstabelle in Abb. 1 dargestellt sind (X steht für die Aktionen):

––––––––

[3] Ich gehe hier vom Normalfall eines Studenten aus, der meinen oben gegebenen Ratschlag nicht befolgt, alle Lehrveranstaltungen ausnahmslos zu besuchen.

Wetter gut	Ja	Ja	Nein	Nein
Vorlesung spannend	Ja	Nein	Ja	Nein
Universität	X		X	
Freibad		X		
Wohnung				X

Abb. 1 Eine einfache Entscheidungstabelle

(3) Eine Entscheidungstabelle zur strafrechtlichen Irrtumslehre

In entsprechender Weise läßt sich auch die für den Mauswiesel-fall relevante Kombinatorik der drei Elemente „objektiver Tatbe-stand", „Vorsatz"[4] und „Unrechtsbewußtsein" darstellen. Aus-gangspunkt ist dabei der Normalfall einer vorsätzlichen Straftat, bei welcher jeweils der objektive Tatbestand, der Vorsatz und das Unrechtsbewußtsein zu bejahen sind. Diesem Normalfall steht eine Kombinatorik von sieben weiteren Möglichkeiten gegenüber, in denen jeweils einzelne oder alle drei Bedingungen zu verneinen sind. Zusammen ergibt dies die Gesamtstruktur der strafrechtli-chen Irrtumslehre. Abbildung 2 zeigt dies.[5]

Ist beispielsweise der objektive Tatbestand zu bejahen, und ist auch der Vorsatz zu bejahen, während das Unrechtsbewußtsein zu verneinen ist, liegt ein Verbotsirrtum vor. Sind der objektive Tat-bestand und der Vorsatz zu verneinen, das Unrechtsbewußtsein dagegen zu bejahen, ist ein Wahndelikt gegeben - und so weiter. Die Reihenfolge der Prüfung ist dabei durch die strafrechtliche Grundregel „Unrecht vor Schuld" eindeutig festgelegt.

Auf diese Weise ist eine Gesamtdarstellung der strafrechtlichen Irrtumslehre möglich. In den Lehrbüchern wird ein solcher Ge-samtzusammenhang der strafrechtlichen Irrtumslehre regelmäßig nicht hergestellt. Die einzelnen Irrtumsmöglichkeiten werden an

---

[4] Ich folge hier der modernen Lehre, die den Vorsatz als das allgemeine subjekti-ve Tatbestandsmerkmal betrachtet.

[5] Näher hierzu mein Lehrbuch Strafrecht - Allgemeiner Teil, 7. Aufl. München 1996, S. 263.

Mögliche Rechtsfolgen / 1. Voraussetzungen / 2. Verwirklichung der Rechtsfolgen	Strafbarer Normalfall	Strafloser Normalfall	Tatbestands- und Erlaubnistatbestandsirrtum, § 16 I	Verbotsirrtum, § 17	Versuch, § 22	Wahndelikt	nicht möglich	Erlaubnisirriger Versuch
1. a) Erfüllung der objektiven Tatbestandsmerkmale	J	N	J	J	N	N	J	N
b) Vorsatz bezüglich a)	J	N	N	J	J	N	N	J
c) Unrechtsbewußtsein bezogen auf den Gesamttatbestand	J	N	N	N	J	J	J	N
2. a) Strafbarkeit (Vorsatzdelikt)	X				X			
b) Straflosigkeit		X					X	
c) Vermeidbarkeitsprüfung erforderlich			F	V			F	V

Abb. 2 Struktur der Irrtumsfälle (J = Ja, N = Nein, F = Fahrlässigkeitsprüfung, V = Verbotsirrtum, X = Rechtsfolge)

verschiedenen Stellen punktuell abgehandelt. So wird der Tatbestandsirrtum im Anschluß an den Vorsatz behandelt, der Verbotsirrtum bei der Schuld, und so weiter. Irrtümer, die im Besonderen Teil vorkommen, etwa beim Betrug, § 263 StGB, werden behandelt, als hätten sie nichts mit den Irrtümern des Allgemeinen Teils zu tun. Dies ist ein Ausdruck unseres Unvermögens, Strukturen in unserer Geschichtensprache angemessen zu erfassen. Das Ergebnis ist ein unökonomisches Vorgehen, bei dem ein- und dieselbe Sache immer wieder von Grund auf neu bearbeitet - und neu gelernt - werden muß. Ein Unternehmensberater würde das nicht gut finden.

Fälle wie der Mauswieselfall zeigen, daß eine solche Gesamtstruktur existiert, und daß Sie diese nicht nur beherrschen können, sondern sogar beherrschen müssen, wenn Sie „freihändige" und damit unjuristische Entscheidungen vermeiden wollen. Der Irrtum beginnt hier nach Bejahung des objektiven Tatbestandes mit einem den Vorsatz ausschließenden Tatbestandsirrtum, zu welchem ein (tatbestandsloser) Versuch, verbunden mit einem Wahndelikt, tritt. Beim herkömmlichen linearen Denken ist es so gut wie ausgeschlossen, derartige Zusammenhänge zu erfassen.

Wenn Sie das Strukturdenken durch das kombinatorische Denken ergänzen (dazu näher unten), kommen Sie auch auf die Idee, einen Fall wie den Mauswieselfall wie folgt „umzudrehen":

W erlegt eine Maus, hält sie irrig für ein Mauswiesel und meint weiter irrig, auch Mauswiesel seien kein Wild i.S.d. § 292 StGB. Ist W strafbar?

Normalerweise tun Sie so etwas nicht. Bereits der „einfache" Mauswieselfall bereitet Ihnen so viele Schwierigkeiten, daß Sie sich ganz auf ihn konzentrieren, ohne andere Möglichkeiten in Betracht zu ziehen. Derlei Seitenblicke sind aber für ein erfolgreiches juristisches Arbeiten unerläßlich. Sie sollten daher diese Denkweise trainieren.[6]

e) Erklärung der Elemente aus den Relationen

Beim Strukturdenken erklären Sie die Elemente aus den Relationen zu anderen Elementen. Eine Parallele zu dieser Vorgehensweise findet sich in der modernen Linguistik. Dort packt man das schwierige „semantische" Problem des Sinnes von Wörtern ebenfalls relationell an und erklärt den Sinn eines Wortes aus dessen Relationen zu anderen Wörtern. Mit dieser „strukturellen" Linguistik wurden Fortschritte gegenüber der vor allem in Deutschland gepflegten hermeneutisch „verstehenden" Sprachinhaltsforschung möglich. Man ist nicht mehr auf die Gefühlswelt des jeweils Ver-

---

[6] Ich will hier nicht weiter auf den Mauswieselfall eingehen und nur das von mir für richtig gehaltene Ergebnis nennen. Im „einfachen" Mauswieselfall ist W straflos, im umgedrehten" Mauswieselfall ist W nach den Regeln des Verbotsirrtums (§ 17 StGB) zu behandeln und bei Vermeidbarkeit des Irrtums wegen Versuches nur deshalb nicht strafbar, weil § 292 StGB keine Versuchsstrafbarkeit kennt.

stehenden angewiesen. Die Parallele zur hermeneutischen „Auslegung" und „Subsumtion" im Recht liegt auf der Hand.

3. Bilden Sie selbst juristische Strukturen

a) Unterschiedlich strukturierte Rechtsgebiete

Durchweg werden Sie die Existenz dogmatischer Strukturen
spüren, aber es wird Ihnen nicht immer gelingen, diese auch zu erfassen. Manche Gebiete - etwa der Allgemeine Teil des Strafrechts
- sind dogmatisch so gut durchgearbeitet, daß Sie kaum Mühe haben, die Strukturen zu erkennen und in eigene Anwendungsprogramme umzusetzen. Andere - so das BGB mit seinen berüchtigten
Verweisungsketten - sind überstrukturiert, so daß die Strukturen
nicht als ein Teil der Lösung, sondern als ein Teil des Problems erscheinen. Wieder andere - beispielsweise die Grundrechte - sind
nur mit größter Mühe zu struktieren, weil die Strukturgerüste nahezu völlig hinter einer Anhäufung große Worte verschwinden.
Aber überall sind Strukturen vorhanden. Immer lohnt es sich, diese
herauszupräparieren.

b) Keine juristische Superstruktur

Von einer allumfassenden juristischen Superstruktur kann freilich keine Rede sein. Es gibt nur Teilstrukturen, Versatzstücke, die
mitunter nur schwer zusammenpassen. Das sollte Sie nicht beunruhigen. Dieser Befund erklärt sich daraus, daß alle Strukturen nur
ein grobes Abbild der Realität sind. Begnügen Sie sich damit, auf
pragmatische Weise mit einem losen Verbund von Detailstrukturen zu leben. Widersprüche und Unvollkommenheiten sind dabei
ebenso unvermeidbar wie im wirklichen Leben. Trainieren Sie die
Fähigkeit, solche Strukturen im Bedarfsfalle auch wieder zu verändern oder gar zu verwerfen und durch neue zu ersetzen. Höhere
Instanzen, die über Strukturen zu Gericht sitzen könnten, gibt es
nicht. Versuchen Sie nicht, eine „Structurology Church" zu gründen. In der Rechtsgeschichte hat es immer wieder Versuche gegeben, umfassende und geschlossene Rechtssysteme aus Elementen
(„Institutionen", „Rechtsinstituten", „dogmatische Prinzipien",
„Gesetzen", „Rechtsgütern", „obersten Verfassungsgrundsätzen",
„Rechtsbegriffen", „Tatbestandsmerkmalen"...) und Relationen

(„Ansprüchen", „Gegenrechten", „Eingriffsermächtigungen", „Rechtsbeziehungen"...) zu errichten. Sie sind sämtlich gescheitert.

c) Bilden Sie Ihre eigenen Strukturen

Verschiedene Autoren bilden verschiedene Strukturen (auch die Rechtsprechung ist in diesem Sinne ein Autor). Dies kann bereits elementare Einstiegsstrukturen eines Rechtsgebietes betreffen. Denken Sie etwa an die Lehre von den negativen Tatbestandsmerkmalen oder an den Streit um die richtige Stellung des Vorsatzes.

Die einzig richtige Verhaltensweise angesichts dieses Befundes besteht für Sie darin, das vorhandene Angebot kritisch zu prüfen und alsdann Ihre eigenen Strukturen zu bilden. Nur auf diese Weise können Sie angesichts der vorhandenen Strukturdissonanzen bestehen.

d) Befolgen Sie bei der Strukturbildung Prinzipien

Wenn Sie Ihre Strukturen bilden, sollten Sie nicht einfach der „herrschenden Meinung" folgen oder nach dem Zufallsprinzip handeln, sondern Prinzipien anwenden. Ich befolge beispielsweise die Prinzipien der Einfachheit, der Wirtschaftlichkeit und der Widerspruchsfreiheit. Das bedeutet: Strukturen müssen leicht zu verstehen sein. Sie müssen auf wirtschaftliche Weise anwendbar sein. Und sie müssen allen denkbaren Fallgestaltungen gerecht werden. Diese Grundsätze haben mich beispielsweise dazu gebracht, der strafrechtlichen Lehre von der objektiven Zurechnung zu folgen. Sie ermöglicht es, die Prüfung bestimmter Fälle eines eindeutig straflosen Verhaltens wie „Zeugung eines Mörders" an der frühestmöglichen Systemstelle mit einem negativen Ergebnis abzuschließen, und sie wird allen denkbaren Fällen gerecht, auch dem Fall, in dem der Mörder von seinen Eltern mit Vorsatz bezüglich seines späteren Mordes gezeugt wird. Die Rechtsprechung kommt zum selben Ergebnis mit einer anderen Struktur, nämlich dem Irrtum über den Kausalverlauf. Das ist weder einfach noch ökonomisch. Auch trägt es nicht allen denkbaren Fällen Rechnung. Also arbeite ich *nicht* mit der Struktur, welche die Rechtsprechung verwendet.

Natürlich können Sie auch andere Prinzipien befolgen. Nur - Prinzipien sollten Sie haben, und diese sollten gut überlegt sein.

4. Die wichtigsten juristischen Strukturarten

Im folgenden behandle ich die wichtigsten juristischen Struktur-arten. An erster Stelle stehen die schon erwähnten Baumstruktu-ren. Diese spielen eine Hauptrolle in der juristischen Dogmatik. Daneben gibt es weitere Möglichkeiten der Strukturbildung. Ich behandle fünf derartige Möglichkeiten, nämlich Sachverhaltsstruk-turen, Arbeitsstrukturen, Tabellenstrukturen, Kurvendiagramme und Konten. Der Katalog ist nicht abschließend gemeint. Sie sind dazu aufgerufen, weitere Strukturarten zu finden (Einsendungen nehme ich gerne entgegen). Im einzelnen:

5. Baumstrukturen

a) Die Herkunft

Baumstrukturen sind die wichtigsten juristischen Strukturen. Wie schon erwähnt, gehen sie auf den römischen Juristen Gajus zu-rück. Bis heute beherrscht sie weithin die juristische Dogmatik.

b) Was ist eine Baumstruktur?

Eine juristische Baumstruktur besteht aus hierarchisch angeord-neten Elementen. Sie hat immer ein oberstes Element (OE), an wel-ches untergeordnete Elemente (UE) angehängt sind. Die UE dienen ihrerseits wieder als OE für weitere UE, so daß die Struktur sich von oben nach unten über mehrere Ebenen verzweigt. Der „Baum" gleicht einer Tanne. Abbildung 3 verdeutlicht dies.

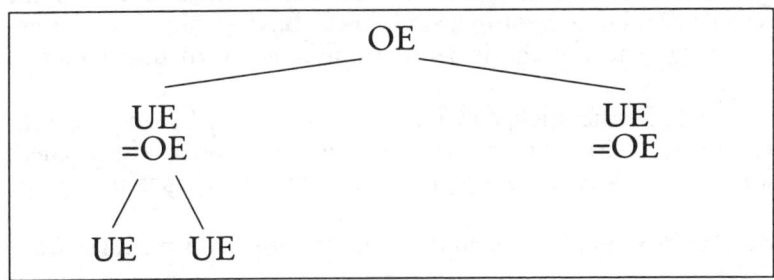

Abb. 3 Das Prinzip der juristischen Baumstruktur

In Ihrer praktischen Arbeit bestehen die Elemente nicht aus ab-strakten Symbole wie „OE" und „UE", sondern aus inhaltsbefrachteten Begriffen („Items") wie „Recht", „Tatbestand", „Forderung", „Willenserklärung", „Wegnahme", „Unterlassung", „Verjährung".

c) Das Prinzip Einfachheit

Theoretisch können Sie beliebig viele Elemente über beliebig viele Ebenen der Hierarchie miteinander verbinden. In der Praxis sind Ihre Möglichkeiten jedoch durch die oben aufgezeigten Kapazitätsbeschränkungen der menschlichen Hardware beschränkt (Stichwort „magische Sieben").

Daraus folgt das Prinzip Einfachheit, die erste und wichtigste Regel für die Arbeit mit juristischen Baumstrukturen: Die jeweiligen Teilstrukturen, bestehend aus je einem OE samt darangehängten UE, dürfen nur aus wenigen Elementen bestehen. Auf jeder Ebene der Hierarchie sollten jeweils an ein OE möglichst nicht mehr als drei, maximal vier UE angehängt sein, besser weniger.

Auch bei dieser Vereinfachung erreicht die Gesamtstruktur, die aus der Verbindung mehrerer Teilstrukturen entsteht, rasch einen Umfang, der eine vollständige Einspeicherung in die menschliche Verarbeitungseinheit ausschließt. Betrachten Sie Abbildung 3. Sie sehen, daß die dort gezeigte Baumstruktur aus insgesamt fünf Elementen besteht. Sie paßt also noch in die menschliche Verarbeitungseinheit, kommt aber der Kapazitätsgrenze der „magischen Sieben" bedenklich nahe. Sobald weitere Elemente hinzukommen, wird diese Grenze überschritten. Nehmen Sie als Beispiel eine Baumstruktur, bei der jedem OE über drei Ebenen der Hierarchie jeweils drei UE zugeordnet sind. Diese Baumstruktur enthält bereits insgesamt vierzig Elemente. Abbildung 4 verdeutlicht dies.

Es ist offensichtlich, daß Sie die in Abbildung 4 gezeigte Struktur nicht vollständig in Ihre Verarbeitungseinheit einspeichern können. Die Struktur sprengt Ihre Verarbeitungskapazität.

d) Das Prinzip „Von oben nach unten, von links nach rechts"

Den Ausweg aus dieser Kapazitätsbegrenzung eröffnet die Möglichkeit, einzelne Strukturausschnitte herauszulösen und hierarchisch miteinander zu verknüpfen. Wenn Sie dieses Prinzip befolgen, brauchen Sie jeweils nur einzelne Strukturausschnitte in Ihre Verarbeitungseinheit einzuspeichern. Nach deren Verarbei-

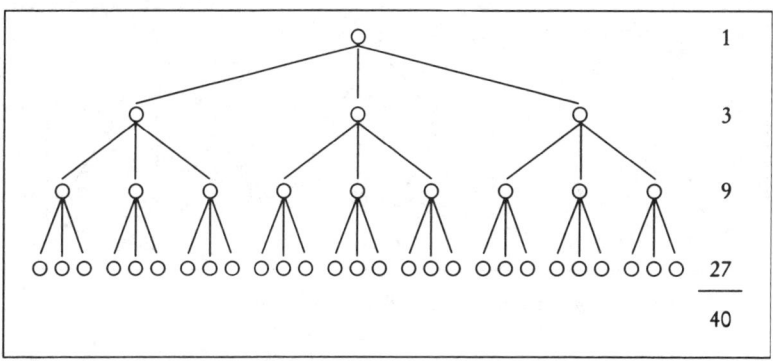

Abb. 4 Baumstruktur mit drei Ebenen

tung speichern Sie diese vorübergehend in Ihrem Kurzzeitgedächtnis und wenden sich der nächsten Teilstruktur zu. Eine Teilstruktur besteht dabei jeweils aus einer OE samt den darunter befindlichen UE. Sie zerlegen also die gesamte Baumstruktur in einzelne Teilstrukturen, die jeweils vollständig in Ihre Verarbeitungseinheit passen.

Aus dem Gesagten ergibt sich die zweite Regel für die Arbeit mit Baumstrukturen. Diese werden nicht willkürlich, sondern hierarchisch, das heißt von oben nach unten und von links nach rechts abgearbeitet. Erst wenn eine Ebene vollständig abgearbeitet ist, wird zur nächsttieferen Ebene übergegangen. Von einem UE wird dabei niemals unmittelbar zum nächsten auf derselben Ebene befindlichen UE vorgegangen. Vielmehr wird immer der Weg über das darüberliegende, beide UE auf der jeweils nächsthöheren Ebene verklammernde OE gewählt. Die Befolgung dieses Prinzips stellt sicher, daß die gesamte Baumstruktur beherrscht und vollständig abgearbeitet wird.

Von entscheidender Bedeutung ist dabei natürlich die Reihenfolge, in der die einzelnen UE angeordnet sind. Die Regel „von links nach rechts" legt ja eine bestimmte Prüfungsreihenfolge fest. Abbildung 5 verdeutlicht diesen Befund.

e) Das Gesetz der abnehmenden Wichtigkeit

Bei alledem gilt das schon erwähnte Gesetz der abnehmenden Wichtigkeit. Am wichtigsten ist die Einstiegs-OE. Am zweitwichtigsten sind die zugehörigen UE, die ihrerseits OE für die dritte

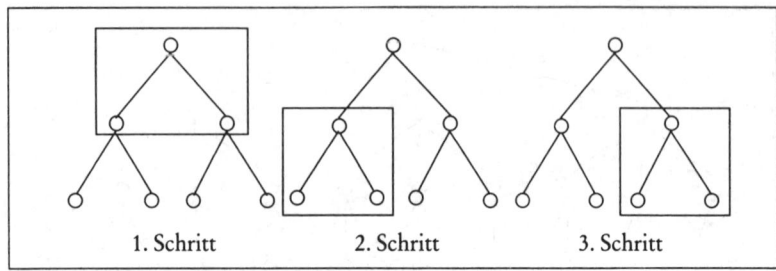

| 1. Schritt | 2. Schritt | 3. Schritt |

Abb. 5 Hierarchisches Abarbeiten von Baumstrukturen

Ebene sind. Am drittwichtigsten sind die darunter folgenden UE/OE - und so fort. Es kommt also immer ganz besonders auf den Einstieg an. Jeder Fehler an dieser Stelle muß schwerwiegende Auswirkungen haben. Fehler, die an tieferen Stellen der Hierarchie begangen werden, wiegen demgegenüber weniger schwer. Am wenigsten schwer wiegen Fehler auf der untersten Ebene. Typischerweise befinden sich dort einzelne Tatbestandsmerkmale. Am unwichtigsten sind daher deren Auslegungsprobleme. Wenn Sie beispielsweise die Frage, ob ein Muttermal auf der Stirn eines Säuglings eine behandlungsbedürftige Krankheit im Sinne des Sozialversicherungsrechtes ist, anders beantworten, als sich das der Klausurverfasser Ihres Examens vorgestellt hat, ist das (fast) unschädlich.

f) Der Nutzen von Baumstrukturen

(1) Ein mächtiges Werkzeug

Ich hoffe, Sie haben meine abstrakten Überlegungen zu OE´s und UE´s mitgemacht und sind nicht ausgestiegen. Was hier abstrakt und umständlich klingt, bietet Ihnen nämlich ein mächtiges Werkzeug, das Sie auf allen Ebenen der Dogmatik verwenden können. Dieses Werkzeug sollten Sie vom ersten Tag Ihres Studiums an nutzen.

Überall in der Dogmatik stoßen Sie auf die Existenz von Baumstrukturen, die exakt an die Architektur der menschlichen Informationsverarbeitung angepaßt sind. Unentwegt können Sie sehen, daß die Kapazitätsbeschränkung der „magischen Sieben" strikt eingehalten und regelmäßig deutlich unterschritten wird. Allerorten gibt es einen Hang zur Dreistruktur, zum Trikolon, der sich daraus erklärt, daß ein OE und drei UE, also insgesamt vier Elemente, unsere Verarbeitungseinheit nahezu ausfüllen und uns Menschen damit ein Gefühl des Reichtums geben, ohne uns zu überfordern.

(2) Die Dogmatiker haben nur mit einfachen Strukturen Erfolg

Die fleißigen Dogmatiker an den Universitäten mißachten freilich ständig diesen Befund. Sie denken sich neue, komplizierte Modelle aus und wundern sich dann darüber, daß sie damit keinen Erfolg haben. Nur einfache Strukturen setzen sich durch. Vor einigen Jahrzehnten „erfand" ein Dogmatiker mit der Zweiteilung von tatbestandsausschließendem „Einverständnis" und rechtfertigender „Einwilligung" im Strafrecht eine ganz einfache Zweierstruktur. Der Mann landete einen Volltreffer.

(3) Der moderne Gesetzgeber mißachtet das Gebot der Einfachheit

Auch der moderne Gesetzgeber mißachtet unentwegt das Gebot der Einfachheit. Er produziert am laufenden Band komplizierte Gesetze, die niemand mehr im Kopf verarbeiten kann, und die deshalb, wie es in den Kommentaren so schön heißt, „von der Praxis gemieden werden". (Mitunter freilich steht das Motiv der Sicherung von Arbeitsplätzen hinter dem gesetzgeberischen Eifer, dreimal links zu fahren, wenn einmal rechts abgebogen werden soll. Die vielbeklagte „Verwüstung" des Steuerrechts ist beispielsweise - auch - auf dieses Motiv zurückzuführen.)

g) Baumstrukturen in Begriffsdefinitionen

(1) Jede Begriffsdefinition ist als Baumstruktur darstellbar

Am deutlichsten erkennen Sie die Baumstrukturen in den vielen tausend juristischen Begriffsdefinitionen in den Lehrbüchern und Kommentaren. Diese sind sämtlich nach demselben Muster strukturiert. Als OE dient jeweils ein Wort oder eine Wortverbindung wie „Wegnahme", „Gefährliches Werkzeug", „Heimtücke", „Schaden", „Verschulden", „Fehler der Sache", „Krankheit". Die erläuternde „Definition" enthält regelmäßig auf der unter diesem OE liegenden zweiten Ebene der Baumstruktur zwei oder drei UE. Einzelne UE dienen sodann gelegentlich als OE für eine dritte Ebene, auf der sich dieser Vorgang nochmals wiederholt. Diese dritte Ebene ist regelmäßig die unterste Ebene. „Tiefer" strukturieren wir nicht. Auch hinsichtlich der Zahl der zu verwaltenden Ebenen gilt die Kapazitätsbeschränkung der „magischen Sieben."

(2) Das Beispiel „Wegnahme" beim Diebstahl

Nehmen Sie als Beispiel die Standarddefinition der „Wegnahme" beim Diebstahl. Jeder Jurastudent lernt im dritten Semester: *„Wegnahme ist Bruch fremden und Begründung neuen Gewahrsams"*. Diese Definition können Sie in eine aus vier Elementen bestehende Baumstruktur übersetzen. Abbildung 6 zeigt dies.

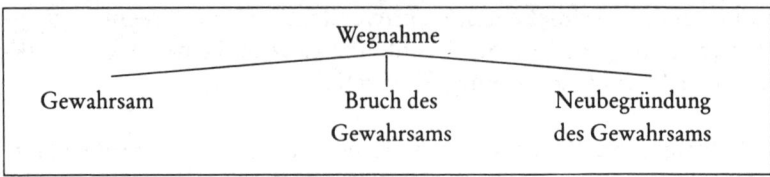

Abb. 6 Strukturausschnitt zur Wegnahme

Die Prüfung folgt dabei der Chronologie des Geschehens und ist daher „von links nach rechts" richtig. Zuerst muß der Gewahrsam vorhanden sein, ehe er gebrochen werden kann, und erst wenn er gebrochen ist, kann er auf einen anderen übertragen werden. Jede andere Reihenfolge wäre falsch.

Das Untermerkmal Gewahrsam wird herkömmlicherweise durch folgende Subdefinition erläutert: *„Gewahrsam ist die von einem Herrschaftswillen getragene tatsächliche Sachherrschaft"*. Übersetzen Sie dies, erhalten Sie die in Abbildung 7 gezeigte Substruktur.

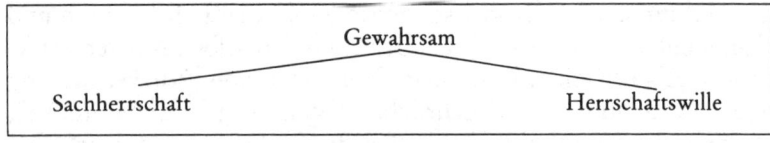

Abb. 7 Strukturausschnitt zum Gewahrsam

Beide Definitionen ergeben vereinigt eine Baumstruktur mit insgesamt sechs Elementen. Abbildung 8 verdeutlicht dies. (Die Ge-

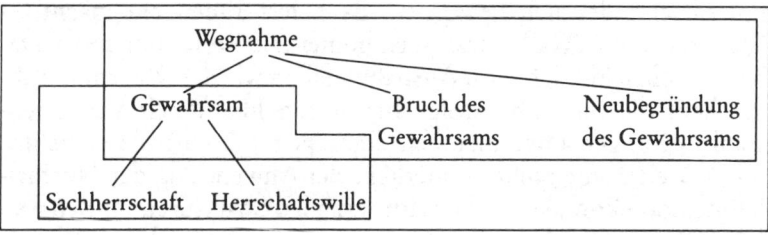

Abb. 8 Baumstruktur zur Wegnahme

wahrsamsstruktur ist nur einmal eingefügt. Streng genommen müßte sie freilich dreimal erscheinen.)

Man könnte sich unschwer eine Struktur vorstellen, in der die Elemente des Gewahrsams auf die erste Ebene gebracht würden. Aber das würde uns rasch überfordern, wie folgender Definitionsversuch zeigt: „Wegnahme ist die Aufhebung der von einem Herrschaftswillen getragenen Sachherrschaft beim bisherigen Herrschaftsinhaber gegen dessen Willen und die Neubegründung der von einem Herrschaftswillen getragenen Sachherrschaft bei einer anderen Person." Wenn Sie, wie ich vermute, mit diesem Satz Schwierigkeiten haben, dann deshalb, weil Sie damit an die Grenzen Ihrer Verarbeitungseinheit stoßen.

Abbildung 8 zeigt Ihnen demgegenüber anschaulich, wie Sie sich das Leben erleichtern können. Angesichts eines Diebstahlsfalles beschränken Sie sich zunächst auf den oberen Strukturausschnitt. Er paßt bequem in Ihre Verarbeitungseinheit. Ist die Gewahrsamsfrage unproblematisch, beschränken Sie sich auf diesen Ausschnitt. Nur wenn der Gewahrsam problematisch ist, ziehen Sie den unteren Strukturausschnitt heran. Dazu speichern Sie den oberen Strukturausschnitt vorübergehend in Ihrem Kurzzeitgedächtnis ein und rufen den unteren Strukturausschnitt aus dem Langzeitgedächtnis in Ihre Verarbeitungseinheit. Der obere Strukturausschnitt (betrachten Sie nochmals Abbildung 8) befindet sich währenddessen in Ihrem Kurzzeitgedächtnis, wo er Ihre Verarbeitung nicht stört. So verarbeiten wir Juristen seit Gajus Komplexität.

Ich könnte in entsprechender Weise die anderen genannten Tatbestandsmerkmale strukturieren, aber ich denke, das Prinzip ist hinreichend deutlich geworden. Es liefert Ihnen ein mächtiges Werkzeug, ein „Tool", das Ihnen immer zur Verfügung steht. Dabei brauchen Sie sich (von Ausnahmefällen wie der Wegnahme abgesehen, die Sie sich infolge der puren Häufigkeit von Diebstahlsprüfungen unvermeidlich einprägen werden) die einzelnen Strukturelemente nicht zu merken. Bei Anwendung der Normalfallmethode können Sie die erforderlichen Strukturen im Bedarfsfalle, also bei Problemen, vielmehr rekonstruieren oder auch - und zwar verläßlich - erstkonstruieren.

6. Hinweise für Ihre praktische Arbeit

a) Das Programm „Finden, benennen, ordnen"

In Ihrer praktischen Arbeit suchen Sie zunächst das Einstiegselement, an dem alles weitere „hängt". Dies ist die wichtigste Aufgabe. Jeder Fehler an der Spitze Ihrer gerade aktuellen Hierarchie muß gravierende Folgen haben. Hier müssen Sie daher mit größter Sorgfalt arbeiten. Erst wenn das Einstiegselement „stimmt", steigen Sie zur nächsttieferen Ebene der Hierarchie hinunter. Diese besteht aus zwei bis vier Elementen, die Sie aus dem Einstiegselement ableiten müssen. Die Bearbeitung dieser Ebene ist Ihre zweitwichtigste Aufgabe. Sie müssen zunächst alle dieser Ebene angehörenden Elemente finden. Diese müssen wirklich zur selben Ebene gehören. (Äpfel und Birnen stehen beispielsweise auf derselben Ebene. Äpfel und Früchte stehen dagegen auf zwei verschiedenen Ebenen.) Sie müssen die Elemente sodann benennen, ihnen passende Etiketten aufkleben. Und Sie müssen die Elemente in der richtigen Reihenfolge anordnen. (Wenn auf Ihrem Teller ein Apfel und eine Birne liegen, können Sie beide nicht gleichzeitig essen. Sie müssen sich überlegen, womit Sie beginnen).

Ihr Programm lautet also: „Finden! Benennen! Ordnen!" Erst wenn Sie die jeweilige Ebene vollständig abgearbeitet haben, steigen Sie zur nächsttieferen Ebene hinab. Dort wiederholen Sie den eben beschriebene Vorgang. Zur jeweils nächsttieferen Ebene der Hierarchie (von oben nach unten) gehen Sie also immer erst dann über, wenn Sie die darüber liegende Ebene vollständig abgearbeitet haben (von links nach rechts). Sie können sich das durch ein leicht abgewandeltes Sprichwort einprägen: *Wer A sagt, muß auch B sagen. Und zwar muß er erst B sagen, ehe er näher auf A eingeht.*

Hierzu gibt es den Witz von einem Hotelgast, der spät nachts von einem feuchtfröhlichen Kneipenbummel in sein Zimmer zurückkehrt. Er zieht einen Schuh aus und wirft ihn gegen die Wand. Dann fällt ihm ein, daß die anderen Gäste schon schlafen. Leise zieht er den anderen Schuh aus und legt sich schlafen. Nach Stunden wird er durch einen gequälten Ruf aus dem benachbarten Zimmer geweckt: „Wann, bitte, kommt der andere Schuh?" - Werfen Sie sofort den anderen Schuh an die Wand. Das klingt einfach, wird aber so gut wie niemals gemacht. Denn Sie müssen hier gegen Ihre Hardware und Software arbeiten. Im Alltag tun Sie das nicht. Im juristischen Beruf sollten Sie es tun.

b) Das Beispiel eines Prüfungsgespräches

(1) Ein alltäglicher Fall

Lassen Sie mich das Gesagte am Beispiel eines mündlichen Prüfungsgespräches erläutern, an dem, wie üblich, vier Kandidaten (A, B, C und D) teilnehmen. Der Prüfer (P) erzählt folgenden Fall:

„*Der schlechte Kandidat T nimmt am Ersten Juristischen Staatsexamen teil. Nach den ersten acht Klausuren hat er das begründete Gefühl, er müsse sein Gesamtergebnis noch deutlich verbessern. Bei der neunten Klausur sitzt zufällig der Spitzenjurist O, der keine Klausur unter fünfzehn Punkten zu schreiben pflegt, neben T. Nach Ablauf der Bearbeitungszeit hat O es eilig und bittet den T, seine, des O, Arbeit mit abzugeben. T nutzt die günstige Gelegenheit. Er radiert die Kennziffern auf beiden Arbeiten aus und vertauscht sie, so daß die Arbeit des T mit der Kennziffer des O und umgekehrt die Arbeit des O mit der Kennziffer des T abgegeben wird. Hat sich T strafbar gemacht?*"

(2) Der erste Kandidat beginnt mit der Fallbearbeitung

Der erste Kandidat A bekommt den Fall und probiert es mit Sachbeschädigung. Das erscheint ihm am risikolosesten. P hat nichts dagegen, und A prüft § 303 StGB nach allen Regeln der juristischen Auslegungs- und Subsumtionskunst durch (*„Die Klausur des O müßte zunächst eine Sache sein. Sachen sind körperliche Gegenstände... Sie müßte sodann fremd sein. Fremd ist sie dann, wenn... Ferner müßte das Merkmal 'Beschädigen' verwirklicht sein. Unter 'Beschädigen' versteht man...*"). Nach drei Minuten kommt ein Bejahung des § 303 StGB heraus. Erwartungsvoll sieht A den P an.

(3) Der zweite Kandidat setzt die Fallbearbeitung fort

P zeigt aber keine Begeisterung. Er wendet sich vielmehr dem Kandidaten B zu und fragt diesen, ob er noch eine weitere Möglichkeit sehe, wie T sich strafbar gemacht haben könne. B überlegt sich, daß vielleicht noch eine Unterschlagung in Betracht käme, und daß er den § 246 StGB überdies gut beherrsche. Er schlägt also diesen Tatbestand vor. P nickt. B legt daraufhin los und traktiert die Unterschlagung. Kenntnisreich führt er aus, daß der Tatbestand des § 246 eigenen Gewahrsam des Täters erfordere, und daß hierin der Unterschied der Unterschlagung zum Diebstahl liege, welche Vorschrift einen Gewahrsamsbruch voraussetzt. Sodann problematisiert B dieses Merkmal und stellt die Frage, ob B Gewahrsam erlangt hat oder lediglich Gewahrsamshüter des O war. B macht hierzu einiges Trara, äußert sich gelehrt über die Merkmale Sachherrschaft und Herrschaftswille, befaßt sich mit der Möglichkeit des räumlich und zeitlich gelockerten Gewahrsam, und bringt zur Verdeutlichung des Problems sogar einige Fälle (Pflug auf dem Feld, Zeitung im Briefkasten, Lehrling auf dem Weg zur Sparkasse) ehe er sich für die Bejahung des Gewahrsam von T entscheidet. Auch die Zueignung bejaht er mit einigem Tamtam, weil T die Klausur des O als eigene abgegeben habe. Elegant läßt er die lateinische Sentenz vom se ut dominum gerere einfließen. Sogar die Veruntreuungsvariante des § 246 Var. 2 entdeckt B, und er bejaht sie, nachdem er ausgeführt hat, hierfür genüge es, wenn der Gewahrsam durch den Vorbesitzer auf den Täter übertragen worden sei. Ein besonderes Treueverhältnis wie bei der Untreue sei bei § 246 StGB nicht erforderlich. Innerlich lobt sich B selbst, wie toll er das alles gemacht hat. Weitere fünf Minuten sind vergangen.

(4) Der dritte Kandidat bekommt den Fall

P ist freilich immer noch nicht begeistert. Ohne erkennbare Gemütsregung wendet er sich dem Kandidaten C zu und will wissen, ob dieser noch eine weitere Möglichkeit der Strafbarkeit des T sehe. C vermutet spontan, daß die Klausur wohl eine Urkunde sein werde, welche T möglicherweise unterdrückt habe. Er nennt also die Urkundenunterdrückung. Der Prüfer hat gegen diesen Vorschlag nichts einzuwenden. C prüft daraufhin § 274 StGB so, wie sich das gehört, also mit viel „*könnte*", und „*dazu müßte*", und dergleichen mehr. Kunstvoll weist er nach, daß im Ausradieren der Kennziffer des O durch T eine Verwirklichung des Tatbestandsmerkmals „Beschädigen" lag. Sodann führt C aus, daß auch die erforderliche Nachteilszufügungsabsicht zu bejahen sei, weil das Recht des O, mit der Urkunde Beweis für die von ihm verdienten fünfzehn Punkte zu erbringen, vereitelt werden sollte. Für die Absicht des § 274 StGB genüge dolus directus zweiten Grades. Eine Absicht im Sinne von dolus directus erten Grades sei nicht erforderlich. C redet sich richtig in Eifer und ist mächtig stolz auf sich. Ein wenig irritiert ihn nur der gelangweilte Gesichtsausdruck des P, der die Begeisterung des C nicht zu teilen scheint. Weitere vier Minuten sind vergangen.

(5) Der vierte Kandidat übernimmt den Fall

Der Prüfer wendet sich nunmehr dem vierten und letzten Kandidaten D zu und fragt diesen, ob er noch einen weiteren in Betracht kommenden Tatbestand sehe. Nach einigem Hin und Her kommt D auf Urkundenfälschung, und bei der Prüfung des § 267 StGB entdeckt D das einzige ernsthafte Problem des Falles, nämlich ob T sich im Sinne der Geistigkeitstheorie den Inhalt der von O gefertigten Klausur zu eigen machen konnte, so daß er als Aussteller der Urkunde anzusehen ist. Bejahe man diese Frage, hat T eine echte Urkunde hergestellt, in welchem Falle Urkundenfälschung ausscheidet. Jetzt wird P lebhaft. Es kommt so etwas wie ein gelehrter Disput zwischen P und D zustande (die Entscheidung des Problems bleibt völlig nebensächlich), und bei der anschließenden Beratung wird D als einziger der vier Kandidaten ein Prädikat erhalten. Dieser Prüfungsabschnitt hat sechs Minuten gedauert.

(6) Was haben die Kandidaten falsch gemacht?

Was haben A, B und C falsch gemacht (und was hätte D ziemlich sicher ebenfalls falsch gemacht, wenn P zufälligerweise mit ihm begonnen hätte)? Sie haben linear statt hierarchisch gearbeitet. Sie haben sich jeweils sofort auf den nächstbesten Tatbestand gestürzt und diesen vollständig durchgeprüft, statt erst die Tatbestandsebene vollständig abzuarbeiten. Sie haben A gesagt, ohne B zu sagen, und sie haben sich sofort mit A beschäftigt. Sie haben den zweiten Schuh nicht an die Wand geworfen.

(7) Wie wäre es richtig gewesen?

Richtig wäre es gewesen, zunächst einmal alle in Betracht kommenden Tatbestände zu finden, zu benennen und zu ordnen. Diesen Denkprozeß hätte A als der zuerst gefragte Kandidat laut demonstrieren müssen, um dem Prüfer zu zeigen, daß er den Fall systematisch richtig, das heißt: hierarchisch, anpacken kann. A hätte also das Prüfungsgespräch etwa wie folgt beginnen müssen:

„Ich überlege mir zunächst, welche Tatbestände in Betracht kommen (= Einstiegs-OE). Spontan fällt mir Unterschlagung ein. Ehe ich darauf eingehe, prüfe ich aber, ob weitere Tatbestände in Betracht kommen. Da mir spontan kein weiterer Tatbestand einfällt, gehe ich systematisch vor. Ich blättere rasch die Abschnittsüberschriften des Inhaltsverzeichnisses zum Besonderen Teil durch (blättert). Der 23. Abschnitt könnte einschlägig sein. Hier lese ich die einzelnen Paragraphenüberschriften durch (liest). In Betracht kommt § 267, Urkundenfälschung. Ich lese daher den Tatbestand (liest). Der Tatbestand kommt in Betracht, und zwar die Varianten 1 „Herstellen einer unechten Urkunde“ und 3 „Gebrauchen“ des bei Absatzes I. Ich kehre zum Inhaltsverzeichnis zurück und setze die Suche fort. Es kommt ferner § 274, Urkundenunterdrückung, in Betracht. Auch hier lese ich den Tatbestand (liest) Es kommen bei Absatz I die Nr. 1 Varianten „nicht gehören“ und „beschädigt“ sowie „unterdrückt“ in Betracht. Ich kehre zum Inhaltsverzeichnis zurück. Der 26. Abschnitt könnte noch einschlägig sein. Hier lese ich die einzelnen Paragraphenüberschriften durch (liest). Es kommt § 303, Sachbeschädigung, in Betracht. Auch hier schaue ich in den Tatbestand (schaut) Es kommen bei Absatz I die Variante „beschädigt“ in Betracht. Ich kehre zum Inhaltsverzeichnis zurück. Mehr Tatbestände finde ich nicht. Ich beende daher die Suche, es sei denn, Sie sind der Ansicht, ich hätte einen Tatbestand übersehen (sieht P erwartungsvoll an und fährt fort, als P den Kopf schüttelt[7] = Beendigung des Findens auf der Ebene unterhalb OE): Nunmehr ordne ich die Tatbestände. Das größte Gewicht scheint § 267 zu haben. Dieser Tatbestand scheint mir problematisch zu sein. Ich beginne

---

[7] Sie sehen an diesem Beispiel, daß es im mündlichen Examen durchaus möglich ist, den Sachverstand des Prüfers auf hilfreiche Weise in Anspruch zu nehmen.

also mit § 267. Danach prüfe ich § 274, um den Urkundenzusammenhang zu wahren. § 303 wird gegebenenfalls hinter § 274 im Wege der Gesetzeskonkurrenz zurücktreten, weshalb ich diesen Tatbestand sofort nach § 274 prüfe. Zum Schluß behandle ich § 246 (Beendigung des Ordnens und Benennens auf der Ebene unterhalb OE). Ich beginne also mit § 267.... (Einstieg in die nächsttiefere Ebene)"

(8) Bei richtigem Vorgehen wahren Sie Ihre Chancen

Sagen Sie nicht, das sei alles trivial und Zeitvergeudung. Es ist nicht trivial. Es ist die einzige Vorgehensweise, die garantiert, daß A seine Chance nutzt. Denn mit ihr demonstriert A richtiges Denken, was viel wichtiger ist als die Wiedergabe gelernten Wissens. Selbst wenn der Prüfer nach diesem Einstieg zu B übergehen sollte, wird er den A als souveränen Juristen wahrgenommen haben und den Ball zu A zurückspielen, sobald B (oder C oder D) irgendwo hängenbleiben. A wird immer aushelfen können, denn richtiges Denken - dies ist nun freilich eine triviale Feststellung - produziert richtige Ergebnisse.

Da A, B und C nicht auf die geschilderte Weise vorgegangen sind, haben sie von vornherein ihre Chancen verspielt. Denn Sachbeschädigung, Unterschlagung und Urkundenunterdrückung sind entweder völlig problemlos (so § 303) oder nicht sonderlich problematisch (so §§ 246, 274). Hier konnten die Kandidaten nichts gewinnen, und hier haben sie auch nichts gewonnen. Hier konnten sie sich nur vor Schaden bewahren, was zwar auch wichtig, aber nicht genug ist. Nur bei der Prüfung des § 267 waren Punkte zu sammeln. Ein gütiges Geschick hat es dabei gefügt, daß zufälligerweise D diese Punkte einheimste. Es hätte genau so gut auch A, B oder C begünstigen können. Dem Zufall sollten Sie im Examen aber möglichst wenig überlassen.

(9) Falsches Vorgehen kostet Zeit

Bei alledem haben die Kandidaten A, B und C unwiederbringliche Zeit verloren. A hat drei Minuten, B hat fünf Minuten und C hat vier Minuten seiner insgesamt zur Verfügung stehenden Zeit von etwa zwölf Minuten pro Fach verbraucht. Lesen Sie in Ihrer JAPrO nach, wieviel - oder richtiger: wie wenig - Zeit Ihnen im mündlichen Examen zur Verfügung steht. Rechnen Sie die Zeit ab, die der Prüfer redet. Was übrig gleibt ist wenig genug. Diese knappe Zeit dürfen Sie nicht mit problemlosen Dingen vergeuden.

(10) Üben Sie das hierarchische Arbeiten mit Baumstrukturen ein

Ich habe viele Examensgespräche als Prüfer geführt, und sie sind praktisch alle nach dem geschilderten Muster verlaufen. Entsprechend verhält es sich mit den Klausuren. Die Kandidaten stürzen sich im Strafrecht auf den erstbesten Tatbestand, vorzugsweise einen problemlosen Tabestand wie Sachbeschädigung oder Hausfriedensbruch, schreiben linear drei Seiten darüber, stürzen sich auf den nächstbesten, möglichst ebenfalls problemlosen Tatbestand, schreiben linear nochmals zwei Seiten dazu, und wenn sie endlich da angelangt sind, wo es schwierig wird, und wo sie etwas leisten müßten, sind sie in Zeitnot geraten. Außerdem sind sie müde und haben einen Schreibkrampf. Das alles kommt vom linearen Arbeiten. Grund genug, etwas dagegen zu unternehmen, und zwar ein für allemal. Üben Sie das hierarchische Denken ein. Es ist nicht nur für Sie (und Ihre Nachbarn) gut, sondern es ist auch gut für den Prüfer. Wenn Sie hierarchisch vorgehen, dann stellen Sie sicher, daß er ständig die richtigen Dinge im Kopf hat, und daß seine Informationsverarbeitung synchron mit der Ihren stattfindet. Beim linearen Vorgehen können Sie dieses Ziel nicht, oder allenfalls per Zufalltreffer, erreichen. Auch das können Sie an dem oben gebrachten Beispiel erkennen. Der Prüfer hatte seinen Fall im Hinblick auf das Problem des § 267 StGB gebildet. Das hatte er im Kopf. Daran dachte er, als die Kandidaten A, B und C ihm von den §§ 303, 246 und 274 StGB erzählten. Er hörte ihnen nur mit halbem Ohr zu, denn er hatte nun einmal § 267 mit der „Geistigkeitstheorie" im Kopf. Er war unaufmerksam, und das ist besonders schädlich, wenn Sie bedenken, daß das Zuhören ohnehin eine unterentwickelte Fähigkeit des Menschen ist. Es gibt immer nur einen einzigen Zuhörer, dessen wir sicher sein können, und das sind wir selbst. Deshalb waren A, B und C nach ihren Prüfungsabschnitten jeweils von sich selbst so begeistert, und deshalb war der Prüfer es nicht.

7. Kontrollieren Sie Ihre Informationsverarbeitung

a) Arbeiten Sie bewußt mit Baumstrukturen

Das hierarchische Arbeiten mit Baumstrukturen setzt (wie jedes Arbeiten mit Strukturen eine Kontrolle Ihrer eigenen Informationsverarbeitung voraus, die Sie normalerweise nicht praktizieren. Sie müssen - ausgehend von einem Dachbegriff (im Beispiel „Strafbarkeit des T") - auf jeder Ebene der Hierarchie immer erst das jeweilige Gesamttableau entwerfen und gestalten, ehe Sie zur jeweils nächsttieferen Ebene übergehen. Das ist ungewohnt. Im Alltag wäre es geradezu schrecklich. Stellen Sie sich ein geselliges Beisammensein vor, bei dem ein Teilnehmer zu Beginn erklären würde: *„Zuerst werden wir Witze erzählen, anschließend üble Nachrede betreiben, und zum Schluß schmutzige Lieder singen. Ich fange mit den Witzen an. Hier werden wir als erstes Blondinenwitze erzählen, anschließend Mantafahrerwitze und zum Schluß Ostfriesenwitze..."* Er würde hinausgeworfen werden, und das zu Recht. Das juristische Examen ist aber keine gesellige Veranstaltung, und dort sollten Sie genau diese Methode praktizieren.

b) Durch kontrollierte Informationsverarbeitung setzen Sie die Schwerpunkte richtig

Nur durch hierarchisches Vorgehen können Sie strategisch vorgehen und die Schwerpunkte richtig setzen. Beim linearen Vorgehen ist das unmöglich. Und nur die hierarchische Methode ermöglicht Ihnen ein optimales Zeitmanagement. Ohne diese Methode kann es nicht gelingen. Eine Vielzahl von Examensklausuren geht schlicht daran kaputt, daß die Kandidaten in Zeitnot geraten sind. Das ist ein besonders ärgerlicher Fehler. Sie haben vielleicht positives Wissen, aber sie kommen nicht dazu, es zu präsentieren. Für Bühnenwerke gilt der Grundsatz: „Was gestrichen ist, kann nicht durchfallen." Für juristische Klausuren gilt: „Was nicht da steht, kann nicht gutgeschrieben werden." Wie oft lese ich am Schluß der Arbeit einige im Telegrammstil hingeworfene Stichworte und überlege, ob ich sie in Gedanken ergänzen und dem Kandidaten gutschreiben darf oder nicht.

c) Trainieren Sie das hierarchische Denken mit Baumstrukturen

(1) Achten Sie auf die Gliederungen von Büchern

Nutzen Sie jede Gelegenheit, um das hierarchische Denken mit Baumstrukturen zu trainieren. Wenn Sie beispielswese in einem juristischen Buch die Überschrift eines Kapitels lesen, können Sie sich angewöhnen, nach den anderen auf derselben Ebene angesiedelten Überschriften Ausschau zu halten. Und Sie können sich überlegen, ob Ihnen die Gliederung des Verfassers einleuchtet, oder ob Sie es anders machen würden. Das eine Lehrbuch zum Allgemeinen Teil des BGB gliedert vielleicht auf der ersten Ebene wie folgt: „Einführung in das bürgerliche Recht", „Das Rechtsgeschäft", „Das subjektive Recht". Das nächste Lehrbuch gliedert vielleicht auf dieser Ebene wie folgt: „Einführung", „Die Instrumente des Privatrechts", „Das Rechtsgeschäft", „Die Rechtssubjekte", „Die Rechtsobjekte". Das dritte Buch macht es wieder anders. Überlegen Sie sich, wie Sie es machen würden. Ich persönlich würde beispielsweise mit den „Rechtssubjekten" beginnen und anschließend mit den „subjektiven Rechten" fortfahren. Aber das ist Ansichtssache. Hauptsache, Sie machen sich hierüber Gedanken. Denn der Einstieg in ein Rechtsgebiet ist wichtiger als alle Details. Und am unwichtigsten - das folgt aus dem genannten Gesetz der abnehmenden Wichtigkeit - sind die ganz unten in der Hierarchie angesiedelten „Probleme".

(2) Alle Gliederungen sind als Baumstrukturen gestaltet

In entsprechender Weise sollten Sie alle juristischen Texte, und vor allem auch alle Gesetze, lesen. Überall finden Sie Gliederungen, und alle Gliederungen sind hierarchisch aufgebaut. Alle Bibliotheken und Archive sind hierarchisch gegliedert. Das Deutsche Patentamt hat die gesamte Welt der Technik auf hierarchische Weise in etwa achtzig Klassen mit zugehörigen Unterklassen eingeteilt und kann auf diese Weise mit relativ geringem Aufwand feststellen, ob eine Erfindung neu ist. Es gibt viele Gelegenheiten, das hierarchische Denken zu trainieren. Nutzen Sie diese. Werfen Sie stets den zweiten Schuh an die Wand. Das ist das ganze Geheimnis.

(3) Achten Sie auf die „Gewinner" in Fernsehdiskussionen

In Fernsehdiskussionen könnnen Sie verfolgen, ob die Teilnehmer linear oder hierarchisch arbeiten. Nur die wenigsten sind imstande, mit Baumstrukturen zu arbeiten, und diese sind immer die Gewinner. Nehmen wir an, es geht um das bekannte X-Problem (Sollen wir X tun, oder sollen wir X lassen?). Teilnehmer A ist aus den Gründen eins, zwei, drei dagegen. Teilnehmer B ist aus den Gründen vier, fünf und sechs dafür. A bekommt das Wort und sagt linear: „Ich bin dagegen, erstens weil... (folgt ein Redeschwall)".

Noch ehe er mit erstens fertig ist unterbricht ihn der Moderator und erteilt B das Wort. B sagt: „Ich bin aus drei Gründen dafür, nämlich wegen viertens, wegen fünftens und wegen sechstens. Lassen Sie mich jeden dieser Gründe näher erläutern. Ich beginne mit..." Die Zuschauer werden beim Punkten dem A einen halben Punkt und dem B drei Punkte geben. B wird also im Verhältnis sechs zu eins siegen. Es gibt Politiker, die sich angewöhnt haben, jedes Statement mit einem Trikolon einzuleiten: „Hierzu sind drei Punkte wichtig, nämlich erstens..., zweitens..., drittens..." Sie gelten als besonders kompetent.

8. Sachverhaltsstrukturen

a) Skizzieren Sie den Fall!

Baumstrukturen spielen eine große Rolle, aber es gibt weitere Strukturierungsmöglichkeiten. An erster Stelle stehen hier die Sachverhaltsstrukturen. Sie sollten sich alle Rechtsfälle in der Klausur oder in der mündlichen Prüfung grafisch verdeutlichen, ehe Sie mit der juristischen Arbeit beginnen. Skizzieren Sie den Fall!

b) Regieskizzen

Die Mindestbesetzung eines juristischen Dramas besteht aus zwei Personen, die einen Konflikt miteinander haben. Das können Sie durch zwei Kreise und einen verbindenden Pfeil skizzieren. Die Spitze des Pfeiles zeigt auf den, gegen den sich eine Forderung richtet. Bereits diese elementare Skizze ist kompliziert. Wieviel komplizierter wird es, wenn weitere Personen die Bühne betreten und der Konflikt sich ausweitet. Sie sind der Regisseur und müssen ständig den Überblick haben. Mit Regieskizzen können Sie Sachverhaltsfehler, die ärgerlichsten aller Fehler, vermeiden.

c) Sachverhaltsstrukturen als Lernstrukturen

(1) Übersicht

Sachverhaltsstrukturen taugen aber auch als Lernstrukturen, vor allem dann, wenn die Mindestbesetzung eines juristischen Dramas aus drei und mehr Personen besteht. Manche Rechtsgebiete können Sie sich ohne Skizzen überhaupt nicht erarbeiten. Nehmen Sie etwa das Erbrecht. Das BGB behandelt es ausschließlich in Worten. Wenn Sie diesem Beispiel folgen würden, wäre das ungefähr so, als wollten Sie den Stadtplan einer Großstadt ausschließlich verbal darstellen. Oder nehmen Sie die Personal- und Realsicherheiten, also Bürgschaften, Pfandrechte, Hypotheken, Grundschulden und dergleichen mehr. Wie wollen Sie das ohne Skizze verstehen? Oder nehmen Sie das Scheckrecht oder das Wechselrecht. Wie einfach werden diese Gebiete, wenn Sie mit Skizzen arbeiten.

(2) Das Beispiel Untreue

Ein strafrechtliches Beispiel für den Nutzen von Sachverhaltsstrukturen bietet die Untreue, § 266 StGB. Für den Mißbrauchstatbestand werden drei Akteure benötigt: der Täter (T), der Vermögensinhaber (V) und ein Dritter (D). Im Außenverhältnis zu D kann T rechtlich wirksam etwas tun , was er im Innenverhältnis zu V nicht tun darf. Überschreitet T im Rahmen seines rechtlichen Könnens die Grenzen seines Dürfens und schädigt er dadurch V, verwirklicht er den Tatbestand. Das ist die Grobstruktur. Die beiden Relationen (externes Können, internes Nichtdürfen) werfen eine Fülle von Einzelfragen auf, die Sie aber erst dann im Detail strukturieren sollten, wenn Sie die Grobstruktur sicher beherrschen und jederzeit wissen, wo Sie sich gerade in der Struktur des Mißbrauchstatbestandes befinden. Die in Abbildung 9 gezeigte Struktur schafft hier Klarheit.

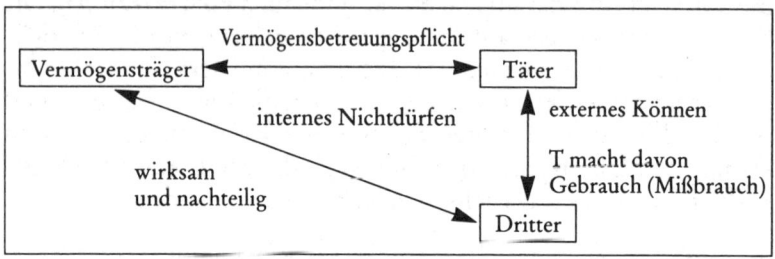

Abb. 9 Grundstruktur des Mißbrauchstatbestandes

Halten Sie solche Skizzen nicht für trivial. Selbst eine so elementare Beziehung wie die in Abbildung 9 gezeigte Struktur des Mißbrauchstatbestandes fordert schon und überfordert leicht unsere formal so wenig leistungsfähiges Verarbeitungseinheit. Nehmen Sie etwa als weiteres Beispiel das Verhältnis zwischen Mißbrauchstatbestand und Treubruchstatbestand. Es ist bekanntlich umstritten. Bilden Sie selbst eine Personenstruktur, mit deren Hilfe Sie sich dieses Verhältnis klarmachen können. Sie werden sehen, daß dies keine einfache Tätigkeit ist.

d) Optisches Recht

Seit einigen Jahren setzt sich die Einsicht durch, daß derlei Zeichenübungen nicht etwa trivial sind. In der juristischen Ausbildungsliteratur gibt es Ansätze zu einem „optischen Recht". Freilich sind die meisten veröffentlichten Grafiken für das Lernen noch viel zu kompliziert. Sie müßten radikal vereinfacht werden. Es müßten einfache Teilstrukturen erstellt werden, die dann hierarchisch als Grob- und Detailstrukturen miteinander vernetzt werden müßten. Insoweit enthalten sie vor allem eine Aufforderung an Sie zur aktiven Umgestaltung (Stichwort „aktives Lernen").

e) Hierarchische Sachverhaltsstrukturen

(1) Das Prinzip

Auch Sachverhaltsstrukturen lassen sich hierarchisch konstruieren. Das ist immer dann erforderlich, wenn die Basisstruktur so umfangreich ist, daß Sie im Kopf nicht mehr verarbeitet werden kann.

(2) Das Beispiel des Betruges

Ich will das am Beispiel des Betruges, § 263 StGB, zeigen. Dieser Tatbestand ist sicherlich die am schwierigsten zu handhabende Vorschrift des Strafrechts. Ein Betrug besteht im objektiven Tatbestand aus vier Elementen („Täuschung", „Irrtum", „Vermögensverfügung", „Vermögensschaden"). Im subjektiven Tatbestand enthält er außer dem „Vorsatz" das Element „(eigen- oder fremdnützige) Vorteilsverschaffungsabsicht", welches mit dem objektiven Element „Vermögensschaden" durch die relationelle Beziehung „Stoffgleichheit" verbunden ist. Außerdem ist die „Rechtswidrigkeit" des erstrebten Vorteils ein objektives Tatbestandsmerkmal, welches in die Absicht des subjektiven Tatbestandes eingebaut ist. Beteiligt sind mindestens zwei Personen (Täter, Getäuschter) und höchstens vier Personen (anderer Geschädigter, anderer Begünstigter). Dies alles samt der vorgegebenen Reihenfolge der Prüfung ist in Abbildung 10 anschaulich dargestellt.

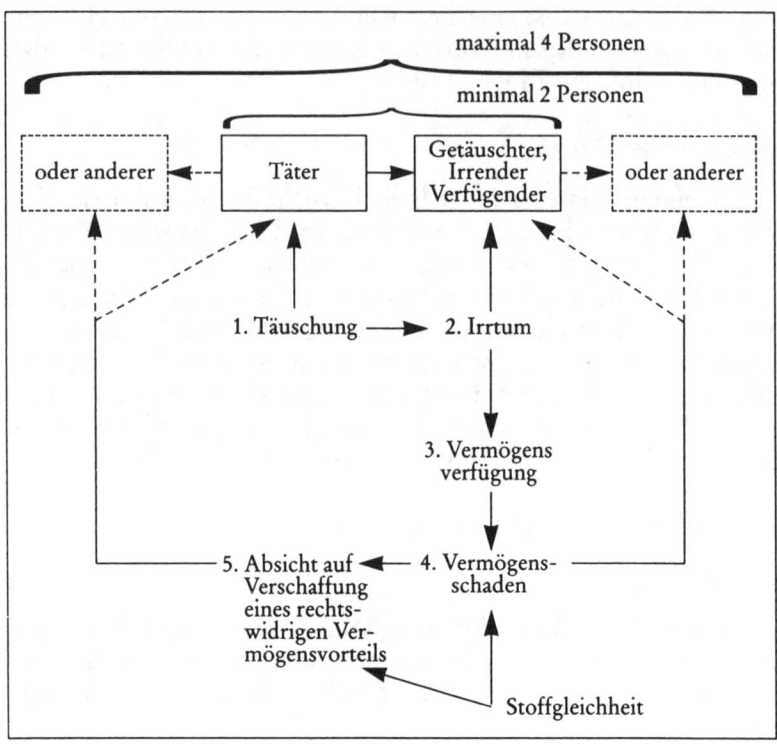

Abb. 10 Struktur des Betruges

Wenn Sie nachzählen, werden Sie insgesamt zehn Strukturelemente finden. Damit übersteigt die Struktur bereits die Kapazität
Ihrer Verarbeitungseinheit. Die Struktur muß also vereinfacht
werden. Dazu bietet sich eine Zerlegung in die eigentliche Tatbe-
standsstruktur mit den Merkmalen des objektiven und subjektiven
Tatbestandes einerseits und in die Personenstruktur mit den zwei,
drei oder vier Beteiligten andererseits an (wobei Sie aber jeweils
den Gesamtzusammenhang nicht aus den Augen verlieren dürfen).
Sie erhalten dadurch einfachere Strukturen, mit denen Sie nun weiter arbeiten können. So können Sie zu den einzelnen Merkmalen
des objektiven Tatbestandes hierarchische Begriffsstrukturen als
Unterstrukturen bilden. Sie erhalten auf diese Weise für den Tatbestand ein Arbeitsprogramm (die Reihenfolge der Prüfung Täuschung - Irtum und so weiter ist sachlogisch vorgeschrieben), das
Sie bei Bedarf, das heißt in der Prüfung (und später im Leben) be-

folgen können. Und ich denke, Sie werden meiner These folgen, daß es erst dann Sinn hat, in die Einzelprobleme des Betruges einzudringen, wenn Sie diese Grobstruktur restlos beherrschen.

Nehmen Sie als Beispiel für ein solches Einzelproblem den Bettelbetrug. Dieser Fall wirft die Frage auf, ob sich der Irrtum des Getäuschten nicht nur auf die vorgetäuschte Tatsache, etwa die vermeintliche Blindheit des Bettlers, sondern auch auf die Selbstschädigung des Vermögensinhabers beziehen muß, wie das die Lehre von der unbewußten Selbstschädigung beim Betrug annimmt. Folgt man dieser Lehre, ist ein Betrug zu verneinen, denn der in der Weggabe des Geldes liegende Schaden wurde bewußt herbeigeführt. Man kann aber auch einen (weiteren) Schaden in der Zweckverfehlung sehen und durch Kombination der Lehre von der unbewußten Selbstschädigung mit der Lehre von der Zweckverfehlung einen Betrug bejahen. Insgesamt haben Sie also drei Möglichkeiten:

1. Sie lehnen die Lehre von der Selbstschädigung ab und bejahen Betrug.
2. Sie folgen der Lehre von der Selbstschädigung, verneinen die Lehre von der Zweckverfehlung und verneinen Betrug.
3. Sie folgen der Lehre von der Selbstschädigung, folgen auch der Lehre von der Zweckverfehlung und bejahen Betrug.

Bei verbaler Darstellung ist es für Sie ziemlich mühsam, diese Kombinatorik im Kopf zu behalten, womit Sie aber noch längst nicht am Ende, sondern erst am Anfang Ihrer Arbeit sind. Denn Sie müssen sich mit Argumenten für oder gegen die genannten Lehren entscheiden. Eine einfache Struktur schafft Abhilfe. Sie ist in Abbildung 11 gezeigt.

Mit Sachverhaltsstrukturen können Sie sich auch die verschiedenen möglichen Personenkonstellationen beim Betrug klarmachen. Insgesamt gibt es hier vier mögliche Personenkonstellationen, nämlich den Zweipersonenbetrug, den Dreiecksbetrug mit einem anderen Geschädigten, den Dreiecksbetrug mit einem anderen Begünstigten und den Vierpersonenbetrug. Das sind bewegliche Kugeln, die schwer zu handhaben sind.

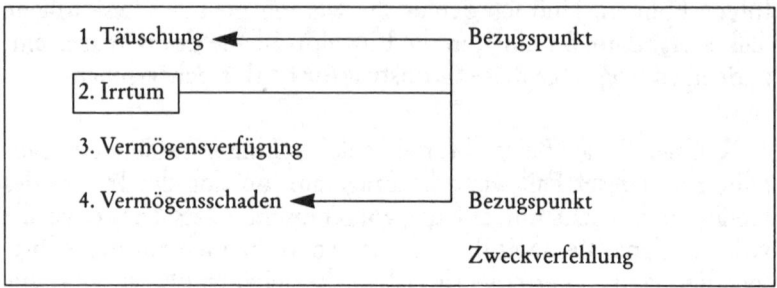

Abb. 11 Struktur zum Bettelbetrug

Wenn Sie solche Strukturen bilden, dann erkennen Sie plötzlich, daß die verbreitete Rede vom Dreiecksbetrug mißverständlich ist. Und Sie gewöhnen sich daran, die verschiedenen möglichen Betrugskonstellationen eines Falles herauszupräparieren und bereits in den Überschriften Ihrer Klausur jeweils zu sagen, zu wessen Nachteil und wessen Vorteil ein zu prüfender Betrug begangen worden sein kann. Es gibt hier oftmals mehrere Möglichkeiten, und wenn Sie diese nicht vollständig erfaßt haben, errreichen Sie möglicherweise gar nicht erst die „Probleme" Ihres Examensfalles.

Als Beispiel sei der in der Literatur viel diskutierte Dreiecksbetrug (mit einem dritten Geschädigten) herangezogen. Diese Konstellation läßt sich wie in Abbildung 12 gezeigt anschaulich darstellen.

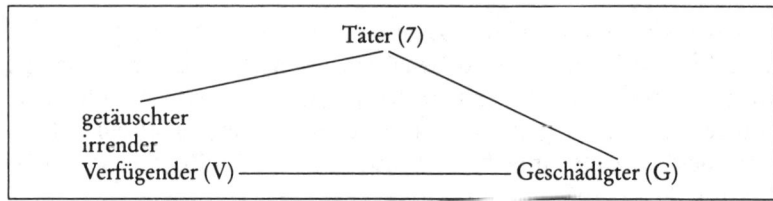

Abb. 12 Grundstruktur des Dreiecksbetruges

Mit Hilfe der Struktur können Sie nun die verschiedenen möglichen Konstellationen etwa im vieldiskutierten Fall des Provisionsvertreterbetruges erkennen. (Provisionsvertreter T erschwindelt einen Auftrag beim Kunden K, um vorschußweise die Provision vom Fabrikanten F zu kassieren.) Abbildung 13 verdeutlich die Struktur dieses Falles.

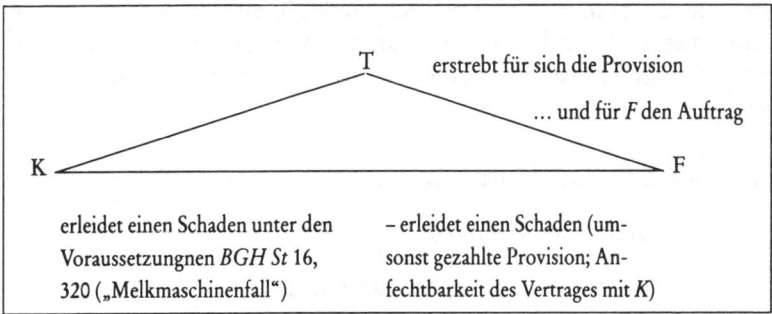

Abb. 13 Struktur des Provisionsvertreterbetruges

Die Struktur enthält Hinweise auf die Lösung der angesprochenen Probleme. Eine solche Sachverhaltsstruktur ist in der Klausur überaus nützlich. Sie sehen anschaulich, daß Sie beim Provisionsvertreterbetrug drei verschiedene Betrugskonstellationen sorgfältig unterscheiden müssen, nämlich einen eigennützigen Betrug zum Nachteil des K (Zweipersonenbetrug), einen eigennützigen Betrug zum Nachteil des F (Dreiecksbetrug mit einem anderen Geschädigten), und einen fremdnützigen Betrug zum Vorteil des F und zum Nachteil des K (Dreipersonenbetrug mit einem anderen Begünstigten). Jede dieser Betrugskonstellationen enthält ihre eigenen spezifischen Probleme. Ich will das hier nicht weiter verfolgen[8].

9. Arbeitsstrukturen

a) Übersicht

Arbeitsstrukturen sind Anweisungen an Sie selbst. Diese Strukturen haben Programmcharakter. Übrigens enthält jede Struktur ein solches Programm. Die Besonderheit der Arbeitsstruktur liegt darin, daß Sie diese Struktureigenschaft explizit machen. Den Extremfall stellt hier die Umwandlung eines Gesetzes in ein computerverständliches Programm dar. Solche Programme existieren beispielsweise zum Steuerrecht und zum Sozialversicherungsrecht. Für uns Menschen taugen sie freilich nicht, weil sie viel zu kompliziert sind. Mit unserer formal begrenzten Rationalität können wir

---

[8] Näher dazu mein Lehrbuch Strafrecht - Besonderer Teil, 6. Aufl. München 1997.

nur sehr einfache Programme befolgen. Ob ein Programm einfach genug für Sie ist, erkennen Sie daran, ob Sie es mit Hilfe von fünf Fingern einer Hand abarbeiten können (Stichwort „magische Sieben").

b) Gesetze als Arbeitsstrukturen

(1) „Alte" Gesetze sind einfach

„Alte" Gesetze erkennen Sie daran, daß diese durchweg einfach sind und daher problemlos verarbeitet werden können. Unsere Vorfahren wußten instinktiv um die Begrenzung der menschlichen Informationsverarbeitung. Die „Beleidigung" gibt es beispielsweise schon seit Jahrtausenden. Sie ist in § 185 StGB mit einem einzigen Tatbestandsmerkmal geregelt. Wie anders hätte sich der moderne Gesetzgeber ausgedrückt, um die Fülle möglicher Beleidigungen zu regeln: „*Wer die Ehre eines anderen oder einer rechtlich anerkannten sozialen Organisation dadurch angreift oder verletzt, daß er durch Wort oder Taten eigene oder fremde Mißachtung oder Nichtachtung gegenüber dem Beleidigten oder Dritten durch Werturteile oder durch unwahre Tatsachenbehauptungen gegenüber dem Beleidigten...*" Ein Monstrum wäre entstanden, das niemand mehr beherrschen könnte. Eben solche Monstren produziert der moderne Gesetzgeber aber unentwegt.

(2) Moderne Gesetze überfordern die Menschen

Man kann den Zeitpunkt, zu dem der Gesetzgeber erstmals die Grenzen der menschlichen Informationsverarbeitung überschritt, ziemlich genau lokalisieren. Er liegt im Jahre 1871, als der Betrugstatbestand durch Abspaltung vom Delikt der Urkundenfälschung als „modernes" Kunstprodukt geschaffen wurde. § 263 StGB kann nicht mehr mit den fünf Fingern einer Hand abgearbeitet werden (prüfen Sie es nach). Die Vorschrift überfordert jeden Rechtsanwender, sei er Student, Bundesrichter oder Rechtsprofessor. Da Betrugsfälle sehr häufig vorkommen, hat die Praxis das Problem durch die oben schon geschilderte Vereinfachung des objektiven Betrugstatbestand gelöst. Wenn Sie ihr folgen, können Sie den objektiven Betrugstatbestand mit nur vier Fingern beherrschen. Die meisten Gerichtsentscheidungen zum Betrug sind darum fehlerfrei.

Bei anderen Gesetzen ist das nicht geschehen. Die aus den dreißiger Jahren stammenden Untreue, § 266 StGB, sollte einmal das zentrale Vermögensdelikt des Strafrechtes werden. Diese Erwartung hat sie nicht erfüllt. Der objektive Untreuetatbestand enthält zehn verschiedene Varianten (bitte nachzählen) und kann damit nicht mehr an einer Hand abgezählt werden. Die Rechtsprechung meidet die Vorschrift, was ihr nicht schwerfällt. Die meisten Untreuetäter beschränken sich nämlich nicht darauf, fremdes Vermögen zu beschädigen. Sie wirtschaften vielmehr in die eigene Tasche, so daß sie wegen Betruges, Diebstahles oder Unterschlagung strafbar sind. Die Untreue bleibt links liegen. Mangels ausreichenden Leidensdruckes hat sich hier, anders als beim Betrug, keine Vereinfachungsdogmatik entwickelt. Das Ergebnis können Sie beim Lernen sehen. Die Untreue bereitet Ihnen unverhältnismäßig große Schwierigkeiten. Auch die Praxis hat hier die größten Schwierigkeiten. Die formal überforderten Gerichte verunglücken hier häufig. Was würde ein Unternehmensberater zu einem solchen Befund sagen?

Entsprechend verhält es sich mit vielen anderen modernen Gesetzen. Schauen Sie sich etwa den im Jahre 1992 geschaffenen und bereits im Jahre 1995, zu einer Zeit, als es noch keine einzige obergerichtliche Entscheidung zu dieser Norm gab, bereits „reformierten" Tatbestand der Geldwäsche, § 261 StGB, an. So etwas kann nicht gut gehen. In ein paar Jahren wird man denn auch wissen, daß es nicht gut gegangen ist. Eigentlich weiß man es heute schon.

c) Der Programmablaufplan

(1) Das Prinzip

Der Programmablaufplan ist eine Vorstufe auf dem Weg zum fertigen Computerprogramm. Er besteht aus einer Folge von nacheinander abzuarbeitenden Ja-Nein-Entscheidungen. Dabei muß man für jede denkbare Antwort sagen, wie es weitergeht. Unklarheiten und Widersprüche dürfen nicht vorkommen.

Dieses Werkzeug können Sie auch bei komplizierten rechtlichen Regelungen mit Nutzen verwenden. Das folgende Beispiel soll dies verdeutlichen.

(2) Das Beispiel „Rücktritt vom Versuch"

Nehmen Sie folgenden Fall:

> *„A stiftet den T zu einem Einbruch an. T begibt sich zum Tatort und schlägt eine Fensterscheibe ein. Dann überkommt ihn die Angst, jemand könnte das von ihm verursachte Geräusch gehört haben, worauf er von seinem Tun abläßt. Ist T wegen Einbruchsdiebstahles strafbar?"*

Sofern Sie schon strafrechtliche Vorkenntnisse haben, lösen Sie bitte vor der weiteren Lektüre diesen Fall (bitte Stichwortlösung notieren).

–––––––––

Nahezu „vorprogrammiert" wird Ihre Prüfung wie folgt laufen: Sie beginnen mit der Strafbarkeit des T. Als erstes stellen Sie fest, daß ein vollendeter Diebstahl ausscheidet. Damit kommen Sie zum Versuch und bejahen insoweit den Tatbestand und die Rechtswidrigkeit. Bei der Schuld beziehungsweise bei den persönlichen Strafaufhebungsgründen entsteht das Problem des Rücktritts nach § 24 StGB, wobei Sie sofort sehen, daß die Freiwilligkeit problematisch ist. Also überlegen Sie, ob T nach § 24 I S. 1 Var. 1 StGB „freiwillig" die weitere Ausführung der Tat aufgegeben hat, also vom unbeendeten Versuch zurückgetreten ist - und schon ist etwas verkehrt. Was, bitte, ist verkehrt? Sagen Sie es selbst. Lesen Sie bitte erst weiter, wenn Sie diese kleine Übung absolviert haben.

–––––––––

Wenn Sie § 24 StGB als Programmablaufplan darstellen und Ihr Regelwissen zu dieser Vorschrift entsprechend eingespeichert haben, kann Ihnen hier kein Fehler unterlaufen. Denn in diesem Fall müssen Sie bereits zu Beginn der Prüfung berücksichtigen, daß diese Norm zwei Absätze enthält, je nachdem, ob ein Alleintäter oder mehrere Beteiligte vorhanden sind. Der Beginn des Programmablaufplanes sieht daher wie in Abbildung 14 gezeigt aus.

Der Beginn mit der Frage, ob an der Tat mehrere beteiligt sind, ist zwingend vorgegeben. Hier befindet sich die Einstiegsstruktur,

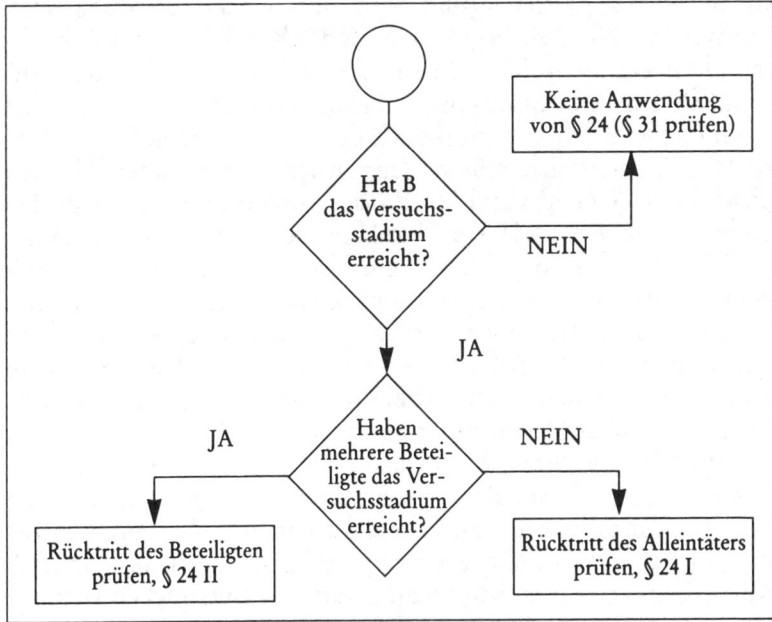

Abb. 14 *Vorprüfung und Weichenstellung bei der Rücktrittsprüfung (B=Beteiligter)*

die darüber entscheidet, ob Sie zu Absatz I oder zu Absatz II kommen. Unterläuft Ihnen hier ein Fehler, ist alles weitere falsch, mag es auch „an sich" richtig sein.

Im genannten Fall gibt es einen Anstifter. Die Frage, ob an der Tat mehrere beteiligt sind, ist damit zu bejahen, so daß ausschließlich § 24 II S. 1 StGB zu prüfen ist. Wenn Sie Absatz I angewendet haben, ist Ihnen ein proton pseudos unterlaufen, ein Grundlagenfehler, der bedauerlichste aller juristischen Fehler. Sie sind von einer falschen Voraussetzung ausgegangen. Dieser Fehler kann böse Folgen haben. So spielt im Falle der Beteiligung mehrerer die Unterscheidung zwischen beendetem und unbeendetem Versuch keine Rolle. Das Merkmal „Verhinderung der Vollendung" in § 24 Abs. II Satz 1 StGB ist anders auszulegen als das entsprechende Merkmal in Absatz I. Es erfaßt auch Fälle eines bloßen Unterlassens durch Nichtweiterhandeln.

Man kann einem Juristen kaum einen schlimmeren Vorwurf machen als den, das falsche Gesetz angewendet zu haben. Wie konnte

Ihnen so etwas passieren (und es passiert, wie die Erfahrung zeigt, unentwegt)? Nun, Sie beginnen nach der Regel Täter vor Teilnehmer, konzentrieren sich auf den Täter und vergessen für den Augenblick den Teilnehmer (eine Folge des linearen Denkens), wobei die inhaltlichen Zweifel bezüglich der „Freiwilligkeit" des Rücktritts sich zusätzlich störend auswirken. Auch haben Sie den „leichteren" § 24 Absatz I StGB besser und früher gelernt als den „schwereren" Absatz II. Das Verhältnis beider Absätze zueinander und damit die Struktur der Vorschrift haben Sie sich nicht bewußt gemacht (eine erneute Folge des linearen Denkens). Und last not least - Absatz I steht oben, gerät also bei der Gesetzesanwendung zuerst ins Blickfeld. Alles das sind Störfaktoren, denen Sie kaum entrinnen können. Ich habe es bei Klausuren in vergleichbaren Fällen erlebt, daß alle Teilnehmer geschlossen § 24 Absatz I statt des Absatzes II anwandten. Als ich dann merkte, daß die Korrekturassistenten dies widerstandslos akzeptierten, und daß sogar ich selbst bei der Klausurbesprechung ebenfalls von Absatz I ausging, fiel mir auf, daß hier grundlegende Fehlermöglichkeiten angelegt sind. Mit Arbeitsstrukturen kann man derartige Fehlerquellen verstopfen.

(3) Das Beispiel „Fahrerflucht"

Vor einigen Jahren haben Studenten in einer Übung einmal eine Modelleisenbahn aufgebaut, mit deren Hilfe sie die komplizierte Struktur des Unerlaubten Entfernens vom Unfallort, § 142 StGB, verständlich machten. Sie benötigten dazu etliche Weichen, eine Brücke (oder einen Tunnel) und ziemlich viele Geleise. Durch entsprechende Weichenstellungen konnten sie jeden denkbaren Fall richtig entscheiden. In stark vereinfachter Form ist dieser Programmablaufplan in Abbildung 15 wiedergegeben.

d) Hierarchisch verknüpfte Arbeitsstrukturen

Wie das Beispiel zeigt, werden Programmablaufpläne rasch zu kompliziert, als daß Sie sich diese merken könnte. Auch hier können Sie sich mit hierarchisch verknüpften Teilstrukturen helfen. Programmablaufpläne bieten den Vorzug, die richtige Arbeitsweise bei der Bewältigung juristischer Aufgaben besonders deutlich zu zeigen. Und sie zwingen Sie zu sorgfältigem, schrittweisem und widerspruchsfreiem Arbeiten. Nichts darf offengelassen oder mit

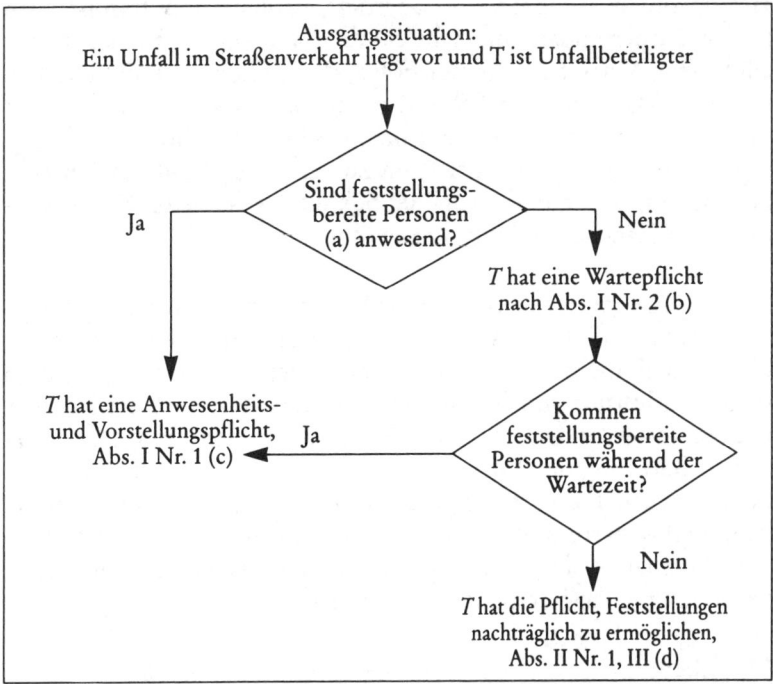

Abb. 15 Grundstruktur der Pflichten des § 142 StGB

dem nassen Schwamm der inhaltlichen, einfühlenden, verstehenden „Auslegung" weggewischt werden. Deshalb sollten Sie auch von dieser Technik Gebrauch machen.

10. Entscheidungstabellen

Die Datenverarbeiter haben noch eine weitere Darstellungsform gefunden, mit der Sie komplizierte Zusammenhänge anschaulich darstellen können. Das ist die bereits erwähnte Entscheidungstabellentechnik. Da ich diese Technik oben bereits behandelt habe, gehe ich hier nicht näher darauf ein. Diese Strukturen können Einsichten vermitteln, die Sie sonst nur mühsam oder überhaupt nicht gewinnen können. So ist beispielsweise im Strafrecht die Abgrenzung zwischen „Tatbestandsirrtum" und „Verbotsirrtum" oft zweifelhaft. Sie verstehen dann beide Irrtumsfälle leicht als zur Auswahl stehende Alternativen. Betrachten Sie nochmals die oben in Abbildung 2 gezeigte Entscheidungstabelle zur strafrechtlichen Irrtumslehre. Sie zeigt Ihnen anschaulich, daß hier kein Abgrenzungsproblem, sondern ein Rangfolgenproblem inmitten ist. Den reinen Tatbestandsirrtum gibt es überhaupt nicht. Er hat immer auch einen Verbotsirrtum zur Folge, der freilich aus sachlogischen Gründen (Unrecht vor Schuld) nicht mehr geprüft werden darf (nach Verneinung des Unrechts kann es keine Schuld mehr geben). Nur wenn ein Tatbestandsirrtum zu verneinen (und das Unrecht zu bejahen) ist, kann der (bei der Schuld angesiedelte) Verbotsirrtum eigenständige Bedeutung gewinnen.

Diese Erkenntnis erleichtert die Behandlung der oft problematischen Irrtumsfälle, etwa des Subsumtionsirrtums. Wenn etwa der Hühnerdieb meint, ein Huhn sei keine Sache, sondern ein Tier, so ist dieser Subsumtionsirrtum kein Tatbestandsirrtum. Er hat aber wie ein Tatbestandsirrtum einen Verbotsirrtum zur Folge, der jetzt - nach Bejahung des Vorsatzes - Bedeutung gewinnt. Damit wird klar, was gemeint ist, wenn gesagt wird, der Subsumtionsirrtum sei kein Verbotsirrtum, habe aber einen solchen zur Folge. Entsprechend verhält es sich bei der spiegelbildlich gelagerten Abgrenzung des untauglichen Versuches vom Wahndelikt.

11. Tabellen

a) Das Prinzip

Auch einfache Tabellen können Sie oft mit Nutzen anwenden. Sie eröffnen Ihnen eine in der natürlichen Sprache nicht gegebene zweite Dimension, mit der Sie kombinatorische Vollständigkeit besser und einfacher erreichen können als durch noch so aufwendige verbale Ausführungen.

b) Das Beispiel „Beleidigungsdelikte"

Ein Beispiel bietet die Systematik der Beleidigungsdelikte. Eine Beleidigung kann durch Tatsachenbehauptungen oder durch Werturteile begangen werden. Beides kann gegenüber dem Beleidigten oder gegenüber Dritten geschehen. Das ergibt vier Möglichkeiten. Diese einfache Kombinatorik kann Sie in Schwierigkeiten bringen, wenn Sie zusätzlich zur formalen Kombinatorik inhaltliche Fragen zu beantworten haben und etwa überlegen, ob in einem konkreten Fall eine Tatsachenbehauptung oder ein Werturteil vorliegt, ob eine Äußerung beleidigenden Charakter hat, ob die Wahrheit beleidigend sein kann, und ähnliches mehr. Eine einfache Tabelle, die angibt, welche Beleidigungsvorschrift bei jeder der insgesamt vier möglichen Kombinationen in Betracht kommt, beseitigt alle formalen Schwierigkeiten. Abbildung 16 zeigt dies.

	Tatsachenbehauptung (z.B. X hat eine Uhr gestohlen)	*Werturteil* (X ist ein Verbrecher)
Gegenüber einem *Dritten*	– Bei *Nichterweislichkeit* der Tatsache: § 186	– immer § 185
(... er hat gestohlen; ... er ist ein Verbrecher)	– Bei *Unwahrheit* der Tatsache: § 187	
	– Bei *Wahrheit* der Tatsache: §§ 185, 192	
Gegenüber dem *Beleidigten* (...und du hast gestohlen; ... du bist ein Verbrecher)	– immer § 185 (i. V. m. § 192)	– immer § 185

Abb. 16 Struktur der §§ 185 ff. StGB

Sie sehen sofort, daß nur der Fall einer Tatsachenbehauptung gegenüber einem Dritten strukturelle Zweifelsfragen aufwirft. In allen anderen Fällen kommt nur eine einfache Beleidigung im Sinne der §§ 185, 192 StGB in Betracht. Als praktische Konsequenz folgt daraus die Notwendigkeit, strafrechtliche Gutachten nicht mit der Prüfung des § 185 StGB, sondern mit der Prüfung der §§ 187, 186 StGB zu beginnen. In den Büchern können Sie lesen, § 185 StGB sei nicht der Grundtatbestand, sondern ein Auffangtatbestand. Durch Strukturdenken verstehen Sie, warum das so ist.

Wenn Sie die Grobstruktur der Beleidigung auf diese Weise voll erfaßt haben, und wenn Sie die wenigen zugehörigen Detailstrukturen (etwa zur Abgrenzung der Tatsachenaussagen von den Werturteilen, zu den beleidigungsfähigen Personen und so weiter) erstellt haben, dann kann kommen was da kommen will - Sie sind für den Ernstfall gerüstet. Haben Sie es etwa mit dem Fall der „höhnischen Begrüßung einer Respektsperson während des Urinierens" zu tun, stecken Sie diesen Fall in die Schublade „Werturteil gegenüber dem Beleidigten", womit Sie bei § 185 landen und praktisch nichts mehr verkehrt machen können.

12. Kurvendiagramme

Auch Kurvendiagramme können Sie mit Nutzen verwenden. Als Beispiel seien die verschiedenen Vorsatz- und Fahrlässigkeitsarten mit dem Abgrenzungsproblem zwischen bedingtem Vorsatz und bewußter Fahrlässigkeit genannt. Vorsatz ist Wissen und Wollen der Verwirklichung des objektiven Tatbestandes. Beides sind abstufbare Begriffe. So reicht beim Wissen die Skala von der Gewißheit über die Wahrscheinlichkeit und Möglichkeit bis hin zum Nichtwissen. Beim Wollen sind zwischen Erwünschtheit und Unerwünschtheit ebenfalls viele Zwischenstufen möglich. Zwischen Wissen und Wollen besteht außerdem eine Rangfolge. Wollen setzt Wissen voraus. Der Täter kann etwas nur dann wollen, wenn er davon weiß. Was er nicht weiß, kann er nicht wollen. Bei der bewußten Fahrlässigkeit gibt es (anders als bei der unbewußten Fahrlässigkeit) ebenfalls diese beiden Kategorien. Hier verläuft eine Grenze zum bedingten Vorsatz, zu deren Bestimmung zahlreiche Theorien existieren (Möglichkeitstheorie, Ernstnahmetheorie, Entscheidungstheorie, Gleichgültigkeitstheorie, Vereinigungstheorie...). Alle diese Zusammenhänge lassen sich in Worten weder präzise noch anschaulich darstellen. Bei der Reform des StGB im Jahre 1975 hatte sich der Gesetzgeber vergeblich hierum bemüht. Mit einem einfachen Kurvendiagramm läßt sich hier Klarheit schaffen. Abbildung 17 zeigt dies.

Jetzt können Sie auch alle Fallkonstellationen kombinatorisch durchspielen. Die üblichen Lehrbuchformeln versagen vor dieser Aufgabe. Stellen Sie sich etwa einen Täter vor, der „ernstlich für möglich hält", daß er den objektiven Tatbestand verwirklichen werde, und der gleichwohl „auf die Nichtverwirklichung vertraut". Oder stellen Sie sich einen Täter vor, der „bloß für möglich hält", daß er den objektiven Tatbestand verwirklichen werde, und der sich gleichwohl „damit abfindet". Versuchen Sie, diese beiden Fälle anhand der üblichen Formeln zu lösen. Sie werden scheitern. Diese Fälle sind nicht vorgesehen, und sie werden darum in der Praxis nicht vorkommen. Die Sprachmacht, die jeder Richter aus-

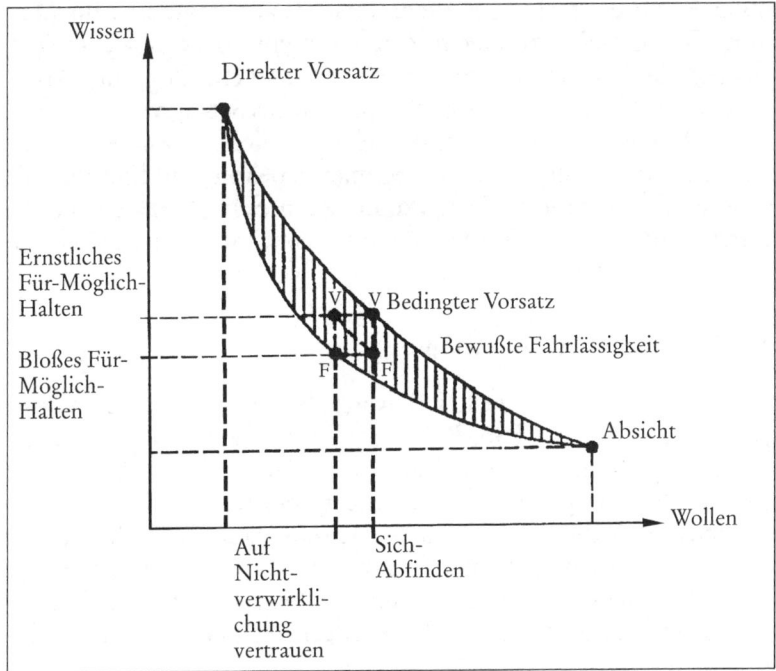

Abb. 17 *Abgrenzung von Vorsatz und Fahrlässigkeit (V=Vorsatz, F=Fahrlässigkeit)*

übt, wird bewirken, daß auch künftig nur passende Fälle „zur Überzeugung des Gerichtes" festgestellt werden.

Sie dagegen können mit Hilfe Ihrer Struktur auch solche Fälle entscheiden. Dazu müssen Sie überlegen, ob Sie entscheidend auf die Wissensseite oder (auch) auf die Wollensseite abstellen wollen. Ersterenfalls betreiben Sie Rechtsgüterschutz. Letzterenfalls vergelten Sie die Schlechtigkeit des Täters. Das erstere erscheint sinnvoller als das letztere. Also entscheiden Sie sich für das erstere. (Das andere wäre genau so „richtig").

13. Konten

a) Das Prinzip

Wenn Sie es mit Streitfragen zu tun haben, empfehle ich Ihnen, Konten einzurichten. Sie zeichnen eine senkrechte Linie auf ein Blatt. Auf die linke Seite schreiben Sie alle Argumente für die Meinung A, auf die rechte Seite schreiben Sie alle Argument für Meinung B. Existieren zu einem Problem mehr als zwei Meinungen, richten Sie dafür einfach zusätzliche Spalten ein. Für jedes Argument lassen Sie sich ein möglichst plastisches Schlagwort einfallen. Wenn Ihnen keine Argumente mehr einfallen, gewichten Sie die einzelnen Argumente. Starke Argumente bekommen fünf Punkte, schwache bekommen einen Punkt. Zum Schluß zählen Sie die Punkte zusammen. Die Seite, die insgesamt mehr Punkte bekommen hat, wird Sieger.

b) Das Beispiel Strafvereitelung

Nehmen Sie ein einfaches Beispiel. Ist es eine Strafvereitelung gemäß § 258 Absatz II StGB (Vollstreckungsvereitelung), wenn jemand an Stelle eines Verurteilten dessen Geldstrafe bezahlt? Das ist eine alte Streitfrage. Erstellen Sie hierzu ein Konto. Überlegen Sie zunächst, was Ihnen dazu einfällt. Anschließend gehen Sie auf die Suche nach den Argumenten in Literatur und Rechtsprechung. Je mehr Argumente Sie selbst gefunden haben, desto besser sind Sie. Auf diese Weise können Sie Ihren Ideenreichtum bei Problemlösungen testen.

Natürlich können Sie es auch anders machen und versuchen, sich Literatur und Rechtsprechung zu dieser Frage einzuprägen. Aber das wird Ihnen, wie schon gesagt, nicht gelingen. Sie werden sich vielleicht merken können, daß der Bundesgerichtshof diese Frage entschieden hat, aber wahrscheinlich werden Sie sich nicht einmal merken können, wie das Gericht entschieden hat.

14. Weitere Strukturen

Ich glaube, diese Beispiele belegen zur Genüge, daß Strukturen nicht zum schematischen, „seelenlosen" Denken führen, sondern ganz im Gegenteil differenziertere Betrachtungen als bei inhaltlich „verstehendem" Vorgehen ermöglichen. Beim herkömmlichen verbalen, linearen Denken können Sie komplizierte Zusammenhänge sowenig darstellen, wie ein Mathematiker seine Formeln in der natürlichen Sprache darstellen kann. Sie sind dann zum orakelnden Gebrauch von Begriffen gezwungen, und Orakel, das ist seit Delphi bekannt, funktionieren nur im Rauch.

Ich habe sicher nicht alle möglichen Strukturarten aufgezählt. So gibt es beispielsweise rechtliche Regelungen, welche drei oder mehr Entscheidungsdimensionen eröffnen. Bei ihnen werden mathematische Modelle benötigt. Ein Beispiel bietet die Vielzahl der Strafzumessungskriterien in § 46 StGB. Will man sich nicht mit der gegenwärtig üblichen beziehungslosen Aufzählung dieser Entscheidungskriterien begnügen („Für den Täter spricht..., gegen den Täter spricht..."), muß man anspruchsvolle formalwissenschaftliche Methoden heranziehen. In der Rechtsinformatik bemüht man sich hierum. Zu nennen wären etwa Expertensysteme oder neuronale Netze. Aber das ist schon eine andere Geschichte.

IV. Kombinatorisches Denken

1. Der Glaube an die „herrschende Meinung"

In diesem Kapitel will ich Sie mit dem kombinatorischen Denken vertraut machen. Es steht im Gegensatz zum autoritären Denken, wie es immer dann praktiziert wird, wenn die „herrschende Meinung" oder die „„herrschende Rechtsprechung" beschworen werden. Ich will erreichen, daß Sie sich zu keiner Zeit - weder im Studium noch im Examen noch in Ihrer späteren Berufspraxis - auf diese anonymen „Autoritäten" berufen. Das tun zwar (fast) alle Juristen, aber was alle tun, muß noch lange nicht richtig sein. Ein Witz aus Wien vom Grafen Bobby mag das verdeutlichen.

Graf Bobby steht am Fenster und schaut auf die Straße hinunter. Es ist eh alles so fad. Damit endlich mal etwas geschieht, öffnet er das Fenster und ruft zur Menge hinunter: „Drüben am Kohlmarkt brennt's!" Die Passanten horchen auf. Ein Brand am Kohlmarkt! Da gibt es was zu schauen. Einige setzen sich in Bewegung. „Was ist los?" ruft jemand. „Am Kohlmarkt brennt's", ruft ein anderer. Die Menge schwillt an und bewegt sich in Richtung Kohlmarkt

Graf Bobby betrachtet das eine Weile und rennt dann auf die Straße, ebenfalls in Richtung Kohlmarkt. „Es könnte ja was dran sein", sagt er zu sich selbst.

So geht das mit der „herrschenden Meinung". Dabei sollte Ihnen eine einfache Überlegung sagen, daß Sie auf diese Krücke verzichten können. Entweder Ihr Argument ist gut. Dann brauchen Sie keine „herrschende Meinung". Oder Ihr Argument ist schlecht. Dann nützt Ihnen die „herrschende Meinung" auch nichts.

2. Autoritäres Denken

a) Übersicht

Aber natürlich liegen die Dinge etwas komplizierter. Die Berufung auf die „herrschende Meinung" ist Ausdruck eines autoritären Denkens, bei dem die Menschen letztlich nicht geachtet, sondern durch fragwürdige Techniken manipuliert werden. Dieses Denken sollten Sie sich nicht zu eigen machen. Besser ist das kombinatorische Denken, bei dem Sie angesichts sozialer Konflikte auf systematische und vor allem kreative Weise nach stimmigen, rundum überzeugenden Lösungen suchen. Beide Denkmethoden unterscheiden sich grundlegend. Ich will sie darum anhand eines strafrechtlichen Beispiels genauer behandeln.

b) Ein Beispiel: Der Fall Rose-Rosahl

Im Jahre 1858 geschah der Fall Rose-Rosahl: Der Arbeiter Rose erschoß, angestiftet von seinem Dienstherrn, dem Holzhändler Rosahl, in der Dämmerung den Gymnasiasten Harnisch, den er für den Gläubiger Schliebe des Rosahl hielt. Aus der Sicht des Rose lag relativ problemlos ein unbeachtlicher error in persona und damit ein vollendeter Mord vor. Aus der Sicht des Anstifters Rosahl lag dagegen ein Täterexzeß vor. Rose hatte etwas anderes getan als das, was er tun sollte. Er hatte den Falschen getötet. Wie wirkte sich das auf die Strafbarkeit des Rosahl aus?

Dieser Fall wird seit mehr als hundert Jahren in allen Strafrechtslehrbüchern behandelt. Sie müssen ihn „lernen", und Sie können an ihm anschaulich studieren, daß Sie dieses „Lernen" anhand zweier prinzipiell verschiedener Möglichkeiten ausrichten können. Sie können nach der Methode des autoritären Denkens oder nach der Methode des kombinatorischen Denkens vorgehen. Die erstgenannte Methode ist die allgemein übliche. Ich will sie daher zuerst behandeln.

c) Sie lernen nach der autoritären Methode

Beim autoritären Denken müssen Sie - der Name sagt es - zunächst einmal auf die Suche nach Autoritäten gehen, und bei dieser Suche werden Sie überall rasch fündig werden. Autoritäten stehen vor Ihnen auf dem Katheder, oder sie äußern ihre Meinungen in gedruckten Werken. Auch der Repetitor tritt Ihnen als Autorität entgegen und sagt Ihnen, was Sie tun und was Sie lassen sollen. Autoritäten sitzen auf Richterbänken und in Amtsstuben. Jeder, der zum juristischen Establishment gehört, fühlt sich als Autorität und benimmt sich dementsprechend.

Es wird kein Problem für Sie sein, Autoritäten zu finden, die Ihnen die „richtige" Lösung des Falles Rose-Rosahl mitteilen werden. Sie werden entdecken, daß es hier eine „herrschende Rechtsprechung" gibt, wonach vollendete Anstiftung des Hintermannes anzunehmen ist (Preußisches Obertribunal in Goltdammers Archiv (GA) 1859, S. 332; Bundesgerichtshof in Strafsachen BGH St Bd. 37, S. 214). Die Literatur ist dagegen, wie üblich, zerstritten. Da es sehr viele Probleme von der Art Rose-Rosahl gibt und Ihre Zeit zum Lernen begrenzt ist, werden Sie sich beim autoritären Denken an die „herrschende Rechtsprechung" halten. Das kann ja nie falsch sein, und das erscheint auch mit Blick auf die spätere Berufspraxis zweckmäßig. Wer sich auf die „herrschende Rechtsprechung" beruft, befindet sich immer auf der sicheren Seite. So meinen Sie, und so lernen Sie: Rosahl ist wegen Anstiftung zum Mord zu bestrafen.

Jetzt müssen Sie nur noch eine Kleinigkeit erledigen. Sie müssen die genannte Entscheidung des Problems Rose-Rosahl durch die „herrschende Rechtsprechung" in Ihr Langzeitgedächtnis befördern. Sie müssen sich dazu einen geeigneten Satz einprägen, etwa den Leitsatz der Bundesgerichtshofes in der genannten Entscheidung:

„Der Irrtum des Täters über die Person des Tatopfers ist für den Anstifter unbeachtlich, es sei denn, daß die Verwechslung des Opfers durch den Täter außerhalb der Grenzen des nach allgemeiner Lebenserfahrung Voraussehbaren liegt."

Es wird Ihnen nicht ganz leicht fallen, sich diesen Satz einzuspeichern, aber wenn Sie ihn zwanzig mal laut sprechen und dabei mnemotechnische Hilfen einsetzen - den Satz vielleicht rhythmisch mit einer kleinen Melodie unterlegen - wird es Ihnen sicherlich gelingen. Da Ihr Examen noch drei oder vier Jahre entfernt ist, sind freilich Wiederholungstechniken ratsam. Wenn Sie den geschilderten Sprechgesang einmal pro Monat wiederholen, wird der Erfolg nicht ausbleiben. In entsprechender Weise müssen Sie sich natürlich alle anderen „Problemfälle", die Ihnen während des Studiums begegnen, einprägen. Wenn Sie das schaffen, dann sind Sie für das Examen gerüstet. Natürlich nur dann, wenn zusätzlich noch eine kleine Bedingung erfüllt ist. Der Fall Rose-Rosahl oder ein anderer Ihrer gelernten „Problemfälle" muß im Examen auch wirklich vorkommen. Aber Sie sind guten Mutes. Ein wenig Optimismus gehört nun einmal zum Leben. Also werden Sie sich einprägen, was der Bundesgerichtshof und das preußische Obertribunal zum Fall Rose-Rosahl entschieden haben.

Nach dieser Methode lernen die meisten Jurastudenten. Warum sie das tun, ist leicht zu erklären. Was alle tun, kann unmöglich falsch sein - siehe Graf Bobby. Aber auch wenn die Menge hundert mal zum Kohlmarkt rennt, brennt es dort immer noch nicht. Auch wenn alle es so machen, ist das Lernen nach der Methode des autoritären Denkens bereits im Ansatz verfehlt. Es bietet nur Nachteile.

d) Der erste Nachteile des Lernens nach der autoritären Methode: Es funktioniert nicht

(1) Das Langzeitgedächtnis ist kein Faktenspeicher

Der erste Nachteil liegt darin, daß diese Art des Lernens, wie schon gesagt, überhaupt nicht funktionieren kann. Das Langzeitgedächtnis wird bei Anwendung dieser Methode als Faktenspeicher verwendet. Dort soll eingespeichert werden, was die Autoritäten zu den Problemen nach der Art Rose-Rosahl gesagt haben. Aber das Langzeitgedächtnis taugt, wie ich oben ausgeführt habe, nur schlecht zum Faktenspeicher. Es ist seiner Konstruktion nach ein Speicher für Regelwissen. Faktenwissen im Langzeitgedächtnis einspeichern zu wollen, ist wie die Einlagerung leicht verderblicher Ware in einem feuchten Kellerraum. Die Ware wird verschimmeln und unbrauchbar werden.

(2) Menschliche Faktenspeicher sind pathologische Ausnahmen

Zwar existiert gelegentlich ein lebender juristischer Faktenspeicher vor. Wer sein Leben lang am X-Kommentar zum Y-Rechtsgebiet arbeitet, wird ein ungeheures Faktenwissen im Kopf haben. Aber das sind Ausnahmeerscheinungen, die Sie nur zu leicht darüber hinwegtäuschen, daß von der Einspeicherung umfangreichen Faktenwissens in *Ihr* Langzeitgedächtnis keine Rede sein kann. Der X-Kommentator hat auch nur den kleinen X-Ausschnitt im Kopf. Sie aber müssen den gesamten Prüfungsstoff beherrschen. Der X-Kommentator ist kein Vorbild für Sie.

Friedrich Torberg berichtet in seinem Buch „Die Tante Jolesch oder der Untergang des Abendlandes in Anekdoten" von einem solchen Faktenspeicher. Der alte Eckstein, enorm belesen und enorm gebildet, ein Polyhistor, war dafür bekannt, daß er einfach alles wußte. Man raunte sich zu, daß der große Brockhaus, wenn er etwas nicht wußte, heimlich aufstand und im alten Eckstein nachsah. Eines Tages unternahm der alte Eckstein zusammen mit Hugo von Hoffmansthal einen Spaziergang. Da hüpfte ihnen längere Zeit ein Vogel voran, den der Polyhistor, auch auf diesem Gebiet bewandert, sogleich als ägyptischen Königshüpfer agnostizierte. „Eine seltene Abart unseres Wiedehopfes", fügte er erläuternd hinzu. „Kann nicht fliegen. Bewegt sich nur hüpfend vorwärts. Den Winter verbringt er in Ägypten. Daher der Name." Hugo von Hoffmansthal erlaubte sich ein leises Staunen. „Sie haben doch gerade gesagt, daß er nicht fliegen kann?" „So weit kann er fliegen", replizierte unbeirrt der alte Eckstein. Es war ihm nicht beizukommen. Soviel zum ersten Nachteil des autoritären Denkens.

e) Der zweite Nachteil des Lernens nach der autoritären Methode: Es befördert den Untertanengeist

(1) Kein guter Geist

Der zweite Nachteil liegt darin, daß autoritäres Denken den Untertanengeist befördert. Wie man bei Heinrich Mann nachlesen kann, ist das kein guter Geist. Wer von Anbeginn seines Studiums an nur fragt, wie andere ein Problem lösen würden, wird zwangsläufig ein Abschreiber werden, kein selbständiger Problemlöser. Als Jurist sollten Sie aber die Probleme anderer Leute selbständig -

und nicht einmal unbedingt juristisch - lösen. Natürlich brauchen Sie dazu handwerkliche Fähigkeiten. Natürlich müssen Sie dazu auch herausfinden können, was in den Gesetzen steht, und was Rechtsprechung und Literatur zu einem bestimmten Problem gesagt haben. Aber Sie brauchen es nicht im Kopf zu haben. Dafür gibt es im wirklichen Leben Kommentare, Entscheidungssammlungen und Datenbanken. Und im Examen gibt es dafür brauchbare Methoden. Dieses ganze Buch handelt davon.

(2) Sie brauchen den Widerstandsgeist

Als Jurist müssen Sie jederzeit bereit sein, gegen eine „herrschende Rechtsprechung" oder eine „herrschende Meinung" anzugehen, wenn Sie diese für „falsch" halten - und die „herrschende Rechtsprechung" zum Fall Rose-Rosahl ist „falsch", wie ich gleich zeigen werde. Ob Sie dabei Erfolg haben, ist nicht entscheidend. Als Jurist erfüllen Sie Ihre Aufgabe auch dann, wenn Sie Ihre Schlachten verlieren. Sie müssen stets bereit sein, Ihre eigene Meinung gegen alle Autoritäten zu setzen, sofern Ihr innerer Kompaß in eine andere Richtung weist (siehe oben Stichwort „Feelware"). Nur auf diese Weise gibt es so etwas wie Fortschritt im Recht.

(3) Das Beispiel Überwindung der Folter

Alle Errungenschaften, die uns heute so selbstverständlich erscheinen, wurden gegen die jeweils gerade herrschenden Autoritäten errungen. Nehmen Sie als Beispiel nur die Abschaffung der Folter. Mitte des 18. Jahrhunderts war sie fast überall abgeschafft. Nur in Bayern hatte sie sich erhalten. „*Dem sei nun, wie ihm wolle*", hatte Wiguläus Kreittmayr, die damals maßgebliche Autorität in den Anmerkungen zu seinem bayerischen Codex Criminalis von 1751 gesagt, „*ist es bei uns einmal so eingeführt und finden sich deutliche Spuren, daß die Tortur schon vor tausend Jahren in Bayern gebräuchig gewesen, kann auch der Nutz, welchen der gute Gebrauch dieses rechtlichen Mittels hat, aus der Erfahrung nicht widersprochen werden.*" Noch 1805 konnte es geschehen, daß in einem Zeitraum von vierzehn Tagen in einer einzigen bayerischen Stadt nicht weniger als fünf bis sieben Personen die Folter erlitten. Es war der große Kriminalist Paul Johann Anselm von Feuerbach (1775 - 1833), der Begründer der modernen Strafrechtswissenschaft, der diesen Mißstand überwand und gegen alle Autoritäten seiner Zeit seinem zögerlichen Kurfürsten, dem späteren König Max Joseph, die Abschaffung der Folter abrang. Dabei ging Feuerbach durchaus kreativ vor. Er betrieb, modern gesprochen, „Kuchenvergrößerung", als er die Zustimmung des Kurfürsten durch den Vorschlag erhielt, die Abschaffung der Folter nicht öffentlich, sondern nur den Gerichten bekanntzugeben.

(4) Alternativprofessoren des Strafrechts

Der Kampf gegen die irrenden Autoritäten ist nicht abgetane Geschichte. Er findet bis in die Gegenwart statt, und es wird auch in der Zukunft notwendig sein. In den sechziger und siebziger Jahren gab es beispielsweise die Reformbewegung der sogenannten Alternativprofessoren des Strafrechts. Vierzehn deutsche und schweizerische Hochschullehrer kämpften damals für ein moderneres, besseres, menschlicheres Strafrecht. Sie wollten das Ideengut der défense sociale in das Strafrecht einbringen. Zu jener Zeit atmete das Strafgesetzbuch trotz vieler Reformen noch den Geist des Jahres 1871. Es war von der Vergeltungsidee beherrscht und wurde weder den Fortschritten der Strafrechtswissenschaft noch den Erkenntnissen der Kriminologie noch den Bedürfnissen des modernen Industriezeitalters gerecht. Die private Initiative der Alternativprofessoren trug wesentlich dazu bei, daß es im Jahre 1975 zu einer grundlegenden Reform des Allgemeinen Teils kam, bei der modernes Gedankengut gegen die Meinung der damals herrschenden „Autoritäten" Eingang in das Strafgesetzbuch fand. Hier sind zu nennen die Einheitsfreiheitsstrafe anstelle der früheren Differenzierung zwischen Zuchthaus, Gefängnis und Haft, die weitgehende Ersetzung der kurzfristigen Freiheitsstrafe durch die Geldstrafe, die Umgestaltung der Geldstrafe nach dem Tagessatzsystem, die Entkriminalisierung des Strafrechts durch Umwandlung der Übertretungen in Ordnungswidrigkeiten, die Ausdehnung der Aussetzung von Strafen und Maßregeln in der sogenannten „dritten Spur", die Neuorientierung des Strafvollzugs am Resozialisierungsziel, das Vikariieren anstelle des Kumulierens und die Entkriminalisierung wichtiger Gebiete des Besonderen Teiles des Strafgesetzbuches durch Verwirklichung von Einschränkungen bei den Religions-, Familien- und Sexualdelikten.

(5) Aktuelle Mißstände im Strafverfahren

Gegenwärtig ist dieser Reformgeist verflogen. Vielleicht ist er dem allgemeinen Drang zu „Einsparungen" zum Opfer gefallen. Dabei würden wir ihn heute so dringend wie eh und je benötigen, vielleicht sogar noch dringender. Die Knappheit der öffentlichen Kassen führt beispielsweise gegenwärtig unter der Parole „Entlastung der Justiz" zu einem permanenten (weiteren) Abbau von Rechten des Beschuldigten im Strafverfahren, und das in einer Situation, in der es traditionell ohnehin weder Waffengleichheit zwischen Anklage und Verteidigung noch wirkliche Fairneß im Verfahren gibt. Vieles, was in Ihren Lehrbüchern theoretisch gut klingt, ist in der Realität nicht gut. Nehmen Sie beispielsweise den Zeugenbeweis, der in der Praxis aller Gerichtsverfahren eine Hauptrolle spielt. In allen gewichtigen Strafsachen vor dem Landgericht, bei denen es nur eine einzige Tatsacheninstanz gibt, wird kein Inhaltsprotokoll geführt. Was die Zeugen im Gerichtssaal angeblich gesagt haben sollen, erfahren Angeklagte und deren Verteidiger erstmals bei der Lektüre des Urteils. Dabei erleben sie mitunter böse Überraschungen. Zur Wehr setzen können sie sich dann aber nicht mehr. Denn die Tatsachenfeststellungen im Urteil entziehen sich der Überprüfung im Revisionsverfahren. Ein Anwalt sagte mir kürzlich, er lehne Strafsachen deshalb ab, weil Leute, die kein Protokoll führten, etwas zu verbergen hätten. So etwas gebe es sonst nur noch bei der Mafia.

(6) Das Beispiel Voltaires

Gegen solche Mißstände hilft nur der Geist der Aufsässigkeit, des Protestes, des Widerspruchs, und dieser Geist erfordert innere Unabhängigkeit. Der große Aufklärer Voltaire hat ihn in seinem Kampf gegen den Justizirrtum vorgelebt. Alle Autoritäten der Justiz und der Kirche hatten den Protestanten Jean Calas für schuldig befunden und grausam hinrichten lassen. Voltaire bewirkte 1763 mit seiner Schrift „Traité sur la tolérance" die Rehabilitierung dieses unschuldigen Menschen. Leute wie Voltaire haben zu ihrer Zeit dafür gesorgt, daß Erscheinungen wie der religiöse Fundamentalismus heute bei uns keine Chancen haben. Andere Länder hatten keinen Voltaire. Die schlimmen Folgen kann man täglich in den Zeitungen lesen.

Alternativ-Entwurf eines Strafgesetzbuches (AE)

ALLGEMEINER TEIL

Erster Abschnitt
DAS STRAFGESETZ

Erster Titel
Grundsätze

§ 1

Keine Strafe, keine Maßregel ohne Gesetz

(1) Eine Tat kann nur bestraft werden, wenn die Strafbarkeit gesetzlich bestimmt war, bevor die Tat begangen wurde.

(2) Eine Maßregel kann nur verhängt werden, wenn sie gesetzlich vorgesehen war, bevor die Tat begangen wurde.

§ 2

Zweck und Grenze von Strafe und Maßregel

(1) Strafen und Maßregeln dienen dem Schutz der Rechtsgüter und der Wiedereingliederung des Täters in die Rechtsgemeinschaft.

(2) Die Strafe darf das Maß der Tatschuld nicht überschreiten, die Maßregel nur bei überwiegendem öffentlichen Interesse angeordnet werden.

Zweiter Titel
Geltungsbereich

§ 3

Zeitliche Geltung

(1) Die Rechtsfolgen des Strafrechts bestimmen sich nach dem Gesetz, das zur Zeit der Tat gilt. Wurde das Gesetz geändert, nachdem der Täter gehandelt hat, so ist das mildeste Gesetz anzuwenden.

(2) Ein Gesetz, das nur für eine bestimmte Zeit erlassen wurde (Zeitgesetz), ist auf die während seiner Geltung begangenen Taten auch dann anzuwenden, wenn es infolge Zeitablaufs außer Kraft getreten ist.

§ 4

Taten im Inland oder auf deutschen Schiffen und Luftfahrzeugen

(1) Das deutsche Strafrecht gilt für Taten, die im Inland oder auf einem deutschen Schiff oder Luftfahrzeug begangen werden.

(2) Wurde die Tat auch im Ausland begangen, so ist die Bestrafung ausgeschlossen, wenn der Täter dort zu einer Strafe oder freiheitsentziehenden Maßregel verurteilt worden und diese Rechtsfolge vollstreckt, verjährt oder erlassen ist.

§ 5

Taten im Ausland gegen inländische Rechtsgüter

Das deutsche Strafrecht gilt für Auslandstaten bei:

1. Hochverrat, Landesverrat, Verfassungsverrat und Straftaten gegen die Landesverteidigung;
2. Meineid, falscher uneidlicher Aussage und Versicherung an Eides Statt in deutschen Verfahren;
3. Taten, die der Träger eines deutschen Amtes in Beziehung auf dieses Amt begeht;
4. Taten eines Angehörigen der Bundeswehr in Beziehung auf seinen Dienst;
5. Taten gegen den Träger eines deutschen Amtes oder gegen einen Angehörigen der Bundeswehr in Beziehung auf das Amt oder den Dienst;

7

Der Kampf gegen die irrenden Autoritäten ist nicht abgetane Geschichte. Er findet bis in die Gegenwart statt. In den 60er und 70er Jahren gab es beispielsweise die Reformbewegung der sogenannten Alternativprofessoren des Strafrechts. Sie traten erfolgreich für ein moderneres, besseres, menschlicheres Strafrecht ein. Die abgebildete Textseite stammt aus dem „Alternativ-Entwurf eines Strafgesetzbuches — Allgemeiner Teil", vorgelegt von Jürgen Baumann, Anne-Eva Brauneck, Ernst-Walter Hanack u.a., *Tübingen, 1966, und wurde mit freundlicher Genehmigung des Verlages abgedruckt.*

(7) Kein Widerspruch um des Widerspruchs willen

Natürlich will ich Ihnen mit alledem nicht zum Widerspruch um des Widerspruchs willen raten. Ich sage auch nicht, daß Sie grundsätzlich von der „herrschenden Meinung" abweichen sollen. In den meisten Fällen herrscht sie völlig zu Recht. Ich rate Ihnen auch nicht dazu, als Student den Aufstand gegen die juristischen Autoritäten zu proben. Aus etlichen Briefen, die ich erhalten habe, ist mir bewußt geworden, daß viele studentische Leser an dieser Stelle ein Problem haben. Sie schreiben mir, meine Ausführungen würden ihnen zwar einleuchten, aber ich wiche doch in vieler Hinsicht von dem ab, was sonst üblich sei, und wenn sie mir folgten, würde es ihnen womöglich schlecht ergehen. Sie müßten ja damit rechnen, im Studium oder während des Examens an Assistenten oder Prüfer zu geraten, welche anders dächten als ich. Diese seien der üblichen Tradition verhaftet und würden den Kandidaten schlechte Noten geben, wenn die Kandidaten nicht den „herrschenden" Autoritäten folgten.

(8) Der Rat, die Ich-Form zu verwenden

Ich kann meine Stellungnahme zu solchen Fragen am besten anhand eines Ratschlages verdeutlichen, den ich in früheren Auflagen dieses Buches erteilt habe, nämlich den Ratschlag „ich" zu sagen, wenn Sie Ihre eigene Meinung darlegen. Das widerspricht ganz offensichtlich der in der Literatur „herrschenden" Methode. Auch in der Praxis sagt der Amtsrichter nicht „ich". Vielmehr spricht er von sich in der dritten Person. (*„Das Gericht ist in dieser Frage selbst sachkundig. Das Gericht fährt selbst Mercedes."*) Sie werden mich fragen, ob Sie es bei dieser Sachlage als Student riskieren können, meinem Rat zu folgen und das Wort „ich" in der Examensklausur zu verwenden? („Ich halte die Auffassung des BGH für falsch, weil...").

Ich gebe die Frage an Sie zurück. Im Alltag sagen Sie doch bestimmt immer „ich", wenn Sie von sich selbst sprechen. In der Bibliothek sagen Sie beispielsweise: *„Ich möchte mir das Buch X ausleihen!"* Sie sagen nicht: *„Der Student Y hegt den Wunsch nach Ausleihung des Buches X zur Bereicherung seines Wissens."* Die Frage kann daher nur lauten, ob es einen stichhaltigen Grund gibt, sich in einer Examensklausur anders auszudrücken als im Alltag?

Wenn Sie einen solchen Grund finden, sollten Sie das Wort „ich"
dort vermeiden.

Ich kann mir vorstellen, daß Sie einen solchen Grund, vielleicht
sogar mehrere Gründe, finden. Sie könnten etwa argumentieren,
das Wort „ich" drücke ein persönliches Engagement aus, das man
als um Neutralität bemühter Jurist, zumal als Richter, vermeiden
sollte. Oder Sie können der Meinung sein, das Wort „ich" befördere
die Neigung zu einem feuilletonistischen Stil, wie er in einer juristischen Arbeit unangebracht sei. Wenn Sie solche Gründe finden
und von deren Richtigkeit überzeugt sind, dann ist die Sache klar.
Dann sollten Sie das Wort „ich" vermeiden. Wie aber, wenn Sie
keinen oder jedenfalls keinen *Sie* überzeugenden Grund finden?
Wenn Sie lediglich die „herrschende Meinung" als Begründung für
das allgemein beachtete „Ich"-Verbot angeben können? Dann
müssen Sie sich die Frage stellen, wem Sie folgen wollen - der
„herrschenden Meinung" oder Ihrer eigenen Meinung. Für mich
ist die richtige Antwort nicht zweifelhaft.

(9) Die Paradoxie des Ratgebers

Mein Problem ist allerdings, daß ich Sie mit der Empfehlung für
die Befolgung der eigenen Meinung in die Grundparadoxie jedes
Lehrers und jedes Erziehers hineinführe. Diese Paradoxie kann ich
am besten verdeutlichen, indem ich die Geschichte des Sohnes erzähle, welcher immer allen nachgibt und alles tut, was die anderen
von ihm verlangen. Wieder einmal hat er getan, was andere von ihm
gefordert haben. Daraufhin sagt sein Vater erzürnt: *„Junge, hör'
doch auf, zu tun, was andere dir sagen. Werde selbständig und folge
endlich deinem eigenen Willen!"* Damit nimmt der Vater seinem
Sohn die letzte Chance, unabhängig zu werden. Denn würde der
Sohn jetzt selbständig werden und seinem eigenen Willen folgen,
würde er schon wieder tun, was ein anderer, nämlich sein Vater,
von ihm gefordert hat.

Paradoxien sind bewährte Störer unseres menschlichen Zusammenlebens. Man kann sie nicht auflösen. Man kann sie nur erkennen. Dann kann man sie ertragen. Also folgen Sie Ihrer eigenen
Meinung, auch wenn das eine paradoxe Aufforderung ist. Natürlich riskieren Sie etwas dabei. Am Rand Ihrer Klausur werden

möglicherweise Wellenlinien und böse Bemerkungen stehen. Aber wie anders als durch Eingehung eines Risikos können Sie etwas gewinnen? Ich zweifle nicht daran, daß Sie, wenn Sie nach Überlegung und aus Überzeugung (und nicht etwa nur aus dem Grunde, daß Sie nicht mitbekommen haben, wie die Juristen sich normalerweise ausdrücken) in der Klausur „ich" schreiben, im Ergebnis soviel mehr an Überzeugunskraft gewinnen als Ihre autoritätshörigen Kommilitonen, daß Sie im Ergebnis besser abschneiden werden als jene.

(10) Was Sie heute tun, werden Sie auch künftig tun

Vielleicht wenden Sie jetzt ein, für derlei Extratouren sei es zu früh. Erst müßten Sie Ihr Examen bestehen. Dann könnten sie immer noch zum juristischen Aufrührer werden. Aber das wäre ein Irrtum. Was Sie jetzt lernen, das werden Sie später praktizieren. Wenn Sie jetzt nicht „ich" sagen, werden Sie es auch später nicht tun. Warten Sie nicht auf die passende Gelegenheit. Sie kommt niemals.

f) Der dritte Nachteil des Lernens nach der autoritären Methode: Es führt zu Manipulationen

(1) Eine Absage an den Verstand

Der dritte Nachteil liegt darin, daß autoritäres Denken zu Manipulationen führt. Durch die Beschwörung der „herrschenden Meinung" oder der „herrschenden Rechtsprechung" sollen andere gewissermaßen vollautomatisch dazu gebracht werden, sich der Menge anzuschließen. Sie sollen ebenfalls zum Kohlmarkt rennen. Die Manipulation liegt dabei nicht darin, daß etwas als herrschende Meinung ausgegeben ist, was in Wahrheit allenfalls beim Grundbuchamt des Amtsgerichtes Dorfen für rechtens gehalten wird. Die Manipulation liegt vielmehr in etwas anderem. Um das zu erläutern, muß ich ein wenig ausholen.

(2) Menschen sollen etwas gegen ihren Willen tun

Beim Manipulieren geht es darum, einen Menschen gegen dessen Willen und ohne Einsatz äußerer Druckmittel wie Belohnung oder Bestrafung dazu zu bringen, etwas zu tun, was dieser Mensch eigentlich nicht tun möchte. Verkäufer arbeiten zu diesem Zweck mit Manipulationstechniken, und auch Juristen setzen sie ein. Dabei denke ich nicht nur an den Anwalt, der ein widerspenstiges Gericht zu einem bestimmten Urteil bewegen will. Ich denke auch an den Richter, der im Zivilprozeß einen Vergleich zustandebringen will, und der ob der Halsstarrigkeit der Parteien schier verzweifeln möchte. Und ich denke vor allem auch an die Anwälte, die sich um eine außergerichtliche Konfliktlösung durch Verhandeln bemühen. Überall werden Manipulationstechniken verwendet, teils bewußt aufgrund entsprechender Schulung (so im Falle des Verkäufers), teils unbewußt, aufgrund von Erfahrung und Intuition (so im Falle des Vergleichsrichters, wo es unterschiedlich erfolgreiche Richter gibt; der eine setzt jeden Vergleich durch, der andere keinen und muß ständig Urteile schreiben).

(3) Aktivierung von Verhaltensprogrammen

Der Grundmechanismus aller Manipulationstechniken besteht in der Aktivierung von Verhaltensregeln, die im Alltag hilfreich und notwendig sind, in unpassenden Situationen, welche nicht Alltag sind, und in welchen es daher schädlich ist, die Regel zu befolgen. Das Opfer erkennt nicht, daß eine solche Ausnahmesituation vorliegt. Ihm ist auch nicht klar, was geschieht, weil es diese Regeln unbewußt befolgt. Sein Verstand kann das Geschehen nicht kontrollieren. Es reagiert einfach auf einen Reiz und befolgt automatisch die jeweils aktivierten Regeln, zu seinem Schaden.

Diese teils angeborenen, teils angelernten Verhaltensregeln sind, wie ich schon ausgeführt habe, ein wichtiger Bestandteil unseres informationsverarbeitenden Systemes. Die Regeln enthalten gespeicherte Anweisungen für richtige Reaktionen in bestimmten Situationen. Sobald eine Information uns anzeigt, daß die Situation da ist, wird die zugehörige Reaktion automatisch, ohne Nachdenken ausgelöst. Dahinter steht die oben beschriebene Überforderung unseres informationsverarbeitenden Systemes. Wir sind nicht imstande, die Komplexität unserer Umwelt verstandesmäßig zu erfassen und in ständig und rasch wechselnden Situationen die jeweils angemessene Reaktion in der erforderlichen Schnelligkeit auf rationale Weise zu ermitteln. Gleichwohl müssen wir in allen vorkommenden Situationen rasch und richtig reagieren. Falsche Reaktionen können fatale Auswirkungen haben. Die vollautomatisch und damit sehr schnell zu aktivierenden Verhaltensregeln bieten eine Lösung dieses Dilemmas.

Die Komponente unseres informationsverarbeitenden Systemes, die mit Verhaltensregeln arbeitet, ist viel älter als der Systemteil, in welchem sich unsere verbale Ausrüstung befindet. Schon die Tiere arbeiten mit Verhaltensregeln. Daraus ergibt sich ein Vorrang der Verhaltensregeln vor unserer Rationalität. Jene werden von dieser nicht berührt. Wir sind uns nicht einmal der Existenz dieser Regeln bewußt. Dies kommt dem Manipulateur zugute. Er löst ihm günstige Regeln aus und erreicht sein Ziel.

(4) Das Verhaltensprogramm: Fachleute wissen es besser als wir

Eine dieser Regeln besagt beispielsweise, daß die Fachleute es besser wissen als wir, und daß wir deshalb dem Rat der Fachleute zu folgen haben. Woher diese Regel stammt, ist leicht zu erkennen. Wir Menschen leben schon seit langer Zeit in arbeitsteiligen Gesellschaften. Der eine ist ein Krieger, der andere ein Bauer, der dritte schleppt Hinkelsteine, der vierte kann Wundertränke brauen, und der fünfte ist ein Computerspezialist, welcher weiß, was zu tun ist, wenn das Programm abgestürzt ist. Wenn nun der Krieger den anderen zuruft, sie sollten schnellstens auf die Bäume flüchten, dann tun sie das, und zwar ohne nachzudenken. Würden sie nachdenken, gäbe es keine Überlebenden. Wenn der Automechaniker mir sagt, die Kupplung meines Autos müsse repariert werden, dann folge ich seinem Rat. Und wenn Sie später als Anwalt Ihrem Mandanten sagen, er solle sich seine unsinnige Prozeßidee aus dem Kopf schlagen, dann werden Sie dankbar am eigenen Leibe den Nutzen der Autoritätsregel erfahren. Sie erspart dem Experten viele Mühen. Kurz, wir alle müssen dem Rat der Fachleute - der Autoritäten - folgen. Alles andere würde uns überfordern und unser Zusammenleben unmöglich machen. Also haben wir alle eine Regel in uns, die besagt: Was die Autoritäten uns sagen, das gilt!

(5) Das Milgram Experiment

Nun gibt es aber Situationen, in denen wir den Autoritäten besser nicht folgen. In den USA wurde nach dem Zweiten Weltkrieg das berühmte Milgram Experiment durchgeführt. Versuchspersonen wurden aufgefordert, an einem Experiment teilzunehmen, bei dem angeblich der Einfluß von Strafe auf das Lernverhalten von Menschen untersucht wurde. Der vermeintlich Lernende war, was die Versuchspersonen nicht wußten, ein Schauspieler. Er wurde auf einem Stuhl festgeschnallt. An seinem Arm wurden Elektroden befestigt. Nunmehr bekam der Lernende die Aufgabe, sich eine lange Liste von Wortpaaren einzuprägen. Vom Nebenraum aus, durch eine Glasscheibe getrennt, stellten die Versuchspersonen über eine Sprechanlage ihre Fragen. Bei jeder falschen Antwort wurde ein Stromstoß gegeben, der bei jeder weiteren falschen Antwort um fünfzehn Volt gesteigert wurde. Natürlich floß in Wahrheit kein Strom, und der Schauspieler täuschte seine Reaktionen auf die Elektroschocks nur vor, aber das wußten die Versuchspersonen nicht.

Vor dem Experiment hatte Professor Milgram Kollegen und Studenten gefragt, wieviele Versuchspersonen wohl bis zu der höchstmöglichen Spannung von 450 Volt gehen würden, die den Lernenden scheinbar in Lebensgefahr bringen und ihm unerträgliche Schmerzen zufügen würde. Übereinstimmend wurde deren Zahl auf höchstens ein bis zwei Prozent geschätzt. Im Test waren es dann aber mehr als zwei Drittel, Männer wie Frauen, die einen repräsentativen Querschnitt der Bevölkerung darstellten, und die psychologisch völlig normal waren. Sie alle fügten dem Lernenden bedenkenlos anscheinend unerträgliche Qualen zu.

Die Erklärung Milgrams für diese erstaunliche Entdeckung liegt in der Aktivierung der Autoritätsregel. Milgram schrieb: *„Es ist die extreme Bereitschaft Erwachsener, aufgrund eines Befehls einer Autorität fast alles zu tun. Das ist das wichtigste Ergebnis der Untersuchung."* Die Autorität des mit einem Laborkittel bekleideten Wissenschaftlers ließ die Versuchspersonen jede seiner Anweisungen befolgen, auch wenn sie dabei Menschen in Lebensgefahr brachten. Der amerikanische Psychologe Robert B. Cialdini, der dem Thema Manipulationen ein lesenswertes Buch gewidmet hat[9], merkt hier zu an: *„Der gleichzeitige Segen und das Verderben solch blinden Gehorsams liegt in seiner mechanischen Art. Wir müssen*

---

[9] Influence. How and why people agree to things, New York 1984, deutsch: Einfluß. Wie und warum sich Menschen überzeugen lassen, Landsberg (ohne Jahresangabe).

nicht nachdenken und deshalb tun wir es auch nicht. Obwohl dieser gedankenlose Gehorsam uns in der überwiegenden Mehrzahl der Fälle vernünftig handeln läßt, gibt er doch bemerkenswerte Ausnahmen - weil wir reagieren und nicht denken. "

(6) Die Mächtigkeit der Autoritätsregel

Das Milgram-Experiment zeigt, wie mächtig die Autoritätsregel in uns allen wirkt. Im Alten Testament können Sie nachlesen, daß am Beginn der Menschheitsgeschichte ein Akt des Ungehorsams gegen die Autorität Gottes zur Vertreibung aus dem Paradies geführt hat. Abraham war bereit, seinen Sohn zu töten, aus keinem anderen Grunde als dem, daß er gewillt war, der Autorität Gottes zu gehorchen. Daß Gott ihm keinen Grund für seine Aufforderung genannt hatte, und daß es auch keinen vernünftigen Grund für diese sinnlose Tat gab, focht Abraham nicht an. Hinter solchen Mythen steht die Einsicht in die Notwendigkeit der Autoritätsregel für unser Zusammenleben. Die Anarchisten, die dagegen aufbegehren, wurden zu allen Zeiten als Bedrohung empfunden. (Übrigens sagte einer von ihnen einmal treffend, die Anarchie sei zwar die beste aller Staatsformen. Dies gelte aber nur unter der Voraussetzung, daß ein starker Anarch an der Spitze stehe.)

Die unter Juristen so beliebte Berufung auf die „herrschende Meinung" löst also einen Reiz aus, der bewirkt, daß der Empfänger automatisch reagiert, statt zu denken. Das ist keine gute Verhaltensweise. Auch deshalb sollten Sie diese Berufung vermeiden, und zwar von Anfang an.

3. Kombinatorisches Denken

a) Was ist kombinatorisches Denken

(1) Das Prinzip

Kombinatorisches Denken ist ein Denken, bei dem Sie im Unterschied zum autoritären Denken immer nach allen theoretisch vorstellbaren Lösungsmöglichkeiten eines Problemes fragen, wobei Sie das Finden dieser Lösungsmöglichkeiten strikt vom Bewerten trennen. So einfach das klingt, so schwer fällt es.

(2) Die Suche nach allen denkbaren Lösungsmöglichkeiten

Das systematische Suchen nach allen denkbaren Lösungsmöglichkeiten für ein Problem widerstrebt der Neigung zum Geschichtenerzählen. Eine Geschichte enthält immer die Entscheidung für eine Lösung. Beim kombinatorischen Denken müssen Sie aber mit mehreren Lösungen jonglieren. Selbst ein einfacher Fall erzeugt bei solcher Äquilibristik rasch Verwirrung. Das mögen Sie nicht. Lieber ist Ihnen eine klare Entscheidung, und sei es auch nur die erstbeste Entscheidung. Deshalb wird durchweg die autoritäre Methode praktiziert, bei welcher der „herrschenden Rechtsprechung" mit ihren Argumenten die abweichenden Literaturauffassungen gegenübergestellt werden. Aber ich erinnere an den Grafen Bobby. Auch wenn alle zum Kohlmarkt rennen - es brennt dort nicht!

(3) Die Trennung von Finden und Bewerten

Dem Drang zur Geschichte entspricht eine weitere Vereinfachungsstrategie, mit der wir komplexe Umgebungen bewältigen. Wir neigen dazu, alle Erscheinungen sofort zu bewerten. Manche Kinder fallen ihren Eltern mit der ständigen Frage „Ist das gut oder schlecht?" auf die Nerven. Als Erwachsene verhalten sie sich nicht viel anders. Denken Sie an die oben erwähnte Postkarte mit dem Inhalt „Bin empört, worum handelt es sich?" Hier liegt auch der Grund dafür, daß vor allem Fachleute so gut wie niemals kreativ sind. Ihr Motto lautet: „Bin dagegen, worum handelt es sich?"

(4) Die Methode des Brainstorming

In den USA hat man zur Lösung dieses Problemes die Methode des Brainstorming erfunden. Ein Brainstorming ist eine Veranstaltung, bei der strikt unterschieden wird zwischen dem Finden und dem Bewerten von Ideen zur Lösung eines Problems. Diese so einfach klingende Regel muß man in einem Brainstorming ausdrücklich verabreden, will man die Kreativität der Teilnehmer wecken. Stellen Sie sich ein Unternehmen vor, das rote Zahlen schreibt. Der Chef versammelt seine Führungsmannschaft und fragt nach rettenden Ideen. Wenn er kein Brainstorming verabredet, wird man ihm nur die alten Ideen in neuem Gewand präsentieren, mit denen die Firma schon im Graben gelandet ist (mehr Effizienz, Bemühen um

Kundenorientierung, Diversifikation, Konzentration, Globalisierung, Personalabbau...). Bei einem Brainstorming dürfen, ja, müssen die Manager auch Dinge sagen wie „Verkauf der Firma und Anlage des Erlöses auf einem Sparbuch". So etwas darf ein dynamischer Manager freilich nur sagen, wenn man es ihm vorher erlaubt hat, sonst riskiert er, zur Materialverwaltung versetzt zu werden. Und wer weiß - vielleicht stellt sich dann beim anschließenden Gang des Bewertens heraus, daß die Sparbuchidee die rettende Idee ist.

b) Nochmals zum Fall Rose-Rosahl

(1) Die Struktur des Falles

Lassen Sie mich das Gesagte an diesem Fall verdeutlichen. Verdeutlichen Sie sich nochmals diesen Fall, am besten anhand der in Abbildung 1 gezeigten Skizze.

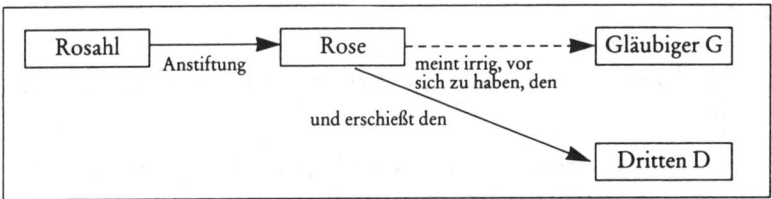

Abb. 1 Struktur des Falles Rose-Rosahl

Die Skizze zeigt sowohl auf der Täterseite als auch auf der Opferseite jeweils zwei Personen (Rose, Rosahl, Gläubiger G und Dritter D). Als Kategorien des Strafrechts kommen „Mord" sowie „Anstiftung zum Mord" in Betracht. Beide Deliktsarten können jeweils vollendet (vollendeter Mord, vollendete Anstiftung) oder versucht (versuchter Mord, versuchte Anstiftung) sein. Gehen Sie bitte davon aus, daß beim Vordermann (Rose) ein error in persona vorliegt, der bei diesem wegen der Gleichwertigkeit der beiden Angriffsobjekte als bloßer Motivirrtum unbeachtlich ist. Rose hat also einen vollendeten Mord begangen.

(2) Ein Experiment

Überlegen Sie nun bitte, wieviele kombinatorische Möglichkeiten es im Fall Rose-Rosahl bezüglich des Hintermannes Rosahl insgesamt gibt. (Sollten Sie noch kein Strafrecht betrieben haben, macht das nichts. Arbeiten Sie in diesem Falle einfach mit Ihrem Alltagsverständnis der genannten Begriffe.) Lesen Sie nicht weiter, ehe Sie diese kleine Übung beendet haben. Schreiben Sie Ihr Ergebnis nieder.

----

(3) Die Kombinatorik des Falles Rose-Rosahl überfordert die menschliche Verarbeitungseinheit

Ich vermute, diese Übung fiel Ihnen nicht ganz leicht. Der Grund dafür ist einfach. Sie sollen eine Kombinatorik aus insgesamt acht „Items" bilden. Damit bewegten Sie sich hart an der Kapazitätsgrenze Ihrer Verarbeitungseinheit (Stichwort „magische Sieben"). Es fällt auch nicht leicht, die sich ergebende Kombinatorik in verbaler Sprache auszudrücken und dabei die Übersicht zu bewahren.

(4) Die kombinatorische Untersuchung des Falles anhand einer Tabelle

Eine Tabelle erleichtert in solcher Lage das Leben. Sie ist in Abbildung 2 gezeigt.

	Vollendeter Mord	Versuchter Mord
Vollendete Anstiftung	D	G
Versuchte Anstiftung	G	G

Abb. 2 Kombinatorik zum Fall Rose-Rosahl

Wie Sie den vier Feldern anschaulich entnehmen können, können Sie die genannten strafrechtlichen Kategorien auf insgesamt vier verschiedene Weisen miteinander kombinieren:

1. Vollendete Anstiftung zum vollendeten Mord
2. Versuchte Anstiftung zum vollendeten Mord
3. Vollendete Anstiftung zum versuchten Mord
4. Versuchte Anstiftung zum versuchten Mord

Die erstgenannte Möglichkeit kommt nur bezüglich des getöteten D in Betracht. D wurde getötet (vollendeter Mord), und wenn zugleich eine vollendete Anstiftung vorliegt, kann sich dies nur auf D beziehen.

Die zweite Möglichkeit kommt dagegen bezüglich des eigentlich gemeinten G in Betracht. Bei ihr wird gesagt, Rose habe eine Tötung des G weder vollendet noch versucht gehabt. Mithin liege bezüglich G nur versuchte Anstiftung des Rosahl vor.

Bei der dritten Möglichkeit wird das Geschehen bezüglich G anders gedeutet. Jetzt sagt man, der Rose habe durchaus den Versuch des Mordes an G unternommen. Dieser Versuch stecke als Minus in der vollendeten Tötung des D. Mithin habe Rosahl den Rose zum versuchten Mord an G angestiftet.

Bei der vierten Möglichkeit werden schließlich bezüglich G die beiden zuletzt genannten Lösungen miteinander kombiniert.

(5) Die Zusammenstellung aller möglichen Lösungen vor ihrer Bewertung

Fragen Sie an dieser Stelle bitte noch nicht nach der „richtigen" Lösung, sondern machen Sie sich zunächst einmal den grundsätzlichen Unterschied des praktizierten Vorgehens zu der zuvor geschilderten autoritäten Denkweise klar. Beim kombinatorischen Denken fragen Sie angesichts eines Problemfalles weder nach Entscheidungen und Lehrmeinungen noch nach der „richtigen", „kanonischen" Lösung des Problems durch Obergerichte und Professoren. Vielmehr überlegen Sie systematisch, welche Lösungsmöglichkeiten es für dieses Problem insgesamt gibt. Diese Möglichkeiten stellen Sie zunächst einmal vollständig zusammen, ohne zu ihnen Stellung zu nehmen. Sie trennen also zwischen der Suche nach allen theoretisch möglichen Lösungsmöglichkeiten einerseits und der Bewertung dieser Lösungsmöglichkeiten andererseits.

(6) Die Auswahl der „richtigen" Lösung

Natürlich ergibt die Kombinatorik aller denkbaren Lösungen noch keine Entscheidung für die Auswahl der „richtigen" Lösung.

Wie sollen Sie diese finden? Ist nicht spätestens an dieser Stelle der Augenblick gekommen, um bei den Autoritäten Orientierungshilfe zu suchen? Ich sage, nein. Um das zu erklären, will ich Ihnen zunächst die Geschichte des Falles Rose-Rosahl erzählen.

(7) Die Geschichte des Falles Rose-Rosahl

Wie schon gesagt, wurde dieser Fall im Jahre 1858 verhandelt. Das preußische Obertribunal entschied sich für die erste der genannten vier Möglichkeiten, selbstverständlich ohne sich mit der aufgezeigten Kombinatorik zu befassen. Die „herrschende Lehre" schloß sich dieser Entscheidung an. Sechzig Jahre herrschte Ruhe. Im Jahre 1918 veröffentlichte Rudolf Binding den Band III seines Werkes „Die Normen" und kam darin auch auf den Fall Rose-Rosahl zu entsprechen (S. 213). Er variierte ihn dahin, daß Rose, um seinen Fehler wiedergutzumachen, nachträglich auch noch den G erschoß. Nun war Binding ein großer Übertreiber. Der vermeintliche G war wiederum der Falsche. Unverdrossen setzte Rose sein Werk nach Binding fort und erschoß den nächsten Passanten, der wiederum der Falsche war. Am Ende lagen Dutzende tot auf der Straße. Sollte, so fragte Binding, der Hintermann wirklich der „Anstifter zu dem ganzen Gemetzel" sein?

Diese Frage wurde bereits vierzig Jahre später von Bemmann (NJW 1958, 817) aufgegriffen. Nochmals fünf Jahre später behandelte sie Roxin (Täterschaft und Tatherrschaft, 1963, S. 215). Und nun setzte sich die erstarrte Lehre in Bewegung. Die neuere Lehre lehnte die Auffassung des preußischen Obertribunals überwiegend ab. Im Jahre 1990 verhandelte dann der BGH aber eine Neuauflage des Falles Rose-Rosahl und bestätigte die Entscheidung des preußischen Obertribunals. Damit war die Rechtsprechung wieder an ihrem Ausgangspunkt angelangt.

Das Binding'sche „Gemetzelargument" klingt in dieser Entscheidung nur am Rande an. Der BGH führt hierzu lediglich aus, wenn der Vordermann nachträglich noch den Richtigen töte, liege in der Regel eine Anstiftung zu beiden Tötungsakten vor. Beruhe der Irrtum des Täters dagegen auf außerhalb der Lebenserfahrung beruhenden Umständen, scheide eine Haftung des Anstifters unter Zurechnungsgesichtspunkten aus.

Es geht hier nicht darum, ob diese Argumentation einleuchtend ist[10], sondern darum, daß der BGH sich auf die Kombinatorik der von ihm abgelehnten Auffassungen überhaupt nicht eingelassen hat. Somit geriet er beim Binding'schen Gemetzelargument auf die falsche Fährte einer kombinatorisch unhaltbaren Lösung. Wenn Sie nochmals Abbildung 2 ansehen, dann erkennen Sie, daß im Falle des nachträglichen Mordes an G die Kombinationen 2, 3 und 4 hinfällig werden. In diesem Falle liegt zweifelsfrei bezüglich G vollendete Anstiftung zum vollendeten Mord vor. Alle Versuchsfälle werden hinfällig. Die Frage kann dann nur noch lauten, ob dem Anstifter Rosahl der darüber hinaus vorliegende Mord des Rose an D zuzurechnen ist, was ganz unmöglich ist, da Rosahl nur zur Tötung des G angestiftet hat, welcher auch getötet wurde. Von hier muß man auf den Ausgangsfall zurückschließen. Dabei erkennt man, daß nur die Kombinationen 2 oder 3 systemkonsistent sind. Die Kombination 1 trägt nicht allen denkbaren Fallgestaltungen Rechnung und ist daher verfehlt.

(8) Die „richtige" Lösung muß systemkonsistent sein

Kombinatorisches Denken führt also zwangsläufig zur „richtigen" Lösung. Dagegen kann man bei autoritärem Denken letztlich machen, was man will. Man kann sich die Autoritäten beliebig aussuchen und dabei Autoritäten, die einem nicht in das Konzept passen, verschweigen (der BGH erwähnt beispielsweise Binding überhaupt nicht), man kann die abweichenden Autoritätem beliebig gruppieren und gegen die eigene Meinung stellen (der BGH faßt beispielsweise die kombinatorischen Möglichkeiten 2 und 3 als die „Gegenauffassung" zusammen, die „im Kern" das gleiche „betone" und verringert auf diese Weise deren Gewicht), und man kann letztlich entscheiden, wie man mag.

Kombinatorisches Denken bereitet Ihnen Mühe. Daß bereits die einfache Kombinatorik einer doppelten Verneinung an die Grenzen Ihrer (und meiner) Hardware stößt, zeigt der bekannte Satz: „Die Kleine ist gar nicht so unübel." Ist die Kleine nun übel oder unübel? (Sie ist leider übel.) Aber die Vorzüge des kombinatorischen Denkens sind so groß, daß Sie diese Mühen in Kauf nehmen

[10] Ablehnend etwa *LK-Roxin*, LK 11. Aufl. 1992, § 26 Rz. 95.

sollten. Sie eignen sich ein universell anwendbares Werkzeug an, welches Ihnen immer hilft.

4. Ein weiteres Beispiel: Der Stachynskij-Fall

Wohin Sie schauen, überall ist Raum für das kombinatorische Denken. Nehmen Sie als weiteres Beispiel den Stachynskij-Fall[11]. Der Agent eines straff organisierten ausländischen Geheimdienstes hatte weisungsgemäß einen Emigrantenführer erschossen, was der BGH als Beihilfe zum Mord qualifiziert hatte. Weder der BGH noch die meisten seiner Kritiker hatten den Fall dahin variiert, daß der Täter den Mordbefehl nur irrtümlich angenommen hatte. Da Beihilfe eine Haupttat voraussetzt, und versuchte Beihilfe straflos ist, wäre der Täter in diesem Falle straflos. Sollte das wirklich der Fall sein? Treffend hat Lothar Philipps hierzu bemerkt, daß es *„in der Rechtswissenschaft anscheinend keine Verpflichtung gibt, die 'kombinatorische Vollständigkeit' eines Entscheidungsprinzips herzustellen ..., d.h. einen Sachverhalt systematisch zu variieren und dabei zu prüfen, ob die angenommene Entscheidungsregel zu Widersprüchen oder Lücken führt"*[12]. Dieses Manko stehe im auffälligen Widerspruch zur Verpflichtung zu enzyklopädischer Vollständigkeit, sprich Zitierwut.

Die Mahnung, die Philipps in diesem Zusammenhang an die Obergerichte richtet, sollten auch Sie beherzigen: *„Dabei könnte und sollte bereits ein Gericht, und zumal ein Obergericht, das eine grundsätzliche Entscheidung trifft, prüfen, ob dieser Grundsatz kombinatorisch generalisierbar ist. Dergleichen müßte, wenn auch nicht mechanisch, so doch schon handwerklich geschehen, ebenso selbstverständlich, wie das Gericht die in Betracht kommenden Tatbestände oder Anspruchsgrundlagen durchzuprüfen pflegt. Daß die Rechtsprechung dieses gründlich tut und jenes unterläßt, liegt vermutlich daran, daß sie ihre Tätigkeit immer noch einseitig nach dem Modell der Subsumtion unter das Gesetz interpretiert. Zwar hat man sich in Theorie und Praxis längst von der Vorstellung eines Zwanges zur wörtlichen Subsumtion gelöst, aber noch nicht gelernt,*

---

[11] BGH St 18, 87.
[12] Lothar *Philipps,* Testaufgaben in der Rechtswissenschaft - Konstruktionsprinzipien und Auswertung durch den Computer, Karlsruhe 1978, S. 17 f.

den gewonnenen Freiraum methodologisch zu bewältigen, insbesondere nicht, ihn zu strukturieren.[13]"

V. Das Denken in Interessen

1. Ein ungewohntes Denken

In diesem Kapitel will ich Sie mit einer weiteren Denkweise befassen, die ungewohnt und schwierig ist, die aber vor allem für Ihre künftige Berufstätigkeit von großer Bedeutung sein kann, und um die Sie sich deshalb bemühen sollten. Ich meine das Denken in Interessen.

2. Das vertraute Denken in Positionen

a) Ein alltägliches Denken

Was das ist, mache ich am besten deutlich, wenn ich zunächst die entgegengesetzte Denkweise behandle, das Denken in Positionen. Dieses Denken praktizieren alle Menschen, sobald sie in einen Konflikt mit anderen geraten. Sie sagen, was sie wollen. Die anderen setzen ihre Positionen dagegen. Das Ergebnis ist Streit. Schon im Kindergarten kann man das beobachten. Fritzchen will mit dem Tretauto fahren. Fränzchen sitzt aber schon auf dem Tretauto und will Fritzchen keinesfalls damit fahren lassen. Fritzchen sagt: „Laß mich mit dem Auto fahren!" Fränzchen sagt: „Nein, ich will selber damit fahren!" Beide denken in Positionen. Am Ende ist das Auto umgekippt. Fränzchen liegt heulend auf dem Boden. Fritzchen muß sich eine Ermahnung der Kindergärtnerin anhören. Das Auto wird weggesperrt. An diesem Tag fährt keiner von beiden mehr Tretauto.

Als Erwachsene, etwa als Nachbarn in der Reihenhaussiedlung, werden sich Fritzchen und Fränzchen nicht anders verhalten. Statt um das Tretauto wird es jetzt um den Komposthaufen am Gartenzaun oder um den sichtversperrenden Baum gehen: „Der Komposthaufen kommt weg!" „Der Komposthaufen bleibt!" - „Der

---

[13] AaO S. 18.

Baum wird gefällt!" „Der Baum wird nicht gefällt!" Die Rolle des Kindermädchens wird das zuständige Amtsgericht übernehmen.

b) Der Grund für das Positionsdenken

Der Grund für das Positionsdenken liegt in der bereits aufgezeigten Überforderung unseres informationsverarbeitenden Systems durch Komplexität. Durch Positionsdenken wird diese Komplexität beherrschbar. Eine Position ist nichts anderes als die Verlängerung der Geschichte eines Konfliktes („Der Nachbar hat einen Komposthaufen am Gartenzaun errichtet") in eine Zukunft, in der unsere Wünsche Wirklichkeit werden („Der Komposthaufen kommt weg"). Als geborene Geschichtenerzähler haben wir damit keine Schwierigkeiten. Aber Wünsche werden nur im Märchen wahr. Die Wunschzukunft des anderen sieht ganz anders aus („Der Komposthaufen bleibt"). Deshalb münden Positionen regelmäßig in einen Konflikt, der nur durch einen Dritten - den Richter - entschieden werden kann.

c) Positionen erzeugen Gegenpositionen

Es ist ein wahres Naturgesetz: Positionen erzeugen Gegenpositionen. Ich habe einmal eine Seminarreihe für ein Unternehmen veranstaltet. Der Vorstand hatte bemerkt, daß zahlreiche Projektgruppen gute Ideen erarbeiteten. Wurden diese dem Vorstand vorgetragen, fielen sie aber regelmäßig durch. Um für die Zukunft sicherzustellen, daß gute Ideen vom Vorstand auch akzeptiert würden, wurde ich gebeten, Präsentationsseminare durchzuführen. Des Rätsels Lösung war bald gefunden. Die Ideen wurden als Vorschläge präsentiert und damit in das Gewand von Positionen gekleidet. Deshalb - und nur deshalb - wurden sie abgelehnt. Ich habe Ideen erlebt, die aus purer Vernunft bestanden, und die dennoch scheiterten. Denn Positionen produzieren unvermeidlich Gegenpositionen. Das ist leicht zu erklären. Meine Wunschzukunft ist nie die Wunschzukunft meines Partners, und deshalb lehnt er meine Position ab. Nachdem das einmal erkannt war, bereitete die Abhilfe keine Schwierigkeiten mehr. Die Probleme wurden interessengerecht so aufbereitet, daß der Vorstand von selbst auf die erarbeiteten Vorschläge kam (siehe zu dieser Denkweise unten).

Daß Positionen Gegenpositionen erzeugen, können Sie auch bei Argumenten erleben. Argumente in einer Auseinandersetzung sind nichts anderes als Positionen. Sie werden deshalb nicht akzeptiert, sondern bekämpft. Dabei gilt eine paradoxe Regel: Je besser ein Argument ist, desto bessere Gegenargumente sind möglich. Gegen gute Argumente kann man immer etwas treffendes sagen. Nur gegen schlechte Argumente kann man nichts erwidern.

d) Ein spieltheoretisches Experiment: Das Gefangenendilemma

Würden die Konfliktparteien nicht nur nach Mehrung des eigenen Nutzens, sondern nach Mehrung des beiderseitigen Nutzens trachten, könnten sie ihr Problem lösen. Aber so verhalten sich die Menschen nicht. Ein bekanntes Experiment hierzu ermöglicht das Gefangenendilemma. Zwei Gefangene stehen unter Diebstahlsverdacht. Die Beweise reichen zu ihrer Überführung aber nicht aus. Da kommt der Vernehmer auf folgende Idee: Die Gefangenen werden getrennt verhört. Jedem wird folgendes Angebot unterbreitet:

„Wenn Sie gestehen, lasse ich Sie frei und Ihr Partner wird 48 Monate eingesperrt. Wenn Sie nicht gestehen und Ihr Partner gesteht, lasse ich ihn frei und Sie bekommen die 48 Monate. Wenn Sie beide gestehen, bekommen Sie beide jeweils 18 Monate. Wenn Sie beide leugnen, werden Sie zwar nicht wegen Diebstahls, wohl aber wegen Landstreicherei[14] verurteilt und bekommen sechs Monate. Ihrem Partner machen wir das gleiche Angebot. Ich rate Ihnen, gestehen Sie. Sie verpetzen damit zwar Ihren Partner. Aber es ist Ihre einzige Chance, frei zu kommen!“

Die Gefangenen befinden sich nun einem Dilemma. Ihre Optionen sind in Abbildung 1 gezeigt.[15]

Mit welcher Strategie soll der Gefangene auf diese Vernehmungsstrategie reagieren? Er hat mit Blick auf seinen Partner, dessen Verhalten er nicht kennt, zwei prinzipielle Möglichkeiten: Er kann auf Nichtkooperation mit seinem Partner setzen und und diesen durch ein Geständnis verpetzen. Wenn er dabei Glück hat,

---

[14) Wenden Sie nicht ein, in Deutschland sei Landstreicherei nicht strafbar. Das Spiel kommt aus den USA.

[15) Nach *Bierbrauer*, Sozialpsychologie, 1996, S. 166.

		Optionen des 2. Beschuldigten	
		nichts sagen	*Partner verpetzen*
Optionen des 1. Beschuldigten	*nichts sagen*	*Strafe wegen Landstreicherei* -6 / Strafe wegen Landstreicherei -6	*Entlassung* -0 / Volle Strafe wegen Diebstahls -48
	Partner verpetzen	*Volle Strafe wegen Diebstahls* -48 / Entlassung 0	*Verminderte Stufe wegen Diebstahls* -18 / Verminderte Strafe wegen Diebstahls -18

Abb. 1 Beispiel für die Optionen im Gefangenen-Dilemma-Spiel. Die Zahlen über den Diagonalen beziehen sich auf das mögliche Strafmaß für den 2. Beschuldigten; die Zahlen unter den Diagonalen beziehen sich auf das mögliche Strafmaß für den 1. Beschuldigten, jeweils in Abhängigkeit davon, ob sie aussagen oder nicht.

wenn also der andere seinerseits auf Kooperation setzt und nicht gesteht, dann kommt er frei. Wenn der andere sich freilich ebenfalls nichtkooperativ verhält, dann bekommen beide jeweils 18 Monate. Er kann aber auch auf Kooperation setzen und nicht gestehen. Wenn sein Partner sich ebenso kooperativ verhält, kommen beide mit 6 Monaten einigermaßen glimpflich davon. Wenn sein Partner sich dagegen nichtkooperativ verhält, bekommt er 48 Monate.

Sieht der Gefangene in seinem Dilemma nur den höchsten erzielbaren individuellen Gewinn, wird er sich für nichtkooperatives Verhalten entscheiden. Sieht er dagegen den höchsten für beide erzielbaren Gewinn, muß er die kooperative Strategie verfolgen. Verhalten sich beide kooperativ, kommen für beide zusammengerechnet maximal 12 Monate heraus. Verhält sich einer nichtkooperativ, kommen insgesamt 48 Monate heraus, verhalten sich beide nichtkooperativ, kommen zusammen 36 Monate heraus. Es ist nicht schwer, auszurechnen, daß kooperatives Verhalten *für beide* günstiger ist.

Aber die Menschen rechnen nicht so. Dies hat etwas mit der von mir bereits angesprochenen Überforderung unseres informationsverarbeitenden Systems in komplexen Umgebungen zu tun. Betrachten Sie nochmals Abbildung 1. Sie werden sehen, daß es gar nicht so einfach ist, sich das Gefangenendilemma klarzumachen. Es gibt hier insgesamt 14 beschriftete Felder. Damit ist der Gefangene klar überfordert (Stichwort „magische Sieben"). Er ist ohnehin nicht sonderlich intelligent, weil er andernfalls nicht im Gefängnis säße. Er nimmt nur die ihm günstige Variante in seine Verarbeitungseinheit auf. Darunter leidet dann das Gesamtsystem.

Dieses Spiel wurde in vielen unterschiedlichen Varianten gespielt, bei denen es nicht um Gefängnisjahre, sondern um Chips oder Geld ging. Es ist ein Spiel mit gemischten Motiven, weil sowohl eine kooperative als auch eine nichtkooperative Strategie befolgt werden kann. Durchweg zeigte sich, daß die Partner eine Tendenz zu nichtkooperativem Verhalten entwickelten, obwohl Kooperation für beide günstiger wäre. Die Wahl für Nichtkooperation - nicht gestehen - verspricht zwar den höchsten individuellen Gewinn, ist aber im Verhältnis zum Partner selbstzerstörerisch, weil dann auch der andere sich entsprechend verhält. Den Schaden haben dann beide. In diesem Verhältnis zwischen kurzfristigen Eigeninteressen und langfristigen allgemeinen Interessen sehen Sozialpsychologen das grundlegende Dilemma sozialer Konflikte vom Alltag bis hin zu internationalen Konflikten.

3. Die traditionelle Rolle der Juristen als Positionsverstärker

a) Die Ursprünge in der Antike

(1) Die forensische Rhetorik in Griechenland

Statt das von Natur aus auftretende Positionsdenken zu bekämpfen, haben wir Juristen es übernommen und perfektioniert. Das geschah bereits in der Antike. Im 5. vorchristlichen Jahrhundert wurden in Sizilien Tyrannen vertrieben. Sie hatten sich und ihren Anhängern viele Güter unrechtmäßig verschafft. Nach ihrem Sturz kam es zu Prozessen (wir würden heute von der „Regelung offener Vermögensfragen" sprechen). Demokratischen Ideen folgend mußten diese öffentlich vor Volksgerichten ausgetragen werden. Dazu bedurfte es der Redekunst. Die sizilianischen Sophisten Korax und Theisias begründeten deshalb die Rhetorik.

Wenig später entwickelte sich in Athen eine ähnliche Situation. Gorgias, ein Schüler des Theisias, beeindruckte die Athener durch seine Redekunst. Wer als Kläger (oder Beklagter) vor einem Volksgericht auftreten wollte (oder mußte), sah sich mit folgenden Bedingungen konfrontiert:

1. *Er stand mindestens 201 und höchstens 6.000 Laienrichtern gegenüber, die unmittelbar vor der Verhandlung durch das Los ausgewählt worden waren und über den Fall nicht instruiert waren.*
2. *Er mußte seinen Fall selbst in geschlossener Rede vortragen, durfte sich also nicht durch einen anderen vertreten lassen.*
3. *Er mußte einen bestimmten Antrag stellen.*
4. *Das Gericht entschied unmittelbar im Anschluß an die beiden Reden ohne Beratung.*
5. *Das Gericht konnte nur über die Anträge entscheiden. Es konnte kein davon abweichendes Votum abgeben. Lediglich bei Klageabweisung traf den Kläger die Geldbuße der sog. Epobelie.*

In den Lehrbüchern der Rhetorik wird ausgeführt, diese Verhältnisse hätten zur Ausarbeitung der Rhetorik Anlaß gegeben. Ich glaube freilich eher, daß die Rhetoriker es waren, die diese berufsfördernden Verhältnisse geschaffen haben. Wie auch immer - vor einem Gerichtshof von bis zu sechstausend Laien mußte jeder Fall drastisch vereinfacht werden. Der Antrag bot die dazu erforderliche Technik.

(2) Das römische Aktionensystem

Die Römer führten Berufsrichter ein und entwickelten den Stand des Rechtsanwaltes. Am griechischen Positionsdenken hielten sie fest. Wer zum Prätor ging, mußte eine zugelassene Klage - eine Actio - erheben. Tat er dies nicht, war sein Begehren unzulässig. Zu Beginn seiner Amtszeit gab der Prätor bekannt, welche Klagen bei ihm erhoben werden konnten. Damit stand automatisch fest, was unzulässig war - nämlich alles übrige.

Der Prätor handelte so, weil er sich das Leben erleichtern wollte. Als ausgebildeter Jurist kannte er alle zulässigen Klagen und wußte, wie sie zu behandeln waren. Der Kläger mußte die klagebegründenden Tatsachen vortragen und beweisen. Der Beklagte konnte klagevernichtende Tatsachen vortragen und beweisen. Die Veranstaltung lief nach festen Regeln ab. Am Ende gab der Prätor entweder dem Kläger oder dem Beklagten Recht. Sein Leben war angenehm. Wenn Sie die Filme „Ben Hur" oder „Quo Vadis" gesehen haben, wissen Sie, daß die Römer genußsüchtige Menschen waren - *beatus ille qui procul negotiis*. Dem Prätor ging es nicht darum, den Bürgern Roms bei ihren Konflikten zu helfen. Er wollte sich selbst helfen. Es ging ihm darum, wenig arbeiten zu müssen. An dieser Grundeinstellung der Richter zu ihrem Beruf hat sich im Grunde nichts geändert (bitte keine Protestbriefe aus der Justiz).

Auch das Leben der Anwälte war einfach. Sie brauchten ihre Klienten nur zu fragen, was sie wollten. Es fällt den Menschen nie schwer, eine solche Frage zu beantworten. Es bereitete auch keine Schwierigkeiten, die Wünsche der Mandanten in eine juristische Klage zu übersetzen. Auch die Anwälte waren Römer und gingen lieber zu einer Orgie als zum Gericht.

b) Die Gegenwart

(1) Die Anspruchswelt des Privatrechts

Die gegenwärtige juristische Praxis hat das antike Erbe übernommen. Sie kann geradezu als eine einzige Übung im Positionsdenken bezeichnet werden. Das erste, was Sie schon zu Beginn Ihres Studiums erfahren, ist, daß Sie sich im Privatrecht auf die Suche nach „Anspruchsgrundlagen" zu begeben haben. Das „*Recht, von einem anderen ein Tun oder ein Unterlassen zu verlangen*", wie § 194 BGB den „Anspruch" legaldefiniert, ist der Dreh- und Angelpunkt des gesamten Privatrechts. Mit ihm geht es immer los. Alles vorangehende dient ihm, alles folgende ist ihm untergeordnet. Der klassische Einstieg in die Privatrechtsklausur beginnt mit der Frage „Wer kann was von wem warum fordern?". Es ist dies die Frage nach dem Anspruch.

(2) Ansprüche im Öffentlichen Recht

Auch das Öffentlichen Recht wird durch Ansprüche beherrscht. Bei der Eingriffsverwaltung geht es darum, ob ein hoheitlicher Eingriff zulässig ist, was wiederum davon abhängt, ob eine entsprechende Ermächtigungsgrundlage existiert, also ein „Anspruch" des

Staates gegen den Bürger (beispielsweise auf Beseitigung eines Schwarzbaues, auf Ableistung des Wehrdienstes, auf Bezahlung von Steuern...). Und bei der Leistungsverwaltung geht es darum, ob umgekehrt der Bürger einen „Anspruch" gegen die öffentliche Hand auf eine bestimmte Leistung (auf Gewährung von Sozialhilfe, auf Erteilung einer Baugenehmigung, auf Vergabe einer Subvention..) hat.

(3) Ansprüche im Strafrecht

Im Strafrecht ist schließlich das Antragsdenken auf die Spitze getrieben worden. Das gerichtliche Verfahren beginnt mit einer Anklage der Staatsanwaltschaft, also mit der bestimmten Behauptung einer theoretisch zur strikten Neutralität verpflichteten „objektivsten Behörde der Welt", der Beschuldigte habe eine konkrete strafbare Tat begangen, deretwegen ein staatlicher „Anspruch" auf Strafe bestehe. Daß eben dies erst durch die Beweisaufnahme in der Hauptverhandlung geklärt werden soll, steht dem nicht im Wege. Würde ein Staatsanwalt an das Gericht schreiben, er bitte, zu prüfen, ob ein bestimmter Beschuldigter strafbar sei, würde er sich rasch in der Registratur wiederfinden. Nein er muß Anklage erheben und einen „Anspruch" des Staates auf Strafe behaupten. Erst dann kann das Gericht prüfen, ob dieser „Anspruch" auch tatsächlich besteht.

(4) Ansprüche sind Positionen

Unentwegt werden Sie als Jurist dazu gezwungen, bestimmte „Ansprüche" zu behaupten (oder zu bestreiten). Ansprüche sind nichts anderes als Positionen. Unvermeidlich ist Ihre Ausbildung daher eine Einübung in das Positionsdenken. So selbstverständlich erscheint Ihnen das alles, daß Sie es fraglos hinnehmen und praktizieren. Das Positionsdenken erscheint Ihnen geradezu als der Inbegriff des juristischen Denkens. Aber bei näherer Betrachtung wird es fragwürdig.

c) Der zentrale Einwand gegen das Positionsdenken

(1) Kein Dienst am Bürger

Das Positionsdenken dient, wie schon gesagt, nicht dem Bürger, sondern den Richtern und den Rechtsanwälten. Sieht man im

Recht nicht die Offenbarungsleistung eines königlichen Richters, sondern eine schlichte Serviceleistung im Dienste der Gesellschaft, ist das wohl die härteste Kritik, die an diesem Denken angebracht werden kann. Den Betroffenen wird regelmäßig *nicht* damit gedient, wenn ihr Konflikt in der Weise behandelt wird, daß Ansprüche - Positionen - formuliert und durchgefochten werden.

(2) Das Beispiel Nachbarschaftsstreit

Nehmen Sie als Beispiel den schon angesprochenen Nachbarstreit. A regt sich über den Lärm auf, den der Sohn des B beim Üben mit seinem Schlagzeug macht. B mag den Komposthaufen des A nicht und ärgert sich über den Schatten, den die Bäume des A werfen. Was wird geschehen, wenn A zum Rechtsanwalt R1 läuft? R1 wird einen scharfen Brief an B schreiben, und er wird darin, so, wie er es gelernt hat, Ansprüche formulieren (*„...fordere ich Sie auf, gemäß Paragraph...unverzüglich... widrigenfalls...“*). Daraufhin wird unvermeidlich vierzehn Tage später ein noch schärferer Brief des Gegenanwaltes R2 folgen (*„... lehne ich es entschieden ab... fordere meinerseits... Unterlassungsklage...“*) A und B werden sich zwar vorübergehend an der Lektüre „ihres“ jeweiligen Briefes begeistern (wobei die Begeisterung nur durch die Irrtümer des Anwaltes gedämpft sein wird, der den Komposthaufen mit der Garage und den Baum mit dem Sohn verwechselt hat). Aber sie werden sehr bald feststellen, daß die Behaglichkeit ihres Daseins ein Ende gefunden hat. Denn als nächstes kommt die Klage, und der Klage folgt die Gegenklage, und dann kommen Beweisaufnahme und Urteil, und das Elend ist da. Was nützt es den beiden, wenn sie die schönsten Unterlassungs- und Beseitigungsansprüche vor Gericht durchfechten und anschließend als Sieger und Verlierer für den Rest ihres Lebens nebeneinander wohnen müssen?

(3) Prozesse sind Menschenzerstörer

Wenn Sie wissen wollen, was Prozesse den Menschen antun können, dann sollten Sie die Lebenserinnerungen von Hans Fallada lesen. Der Dichter beschreibt darin das Schicksal seines Onkels, eines zufrieden seinen Ruhestand verbringenden Pensionärs, in dessen Haus unverhofft ein Wasserrohr bricht. Da der zuständige Versicherer auf die eilig erstattete Schadenanzeige des Onkels nicht sofort reagierte, läßt dieser den Schaden eigenmächtig reparieren und verstößt dabei gegen das Kleingedruckte des Versicherers. Das Resultat ist ein Prozeß, „der Prozeß", der sein Leben zerstört, und der über viele Jahre das Gesprächsthema der Familie ist. Falladas Vater, ein Mitglied des Reichsgerichtes, merkte dazu an, er würde niemals einen Prozeß führen. Falls jemand zu ihm käme und die Herausgabe seines Kronleuchters von ihm forderte, würde er alles tun, um dem Anspruchsteller zu beweisen, daß dieser im Unrecht sei. Würde dieser aber gleichwohl Klage gegen ihn erheben, dann würde er ihm die Lampe herausgeben. Denn Prozesse seien große Menschenzerstörer.

Ich bin der Meinung, daß Prozesse tunlichst nur von juristischen Personen geführt werden sollten. Diese haben keine Schlafprobleme und sind überdies potentiell unsterblich. Natürliche Personen sollten dagegen die Gerichte möglichst meiden. Vielleicht gibt es auch in Ihrer Verwandtschaft oder Bekanntschaft einen Menschen, der einen „Prozeß" pflegt. Machen Sie um diesem Unglücklichen einen großen Bogen. Verraten Sie ihm keinesfalls, daß Sie Jura studieren.

(4) Ausnahmen bestätigen die Regel

Ich verkenne nicht, daß es Fälle gibt, die streitig und notfalls durch alle Instanzen durchgefochten werden müssen. Aber dies gilt nur für die Fälle, in denen es zu keinem Sieg der Vernunft kommt, oder die seltenen Fälle, in denen offene Grundsatzfragen geklärt werden müssen. Bei ihnen nimmt die Rechtsprechung im Grunde Aufgaben der Gesetzgebung wahr. Für die „normalen", alltäglichen Fälle trifft das nicht zu. Positionsdenken ist hier fehl am Platze.

(5) Sie müssen das Positionsdenken beherrschen

Natürlich müssen Sie diese Methode beherrschen. Wir können hier schließlich weder das Jurastudium noch die Rechtspraxis verändern. Aber Sie sollten sehen, daß es eine Alternative gibt, und daß diese Ihnen den großen und attraktiven Markt der außergerichtlichen Konfliktbeilegung eröffnet: Das Denken in Interessen.

4. Die Alternative: Das Denken in Interessen

a) Interessen

(1) Interessen sind komplex

Ich habe schon darauf hingewiesen, daß jeder Rechtsfall - auch der scheinbar einfache Nachbarstreit - und darüber hinaus jeder soziale Konflikt - komplex ist. Demgemäß sind auch Interessen komplex. Es gibt immer eine Vielzahl von Interessen (niemand hat nur ein einziges Interesse). Die verschiedenen Interessen sind abstufbar. Sie stehen miteinander in Wechselwirkung. Manche Interessen sind den Betroffenen verborgen, so daß sie ihre wahren Interessen überhaupt nicht kennen. Die Verfolgung von Interessen führt regelmäßig zu Widersprüchen bis hin zum kontradiktorischen Gegensatz, bei dem ein Interesse nur um den Preis eines anderen Interesses verfolgt werden kann. Verschiedene Menschen verfolgen unterschiedliche Interessen.

(2) Interessen haben eine Oberflächenstruktur und eine Tiefenstruktur

An der Oberfläche finden wir unsere bewußt gemachten Wünsche und Ideale. In der Tiefe finden wir echte und vermeintliche Bedürfnisse, Emotionen, Erfahrungen, Gewohnheiten, Neigungen, Abneigungen Bequemlichkeiten, Laster... Wer weiß schon, welche Interessen er wirklich verfolgt? Man kann sein ganzes Leben mit der Aufgabe verbringen, das herauszufinden. Es ist kein Wunder, daß die Betroffenen dieser Komplexität aus dem Wege gehen, indem sie Positionen einnehmen, und es ist auch kein Wunder, daß die Juristen ihnen auf diesem Wege folgen.

Aber diese Vereinfachungsstrategie darf nicht darüber hinwegtäuschen, daß sich hinter allen Positionen Interessen verbergen, und daß diese immer den Kern des Konfliktes ausmachen. Wer es schafft, zu diesem Kern vorzudringen, kann den Betroffenen wirklich dienen. Das ist schwer, aber nicht unmöglich.

b) Ein Beispiel: Der Pulloverfall

(1) Der Fall

Ein einfaches Beispiel mag das Gesagte erläutern. Käuferin K hat von Verkäufer V ein Kleidungsstück gekauft. Schon beim Kauf waren ihr gewisse Zweifel gekommen. Der Pullover ist gelb. Paßt diese Farbe zu ihren roten Haaren? Und, wichtiger noch, ist Gelb wirklich die Modefarbe der Saison? Nachträglich verdichten sich diese Zweifel zur Gewißheit. K entdeckt zu spät, daß Rot und Gelb nicht miteinander harmonisieren, und daß überdies gerade die Farbe Niagaragrün „in" ist. Damit haben sowohl K als auch V ein Problem. K ist unzufrieden, und unzufriedene Kunden sind schlechte Kunden. Schlechte Kunden bedeuten aber schlechte Geschäfte. Es muß also etwas zur Lösung dieses Konfliktes geschehen.

(2) Die Positionen

Aus der Sicht der K besteht die Wunschfortsetzung der Geschichte dieses Falles darin, daß V den Pullover zurücknimmt und ihr den Kaufpreis zurückerstattet. Aus der Sicht des V besteht sie darin, daß K den Pullover behält und sich daran erfreut. Wie Sie leicht erkennen, sind diese beiden Positionen miteinander unvereinbar. Ein Besuch der K im Laden führt denn auch zu keinem Ergebnis. Gekauft ist gekauft, sagt V, und da er vor seinem Wechsel in die Modebranche vier Semester Jura in Tübingen studiert hat, fügt er hinzu: *„Pacta sunt servanda"*.

(3) Die Suche nach der rechtlichen Konfliktlösung

So leicht gibt sich K aber nicht geschlagen. Wann immer sie ihren Kleiderschrank öffnet, leuchtet ihr ein grelles Gelb entgegen und erinnert sie an ihren Mißgriff. Zum Glück ist ihr Ehemann F, Jurist. K bittet ihn, die Sache in Ordnung zu bringen.

E zieht sein Bürgerliches Gesetzbuch zu Rate. Der Kaufvertrag ist dort als das wichtigste Schuldverhältnis breit geregelt. Die Vorschriften zur Sachmängelhaftung (§§ 459 ff BGB) gehen unmittelbar auf die Regelung des Sklavenkaufes im römischen Recht zurück. Sklaven waren im Rom die wertvollsten Mobilien. Da sie menschliche Wesen waren, konnte man bei ihrem Erwerb freilich böse Überraschungen erleben. Wenn beispielsweise Lucius Publius

Crassus auf dem Markt einen Griechen als Hauslehrer für seine Kinder erwarb, welcher angeblich auf der berühmten Akademie in Athen C-4-Professor für platonische Philosophie gewesen war, und wenn sich später herausstellte, daß der angebliche Grieche in Wahrheit ein kapadokischer Syrer war, dessen angebliches Griechisch sich als ein kümmerliches Aramäisch entpuppte, dann konnte Lucius Publius Crassus gegen den Verkäufer die zulässigen Klagen auf „Wandelung" oder „Minderung" oder „Schadensersatz wegen Nichterfüllung" erheben. Was er auswählte, richtete sich danach, ob er den falschen Griechen überhaupt nicht verwenden konnte (Wandelung), oder ihn wenigstens auf einer Galeere oder im Bergwerk einsetzen konnte (Minderung), und ob seine Kinder ein schauerliches Aramäisch gelernt hatten, was durch Zahlung eines Schmerzensgeldes sowie Entsendung der Kinder auf die Akademie in Athen schleunigst in Ordnung gebracht werden mußte (Schadensersatz wegen Nichterfüllung). Über diesen Rechtszustand sind wir nicht hinausgekommen.

E prüft also, ob das Nichtniagaragrünsein des gelben Pullovers ein Sachmangel ist. Er ist bereit, bis an die Grenzen zulässiger Auslegung zu gehen, aber trotz aller Anstrengungen schafft er es nicht, im Gelbsein eines Pullovers in einer Saison, in der die anderen Damen niagaragrüne Pullover tragen, einen Sachmangel zu erkennen. E teilt K also mit, sie habe keinen Anspruch gegen V auf Wandelung.

(4) Drei Verlierer

Damit ist der Konflikt aber nicht etwa gelöst. Vielmehr gibt es jetzt *drei* Verlierer, nämlich K, V, und E. K wird durch das leuchtende Gelb in ihrem Schrank ständig an ihren Fehlkauf erinnert. V verliert eine gute Kundin. Und E verliert an Ansehen bei seiner Frau. Einen Gewinner gibt es nicht.

(5) Das Versagen der Rechtsordnung

Wenn unsere Rechtsordnung für diesen simplen, alltäglichen Konflikt keine Lösung parat hält, stimmt etwas mit ihr nicht. In der Tat: Solange wir am Positionsdenken festhalten, gibt es keine Lösung. Wo kämen wir auch hin, wenn jeder Kaufvertrag einseitig nach Lust und Laune annulliert werden könnte. Einen solchen „Anspruch" kann es nicht geben.

(6) Die interessenorientierte Lösung des Handels

Beim Denken in Interessen ist dagegen eine Lösung möglich, bei der keiner verliert und alle gewinnen. Der Handel hat sie längst gefunden: V nimmt den Pullover zurück und gibt der K einen Gutschein. Damit wird den wahren Interessen der Betroffenen Rechnung getragen. Das Interesse von K geht nämlich in erster Linie dahin, den gräßlichen gelben Pullover aus dem Haus zu bekommen, um nicht ständig an den Augenblick ihres Versagens erinnert zu werden. Das Geld kommt erst an zweiter Stelle. Dieses primäre Interesse an der Entfernung des Pullovers wird befriedigt. Dem K geht es vor allem darum, Umsatz zu machen und zufriedene Kunden zu haben. Ob er dies mit gelben oder mit niagaragrünen Pullovern schafft, ist unwichtig. Auch dieses Interesse wird voll befriedigt. K wird sogar öfter als gewohnt bei ihm vorbeischauen, um zu sehen, ob er etwas „hereinbekommen" hat. Und E ist der Held des Tages, wenn er mit dem Gutschein von seiner Verhandlung mit V zurückkehrt. Alle gewinnen, keiner verliert.

c) Ein weiteres Beispiel: Der Autofall

So wie im Pulloverfall verhält es sich häufig. Der Sieg der Vernunft wird möglich, wenn Positionen vermieden und statt dessen die gemeinsamen Probleme erkannt und gelöst werden. Ich will das an einem weiteren Beispiel verdeutlichen.

In der Nachbarschaft meiner Wohnung befindet sich ein französisches Restaurant. Vor einigen Wochen wurden meine Frau und ich nachts gegen zwei Uhr durch ohrenbetäubenden Motorenlärm aus dem Schlaf gerissen. Jemand ließ unmittelbar vor unserem Schlafzimmerfenster den Motor seines Autos längere Zeit auf vollen Touren laufen, ehe er wegfuhr. Der Vorgang wiederholte sich in den kommenden Nächten. Immer wieder wurden wir aus dem Schlaf gerissen. Wir sahen, daß es sich um ein Auto mit französischer Nummer handelte. Es hätte nahegelegen, die Polizei zu rufen und Anzeige zu erstatten. Aber es gab einen viel einfacheren Weg. Ich ging abends in das französische Restaurant, fragte nach dem Besitzer des französischen Autos. Er entpuppte sich als Kellner, der dort beschäftigt war. Ich sagte ihm freundlich, daß wir nachts aus dem Schlaf gerissen würden und bat ihn, zu überlegen, wie man dieses Problem lösen könne. Er entschuldigte sich (die Franzosen sind höfliche Leute), sagte mir, das Auto sei leider defekt, und versprach, es schnellstmöglich reparieren zu lassen und ab sofort in einiger Entfernung von unseren Wohnhaus zu parken. Seitdem herrscht nachts wieder Ruhe. Vielleicht gehen wir demnächst einmal französisch essen. - Was hätte wohl ein Anwalt aus diesem Konflikt gemacht?

d) Noch ein Beispiel: Der Zahnarztfall

Ich habe einmal die Zahnarztrechnung eines Universitätskollegen wegen kunstfehlerhafter Behandlung nicht bezahlt. Der Kollege forderte sein Geld. Ich sagte ihm, seine Arbeit sei nichts wert gewesen. Er wies darauf hin, daß ich doch versichert sei. Ich erwiderte, daß ich die Versichertengemeinschaft vor ungerechtfertigter Inanspruchnahme schützen müsse (bis dahin hatte ich garnicht gewußt, was für ein guter Mensch ich bin). Der Kollege lief zum Anwalt. Dieser schlug mir eine Halbierung der Kosten vor. Ich erklärte, hier gehe es um das Prinzip (gute Menschen halten Prinzipien hoch). Der Anwalt erhob Klage. Ich erhob Widerklage und forderte früher gezahlte Honorare zurück. Das Gericht tat alles, um einen Vergleich zustande zu bringen. Es drohte mir, meine Widerklage würde unweigerlich zurückgewiesen. Es drohte dem Kollegen, seine Arbeit sei mit größter Wahrscheinlichkeit Pfusch gewesen. Das habe sich in solchen Fällen noch immer herausgestellt. Schließlich nahmen wir beide unsere Klagen zurück. Das ganze Unternehmen dauerte etwa drei Jahre und kostete uns beide einen Haufen Geld. Mich traf das freilich nicht, weil meine Rechtsschutzversicherung für meine Kosten aufkam. Dabei wäre der Konflikt so einfach zu lösen gewesen. Ich wollte nur eine Entschuldigung. Hätte ich diese bekommen, hätte ich die Rechnung bezahlt, und diese anschließend bei meiner Versicherung zur Erstattung eingereicht (ich bin doch kein so guter Mensch wie es schien). Aber ich bekam sie nicht, und keiner der beteiligten Juristen - immerhin zwei Anwälte und eine komplette Zivilkammer des Landgerichtes - hatte jemals erkannt, worum es in diesem Fall eigentlich ging.

e) Die Beispiele enthalten keine Bagatellfälle

Wenden Sie nicht ein, die Rückgabe eines Pullovers gegen einen Gutschein in einer Modeboutique sei eine außerjuristische Bagatellveranstaltung, die zu unbedeutend sei, um rechtlich mehr herzugeben als die Frage nach der Rechtsnatur des Gutscheins. Wenn wir Juristen den Menschen in ernsthaften Konflikten nicht helfen können, wie im Pulloverfall, oder wenn wir ihnen zwar helfen können, unsere Hilfe ihnen aber mehr schadet als nützt, wie im Nachbarfall, oder wir überhaupt nicht kapieren, worum es geht, wie im Zahnarztfall, dann sollte uns das beunruhigen.

Sie sollten auch nicht glauben, daß die großen, bedeutenden Fälle prinzipiell anders gelöst würden als der Pulloverfall. Wenn etwa zwei Unternehmen miteinander in Konflikt geraten, werden sie zwar ihre Juristen zu Rate ziehen. Aber eine „vernünftige" Lösung ihres Konfliktes werden sie nur auf außerjuristischem Wege finden. Wenn beispielsweise Unternehmen A von Unternehmen B Schadensersatz wegen Industriespionage fordert, wird Unternehmen B klugerweise überlegen, ob es nicht bei Unternehmen A größere Bestellungen aufgeben kann. Wenn Unternehmen C von Betriebsunterbrechungsversicherer D eine zweifelhafte Versicherungsleistung fordert, wird C gut beraten sein, zu prüfen, ob nicht der Abschluß weiterer Versicherungen bei D möglich ist.

Wohin der andere Weg führt, konnte man vor einiger Zeit am Fall des Streites um die Entsorgung der Ölplattform Brent Spar beobachten. Obwohl die Versenkung der Bohrinsel im Meer wahrscheinlich auch unter ökologischen Gesichtspunkten die beste Lösung gewesen wäre, verhinderte das Positionsdenken der Beteiligten - die Aktivisten von Greenpeace eingeschlossen - eine vernünftige Lösung.

f) Kuchenvergrößerung und Win-Win-Negotiation

Um in solchen Fällen zu interessengerechten Lösungen zu finden, ist die Fähigkeit zum Verhandeln erforderlich. Das interessengeleitete Denken führt dabei zu einem Nicht-Nullsummenspiel, bei dem etwas möglich ist, was US-amerikanische Verhandlungsforscher als „Kuchenvergrößerung" bezeichnen. Dem Konflikt wird etwas hinzugefügt, was in ihm nicht vorhanden ist (im Pulloverfall der Gutschein), und was ein Geben ermöglicht, ohne daß dem Gebenden etwas wesentliches fehlt. In der US-amerikanischen Verhandlungsliteratur hat sich dafür der Ausdruck „Win-

Win-Negotiation" eingebürgert. Jeder gewinnt, keiner verliert. Das Positionsdenken führt demgegenüber nur zu einem Nullsummenspiel, bei dem der Gewinn des einen stets den Verlust des anderen bedeutet, so daß - ganz gleich, wie der Fall entschieden wird - im Ergebnis immer die Summe Null herauskommt.

g) Kreativität durch Brainstorming

Ich halte es nicht für erstrebenswert, einem Berufsstand anzugehören, dem mit einer gewissen Berechtigung Phantasielosigkeit und Streitsucht nachgesagt werden. Als aktives Mitglied dieses Standes will ich das ändern und hoffe dabei auf Ihre Unterstützung. Es ist ja nicht gottgegeben, daß die Menschen eine Anspruchsgrundlage vorweisen müssen, wenn sie uns um Hilfe bei ihren Konflikten bitten. Ich kann mir sehr gut Anwälte, ja, sogar Gerichte vorstellen, zu denen die Menschen kommen und einfach ihre Probleme schildern. Ich kann mir sogar Strafgerichte vorstellen, denen statt einer Anklage die Frage präsentiert wird, ob der Beschuldigte bestimmte Taten begangen und sich dadurch strafbar gemacht habe. Dabei kann ich mir auch „Kuchenvergrößerung" - etwa durch Wiedergutmachung des angerichteten Schadens - sehr gut vorstellen (Stichwort Täter-Opfer-Ausgleich).

Freilich wird es bei einer solchen Gestaltung des Rechtsbetriebes für uns Juristen viel schwerer, unsere Arbeit zu verrichten, als unter der Herrschaft des gegenwärtigen Systems, bei dem wir einfach die Anspruchsgrundlagen zu suchen und deren einzelne Merkmale durchzuprüfen haben. Wir müssen uns statt dessen mit Interessen beschäftigen, und das bereitet uns viel mehr Mühe. Wir reden zwar gerne von Interessen - im 19. Jahrhundert wurde bekanntlich mit großem Getöse eine „Interessenjurisprudenz" verbreitet - aber wir haben uns bis heute nie wirklich ernsthaft mit den Interessen unserer Kunden auseinandergesetzt.

Eine gute Methode ist es dabei, die Beteiligten einfach zu fragen, worum es ihnen wirklich geht und ein Brainstorming zur Lösung ihres Konfliktes zu veranstalten. Stellen Sie sich vor, im Nachbarfall würden sich die Betroffenen an Anwälte wenden, die zusätzlich zu ihrer Berufsbezeichnung den Titel „European Master in Mediation and Negotiation (EMMN)[16]" führen. Wie anders würde sich ihr Schicksal gestalten. Die beiden EMMNS's würden zum Telefon greifen und die beiderseitigen Interessen analysieren. Dabei würden sie entdecken, daß der Streit eine wesentliche Ursache im Grußverhalten - oder besser Nicht-Grußverhalten - des schlagzeugspielenden Sohnes hat. Dieser hat die Nachbarn mehrmals nicht gegrüßt, wovon seine Eltern (natürlich) nichts wissen. Dann würden Sie in einem Brainstorming miteinander - nicht gegeneinander - nach einer Lösung suchen. Diese bestünde vielleicht darin, daß der Sohn zu Weihnachten ein Benimmbuch mit dem Titel „Warum Kinder die lieben Nachbarn grüßen sollen?" unter dem Lichterbaum findet. Der Komposthaufen wird hinter die Garage versetzt und dort von beiden Nachbarn gemeinsam benutzt. Der Sohn darf in einer leerstehenden Lagerhalle des (nunmehr höflich gegrüßten) Nachbarn gemeinsam mit seinen Freunden von der Gruppe Terror nach Herzenslust üben. Am Ende des Sommers feiern beide Familien zusammen ein Fest, bei dem der Sohn zunächst alle Gäste begrüßt und anschließend mit den Terrors aufspielt. Dazu gibt es Würstchen und Bier, und zum Schluß landen alle Bioabfälle auf dem gemeinsamen Komposthaufen.

---

[16] Vergleichbare Universitätstitel gibt es bereits im Ausland. In naher Zukunft wird es sie hoffentlich auch in Deutschland geben.

F. Ihre Produktionsmethoden

I. Übersicht

Als Unternehmer müssen Sie sich natürlich auch mit Ihren Produktionsmethoden befassen. Hier haben Sie drei verschiedene Möglichkeiten: Hören, Lesen und Handeln. Die Fachleute für das Lernen haben den Wirkungsgrad dieser drei Methoden gemessen.

Beim Lernen durch Hören gelangen durchschnittlich nur fünf bis zwanzig Prozent der wahrgenommenen Informationen in das Langzeitgedächtnis. Damit erzielt das Hören das schlechteste Ergebnis.

Beim Lernen durch Lesen gelangen etwa zwanzig bis dreißig Prozent der wahrgenommenen Informationen in Ihr Langzeitgedächtnis. Dies ist ebenfalls ein schlechtes Ergebnis.

Die genannten Zahlen sind erstaunlich niedrig. Ihr Kurzzeitgedächtnis täuscht Sie beim Lesen wie beim Hören über diesen Befund hinweg. Sie speichern darin zahlreiche Informationen ein, aber nach etwa zwanzig Minuten wird das meiste davon wieder gelöscht. Später erinnern Sie sich vielleicht noch daran, daß der Dozent einen guten Witz gemacht hat, oder daß Sie eine Entscheidung des BayObLG zur weltbewegenden Problematik des Loipenschändens gelesen haben. Sie sehen diese Entscheidung vielleicht im Geiste noch vor sich und erinnern sich daran, daß der Leitsatz in Ihrer Fachzeitschrift auf einer linken Seite rechts oben stand. Aber Sie wissen nicht mehr, ob das Gericht den Tatbestand der Sachbeschädigung bejaht oder verneint hat. Erst recht wissen Sie nicht mehr, mit welchen Argumenten das Gericht seine Entscheidung begründet hat. Diese wesentlichen Informationen haben Ihr Kurzzeitgedächtnis nicht verlassen. Sie wurden gelöscht und gingen verloren, als hätten Sie nie etwas davon gehört oder gelesen.

Lesen und Hören sind also keine sehr wirksamen Lernmethoden. Am wirksamsten ist die Methode des Handelns.

Für das Handeln ist das Stichwort Aktivität wichtig. Es begleitet Sie durch dieses ganze Buch. Alles hängt daran, daß Sie etwas - und zwar das Richtige - tun. Beim Lernen durch Handeln können Sie bis zu siebzig Prozent der aufgenommenen Informationen in Ihr Langzeitgedächtnis befördern.

II. Lernen durch Hören

1. Der Ursprung der Vorlesung im Mittelalter

Die Vorlesung hat ihren Ursprung im Mittelalter. Vor der Erfindung der Buchdruckerkunst bot sie die einzige Möglichkeit, zu einem Buch zu kommen. Wer damals ein Buch besitzen wollte, mußte sich selbst eines schreiben. Dazu besuchte er die Vorlesungen an einer Universität und schrieb sie mit.

Auch heute noch gehen viele Studenten in den „Hörsaal" und schreiben dort „Vorlesungen" mit. Sie haben freilich nicht bemerkt, daß die mittelalterliche Vorlesung seit Gutenbergs Erfindung, also seit mehr als einem halben Jahrtausend, überflüssig geworden ist. Seitdem kann man gedruckte Bücher in der Buchhandlung kaufen. Zum Zwecke der Buchherstellung braucht man Vorlesungen nicht mehr zu besuchen. Wozu besucht man sie dann?

2. Die moderne „Vorlesung"

a) Reformbestrebungen

(1) Absagen an die „klassische" Vorlesung

Alle Reformbestrebungen zum juristischen Studium enthalten in irgendeiner Weise auch eine Absage an die klassische Vorlesung, ohne daß diese bis heute abgeschafft oder auch nur wesentlich verändert worden wäre.

Vorlesung an der Universität Bielefeld

Die Vorlesung hat ihren Ursprung im Mittelalter. Vor der Erfindung der Buchdruckerkunst bot sie die einzige Möglichkeit, zu einem Buch zu kommen. Heute dient die Vorlesung anderen Zwecken. Der Besuch von Vorlesungen sollte aktiv und bewußt gestaltet werden, sonst bringt er nichts.

(2) Grundkurse

Vor einigen Jahren „erfand" man beispielsweise den Ersatz der juristischen Hauptvorlesungen zum Privatrecht, Strafrecht und Öffentlichen Recht durch sogenannte „Grundkurse", wobei aber, besieht man die Dinge genau, nur die Etiketten vertauscht wurden. Zwischen einem „Grundkurs" und einer „Vorlesung" besteht kein prinzipieller Unterschied - jedenfalls habe ich bis heute keinen entdecken können. Eine Veranstaltung mit einigen hundert Teilnehmern läuft immer nach dem gleichen Schema ab. Vorne steht einer und doziert. Die anderen hören zu. Daran ändert die Tatsache nichts, daß gelegentlich auch der eine oder andere Teilnehmer zu Wort kommt.

(3) Examenskurse und Klausurenkurse

Aktuell heißen die Modeworte „Examenskurse" und „Klausurenkurse". Ich habe an beiden Veranstaltungsarten als aktiver Mittäter teilgenommen und, ehrlich gesagt, nie den Sinn dieser Unternehmen herausgefunden.

(4) Examenskurse

Nehmen Sie etwa einen zweistündigen Examenskurs zum Strafrecht. Es ist klar, daß ich als Dozent in einem Semester nicht den gesamten Prüfungsstoff des Strafrechts behandeln kann. Das würde übrigens auch nicht in unseren universitären Lehrplan passen, weil wir Hochschullehrer ja in dem Glauben leben, die Studenten hätten ihr Grundwissen bereits in den „Grundkursen" erworben. Ich kann daher nicht so tun, als hätten die Teilnehmer keine Vorkenntnisse. Ich behandle die Studenten also als Wissende, die den letzten Schliff suchen, und biete ihnen eine mehr oder weniger zufällige Auswahl interessanter Themen und aktueller Entscheidungen an.

Aber die meisten Studenten haben die strafrechtlichen Grundkurse nicht besucht, oder sie waren zwar dort, haben aber nicht viel mitbekommen, oder sie haben zwar etwas mitbekommen, haben es aber wieder vergessen. Was sie brauchen, ist eine systematische Examensvorbereitung mehr oder weniger vom Stande Null weg, in der auch und vor allem die simplen Fragen von der Art „Wo prüfe ich aufbaumäßig eine objektive Strafbarkeitsbedingung?" oder „Welche Einschränkungen des Notwehrrechtes gibt es und wie prüfe ich sie?" behandelt werden. Das aber würde nicht in die Schublade „Examenskurs" passen. Also verpasse ich ihnen weiter den Feinschliff, obwohl es doch schon am Rohling fehlt.

(5) Klausurenkurse

Oder nehmen Sie die Klausurenkurse. Die Studenten sind ganz wild auf solche Veranstaltungen. Sie glauben, dort könnten sie lernen, wie man Examensklausuren schreibt. Die Fakultäten nähren diese Vorstellung, indem sie solche Veranstaltungen explizit als „Übungen" bezeichnen. Das sind sie aber nicht. Im Schreiben von Klausuren liegen nur Tests, keine Übungen. Es gibt nichts, was man hier üben könnte. Und die Besprechungen der Klausuren bringen auch nicht viel.

b) Das Klausurenschreiben bringt nichts

(1) Der verbreitete Irrtum

Ich habe vor Jahren als Dekan einmal versucht, Hand an diese ziemlich teuren Kurse zu legen. Die Korrekturen müssen ja bezahlt werden, und auch wenn die Entlohnung der Korrekturassistenten niedrig ist, kommen doch bei den heutigen Studentenzahlen beträchtliche Summen zusammen. Das Resultat meines Bemühens war ein Aufschrei der Empörung. Es gab Protestversammlungen, Transparente, Sprechchöre, Sit-ins. Wohlmeinende Kollegen wirkten auf mich ein. Sogar ein Landtagsabgeordneter meldete sich bei mir und bat, die armen Studenten doch nicht um ihre Klausuren zu bringen. Am Ende blieb es bei den Klausurenkursen.

(2) Das Schreiben von Klausuren kostet nur Geld und Zeit

Eine Examensklausur dauert fünf Stunden. Danach ist der Tag nicht mehr viel wert. Für die Besprechung müssen Sie nochmals zwei Stunden rechnen. Und was bringt der ganze Aufwand? Nichts. Sie bringen etwas zu Papier, was Sie weder methodisch noch fachlich beherrschen, um später in der Besprechung etwas zu unwichtigen Rechtsproblemen erfahren, die im Examen schon aus statistischen Gründen nicht vorkommen werden.

Von „Üben" kann bei alledem keine Rede sein. Die Korrektur-
bemerkungen geben Ihnen selbst dann, wenn sie mit Sorgfalt und
Sachkunde geschrieben wurden (was nur selten der Fall ist), nur einen winzigen Bruchteil der Hinweise, die Ihnen eigentlich gegeben
werden müßten. Die üblichen Standardfehler wie das Abschreiben
von Gesetz und Sachverhalt und die Entfaltung des beliebten Gutachtenstils an problemlosen Stellen werden meist überhaupt nicht
kritisiert. Ja, sie werden sogar gelegentlich gefördert. Wenn Sie
schreiben: *„T hat den O körperlich mißhandelt, indem er ihn ge-
ohrfeigt hat. Der Tatbestand des § 223 Var.1 ist verwirklicht"* -
dann steht womöglich am Rand „Subsumieren!". Sie meinen dann
natürlich, Sie hätten etwas falsch gemacht, und das nächste Mal
vergeuden Sie Ihre Zeit und Kraft, indem Sie etwa schreiben:

*„T könnte wegen Körperverletzung, § 223, strafbar sein. Dazu
müßte er einen anderen körperlich mißhandelt oder an der Ge-
sundheit geschädigt haben. O könnte zunächst ein anderer sein.
Unter einem „anderen" versteht die herrschende Meinung jeden
geborenen und noch nicht gestorbenen Menschen mit Ausnahme
des Täters selbst. Maßgeblich ist im Strafrecht, anders als im Zivilrecht (§ 1 BGB) der Beginn der Geburt, wie § 217 zu entnehmen ist..."*

Ich übertreibe ein wenig, aber nur wenig. Solche verfehlten Ausführungen lese ich praktisch in jeder Examensklausur.

(3) Die Befestigung fehlerhafter Verhaltensweisen

So befestigen sich fehlerhafte Verhaltensweisen und schleifen
sich ein, statt ausgemerzt zu werden. Auch achten die Kandidaten
bei den Klausurenkursen viel zu sehr auf die jeweilige materielle
Seite des Falles, statt ihn als Test für den Besitz von methodischen
Fähigkeiten zu begreifen. Sie wollen auch und vor allem die in den
Klausuren enthaltenen „Rechtsprobleme" des Falles „lernen", statt
diese Probleme nur als Übungsmaterial für das Vorhandensein
oder Fehlen methodischer Fähigkeiten zu verwenden. In den Besprechungen werden denn auch nur diese „Probleme" behandelt,
was den Sinn der ganzen Veranstaltung weitgehend aufhebt. Ich
bleibe dabei: Das Schreiben von Klausuren bringt nichts und kostet
viel. (Nur einige - wenige - *Test*klausuren sind sinnvoll.)

3. Die Grundprobleme aller Dozentenveranstaltungen

a) Wissen statt Methode

Das erste Grundproblem aller Dozentenveranstaltungen liegt darin, daß der Dozent Wissen statt Methode verbreitet. Was Sie bekommen, ist Wissen, was Sie brauchen, ist Methode. Sie können sich das klarmachen, indem Sie den Erwerb juristischer Fähigkeiten mit dem Erlernen des Klavierspielens vergleichen. Stellen Sie sich vor, Sie würden dazu Vorlesungen besuchen. Sie könnten ein ganzes Studium lang den berühmtesten Pianisten und den gelehrtesten Musiktheoretikern der Welt zuhören und alles Wissen über das Klavier und seine Bedienung erfahren. Sie wüßten dann am Ende sogar, wieviel weiße und schwarze Tasten das Klavier hat. Aber Sie könnten noch nicht einmal mit einem Finger den Flohwalzer spielen. Vergleichbar geht es mit unseren juristischen Hörsaalveranstaltungen.

b) Vorlesungen dienen dem Dozenten

Das zweite Grundproblem der Vorlesungen liegt darin, daß sie dem Dozenten mehr nützen als Ihnen, dem Kunden. Der Dozent braucht nur aufzuschreiben, was er erzählen will. Anschließend kann er es vorlesen. Ein angenehmer Nebeneffekt dieses Tuns liegt darin, daß das Skript leicht zu einem Lehrbuch verarbeitet werden kann. Deshalb gibt es so viele juristische Lehrbücher.

Ein entfernter Bekannter von mir, von Beruf Antiquitätenhändler, versuchte einmal im Gespräch mit mir herauszufinden, wie sich das Berufsleben eines Juraprofessors so abspielt. *„Also, Sie gehen morgens in die Universität?"*, fing er an. *„Das trifft zu!"*, bestätigte ich. *„Und dann gehen Sie in den Hörsaal?"* - *„Ja".* *„Und dann halten Sie eine Vorlesung?"* - *„Vollkommen richtig."* - *„Und Ihre Kollegen machen es genau so?"* - *„Ja, soweit ich informiert bin."* Er überlegte einen Augenblick und kam dann mit einem Vorschlag heraus. *„Warum teilen Sie sich nicht die Arbeit? Jeder schreibt eine Vorlesungsstunde auf, Sie tauschen die Manuskripte aus und alle haben mit geringstem Aufwand eine komplette Semestervorlesung beisammen."* Der Vorschlag war gar nicht so übel. Er scheiterte lediglich daran, daß nach der Grundüberzeugung jedes Dozenten seine Kollegen in den anderen Hörsälen Irrlehren verbreiten.

Auch Organisationsprobleme gibt es in Vorlesungen nicht, wenn man von der Ordnung der Blätter absieht. Die Zahl und das Verhalten der Teilnehmer sind weitgehend bedeutungslos. Ob hundert oder tausend Studenten im Hörsaal sind, ist allenfalls eine Frage der Bestuhlung und der Lautsprecher. Für die Veranstaltung als solche spielt die Teilnehmerzahl keine Rolle. Es bleibt dabei, daß der eine spricht, und daß die anderen zuhören (oder wenigstens still sind).

c) Passivität der Zuhörer

Das dritte Grundproblem der Vorlesung liegt darin, daß sie den Hörer zur Passivität zwingt. Und wenn der Hörer einmal den Faden verloren hat, kommt er unter Umständen nicht wieder „hinein".

Hinzu kommt, daß Vorlesungen - von Dichterlesungen abgesehen (die an juristischen Fakultäten nicht stattfinden) - meist langweilig sind. Das liegt in der Natur der juristischen Dinge. Im englischen Oberhaus gab es einen Lord, der sich bei einem Auftritt einmal unterbrach und seine Kollegen fragte, ob diese sich bei seiner gerade gehaltenen Rede ebenso schrecklich langweilten wie er selbst. Ich empfinde - ich gebe es zu in der Hoffnung, daß Sie es nicht weitersagen - während meiner Vorlesungen manchmal wie Seine Lordschaft.

4. Die Ursachen für den geringen Ertrag des Hörens

Die Ursachen für den geringen Ertrag des Hörens liegen auf der Hand. Das gesprochene Wort ist flüchtig. Die Linearität und Eindimensionalität der Umgangssprache, die ihrem Wesen nach eine „Geschichtenerzählsprache" ist, wirkt strukturfeindlich. Der Abstraktionsgrad juristischer Darlegungen bereitet Ihnen bei Vorlesungen besondere Lernschwierigkeiten. Wenn Sie einen abstrakten Satz hören wie *„Niedrige Beweggründe sind solche Motive, die qualitativ nach sozialethischen Maßstäben als besonders gemein und daher als verächtlich oder verdammungswürdig gewertet werden und auf tiefster Stufe sittlicher Bewertung stehen"*, prägt sich Ihnen nichts ein. (Was sich einprägen würde, wäre die Schilderung eines Lustmordes, aber diese allein verhilft Ihnen noch nicht zur Dogmatik des Mordtatbestandes.) Und selbst, wenn es sich einprägen würde, hätten Sie damit noch nicht das Regelwissen erworben, das es Ihnen ermöglicht, Mordfälle sachgerecht zu behandeln. Dieses Regelwissen können Sie nur durch ein Falltraining erwerben, und das kann in einer Vorlesung natürlich nicht stattfinden.

5. Und dennoch: Besuchen Sie Vorlesungen

(1) Sie kommen unter Menschen

Trotz aller Einwände plädiere ich nicht dafür, auf den Besuch von Vorlesungen und Übungen zu verzichten. Im Gegenteil, ich rate Ihnen, wie schon gesagt, dazu, wenn irgend möglich, *alle* im Studienplan Ihrer Fakultät vorgesehenen Lehrveranstaltungen zu besuchen. Das Lernen kann eine sehr einsame Angelegenheit sein. In den Lehrveranstaltungen kommen Sie unter Menschen. Das allein wäre schon ein zureichender Grund, dorthin zu gehen. Aber es gibt noch weitere Gründe.

(2) Manche Informationen erfahren Sie nur in Vorlesungen

So gibt es Informationen, die Sie tatsächlich nur in Vorlesungen erfahren können. Wenn Sie in der mündlichen Prüfung den Namen „Rudolf von Ihering" falsch aussprechen, dann weiß der Prüfer, daß Sie nicht in der rechtshistorischen Vorlesung gewesen sind. Das auf diese Weise offenbaren zu müssen, kann peinlich sein. Übrigens soll es auch Dozenten geben, die spezielle Begriffe, beispielsweise den Begriff der „vierten Gewalt" nur für ihre Vorlesungen prägen, um dann im Examen damit Angst und Schrecken zu verbreiten. (*„Beschreiben Sie Aufgaben und Stellung der vierten Gewalt"* - alle Kandidaten rätseln, wer oder was gemeint ist - die Presse, das Bundesverfassungsgericht, die Gewerkschaften? Nur die Teilnehmer der Vorlesung unseres Dozenten wissen, was er gemeint hat: den Ombudsmann.) Aber ich glaube nicht, daß so etwas vorkommt.

(3) Vorlesungen werden vom Staat finanziert

Vorlesungen werden Ihnen kostenlos angeboten. Der Staat läßt sich die Universitäten viel Geld kosten. Sie verletzen Ihre staatsbürgerlichen Pflichten, wenn Sie dieses Angebot nicht wahrnehmen. Außerdem schädigen Sie sich überflüssigerweise selbst, wenn Sie Ihr Geld zum Repetitor tragen. Bedenken Sie: Repetitor kann jeder werden. Er braucht nicht einmal Jura studiert zu haben. Um Professor zu werden, muß man dagegen eine fachlich qualifizierte Ausbildung absolviert haben, die mit Studium, Promotion und Habilitation mindestens fünfzehn Jahre dauert.

Als Unternehmer sollten Sie nur Qualitätsprodukte akzeptieren. Wenn Sie den Professor X meiden, nur weil er langweilig ist, oder weil Sie ihn nicht verstehen, handeln Sie nicht unternehmerisch. Das Problem liegt bei Ihnen, nicht bei Professor X.

(4) Gestalten Sie den Besuch von Vorlesungen ertragreich

Der entscheidende Grund dafür, Vorlesungen zu besuchen, liegt aber darin, daß Sie diesen Besuch sehr ertragreich gestalten können, vorausgesetzt, Sie verlassen geistig das Mittelalter und mißverstehen die Vorlesung nicht als eine Veranstaltung, in der es darum geht, ein eigenes Buch durch Mitschreiben zu produzieren. Sie sollten Vorlesungen nicht gedankenlos und passiv zum Mitschreiben besuchen. Sie sollten vielmehr aktiv werden. Sie sollten die Produktionsmethode Hören mit den anderen beiden Methoden Lesen und Handeln kombinieren. Sie sollten Ihre Produktion optimieren, indem Sie handeln, hören und lesen. Und zwar in dieser Reihenfolge: Erst sollten Sie handeln, dann die Vorlesung besuchen, und dann lesen. Ich komme hierauf gleich zurück.

III. Lernen durch Lesen

1. Achten Sie auf das „Süffigkeitsgesetz"

Mit der Produktionsmethode Lesen können Sie, wie gesagt, nur etwa zwanzig bis dreißig Prozent der wahrgenommenen Informationen in Ihr Langzeitgedächtnis einspeichern. Dabei steht Ihnen ein Gesetz im Wege, das ich als das Süffigkeitsgesetz bezeichnen möchte. Je „süffiger" ein rechtsdogmatisches Buch ist, desto weniger bleibt bei der Lektüre „hängen". Mit elegant geschriebenen Büchern lernen Sie weniger als mit schlecht geschriebenen Werken, bei deren Lektüre Sie sich ständig fragen müssen, was der Autor eigentlich gemeint hat. Der Grund dafür liegt ausschließlich bei Ihnen. Schlecht geschriebene Bücher zwingen Sie zu Aktivitäten, um den Text zu verstehen. Zwangsläufig steigert das Ihren Lernerfolg. Da das Problem bei Ihnen liegt, können Sie es auch lösen. Lesen Sie möglichst nur gut geschriebene Bücher, aber entfalten Sie dort ebenfalls Aktivitäten. Dann bereitet Ihnen die Lektüre Vergnügen und obendrein Nutzen. Überwinden Sie das Süffigkeitsgesetz. Es hängt nur von Ihnen, dem Leser, ab, ob Sie von den Büchern etwas haben oder nicht. Es gibt keine unbrauchbaren Bücher, sondern nur schlechte Leser.

2. Lesen Sie aktiv

a) Bekämpfen Sie die Legasthenie

(1) Eine unbequeme Wahrheit

Durch welche Aktivitäten können Sie den Wirkungsgrad des Lernens mit Büchern verbessern? Lassen Sie mich vorab eine unbequeme Wahrheit aussprechen. Viele Studenten (natürlich nicht Sie) haben heutzutage ein gestörtes Verhältnis zum geschriebenen Wort. Das gilt für Studenten aller Disziplinen, wirkt sich aber bei den jungen Juristen besonders nachteilig aus. Wir Juristen gehen nun einmal bei unserer Arbeit ständig mit Wörtern um. Also müssen wir den Umgang mit Wörtern beherrschen. Anderswo ist das nicht so wichtig. Wenn ein Mediziner mit der Sprache nicht zurechtkommt, hat er immer noch seine Pillen, Spritzen, Skalpelle und Verbände. Wenn ein Jurist über die Wörter stolpert, hat er nichts, woran er sich festhalten kann.

(2) Der Beleg: Examensklausuren

Und die Jurastudenten stolpern heute immer öfter. Ich sehe das an den juristischen Examensklausuren. Mitunter habe ich das Gefühl, die Klausuren wurden mit der geballten Faust geschrieben. In vielen Fällen zeigt schon die äußere Form, daß die Lust an der ästhetisch schönen Gestaltung eines Textes geschwunden ist. Das wirkt sich dann meist auch auf den Inhalt aus.

Vielleicht existieren in Ihrer Familie noch Briefe oder Tagebücher von Ihren Großeltern. Schauen Sie sich diese an und vergleichen Sie diese mit Ihren eigenen Werken. Vor hundert Jahren hätten die Prüfer nicht durchgehen lassen, was wir heutigen Prüfer an sprachlichen Mißgriffen und formalen Mängeln einfach deshalb hinnehmen müssen, weil es der allgemeinen Praxis entspricht. *Tempora mutantur...*

(3) Der Schwund des Lesens

Über die Ursachen dieser Entwicklung kann ich nur spekulieren. Früher wurde vermutlich mehr gelesen als heute, und ob es nun die von den Eltern und Lehrer gewünschten Klassiker oder Karl May waren, eine Vertrautheit mit dem geschriebenen Wort stellte sich allemal ein. Auch wer „nur" hundert Bände Karl May gelesen hatte, konnte der Erkenntnis nicht ausweichen, daß ein deutscher Satz aus Subjekt, Prädikat und Objekt besteht, daß nach einer bestimmten Anzahl von Sätzen ein Absatz gebildet werden muß, und daß Texte nach einer gewissen inneren Logik zu schreiben sind. Eine mit Asterix und Obelix, mit Tim und Struppi und mit Donald Duck aufgewachsene Generation, die sich mit Ausdrücken wie „Ächz", „Keuch", „Stöhn", „Mampf" zu verständigen gewöhnt ist, tut sich mit solchen Einsichten naturgemäß schwerer.[1] Und daß das Fernsehen nicht gerade legastheniehindernde Wirkungen ausübt, brauche ich nicht auszuführen.

(4) Jurisprudenz vom Hörensagen

Weithin wird heute schon in der Praxis eine Jurisprudenz vom Hörensagen betrieben, was die natürliche Folge des Schwundes an Lesekultur ist. Das boomende Fortbildungsgewerbe belegt diesen Befund. Wenn heute ein praktisch tätiger Jurist wissen will, wie sich die Rechtsprechung des BGH zur pipimotiven Sarazität entwickelt hat, dann geht er nicht mehr in die Bibliothek und liest dort nach. Nein, dann meldet er sich vielmehr zu einem Seminar an und läßt es sich dort von einem Referenten erzählen. Längst ist auf diese Weise eine ständig wachsende „Hoteluniversität" entstanden.

Die Jurisprudenz vom Hörensagen geht mitunter schon soweit, daß nicht einmal mehr das Gesetz gelesen wird. Ich kenne durchaus erfolgreiche Juristen, die sich den berühmten „die Rechtsfindung fördernden" Blick in das Gesetz schlicht abgewöhnt haben.

---

[1] Ich will damit nichts gegen Comics sagen. Sie können sogar zu rechtsdogmatischen Zwecken verwendet werden. Die Struktur der Mittäterschaft (§ 25 II StGB) läßt sich beispielsweise gut durch das Verhalten von Onkel Donalds drei Neffen verdeutlichen. Diese sprechen jeden Satz in echter, arbeitsteiliger Mittäterschaft („Wir wollen..." = erster Neffe, „...zu Onkel Donald..." = zweiter Neffe „...laufen!" = dritter Neffe). Das Wesen der funktionellen Tatherrschaft läßt sich an diesem Beispiel sehr gut aufzeigen.

Unlängst erhielt ich einen Anruf. An einem Juristenstammtisch hatte man die Frage aufgeworfen, ob ein einmal gestellter Strafantrag wieder zurückgenommen werden könne. Niemand wußte es. Niemand hatte eine Idee, wie man es herausfinden könne. Alle rätselten, und es bildeten sich die unter Juristen üblichen drei Fraktionen. Die einen sagten: „Man kann es!" Die anderen sagten: „Man kann es nicht!" Die dritten sagten: „Es kommt darauf an!" Bis einer sagte: „Ich kenne einen Strafrechtsprofessor. Der kann uns die Frage sicher beantworten." Dieser Vorschlag stieß auf begeisterte Zustimmung. So erhielt ich einen Anruf. Zufällig hatte ich gerade das Strafgesetzbuch aufgeschlagen vor mir liegen, und zwar, wie es der Zufall bei solchen Geschichten will, just bei § 77 d StGB. Ich brauchte also die Antwort am Telefon nur vorzulesen. Sie lautete: „*Der Antrag kann zurückgenommen werden.*" Natürlich sagte ich nicht, woher ich das wußte. Ich wollte den Anrufer in seinem Glauben an die Gelehrsamkeit von Strafrechtsprofessoren nicht enttäuschen. Daher verzichtete ich auf die Erwähnung meiner Quelle. Der Anrufer war tief beeindruckt. Er ging in seine Stammtischrunde zurück und verkündete die Mitteilung des Experten. Ehrfürchtig wurde die Nachricht entgegengenommen. Alle waren sich einig, daß es doch gut ist, wenn man einen Strafrechtsprofessor kennt.

(5) Lese- und Lernprogramme

Aus dem Gesagten folgt eine dringende Empfehlung: Lesen Sie! Und lernen Sie Gedichte auswendig! Ich weiß, das klingt altmodisch, aber wo die Alten Recht hatten, hatten sie Recht.

Aus eigener Erfahrung mit meinen Söhnen weiß ich, daß man heute selbst durch das humanistische Gymnasium mit einem Minimum an Lektüre kommt. Möglicherweise ist es Ihnen ebenso ergangen. Beheben Sie gegebenenfalls Ihre Lesedefizite. Schrecken Sie dabei vor den Klassikern - Fontane, Tolstoi, Thomas Mann - nicht zurück. Mit etwas Glück stehen Ihnen ungeahnte Erlebnisse bevor. Ein Werk wie „Krieg und Frieden" ist unglaublich spannend und darüber hinaus ausgesprochen witzig. Auch das Lernen von Gedichten kann Spaß machen - greifen Sie ruhig zu Goethe, Schiller, Heine, Benn. Sie verbessern Ihr Sprachempfinden und Ihr

Sprachvermögen - Dinge, die Ihren Examensklausuren unmittelbar zugutekommen werden.

b) Die Defizite juristischer Autoren

(1) Fehlende Kundenfreundlichkeit

Zu den Aktivitäten des Lesens gehört es auch, sich über die juristischen Autoren einige Gedanken zu machen. Auch hier gibt es eine unbequeme Wahrheit. Juristische Autoren verhalten sich nicht kundenfreundlich. Sie denken zu wenig an den Leser. Sie schreiben vor allem im eigenen Interesse. Sie muten dem Leser mitunter Unmögliches zu. Und Sie schreiben auch dann, wenn sie im Grunde nichts zu sagen haben. Sie profitieren dabei davon, daß man im Recht, anders als in den übrigen Wissenschaften, seine Meinung als Wissenschaft verkaufen kann. Und sie lassen in ihren Lehrbüchern die wichtigste Frage des Lesers meist offen, die Frage nämlich, was sich der Leser auf welche Weise merken soll.

(2) Zu geringe Beachtung des Lesers

Die meisten juristischen Autoren denken nicht oder zu wenig an ihre Leser. Wie ihren Werken zu entnehmen ist, stellen sie sich ihren Leser als ein ideales Wesen vor. Dieses Wesen ist voller Wißbegierde und Aufmerksamkeit. Es ermüdet niemals. Es bringt einen hohen Bildungsstand mit. Und es liest die ihm dargebotenen Ausführungen mit Interesse, Sorgfalt, Zustimmung, Bewunderung und Dankbarkeit. Sämtlichen Fußnoten geht es nach, und auch die in den Fundstellen gefundenen Fußnoten verfolgt es bis zum Ende aller Literatur. Dieses Wesen ist wundervoll, der Traum jedes Autors. Es hat nur einen Schönheitsfehler. Es existiert nicht.

Unter den Gründen, die einen Autor dazu bewegen, einen juristischen Text zu verfassen, steht das Streben, dem Leser zu dienen, an letzter Stelle. Darin unterscheiden sich juristische Autoren von anderen Autoren, etwa den Verfassern von Kriminalromanen, die ausschließlich für ihre Kunden tätig sein müssen, wenn sie Erfolg haben wollen. Juristen schreiben aus anderen Gründen, und sie tun es mit solchem Eifer, daß sie einen beachtlichen Beitrag zu der schon erwähnten ständig anschwellenden „Informationslawine im Recht" leisten. Längst kann niemand mehr diese Lawine beherrschen. Die Produktion juristischer Texte steht im umgekehrten Verhältnis zu deren Lektüre. Das gilt besonders für Aufsätze. Neueste Untersuchungen zeigen, daß Aufsätze nur von etwa 3% der Anwälte sehr häufig und nur von etwa 17% häufig genutzt werden.

(3) Schreibfreudigkeit

Der erste Grund für das Schreiben liegt darin, daß manche Juristen einfach schreibfreudig sind. Sie gehören nun einmal zur schreibenden Zunft und können darum nicht widerstehen, wenn ihnen eine Redaktion ein Urteil mit der Bitte um eine Anmerkung schickt, oder wenn ein Aufsatz ihren Widerspruchsgeist weckt.

Vor einiger Zeit meldeten sich bei mir mehrere Kandidaten, welche die erfreuliche Tatsache ihres bestandenen Examens durch Herausgabe einer Festschrift im Selbstverlag würdig begehen wollten. Sie baten mich um einen Beitrag. Natürlich erfüllte ich ihre Bitte. Ich erlaubte ihnen, meine Ausführungen über den Zitatologen (siehe unten) abzudrucken. Als die „Festschrift" dann erschien, stellte ich zu meiner Überraschung fest, daß mehrere renommierte Kollegen ebenfalls Beiträge geliefert hatte, und zwar ernsthafte, eigens für diesen Zweck verfaßte Beiträge. Das Wort „Festschrift" hatte bei ihnen offensichtlich als Pawlow'scher Reiz gewirkt.

(4) Verwertung von Vorlesungsskripten

Bei dozierenden Juristen liegt ein weiterer Grund für die Produktion juristischer Werke in der schon erwähnten Übung, sich die Texte für Vorlesungen und Vorträge aufzuschreiben. Das hat dann irgendwann einmal unvermeidlich die Veröffentlichung dieser Texte zur Folge. Daß es hier nicht um den Nutzen des Lesers, sondern um den des Autors geht, liegt auf der Hand.

(5) Meinung und Wissenschaft

Ein Grund für die Flut an Gedrucktem liegt sodann in einer Besonderheit juristischer Texte, die es in anderen Disziplinen nicht gibt. Ein Physiker oder ein Mediziner schreibt etwas, wenn er etwas Neues mitzuteilen hat. Ein Jurist schreibt etwas, wenn er seine

Meinung zu irgendetwas mitteilen will. Und eine Meinung hat man schnell. Jeder Jurist kann daher jederzeit ohne Schwierigkeiten zu jedem beliebigen juristischen Thema einen Aufsatz schreiben. Er ist entweder dafür oder dagegen, oder er ist teils dafür, teils dagegen (differenzierende Meinung).

Nehmen wir an, der BGH habe in einer soeben veröffentlichten Entscheidung die pipimotive Sarazität für unvereinbar mit dem Rechtsprinzip der Brammelei erklärt. Es ist ganz gleichgültig, ob ich das für richtig oder falsch halte. In beiden Fällen kann ich sofort einen Aufsatz darüber schreiben. Selbst wenn ich der Entscheidung nur zustimme und lediglich in anderen Worten wiederhole, was der BGH gesagt hat, wird niemand daran Anstoß nehmen. Ich werde vielmehr in den Neuauflagen aller Kommentare mit der Anmerkung „zustimmend Haft" zitiert werden. Ich kann also, so ich nur will, meine Privatmeinung selbst dann für Wissenschaft ausgeben, wenn sie bar jeder Substanz ist.

Erst recht kann ich natürlich einen umfangreichen Beitrag schreiben, wenn ich eigene Gedanken zum Thema habe. Nehmen wir an, ich halte im Unterschied zur Auffassung des BGH die pipimotive Sarazität mit dem Prinzip der Brammelei dann für vereinbar, wenn man dieses Prinzip als Ausdruck der hopsolösen Lenzerei begreift. Nehmen wir weiter an, daß dies ein wirklich neuer Gedanke ist. Dann schreibe ich das nicht einfach so nackt hin, wie es hier steht. Nein, dann lege ich erst einmal die Entwicklung der pipimotiven Sarazität seit der ersten Erwähnung dieses Instituts im Sachsenspiegel dar, ehe ich mich mit dem Prinzip der Brammelei befasse, das bekanntlich von Savigny entdeckt wurde und dank der grundlegenden Monographie von Müller-Lüdenscheidt feste Konturen gewonnen hat, ehe ich mich in die hopsolöse Lenzerei vertiefe und allmählich zur Sache komme. Das Ganze geschieht natürlich nicht ohne exzessive Bildung von Fußnoten. So rankt sich, wie schon Rudolf von Ihering bemerkt hat, ein umfangreicher juristischer Text um einen kümmerlichen Gedanken, wobei, wie Ihering hinzugefügt hat, dieser nicht selten auch fehlt.

In anderen Disziplinen geht so etwas nicht. Wenn ein Physiker eine Formel gefunden hat, dann teilt er sie mit, indem er etwa „$e = m \times c^2$" veröffentlicht und hinzufügt, was e, m und c bedeuten.

Damit ist alles gesagt, was zu sagen ist. Kein zweiter Physiker kann kommen und sich an seinen Relativitätszug anhängen, indem er etwa „r x s² = o" schreibt. Dieser Zug ist für ihn einfach abgefahren. Der Newcomer muß sich in seinem Streben nach dem Nobelpreis etwas anderes einfallen lassen. Wie oft hätten dagegen Juristen die Relativitätstheorie in immer neuen Worten wieder neu „entdeckt".

(6) Die Zitatologie

Es ist also sehr leicht, juristische Texte zu verfassen. Und es ist noch leichter, ihnen überdies durch exzessiven Gebrauch von Zitaten den Anschein von Wissenschaftlichkeit zu verleihen. Zu den Zitaten möchte ich etwas ausholen, in der Hoffnung, Sie für immer von dieser allgemein verbreiteten Unsitte abzuhalten.

Ich füge dazu zunächst an dieser Stelle ein Zitat aus früheren Auflagen dieses Buches ein, das sich anhand eines Beispiels mit dem Gebrauch von Fußnoten in juristischen Veröffentlichungen befaßt. Dieses Beispiel war der Rechtsbegriff des Junggesellen. Er wird, so schrieb ich damals,

„*herkömmlicherweise durch folgende Definition geklärt: „Ein Junggeselle ist ein Mann, dem zum Glück die Frau fehlt." Schreibt man das so hin, klingt das nackt und bloß. Ein praktizierender Zitatologe (und jeder Jurist ist ein praktizierender Zitatologe) würde den Satz wie folgt hinschreiben.*

„*Ein[1] Junggeselle[2] ist[3] ein[4] Mann[5] dem[6] zum[7] Glück[8] die[9] Frau[10] fehlt[11].*"

Wie das Beispiel zeigt, sind selbst die auf den ersten Blick weit entwickelt erscheinenden Formen des Zitatenwesens noch beklagenswert unterentwickelt. So ist die Möglichkeit, Fußnoten zu den

---

[1] *Vgl. dazu den grundlegenden Beschluß des BVerfG E Bd. 1, S. 18 ff. zur Verfassungsmäßigkeit des Begriffes „Ein". Zustimmend Müller-Seibermann, NJW 58, S. 64; Seisbletza, Kritische Justiz 58, S. 458; Pott, MDR 58, S. 23. Zum Ganzen auch Wasserkopf, Das Ein und das Nicht-Ein, Neuwied, 1960, sowie Kohlrübe, Die Hermeneutik des Ein-und-Allen - ein Beitrag zur Zirkelhaftigkeit im Rechtsdenken der Gegenwart, Frankfurt- Berlin- Tokio-New York-Schussenried, 1962.*

Fußnoten zu schreiben, noch überhaupt nicht genutzt. Auch kann man die beliebte „a.a.O.Technik" noch ausbauen. Vor allem dann, wenn der angegebene Ort mehrere hundert Seiten zurückliegt, führt dies zum erwünschten aktiven Lesen. Und schließlich ist das oberste Ziel jedes Zitatenverfassers- absolute Vollständigkeit der

---

2) *Zum Begriff des Junggesellen hat Schulze-Verdroß in seiner Münchener Dissertation „Der Junggeselle - eine ungelöste Herausforderung an die Rechtsordnung" (1978) die These formuliert, mit der Kennzeichnung als „unverheiratetes erwachsenes männliches menschliches Lebewesen" sei nur ein Teilaspekt des Junggesellenwesens getroffen. Kritisch und zum Teil ablehnend dazu und dagegen Rohrmoser, Das unverheiratete erwachsene männliche menschliche Lebewesen - eine ungelöste Herausforderung an die Rechtsordnung, Diss. Bremen, 1979.*

3) *BGH 24, 38; RG 15, 26; AG Ditzenbach, NJW 80, 1864; OLG Düsseldorf, JZ 64, 67; LG Essen, MDR 49, 154. A. M. aber das BVerfG a.a.O.*

4) *BVerfG a.a.O. A. M. aber BGH 24, 38; RG 15, 26; AG Ditzenbach NJW 80, 1864; OLG Düsseldorf, JZ 64, 67; LG Essen, MDR 49, 154.*

5) *Das Problem „Mann" ist als ungelöstes rechtsphilosophisches Problem seit meiner grundlegenden Monographie „Der Mann - Prolegomena zu einer Vorstudie eines ersten Vorentwurfes des Versuches einer Begriffsbestimmung zur Propädeutik des Mannes - zugleich ein Beitrag zur rechtsanthropologischen Grundlagenforschung, Freiburg, 1975" anerkannt.*

6) *Abweichend Poolbrath, Archiv für Rechts- und Sozialphilosophie 1967, S. 514 („welchem").*

7) *Die Finalität des Begriffes „zum" hat Viktor Pott, der Begründer des final-teleologischen Rechtsdenkens schon in seinem frühen Werk „Kann der Mensch vorausschauen und planen" (Leipzig, 1893) dem blind-kausalen Justizverständnis des Rechtspositivismus gegenübergestellt. Die Literatur dazu ist unübersehbar. Ich nenne nur: Müller, Der Mensch kann nicht planen, Berlin, 1902; Meier, Der Mensch kann planen, Aachen, 1904; Siebecke, Der Mensch als zugleich planendes und nichtplanendes Wesen, Göttingen, 1906; Rotzbacke, Der Mensch Siebecke als zugleich denkendes und nicht-denkendes Wesen, Frankfurt 1908; Siebecke, Nomen est omen - eine Erwiderung auf Rotzbacke, Göttingen, 1910. Aus der neueren Literatur Theodor Kaufmann, Der Zumismusstreit der Jahrhundertwende - ein Kapitel Rechtsgeschichte, wo die Frage mit Recht offengehalten und ihre Beantwortung künftiger Forschung zugewiesen wird.*

8) *Abwegig der Versuch einer negativen Glücksbestimmung (Abwesenheit von Unglück) durch Kahn-Wilde in seinem auch sonst unsinnigen Aufsatz „Das Recht auf Glück - der vergessene Grundwert", Archiv für öffentliches Recht, 1960, S. 1 ff. Richtig, treffend und heute gültiger denn je dagegen meine Ausführungen in dem Beitrag „Die wohlerwogene Neutralität des Grundgesetzes in Sachen Glück" in der Festschrift für Hubert Knackebein, München, 1964.*

9) *Abweichend Poolbrath a.a.O. („eine").*

10) *Das Problem „Frau" ist als ungelöstes rechtsphilosophisches Grundlagenproblem seit meinem Loseblattwerk „Die Frau - ein Rätsel in jeder Hinsicht" anerkannt. Wenn Kahn-Wilde in seiner Broschüre „Das Frauenrätsel ist lösbar", Bochum, 1979 dies bestreitet, so deshalb, weil er nicht verstanden hat, was ich alles nicht verstanden habe.*

11) *Abweichend Poolbrath a.a.O. („mangelt").*

Nachweise - gegenwärtig außer Reichweite selbst des emsigsten Fußnotenschreibers. Sogar wenn er den eigentlichen Text ganz wegläßt (was gelegentlich schon geschieht), kann er dieses Ziel nicht erreichen. Erst vom Einsatz computergestützter Rechtsdatenbanken ist hier eine grundlegende Änderung zu erwarten."

Ein Kollege schrieb mir damals zu diesen Ausführungen: *„Die Polemik gegen den Zitatologen... überzeugt mich überhaupt nicht. Was soll der Student damit anfangen, wenn etwas, das er unvermeidlich zu bringen hat, dem Hohn ausgesetzt wird?"* Ich habe dazu in einer späteren Auflage angemerkt, es wäre vielleicht in der Tat besser gewesen, ich hätte hier nichts erfunden, sondern einen Fall aus der Praxis genommen, etwa einen Fall aus der überaus reichhaltigen Rechtsprechung zum Problem des unbefugten Plakatierens und Besprühens. Der 1. Strafsenat des OLG Oldenburg befand in seinem Urteil vom 23.8.1982 Ss 173/82, veröffentlicht in der NJW 1983, S. 57 u. a.: *„Unter Berücksichtigung der allgemein bekannten Tatsache, daß aufgesprühte Lackfarbe im allgemeinen von Wänden nur schwierig zu entfernen ist (vgl. OLG Celle, NdsRPfl 1981, 91; OLG Düsseldorf, NJW 1982, 1167; ferner DRIZ 1982, 154)..."*

Ich bin heute mehr denn je der Überzeugung, daß das juristische Fußnotenwesen ein Unwesen ist, und daß die allermeisten Fußnoten ersatzlos gestrichen werden sollten. Ein Autor, zumal ein Lehrbuchautor, kann dem Leser nicht deutlicher zeigen, daß er nicht die Absicht hat, ihm zu dienen, als durch eifrige Verwendung von Fußnoten. Was soll denn der arme Leser mit den Fußnoten anfangen. Soll er ihnen etwa nachgehen? Ich will an einem Beispiel aus der Praxis demonstrieren, was er dabei erleben würde.

(7) Ein Beispiel zur Zitatologie

Im großen Lehrbuch zum Strafrecht Allgemeiner Teil von Maurach-Zipf Teilbd. I, 7. Aufl. 1987, S. 316 wird unter der Überschrift *„Grenzfälle des Irrtums"* die Behandlung des error in objecto bei Gleichwertigkeit der Objekte u.a. am Beispiel eines Totschlages erläutert. Wenn A den B erschießen wolle, sich auf die Lauer lege und den C töte, den er infolge Größe oder Kleidung irrig für den B halte, so trete gleichwohl Strafe wegen vollendeter vorsätzlicher Tötung ein. Es sei dasjenige menschliche Objekt getroffen worden, dem gegenüber A seinen Tötungswillen betätigt habe. Diese Aussage wird mit folgendem Zitatenblock belegt:

„*(H.M.: RG 18, 338; RG 19, 179; BGH 11, 268; OLG Neustadt NJW 64, 311; Schönke-Schröder-Cramer § 15 Rn. 58; Wegner 175; Blei AT 120; Baumann/Weber 409f.; Jescheck 249 f.; Bockelmann AT 73; Wessels AT 71 f.; Dreher-Tröndle § 16 Rn. 6; Schroeder LK § 16 Rn. 8; Rudolphi SK § 16 Rn. 29; Lackner § 15 II 2a)*". Anschließend heißt es: „*Die Gegenmeinung, wonach der Vorsatz wirksam auf B konkretisiert sei, wird heute nicht mehr vertreten.*"

Nun stelle ich mir vor, ich würde als Lernender diese Zitate in einem Lehrbuch ernst nehmen. Ich würde also nach der Aussage zur herrschenden Meinung damit anfangen, die genannten Fundstellen nachzulesen. Um das Unternehmen zu begrenzen, würde ich mir vornehmen, nur jede dritte Fundstelle nachzulesen.

Ich fange also mit BGH 11, 268 an und finde dort eine Entscheidung zu einem Fall, in welchem mehrere Teilnehmer einer Straftat vereinbart hatten, auf einen Verfolger zu schießen, und einer auf Grund dieser Abrede irrtümlich auf einen Tatbeteiligten schoß, wozu der BGH entschieden hat, auch der Getroffene sei als Mittäter des versuchten Mordes (an ihm selbst) zu bestrafen. In diesem Zusammenhang erörtert der BGH die hypothetische Möglichkeit, statt des Schießens sei zum Zwecke der Blendung Gift in die Augen gespritzt worden, in welchem Fall der Spritzende den Tatbestand des § 229 StGB vollendet hätte und der Getroffene insoweit wegen Versuches strafbar wäre. Beim ersteren hätte eine Objektsverwechslung vorgelegen, die bei Gleichwertigkeit der Objekte strafrechtlich ohne Bedeutung sei. Zur Begründung wird auf das Lehrbuch von Maurach zum AT aus dem Jahre 1954 verwiesen. Ich habe mindestens eine Viertelstunde mit einem völlig anderen Problem (Mittäterschaft) verbracht, ehe ich den error in objecto entdeckt habe. Etwas Inhaltliches dazu hat der BGH nicht beigetragen.

Ich bin ermüdet, und meine Informationsverarbeitung ist bereits gestört, aber ich gehe weiter den Fundstellen nach. Um aufzuklären, was mit „*Wegner 175*" gemeint ist, schlage ich das Literaturverzeichnis auf und finde dort, daß es sich um ein Lehrbuch zum AT aus dem Jahre 1951 handelt. Dieses ist mir nicht ohne weiteres zugänglich, und es scheint auch nicht mehr auf dem aktuellen Stand zu sein. Also verfolge ich diese Fährte nicht weiter (Zeitverlust etwa zwei Minuten).

Als nächstes kommt „*Jescheck 249*", womit, wie mir das Literaturverzeichnis verrät, die 3. Auflage 1978 gemeint ist. Im Seminar stelle ich fest, daß inzwischen eine 4. Auflage von 1988 existiert, die aber gerade ausgeliehen ist (Zeitverlust eine halbe Stunde).

Zugänglich ist mir dagegen der Kommentar von Dreher-Tröndle, dessen 43. Auflage 1986 zitiert ist, und der mir sogar in der 48. Auflage von 1997 (Tröndle) vorliegt. Dort stimmt zum Glück die angegebene Fundstelle noch und ich lese:

> „*Str. ist... inwieweit... die Person des Verletzten in der Vorstellung des Täters konkretisiert sein muß (sog. error in objecto oder in persona). A will den B töten, tötet aber versehentlich den C, den er für B hält (Fall Rose-Rosahl, PrObTr GA 7, 332). Vorsatz ist gegeben, denn A hat den Menschen, den er vor sich sah und töten wollte, getötet (RG 18, 338; 19, 179; BGH 11, 270; 37, 218 [m. Anm. Puppe NStZ 91, 124, Roxin JZ 91, 680, Spendel-FS 289 u. § 12, 168; J. Müller MDR 91, 830; Mitsch Jura 91, 873, Streng JuS 91, 910; Geppert Jura 92, 168 u. JK 4 zu § 26; Weßlau ZStW 104, 105; Schlehofer GA 92, 307; Küpper JR 92, 294; Toepel JA 96, 886]; Hettinger JuS 92, L 65; Bemmann, Stree/Wessels-FS 397; SK 29; NK 113) und damit den konkreten Tatbestand verwirklicht...*"

Dieser neue Zitatenblock erschlägt mich und verwirrt mich. Zunächst wird die Behandlung des schon erwähnten error in objecto als strittig bezeichnet, und dann wird nur eine einzige Behandlung dieses Irrtums als die richtige mitgeteilt und mit einer Flut von Zitaten belegt. Die neuere BGH-Entscheidung im 37. Band hat besonders viele Rezensenten gefunden, so daß ich meinen Plan, jede dritte Fundstelle nachzulesen, ändere und beschließe, dieser Entscheidung nachzugehen.

Ich hole mir also den 37. Band, schlage auf Seite 218 auf und entdecke, daß ich auf eine Neuauflage des schon erwähnten Falles Rose-Rosahl gestoßen bin. Der Vordermann erschoß, angestiftet vom Hintermann, den Falschen. Dieser Fall ist aber, wie schon oben aufgezeigt, nur bezüglich des Hintermannes von Interesse. Der BGH behandelt denn auch nur die Frage, ob der Hintermann wegen vollendeter Anstiftung zum vollendeten Mord, versuchter Anstiftung zum vollendeten Mord oder vollendeter Anstiftung zum versuchten Mord jeweils bezogen auf das getroffene und auf das gemeinte Opfer strafbar ist. Bezüglich des Vordermannes schreibt der BGH nur lapidar, es liege ein rechtlich unbeachtlicher error in objecto vor. Zur Begründung verweist er lediglich auf die mir bereits bekannte Entscheidung BGH St 11, 268 (Zeitverlust nochmals eine halbe Stunde).

An dieser Stelle halte ich inne und ziehe Bilanz. Ich habe 77 Minuten damit verbracht, einer Aussage nachzugehen, die von niemandem bestritten wird. Das Bemühen, Zitaten nachzugehen, führte mich zu immer mehr Zitaten, ohne daß mir dabei auch nur die Auswahlkriterien ersichtlich wären. Warum setzt der eine Autor mit RG St 18, 338 und der andere Autor mit PrObTr GA 7, 332 ein? Warum zitiert der eine ein verschollenes Lehrbuch aus dem Jahre 1951 und der andere nicht? Nirgendwo habe ich bei alledem eine sachliche *Begründung* dafür gefunden, daß der error in objecto in der geschilderten Weise zu behandeln sei. Statt dessen wurde ich in einen Kreisverkehr geführt - A verweist für seine Behauptung auf B, B auf C und C auf D, der wiederum auf A veweist. Ich mußte mich dabei durch zwei irrelevante BGH-Entscheidungen zur Mittäterschaft und zur Anstiftung hindurcharbeiten und massive Störungen meiner Informationsverarbeitung hinnehmen. Und der Ertrag des ganzen Unternehmens: Ich weiß nicht mehr als zuvor. Was würde wohl ein Unternehmensberater zu diesem Umgang mit juristischen Informationen sagen?

Das Unternehmen, den Fußnoten nachzugehen, ist also sinnlos, und deshalb praktiziert es auch niemand. Die Frage ist: Was sollen dann die ganzen Zitate? Die Antwort lautet: Sie sollen dem Leser imponieren. Und zwar nicht in erster Linie Ihnen, also dem studentischen Leser, der das Unternehmen bezahlt, sondern den Kollegen, die dem Autor in einem Zitierkartell verbunden sind.

Lehrbücher werden nicht im Dienste des Lernenden geschrieben. Sie sollen vielmehr den Ruhm des Autors unter seinen Kollegen mehren. Sie sind Kollegenbeeindruckungsbücher auf Gegenseitigkeit.

Ginge es dem Autor darum, dem Leser zu dienen, würde er sich darauf beschränken, ihm mitzuteilen, daß der error in objecto bei Gleichwertigkeit der Objekte heute unstreitig als bloßer Motivirrtum unbeachtlich sei. Alles weitere wäre wegzulassen, denn es würde dem Leser nur schaden. Selbst im günstigsten Falle - bei Nichtbeachtung - würden die Zitate den Lesefluß stören und die Frage aufwerfen, ob da nicht vielleicht doch ein Problem lauert. Auch das wäre schädlich. Wenn Sie sich überlegen, daß ein durchschnittliches Lehrbuch eine Auflage von vielleicht 6.000 Exemplaren erreicht, und jeder Käufer nur eine Minute über einem solchen Zitatenblock verliert, ergibt das verlorene 6.000 Minuten oder 100 Stunden. Setzen Sie für die Stunde einer studentischen Hilfskraft einen Wert von 15,- DM an, so beträgt der volkswirtschaftliche Schaden 1.500,- DM. Und das nur bei einem einzigen Zitatenblock!

Ich kenne natürlich den Einwand der Zitatologen, es gehe um die Wissenschaftlichkeit, die der Student frühzeitig kennenlernen und einüben müsse. Er dürfe nicht einfach irgendwelche Behauptungen übernehmen, sondern müsse lernen, sich wissenschaftlich mit Literatur und Rechtsprechung auseinanderzusetzen und korrekt zu zitieren. Dahinter steht die Vorstellung, was gut für die Wissenschaft sei, sei gut für die Lehre und gut für die Praxis. Mit dieser Vorstellung vom Nutzen wissenschaftlichen Arbeitens im Recht geht es ähnlich wie mit den Thesen der Hermeneutik. Sie schmeichelt allen Beteiligten den Professoren wie den Studenten und den Berufspraktikern -, und sie wird darum von niemandem in Frage gestellt. Aber was allen gefällt, muß deshalb noch lange nicht richtig sein. Die allermeisten Juristen werden niemals in ihrem Berufsleben als Wissenschaftler tätig sein, und es wäre schlimm, wenn sie das versuchten. Alles, was sie brauchen, ist handwerklich sauberes Regelwissen für ihre Praxis, und wenn etwas wie der error in objecto unstreitig in einer bestimmten Weise behandelt wird, dann müssen sie sich entsprechend verhalten, und damit basta.

(8) Keine Antwort der Lehrbücher auf die Frage nach dem Lernen

Um sich in der Berufspraxis richtig verhalten zu können, müssen Sie Ihr Wissen in einer bestimmten Weise organisiert haben. Sie benötigen ein bestimmtes Regelwissen im Kopf, während Sie anderes Wissen aus Externspeichern abrufen müssen. Damit bin ich bei meiner Hauptkritik an den juristischen Lehrbüchern. Die meisten Bücher geben dem Leser keine Antwort auf die für ihn entscheidend wichtige Frage: „*Was muß ich auf welche Weise in mein Langzeitgedächtnis einspeichern, und was brauche ich nur zu Verständniszwecken zu lesen, um es anschließend wieder zu vergessen?*"

Der Grund dafür liegt in einer Geringschätzung der Lehre im Vergleich zur Forschung, der sich niemand entziehen kann, der in Deutschland als Jurist eine akademische Karriere machen will. Will ein junger Rechtswissenschaftler Karriere machen, darf er um Himmelswillen nicht „didaktisch" schreiben. In jeder Berufungskommission werden die Daumen nach unten gesenkt, wenn der Berichterstatter das Werk als „didaktisch" bezeichnet. In der deutschen Hochschultradition wird zwar ständig das Prinzip der „Einheit von Forschung und Lehre" beschworen, aber dieses Prinzip hat unter Juristen noch nie existiert, und es existiert auch heute nicht. Geltung hat allein die Forschung. Die Lehre gilt dagegen nichts. Wer in der Forschung gut ist, so die weithin verbreitete Meinung, wird auch in der Lehre gut sein. Die Lehre gilt also ein Abfallprodukt guter Forschung. Aber: eine gute Lehre zu betreiben, ist viel schwieriger, als eine gute Forschung zu machen. Lehre ist ein erfolgsorientiertes Unternehmen, dessen Erfolg gemessen werden kann, in Prüfungen und in der späteren Praxis. Forschung zu betreiben, fällt dagegen viel leichter, und ihr Ertrag ist viel schwerer zu erfassen.

c) Trotz alledem: Lesen Sie!

(1) Kein „Jura light"

Mit alledem will ich die juristische Literatur nicht verteufeln. Sie enthält alle Informationen, die Sie benötigen. Manche Texte sind sogar ausgesprochen gut - „süffig" - geschrieben. Manche sind auch systematisch gut aufgebaut. Nutzen Sie diesen Reichtum.

Lassen Sie sich nicht von Repetitoren und Vereinfachern mit verdünnten Skripten nach dem Muster „Jura light" oder „Jura für Jurahasser" von der echten juristischen Literatur (zu der auch die Entscheidungen gehören) abhalten.

(2) Lesen Sie richtig!

Aber Sie sollten richtig lesen und das setzt voraus, daß Sie die aufgezeigten Mängel sehen. Dann können Sie Akivitäten zu Ihrem Nutzen entfalten. Sie sollten nicht nur mit, sondern auch und vor allem *gegen* die Lehrbücher lernen. Sie sollten ihren eigenen Kopf dagegen setzen. Schon Lichtenberg hat treffend bemerkt: Lesen heißt borgen, daraus erfinden, abtragen. Das, was Sie eigentlich benötigen - das Regelwissen für den Umgang mit der juristischen Normalität - finden Sie in den Lehrbüchern allenfalls verdeckt unter Bergen von Problem- und Zitatengerümpel. Räumen Sie dieses Gerümpel weg! Dann werden Sie fündig. Sie müssen mit anderen Worten handeln. Damit komme ich zu Ihrer dritten Produktionsmethode: Handeln.

IV. Lernen durch Handeln

1. Aktivitäten zur Überwindung des Kurzzeitgedächtnisses

a) Das Problem

Beim Hören und Lesen füllen Sie Ihr Kurzzeitgedächtnis. Wie ich oben aufgezeigt habe, ist dieses Gedächtnis ein Filter, der Ihr Langzeitgedächtnis vor einer Überflutung mit Informationen bewahren soll. Durch Handeln können Sie diese Barriere vor Ihrem Langzeitgedächtnis überwinden. Sie müssen aktiv statt passiv lernen. Sie müssen beim Lernen etwas tun. Dabei genügt es nicht, irgendetwas zu tun. Bloßer Aktionismus bringt noch nichts. Sie müssen vielmehr das Richtige tun. Und was ist das Richtige? Im Grunde ist das ganze Buch eine Antwort auf diese Frage. Ich will die sieben wesentlichen Überlegungen hierzu zusammenfassen:

b) Die Lösung des Problems

(1) Übersetzen Sie fremde Texte

Aktives Lernen bedeutet zunächst, alle einzuspeichernde Informationen in Ihre eigenen Darstellungen zu übersetzen. Verschiedene Menschen besitzen verschiedene Begriffswelten. Deshalb müssen Sie fremde Darstellungen in Ihre eigene Sprache übersetzen. Um zu erkennen, daß verschiedene Menschen verschiedene Sprachwelten besitzen, brauchen Sie nur mehrere Lehrbücher zum selben Gegenstand zu vergleichen. Sie werden sehen, wie unterschiedlich die Sprachwelten sind. Ihre eigene Begriffswelt ist wiederum anders als die der Autoren. Von Anfang an sollten Sie daher den mitgeteilten Stoff in Ihre eigene Sprache übersetzen.

Auch bei dieser Vorgehensweise sind Sie - von einzelnen „Formeln" abgesehen - nicht imstande, sich sprachliche Formulierungen einzuprägen. Im günstigsten Falle können Sie Ihr Wissen beim Erinnern in neuen Formulierungen reproduzieren. Wenn Sie schon bei der Eingabe Ihre eigenen Formulierungen verwenden, unterstützen Sie diesen Vorgang.

(2) Erkennen Sie die Strukturen hinter Formulierungen

Arbeiten Sie die Strukturen heraus, die sich hinter allen juristischen Texten verbergen. Mitunter fällt Ihnen das schwer. Manche Autoren oder Dozenten setzen ihren Ehrgeiz darein, die von ihnen gebildeten Strukturen hinter Worten möglichst zu verdecken. Dann müssen Sie als Lernender besonders intensiv gegen den Lehrenden arbeiten. Aber diese Aktivität bringt reichen Lohn.

(3) Eröffnen Sie sich verschiedene Zugänge zu Ihrem Stoff

Binden Sie sich nicht an einen Autor oder Dozenten. Arbeiten Sie mit mehreren Büchern gleichzeitig. Benutzen Sie nicht nur Lehrbücher, sondern auch Kommentare, Aufsätze und Monografien. Dann werden Sie sehen, daß verschiedene Autoren oftmals verschiedene Strukturen bilden. Das ist zunächst verwirrend, aber notwendig. Die Lerntheoretiker betonen die Wichtigkeit der Methode, Ankoppelungen und Querverbindungen aller Art vorzunehmen. Sie sprechen in diesem Zusammenhang vom Lernen durch Redundanz. Eingespeicherte Informationen sollen vieldimensional miteinander verknüpft werden und dadurch vielseitig abrufbar gemacht werden. Zugleich erkennen Sie bei dieser Vorgehensweise, daß Sie eigene Strukturen bilden müssen.

(4) Bilden Sie eigene Strukturen

Angesichts unterschiedlicher Strukturen wird Ihnen klar, daß Sie nicht einfach vorhandene Strukturen übernehmen können, sondern eigene Strukturen bilden müssen. Natürlich können Sie dabei viele fertige Bauelemente verwenden. Aber letztlich müssen Sie mit Ihren eigenen Strukturen arbeiten. Ihr entscheidendes Richtigkeitskriterium ist dabei Ihre eigene Überzeugung von der Stimmigkeit der von Ihnen gebildeten Strukturen. Dieses Stück Überzeugungsarbeit am eigenen Verstand kann Ihnen kein Lehrer abnehmen.

(5) Programmieren Sie sich selbst

Machen Sie sich den Programmcharakter der Strukturen bewußt. Strukturen sind kein Selbstzweck. Sie enthalten juristisches Know-how für den Ernstfall.

(6) Orientieren Sie sich an Normalfällen

Fragen Sie immer nach der zugrundeliegenden Normalität. Denken Sie sich Normalfälle aus. Beschreiben Sie diese nicht in abstrakten Worten, sondern als konkrete Geschichten. Trainieren Sie die Fähigkeit, jedem Problemfall die zugrundeliegende Normalität gegenüberzustellen.

(7) Bemühen Sie sich um Einfachheit

Sie können nur einfache Strukturen in Ihrem Langzeitgedächtnis einspeichern. Trainieren Sie die Fähigkeit, einfache Strukturen untereinander mit Hilfe geeigneter Strukturverwaltungsprogramme zu verknüpfen, damit Sie auch komplizierte Aufgaben bewältigen können. Auf diese Weise überwinden Sie die Kapazitätsbeschränkung der „magischen Sieben". Zugleich arbeiten Sie mit einem Baukastensystem, bei dem Sie sich Ihre Strukturen einmal zentral erarbeiten, um diese dann für die verschiedenen Anwendungsfälle bereit zu halten. Auf diese Weise rationalisieren Sie Ihr Lernen.

2. Aktivitäten zur Vorbereitung des Lernens

a) Das Prinzip

(1) Bereiten Sie Ihr Lernen inhaltlich vor

So wie es in einem Industriebetrieb die Arbeitsvorbereitung gibt, sollten Sie sich um die Vorbereitung Ihres Lernens kümmern. Damit meine ich nicht nur die Schaffung optimaler Arbeitsverhältnisse, obwohl diese natürlich auch wichtig sind. Ich meine vor allem die inhaltliche Vorbereitung des Lernens. Sie sollten es sich zur Gewohnheit machen, vor jedem Lernvorgang - also vor dem Besuch einer Vorlesung und vor der Lektüre eines Textes - eigene Gedanken über das gerade anstehende Thema zu machen. Dabei sollten Sie probeweise erste Strukturen bilden. Das bereitet Ihnen keine große Mühe und kostet Sie auch nicht viel Zeit.

(2) Benutzen Sie für die Vorbereitung nur Ihren Kopf

Für diese Vorbereitung sollten Sie nichts als Ihren Kopf verwenden. Natürlich müssen Sie wissen, welches Thema ansteht. Bei einem Buch können Sie das dem Inhaltsverzeichnis entnehmen. Dozenten können Sie fragen. Bitten Sie diese, jeweils am Schluß einer Vorlesung mitzuteilen, welches Thema sie jeweils als nächstes behandeln wollen. Die Dozenten werden sich über Ihr Interesse freuen und Ihnen gerne die gewünschte Auskunft geben.

(3) Bilden Sie probeweise erste Strukturen

Ihre selbstentworfenen Strukturen können ruhig laienhaft und falsch, möglicherweise sogar grob falsch sein. Das macht nichts. Entscheidend ist, daß Sie etwas haben, was Sie während der Vorlesung oder der Lektüre aktiv gegen den Vortrag des Dozenten oder den Text halten können. Damit unterscheiden Sie sich von den vielen Kommilitonen, die sich einfach passiv berieseln lassen. Sie haben im Unterschied zu Ihren Kommilitonen ein Zuhör- oder Leseprogramm. Sie wollen wissen, ob Ihre Strukturen stimmen, oder ob Sie etwas falsch gemacht haben. Sie sind ein aktiver Zuhörer oder Leser. Sie werden die Vorlesung oder die Lektüre optimal ausschöpfen. Sie werden den Wirkungsgrad Ihres Lernens auf siebzig Prozent steigern.

b) Das Beispiel „Unterlassungsdelikte"

(1) Sie können mit dem Begriff „Unterlassen" etwas anfangen

Nehmen wir an, in der Vorlesung „Strafrecht - Allgemeiner Teil" stehen in der nächsten Vorlesungsstunde die Unterlassungsdelikte auf dem Vorlesungsplan. Auch wenn Sie sich mit dieser Materie noch nicht befaßt haben, können Sie sich doch Fragen dazu überlegen und sich selbst vorläufige Antworten auf diese Fragen geben. Das Wort Unterlassen ist ja, wie die meisten juristischen Termini, ein plastischer, sprechender Begriff, der auch in der Umgangssprache verwendet wird. Sie können damit etwas anfangen.

(2) Ihre Suche nach dem zugehörigen Normalfall

Wenn Sie sich an das Normalfalldenken gewöhnt haben, erkennen Sie sofort, daß das Wort „Unterlassen" einen Sonderfall, also einen Problemfall kennzeichnet. Damit kommen Sie zwangsläufig zu der Frage, wie der zugehörige Normalfall aussieht. Sie denken sich dazu zunächst einen Fall des vermutlich strafbaren Unterlassens aus, etwa wie folgt:

„Schrankenwärter T schließt die Bahnschranke nicht; Autofahrer O fährt infolgedessen auf den Bahnübergang, wo er vom Zug erfaßt und getötet wird."

Und nun überlegen Sie, wie Sie den Fall variieren müßten, um den zugehörigen Normalfall zu finden. Sie kommen vielleicht auf folgende Idee:

„Schrankenwärter S hat die Schranke ordnungsgemäß geschlossen; Feind T des O öffnet diese, damit O auf den Bahnübergang fährt und vom Zug getötet wird; so geschieht das auch."

Vielleicht ist das ein ziemlich konstruiertes Beispiel, aber diese Besonderheit trifft für die meisten Fälle von Lehrbuchkriminalität zu und ist unschädlich. Hauptsache, Sie haben Spielmaterial, mit dem Sie etwas anfangen können. Sie können nämlich jetzt überliegen, worin die Besonderheit des Problemfalles „Unterlassen" liegt.

(3) Der Unterschied zwischen dem Problemfall Unterlassen und dem Normalfall Tun

Der Unterschied zwischen beiden Fällen liegt in folgendem: Im Normalfall hat T etwas getan, wodurch O zu Tode gekommen ist, und ist strafrechtlich problemlos hierfür verantwortlich. Im Problemfall ist T untätig geblieben. O ist hier ebenfalls zu Tode gekommen, und Sie haben das deutliche Gefühl, daß T ebenfalls für den Tod des O verantwortlich ist. Die Frage, ob dieses Gefühl berechtigt ist, ist identisch mit der Frage, unter welchen Voraussetzungen der Problemfall des Unterlassens dem Normalfall des aktiven Tuns gleichzusetzen ist. (Ich sagte ja schon, daß sich alle Rechtsprobleme auf diese einfache Frage zurückführen lassen.)

(4) Wann ist der Problemfall wie der Normalfall zu behandeln?

Sie überlegen sich die Antwort auf diese Frage und kommen vielleicht zu dem Ergebnis, daß der Bahnwärter aufgund seines Dienstvertrages dazu verpflichtet war, die Schranke zu schließen. Dieser Pflicht hat er zuwidergehandelt. Daraus folgt die Strafbarkeit seines Unterlassens. Offensichtlich gibt es Vertragspflichten, welche den Menschen gebieten, bestimmte Dinge zu tun, und wenn sie diese Gebote nicht erfüllen, können sie sich strafbar machen. Ein erstes Stück Garantendogmatik schält sich aus dem Nebel.

(5) Andere Denkmodelle

Ich will damit nicht sagen, daß Ihr Nachdenken in der geschilderten Weise verlaufen sollte. Es kann auch in ganz anderer Weise stattfinden. Vielleicht legen Sie sich die Frage vor: „Wie verhält sich das Unterlassen zum Tun? Gibt es einen gemeinsamen Oberbegriff? Falls ja, wie könnte man ihn nennen? „Das ist keine triviale Frage. Gustav Radbruch hat darüber eine Habilitationsschrift verfaßt. Oder Sie stellen sich einen Vater vor, der seine Kinder streng mustert und von ihnen wissen will: „Wer von Euch hat das Licht im Keller nicht ausgemacht?" Die Kinder finden diese Frage ziemlich bescheuert, der Vater dagegen überhaupt nicht („Hundertmal habe ich euch schon gesagt..."), und Sie überlegen nun, ob die Kinder Recht haben oder der Vater. (Die Antwort ergibt sich aus der Dogmatik der unechten Unterlassungsdelikte.)

Sie können auch fragen, ob das Unterlassen Realität besitzt, ob es also tatsächlich existiert. Sie wären damit in bester Gesellschaft. Die strafrechtsdogmatischen Klassiker der Zeit um 1900 wollten eben dies beweisen, indem sie das Unterlassen beispielsweise als „gewollte Zurückhaltung der motorischen Nerven" (Beling) bezeichneten. Das Bild des gewaltsam seine Muskulatur im Zaum haltenden Bademeisters angesichts eines ertrinkenden Badegastes sollte den Rechtspositivismus retten, indem es zeigen sollte, daß das Unterlassen ebenso „positive" Realität besitzt wie das Tun. (Natürlich war es unvermeidlich, daß dem das Bild des völlig entspannt im Tiefschlaf liegenden Bahnwärters engegengehalten wurde, an dem der Positivismus in der Tat auf seine Grenzen stieß.)

Sie können sich auch die Frage vorlegen, ob und wie man das Unterlassen in Tatbeständen regeln kann. Sie formulieren vielleicht probeweise „Wer es unterläßt, die Bahnschranke zu schließen, die zu schließen er sich verpflichtet hat, oder Ertrinkende zu retten, zu deren Rettung er als Bademeister verpflichtet ist..." An dieser Stelle halten Sie möglicherweise inne und erkennen, daß es viele weitere denkbare Möglichkeiten des Unterlassens gibt. Sie fahren fort: „... oder wer es unterläßt, Kranken zu helfen oder Verhungernde zu nähren oder Lawinenopfer zu bergen..." Das wird ja uferlos. Sie brechen ab. Nein, so geht das nicht. Aber wie geht es dann? Irgendeinen Weg muß es doch geben. Daß der Arzt wegen Unterlassens strafbar ist, wenn er einem Herzinfarkt seines Patienten untätig zusieht, liegt schließlich auf der Hand.

Sie können sich viele weitere Fragen dieser Art selbst stellen und sich Antworten darauf überlegen. Die Fragen mögen unpassend sein und die Antworten falsch. Aber auch in diesem Falle nützen sie Ihnen. Denn Sie haben etwas in der Hand, womit Sie aktiv lernen können.

3. Aktivitäten nach dem Lernen

a) Nacharbeit

Ich weiß, daß das Wort „Nacharbeit" oberlehrerhaft klingt. Vor einigen Jahren nahm mein Sohn mit seiner Schulklasse an der traditionellen Abiturfahrt nach Griechenland teil. Der Begleitlehrer hatte schon zur Vorbereitung ein perfektes Programm mit Lektüre und Referaten ausgearbeitet. Jeder Tag war minutiös geplant (Besichtigungen, Referate, Diskussionen...). Für die Rückreise war eine Überfahrt mit dem Schiff von Patras nach Brindisi vorgesehen. Alle Besichtigungen würden zu diesem Zeitpunkt hinter den Teilnehmern liegen. Wie sollte man da die Jugend noch sinnvoll beschäftigen und von bedenklichem Müßiggang abhalten? Der Lehrer fand eine Lösung. Er setzte für diese Zeit die wahrhaft homerische Formulierung „Nacharbeit!" in das Programm ein.

Bei Griechenlandfahrten mag man über den Sinn von Nacharbeit streiten. Beim juristischen Lernen ist die Sache eindeutig. Sie *müssen* nacharbeiten, einfach deshalb, weil Sie Regelwissen erwerben müssen, und das erfordert ein laufendes Training.

b) Nochmals: Das Beispiel „Unterlassungsdelikte"

(1) Das Regelwissen für eine Unterlassungsprüfung

Ich knüpfe an das Beispiel der (unechten) Unterlassungsdelikte an. Ihr Regelwissen hierzu könnte nach dem Lernen der Unterlassungsdogmatik wie folgt aussehen (ich skizziere nur den Beginn):

„Zuerst muß ich prüfen, ob ich ein wenigstens konkludentes Tun finde,
nur verneinendenfalls muß ich den Aufwand einer Unterlassungsprüfung durchführen,
dabei stelle ich mir zunächst ganz konkret vor, welches Tun ich vermisse (Erforderlichkeit),
dann prüfe ich insoweit die weiteren allgemeinen Voraussetzungen des Unterlassens (Kausalität, Möglichkeit, Zumutbarkeit),
verneinendenfalls suche ich nach einem anderen vermißten Tun (Erforderlichkeit) und prüfe gegebenenfalls insoweit erneut die allgemeinen Voraussetzungen des Unterlassens (Kausalität, Möglichkeit, Zumutbarkeit),
gegebenenfalls wiederhole ich diesen Vorgang mehrmals,
verläuft diese Prüfung einmal positiv, prüfe ich anschließend die besonderen Voraussetzungen des Unterlassens (Garantenklausel, Entsprechungsklausel)..."

(2) Keine Computerprogramme

Es ist kaum möglich, dieses Regelwissen so aufzuschreiben, wie es etwa ein Computerprogrammierer aufschreiben müßte. Dazu müßten Sie viel zu viel „weiches" Wissen erfassen und auch zu viele Eventualitäten einbauen. So kann es in Grenzfällen aus ökonomischen Gründen zweckmäßig sein, ein konkludentes Tun zu bejahen, so etwa, wenn die „Probleme" Ihres Falles ersichtlich an anderer Stelle - etwa bei den Rechtfertigungsgründen - liegen. Es kann aber auch lernstrategisch richtig sein, das Tun zu verneinen und den vollen Aufwand einer Unterlassungsprüfung über mehrere Seiten hinweg zu betreiben, so etwa, wenn Sie erkennen, daß der Fall typische Unterlassungsprobleme wie Zumutbarkeitsprobleme, Garantenprobleme oder Entsprechungsprobleme enthält. Solche Subtilitäten lassen sich nur schwer oder überhaupt nicht in Worte fassen. Aber das ist zum Glück auch nicht notwendig. Unser Regelwissen funktioniert auf nonverbale Weise. Man mag das dann Gespür, Erfahrung, Intuition oder auch Rechtsgefühl nennen, jedenfalls funktioniert es. Jeder erfahrene Jurist verfügt über mehr Fertigkeiten als er in Worte fassen kann. Die Juristen früherer Epochen wußten das besser als wir heutigen. Sie sprachen von Jurisprudenz und meinten damit die Rechts-„klugheit" dessen, der die juristischen Regeln beherrscht. Heute reden wir von Rechts-„wissenschaft" und meinen, wir könnten alle juristischen Dinge rational beherrschen. Wir können es nicht.

(3) Training

Durch bewußt gestaltetes Training üben Sie anhand von Fällen das erforderliche Regelwissen ein und erwerben die für Ihre Tätigkeit erforderliche „Prudenz". Dazu suchen Sie Fälle und bilden Sie selbst Fälle, die Sie in einem Falltrainer sammeln..

c) Ihre eigene Verantwortung

(1) Verhaltensfertigkeiten

Es geht bei alledem um den Erwerb von Methodenfertigkeiten. In Lehrveranstaltungen und Büchern lassen sich solche Fertigkeiten nur schwer vermitteln. Ich weiß das aus meiner eigenen Erfahrung mit der Vermittlung von Verhandlungsfertigkeiten. Seit vielen Jahren veranstalte ich Verhandlungsseminare für Berufspraktiker wie für Studenten. Verhandeln ist eine Tätigkeit, die genau wie das juristische Bearbeiten von Fällen oder das Klavier Spielen als regelgeleitetes Verhalten begriffen werden kann. Es gibt eine „Kunst" und eine „Wissenschaft" des Verhandelns. Man kann gut oder schlecht verhandeln. Und man kann die für gutes Verhandeln erforderlichen Fertigkeiten erforschen und vermitteln. Aber das geht nicht per Vorlesung, sondern nur durch Han-deln, durch Planspiele, durch Training, Üben, Analysieren, Besprechen, Wiederholen, eben durch Handeln. Das ist für den „Trainer" mühsam und zeitaufwendig. Es kann zum Abenteuer werden. Es ist sogar riskant. Im Unterschied zu dem Dozenten, der allenfalls fürchten muß, seine Blätter vergessen oder durcheinander gebracht zu haben, weiß der Verhaltenstrainer nie, was in seinem Seminar als nächstes passieren wird. Alles kann gut gehen. Das Seminar kann aber auch mißlingen. Ich habe es erlebt, daß ein Teilnehmer aufgestanden ist, mich laut beschimpft hat und demonstrativ gegangen ist. Nach einem solchen Erlebnis wünsche ich mich sehr an den bequemen Platz hinter dem Hörsaalkatheder zurück.

(2) Kleine Gruppen

Verhaltensfertigkeiten kann man sinnvollerweise auch nur in kleinen Gruppen mit maximal fünfzehn, zwanzig Teilnehmern, lieber weniger, vermitteln und einüben. Sind es mehr, muß man Kleingruppen bilden und sich zusätzlich etwas einfallen lassen, indem man Assistenten oder Beobachter bittet, die Gruppen zu betreuen oder zu beobachten und anschließend im Plenum darüber zu berichten. Man muß sich darum kümmern, daß möglichst jeder Teilnehmer eigene Aktivitäten entwickelt. Kurz, man muß organisieren, anstoßen, motivieren, kontrollieren, und man muß bei alledem hellwach bleiben.

An den Hochschulen wird das alles kaum eingeführt werden. Das können Sie beklagen, aber Sie werden nichts ändern. Sie brauchen Regelwissen, und da Sie es nicht fertig bekommen, müssen Sie sich selbst darum kümmern. Dieses Gebiet liegt ganz in Ihrer Verantwortung.

V. Mit dem Computer lernen

1. Benutzen Sie Ihren Computer

Sie sollten auch Ihren Computer beim Lernen verwenden. (Daß Sie einen Computer besitzen, setze ich voraus. Längst ist er schon für die Hausarbeiten vor allem im Hinblick auf die dort (leider) erwarteten Fußnoten unentbehrlich geworden. Falls Sie noch keinen Computer besitzen sollten, sollten Sie sich schleunigst einen kaufen.)

2. Der Weg in die Informationsgesellschaft

a) Information als Rohstoff der Juristen

Selbst wenn Sie ein Technikfeind sein sollten, sollten Sie das tun. Es ist unübersehbar, daß wir uns in Deutschland wie in anderen Ländern auf dem Weg in die Informationsgesellschaft befinden. Information ist der Rohstoff des kommenden Jahrtausends. Für uns Juristen ist das ein besonders interessanter Befund. Denn wir betreiben seit altersher pure Informationsverarbeitung. Der älteste Datenspeicher der Menschheitsgeschichte bestand aus Steintafeln. Darauf standen Gesetze, nämlich die Zehn Gebote. Jahwe überreichte sie Moses auf dem Berg Sinai.

b) Juristen betreiben pure Informationsverarbeitung

(1) Alle juristischen Berufe müssen mit Computerunterstützung ausgeübt werden

Wir Juristen gehen ständig mit Informationen um, mit Sachverhalten, Gesetzen, Büchern, Schriftsätzen. Wir formulieren, suchen und verarbeiten Informationen. Ein Systemanalytiker würde uns sagen, daß wir Darstellungsprobleme, Retrievalprobleme und Verarbeitungs- und Entscheidungsprobleme zu lösen haben. Bei allen drei Problemen kann uns die moderne Informationstechnik schon heute helfen. (Eine in jüngster Zeit durchgeführte Studie ergab, daß in 96% aller Anwaltskanzleien PC's stehen, und daß 87% aller befragten Anwälte ihren PC selbst aktiv nutzen.) Es gibt keinen juristischen Beruf mehr, den man ohne intensive Computernutzung ausüben kann. Das allein wäre schon ein Grund, sich bereits während des Studiums an diese Nutzung zu gewöhnen.

(2) Der Computer kann Ihr Lernen unterstützen

Aber es gibt noch einen weiteren Grund. Der Computer kann Ihnen beim Lernen helfen. Es wäre schade, wenn Sie ihn lediglich für die Produktion der wenigen Hausarbeiten verwenden würden, die Sie im Studium abliefern müssen. Seine Möglichkeiten reichen viel weiter. In jeder juristischen Fachbuchhandlung können Sie heute schon eine ganze Reihe von computergestützten Lernprogrammen kaufen. In den USA gibt es eine Bewegung namens „Computer Aided Legal Instruction" (CALI). Die dortigen Law Schools haben bereits in den frühen achtziger Jahren, als die Apples und PC's aufkamen, einen Verbund gegründet, in welchem sie die von verschiedenen Professoren und Assistenten entwickelten juristischen Lernprogramme austauschten und ihren Studenten in damals schon eingerichteten „Computer Lab's" zur Verfügung stellten.

3. Die Ablehnung der Informationstechnik in Deutschland

a) Die Zurückhaltung der Rechtsfakultäten

In Deutschland gab und gibt es keine vergleichbare Entwicklung. An den deutschen Rechtsfakultäten sah man damals keinen wesentlichen Unterschied zwischen einem Computer und einem Fernsehgerät (beide haben einen Bildschirm) und hielt (und hält) beides für zutiefst fragwürdig. Die Politik der Bundesregierung hat dankenswerterweise viel dafür getan, um diesen Zustand zu verändern. Sie startete mehrere „Computer Investitions Programme (CIP)" und „Wissenschaftler-Arbeitsplatz-Programme (WAP)", um die Universitäten mit Computernetzwerken auszurüsten und die Professoren zu aktiver Arbeit am und mit dem Computer anzuregen. So sind auch an etlichen juristischen Fakultäten Computerzentren entstanden. Aber von einer intensiven Bewegung, gar einer Begeisterung für die neuen Möglichkeiten konnte und kann keine Rede sein. Juristische Lernprogramme entstanden nur ganz vereinzelt als die Werke von Einzeltätern. Die weit überwiegende Zahl der juristischen Hochschullehrer engagierte (und engagiert) sich auf diesem Felde nicht.

Anders als im vergleichbaren Ausland haben die Juristen in Deutschland in ihrer ganz überwiegenden Mehrheit, in ihrer „herrschenden Meinung", mit Ablehnung und Abwehr auf das Vordringen der Informationstechnik reagiert. Diese Haltung steht übrigens nicht allein. Sie steht exemplarisch für eine im „geistigen" Bereich unter „Intellektuellen" weithin verbreitete negative Einstellung zur modernen Informationstechnik in Deutschland. Deren Ausbreitung wird als ein Angriff auf exklusiv menschliche Tätigkeitsbereiche empfunden, und es wird ein Widerspruch zwischen seelenloser Technik und humanem Geist konstruiert, der spezifisch deutsch ist; in anderen Ländern gibt es so etwas nicht.

Diese negative Einstellung beruht, wenn ich es recht sehe, auf drei Gründen.

b) Gründe für die negative Einstellung zum Computer

(1) Ein allgemeines Unbehagen

Zunächst einmal gibt es ein ganz allgemeines Unbehagen an der als unheimlich empfundenen Informationstechnik, die man nicht recht greifen, nicht leicht begreifen und nicht ohne weiteres anwenden kann, und deren Eindringen in solche Bereiche, die dem „Geistigen" vorbehalten erscheinen, als Anmaßung, als Grenzüberschreitung empfunden wird. Einige mißverständliche Begriffe der Informatik wie der (auf einer unzutreffenden Übersetzung von „Artificial Intelligence" beruhende) Ausdruck „Künstliche Intelligenz" verstärken noch dieses Unbehagen.

(2) Angriff auf juristische Traditionen

Sodann gibt es einen spezifisch juristischen Grund. Die Informationstechnik enthält (auch) einen Angriff auf ehrwürdige juristische Traditionen beim Umgang mit Komplexität und Unbestimmtheit. Die in Jahrtausenden entstandene, begrifflich-systematisch ausgefeilte Rechtsdogmatik erscheint plötzlich als prinzipiell veränderbar und damit als fragwürdig. Darin liegt ein Angriff auf fest eingewurzelte Traditionen unserer Rechtskultur. Ein Angriff ist eine Position, und Positionen, ich sagte es schon, erzeugen Gegenpositionen.

(3) Das Recht als begriffsrealistische Bastion

Schließlich - und dies ist wohl der wesentliche Grund - ist hier ein Befund zu nennen, der nur unter Besinnung auf unsere Philosophiegeschichte zu erklären ist. In Deutschland gab es immer eine starke Neigung, dem „Geistigen" eine objektive Existenz zuzuerkennen und unwirkliche Wirklichkeiten „höherer Art" für real zu nehmen, die es in Wahrheit nicht gibt, die aber von den großen Denkern vermeintlich „geschaut" werden können. Zum Geistigen in diesem Sinne gehört traditionell auch das Recht, an dessen objektive Existenz Juristen wie Nichtjuristen ganz selbstverständlich glauben, obwohl es nur als Verabredung unter den Menschen existiert. Das Vordringen der Informationstechnik enthält (auch) einen Angriff auf diese begriffsrealistische Bastion, als deren Hüter sich die Juristen empfinden. Hier liegt wohl der tiefste Grund für die insgesamt negative Einstellung vieler Juristen zum Informationszeitalter, wobei die Juristen die Rolle von Anwälten der Welt des „Geistigen" in der Abwehr gegen Ansprüche der toten Welt des „Mechanischen" übernehmen.

Wenn Sie also in einer juristischen Fachbuchhandlung ein computergestütztes Lernprogramm kaufen, dann haben Sie das Werk eines Einzeltäters vor sich. Die „herrschende Meinung" betrachtet es mit Skepsis. Aber das sollte Sie nicht schrecken. Was alle tun, muß noch lange nicht richtig sein. Ich erinnere an die Geschichte vom Grafen Bobby.

4. Computergestützte juristische Lernprogramme

Welche Leistungen können nun computergestützte Lernprogramme bieten? Es gibt hier verschiedene Möglichkeiten. Lassen Sie mich hierüber einen Überblick geben.

a) Hilfe beim Erwerb von Faktenwissen

Im einfachsten Falle hilft der Computer Ihnen beim Erwerb von Faktenwissen. Er stellt Fragen und Sie geben ihm Antworten. Da er Ihre Antworten natürlich nicht „versteht", sondern nur als vorgegebene Zeichenfolge identifizieren kann, müssen Sie ihm eindeutige Antworten geben. Typisch hierfür ist hier das Multiple Choice System nach folgendem Muster:

„Bitte kreuzen Sie die richtige Antwort an:
Bei „Radbruch" handelt es sich um
❑ *ein Ereignis beim Wagenfahren*
❑ *eine Landschaft in Niedersachsen*
❑ *einen Rechtsphilosophen"*

Diese Methode ist in anderen Fächern, etwa in der Medizin, verbreitet. Ob sie dort viel nützt, bezweifle ich. Sie erleichtert vor allem die Durchführung von Prüfungen. Ihr juristischer Nutzen ist jedenfalls begrenzt. Das gilt auch für die Varianten dieser Methode. Man kann beispielsweise den Lernenden Sätze ergänzen lassen, etwa nach folgendem Muster.

„Die Notwehr wird im Strafrecht zum einen ...rechtlich, zum anderen ...rechtlich begründet (bitte jeweils ergänzen)."

Die richtigen Ergänzungen lauten *„individualrechtlich"* und *„sozialrechtlich"*. Kommen diese Antworten, identifiziert der Computer sie als richtig und gibt dem Benutzer eine entsprechende Antwort. Um Leben in das Verfahren zu bringen, wird hier gerne eine muntere Melodie gespielt und ein Text eingeblendet wie

„Prima, Hans, das hast Du großartig gemacht. Dickes Lob!"

Bei der falschen Antwort erklingt dagegen eine Trauermelodie und der Text lautet:

„Schade, leider falsch. Aber laß Dich nicht entmutigen. Versuch' es noch einmal, Hans."

Solche Dinge wird der Benutzer bald leid. Der Nachteil all dieser Verfahren liegt darin, daß sie auf die Vermittlung von Faktenwissen angelegt sind, das im Recht nur eine untergeordnete Rolle spielt. Was Sie benötigen, ist Regelwissen. Wie läßt sich der Erwerb von Regelwissen mit Computerhilfe befördern?

b) Hilfe beim Erwerb von Regelwissen

(1) Programmierung von Baumstrukturen

Schon zu Beginn der achtziger Jahre wurde die Möglichkeit genutzt, Baumstrukturen als Ketten von Ja-Nein-Fragen zu programmieren. Ein einfaches Beispiel mag diese Methode verdeutlichen. Auf dem Bildschirm erscheint folgender Text:

„Arzt T operiert das bewußtlose Unfallopfer O. Für die Rettung des Lebens von O. war eine Amputation erforderlich. Als O aus der Narkose erwacht, erklärt er, einer religiösen Sekte anzugehö-

ren, die jeden ärztlichen Eingriff strikt ablehne. O erstattet An-
zeige wegen vorsätzlicher Körperverletzung.

Hat T den Tatbestand der Körperverletzung (§ 223 Var.1,2
StGB) verwirklicht?"

Der Benutzer kann nun mit „Ja" antworten. Dann wird das System etwa wie folgt reagieren:

„Ihre Auffassung entspricht der Rechtsprechung. Kommt eine
Rechtfertigung des T in Betracht?"

Beantwortet der Benutzer die Ausgangsfrage dagegen mit
„Nein" wird das System antworten:

„Die Auffassung, der ärztliche Heileingriff sei schon tatbestand-
lich keine Körperverletzung, entspricht einer in der Literatur
vertretenen Meinung. Genügt es hierfür, daß ein Arzt einen Ein-
griff vorgenommen hat?"

Sie sehen, wie sich die Baumstruktur verzweigen kann. Überall
da, wo die Antwort sowohl „Ja" als auch „Nein" lauten kann, kann
der Fall in verschiedene Richtungen laufen. Das kann sich auf mehreren Ebenen der Hierarchie wiederholen. Die Baumstruktur wird
rasch unübersichtlich, was den Verfassern solcher Lernprogramme
große Schwierigkeiten bereitete. Sie mußten ja immer wieder die
beiden jeweils möglichen Wege verfolgen. Angesichts des begrenzten menschlichen Vermögens, Komplexität zu bewältigen, waren
sie rasch überfordert. Bei nur vier Ebenen der Hierarchie hatten sie
es bereits mit 15 verschiedenen Fragen (Knoten) zu tun. Abbildung
1 verdeutlicht dies.

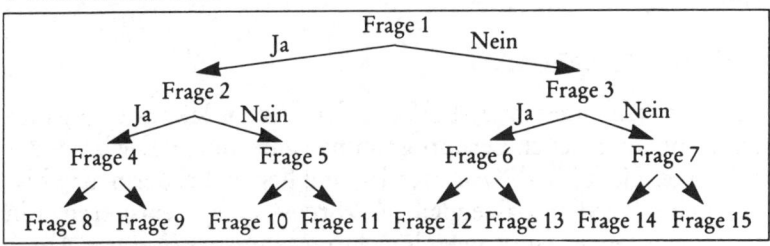

Abb. 1 Ja-Nein-Fragen über vier Ebenen

Zu Beginn der achtziger Jahre habe ich zusammen mit einem Steuerrechtler das erste derartige Programm in Deutschland erstellt. Es betraf die Problematik der steuerlichen Beurteilung von Ehegattenarbeitsverhältnissen. Als ich fertig war, habe ich mir vorgenommen, etwas derartiges nie wieder zu tun.

(2) Das Tübinger Dialogverfahren

Um das Problem der Behandlung von Ja-Nein-Fragebäumen zu lösen, habe ich mit meinen Mitarbeitern Anfang der achtziger Jahre das „Tübinger Dialogverfahren" entwickelt. Dies war ein Programm, welches Baumstrukturen automatisch verwaltete und sicherstellte, daß keine Verzweigungsmöglichkeit übersehen wurde. Dieses Programm demonstrierten wir damals unter anderem an den schon erwähnten Entscheidungsproblemen eines Studenten, der sich am Morgen nach dem Aufstehen darüber klar werden muß, ob er in die Universität gehen und Vorlesungen besucht oder lieber das Schwimmbad besuchen will. (Es handelte sich um einen Studenten, der meinen Rat nicht befolgte, alle Vorlesungen ausnahmslos zu besuchen.) Dazu muß er Fragen beantworten wie „Habe ich Lust zum Lernen", „Ist das Wetter schön", „Ist die Vorlesung interessant", „Taugt der Dozent etwas" - und so weiter. (Versuchen Sie, Ihr eigenes Entscheidungsproblem in eine Baumstruktur mit Ja-Nein-Fragen zu bringen). Das Programm lief damals nur auf dem Großrechner des Rechenzentrums und wurde nicht weiter entwickelt.

Das „Tübinger Dialogverfahren" sah übrigens zu jeder Frage noch eine dritte mögliche Antwort vor, nämlich die „Ich-weiß-nicht-Antwort". Sie führte zu einer Erläuterung der jeweiligen Frage, woraufhin der Benutzer zur jeweiligen Frage zurückgeführt wurde.

(3) Weitere Lernprogramme

In der geschildertem Art sind in den letzten Jahren eine ganze Reihe von juristischen Lernprogrammen entstanden. Die besondere Schwierigkeit für alle Autoren lag und liegt dabei darin, daß bislang keine wirklich passenden „Autorensysteme" existieren. Ein Autorensystem ist ein Anwendungsprogramm, das es einem Autor ermöglicht, sein Wissen in ein System einzugeben, ohne sich um die Programmierung kümmern zu müssen. Die auf dem Markt vorhandenen Autorensysteme wurden durchweg für andere Zwecke - etwa für das Erlernen von Programmiersprachen - geschaffen. Für die Abbildung juristischer Baumstrukturen sind sie nur bedingt geeignet. Der jeweilige juristische Autor muß seine Fragebäume deshalb von Hand programmieren, und das ist so mühsam und erfordert soviel nichtjuristisches Computerwissen, daß dieser Weg nur ganz vereinzelt beschritten wurde.

(4) Der Normfall Strukturtrainer

Eine Weiterentwicklung des Konzeptes des Tübinger Dialogverfahrens habe ich im Rahmen des Normfall Projektes mit dem Strukturtrainer vorgenommen. Es handelt sich dabei um ein Internet-Projekt, bei dem neuartige computergestützte juristische Informations- und Lernsysteme entwickelt werden. Das Prinzip des Strukturtrainers besteht darin, juristisches Strukturwissen im Computer ebenso darzustellen, wie es im menschlichen Kopf gespeichert werden sollte, also als hierarchischen Strukturverbund, und dazu eine Fallsammlung mit jeweils als „richtig" gespeicherten Lösungswegen in den Computer einzugeben. Dem Lernenden werden also die einzelnen Bausteine der Dogmatik hierarchisch in richtiger Reihenfolge dargeboten. Anhand vieler konkreter Fälle wandert der Benutzer auf immer neuen Wegen durch die Verzweigungen der Dogmatik hindurch und bejaht oder verneint das Vorliegen der miteinander vernetzten Strukturelemente als „problemlos" oder bezeichnet es als „problematisch", in welchem Falle er an dieser Stelle in die Tiefe geht. Dort wiederholt sich der Vorgang gegebenenfalls über mehrere Ebenen der Hierarchie hinweg. Bei jedem neuen Fall verfolgt er also andere Verästelungen einer großen Baumstruktur. Diese entspricht der juristischen Dogmatik und damit der Art und Weise, wie das juristische Regelwissen, angepaßt an die Besonderheiten der menschlichen Informationsverarbeitung, im Kopf organisiert werden muß. Es findet also eine computergestützte Einübung des juristischen Regelwissens statt, indem das Problemlösungsverhalten eines guten Juristen simuliert wird.

Der Computer wird dabei benutzt, um Dinge zu tun, die Sie mit keinem anderen Werkzeug tun können. Er wird zu Ihrem Trainingspartner. Er kann etwas leisten, was Sie auf keine andere Weise erreichen können. Durch die Lektüre von Büchern und den Besuch von Vorlesungen einschließlich der sogenannten „Übungen" und der Repetitorien können Sie im wesentlichen nur Faktenwissen erwerben. Durch die Arbeit mit dem Computer können Sie dagegen Regelwissen einüben. Diese Möglichkeit hat es bislang nicht gegeben. Kein anderes Medium bietet sie. Weder in der Vorlesung noch im Buch kann sie realisiert werden. Nur mit Hilfe des (niemals ermüdenden, stets präsenten) Computers können Sie viele verschiedene Fälle durchspielen und immer wieder auf kontrollierte Weise die verschieden möglichen Lösungswege durchgehen, die zusammen mit den Fällen in das System eingegeben wurden. Nach diesem Konzept ist inzwischen ein vollständiges Lernprogramm zum Allgemeinen Teil des Strafrechts entstanden.

c) Der strafrechtliche Strukturtrainer im Normfall Projekt

(1) Die elementarste Aufbauregel: Unrecht vor Schuld

Im Strafrecht besagt die elementarste Aufbauregel, daß man erst ohne Ansehen der Person (Frage nach dem Unrecht), dann mit Ansehen der Person (Frage nach der Schuld) urteilen muß. Die umgekehrte Reihenfolge wäre juristisch „falsch". Wer etwa angesichts eines Kindes von vornherein auf die Schuld zusteuert, diese verneint und die Frage nach dem Unrecht offen läßt, begeht einen Aufbaufehler, der ernsthafte Konsequenzen haben kann – beispielsweise kann er sich den Weg zur Prüfung der Strafbarkeit eines etwaigen anderen Beteiligten verbauen (vgl. § 29 StGB). Also müssen Sie als erste Regel des Strafrechts lernen: *„Erst muß ich das Unrecht prüfen, dann die Schuld."* Unterläuft Ihnen an dieser Stelle ein Fehler, ist alles Weitere falsch. Der Unterschied zwischen Unrecht und Schuld und die richtige Prüfungsreihenfolge müssen Ihnen vollkommen klar sein, ehe Sie in die Tiefe gehen. Kommt es hier zu Defiziten, können die Folgen schlimm sein, und sie sind auch oft genug schlimm.

(2) Die weiteren Regeln

Natürlich können Sie mit der einfachen Zweierstruktur „Unrecht – Schuld" noch keine strafrechtliche Dogmatik bauen. Dazu müssen Sie jeweils in die Tiefe gehen. Das klassische Trikolon „Tatbestand, Rechtswidrigkeit, Schuld" erweist sich bei näherer Betrachtung als unvollständig und schief. Einerseits fehlt die Handlung, andererseits stehen Tatbestand und Rechtswidrigkeit auf einer konkreteren Ebene als die Schuld. Abbildung 2 verdeutlicht dies.

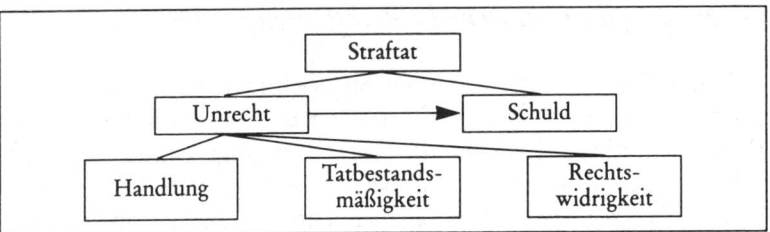

Abb. 2 Struktur der Straftat

In entsprechender Weise wurde in dem genannten Lernprogramm hierarchisch weitergearbeitet. Alle dogmatischen Teilstrukturen wurden den Beschränkungen des menschlichen Gehirns angepaßt. Durchweg wurde durchweg die Beschränkung der „magischen Sieben" beachtet. Dies gilt auch für die Zahl der Ebenen. Insgesamt entstand eine Baumstruktur mit insgesamt etwa vierhundert Knoten, die auf sieben Ebenen der Hierarchie das gesamte Strukturwissen des Allgemeinen Teils enthalten.

(3) Offene Strukturfragen

Bei der Arbeit an diesem System bin ich auf viele Strukturfragen gestoßen, die im herkömmlichen Rechtsunterricht entweder überhaupt nicht behandelt werden oder zu kurz kommen. Als Beispiel nenne ich den schon erwähnten Einstieg in die Rechtfertigungsgründe. Alle Lehrbücher enthalten hierzu detaillierte Darstellungen, aber die Frage, wie Sie einsteigen sollen und ob es hier eine alles Weitere vorprogrammierende Grobstruktur gibt, die in der Hierarchie über den einzelnen Rechtfertigungsgründen wie Notwehr, Notstand oder Einwilligung steht, bleibt meist offen. Sie erfahren aus den Büchern etwas über das Verhältnis von Tatbestand und Rechtswidrigkeit, über das Wesen der „Erlaubnistatbestände", über die Herkunft der Rechtfertigungsgründe, über die Einheit der Rechtsordnung, über die Struktur der Erlaubnistatbestände mit objektiven und subjektiven Rechtfertigungselementen, und selbst ein so ehrwürdig verstaubtes Relikt wie die „Lehre von den negativen Tatbestandsmerkmalen" wird Ihnen hier nicht verschwiegen. Aber wie Sie richtig einsteigen sollen, erfahren Sie nicht. Die Bücher sind eben auf die Vermittlung von Faktenwissen angelegt.

(4) Das Beispiel: Einstieg in die Rechtfertigungsgründe

In der älteren Literatur können Sie noch am ehesten etwas zu der genannten Frage erfahren. Dort wird darüber diskutiert, ob es Prinzipien gibt, auf welche die Rechtfertigungsgründe zurückgeführt werden können, und von welcher Art diese Prinzipien gegebenenfalls sind. Soweit die Frage nach derartigen Prinzipien bejaht wird, was überwiegend geschieht, stehen sich zwei mögliche Theorien gegenüber: Die monistischen Theorien führen alle Rechtfertigungsgründe auf ein einheitliches Prinzip zurück. Freilich besteht über das Prinzip selbst keine Einigkeit. So wird beispielsweise abgestellt auf das Prinzip der Zwecktheorie, die insbesondere v. Dohna und v. Liszt vertreten haben (entscheidend ist danach die Verfolgung eines rechtlich anerkannten Zweckes durch ein angemessenes Mittel), auf das „Mehr-Nutzen-als-Schaden-Prinzip" (Sauer), auf das Prinzip des „Vorgehens der Gutsbeachtung vor der Gutsverletzung (Schmidhäuser) oder auf das Prinzip des Vorliegens einer durch „Wertabwägung" zu lösenden „Wertkollision" (Noll). Die pluralistischen Theorien arbeiten demgegenüber mit (möglichst wenigen) verschiedenen Prinzipien. Mezger hat die Rechtfertigungsgründe überzeugend auf die Prinzipien des „überwiegenden Interesses" und des „mangelnden Interesses" zurückgeführt. Diese beiden Prinzipien werden der Tatsache gerecht, daß die Rechtfertigungsgründe sich im wesentlichen auf zwei Grundsituationen zurückführen lassen. Die Situation des „überwiegenden Interesses" liegt dann vor, wenn eine Abwägung ergibt, daß wichtigere Interessen mit dem Interesse am Schutz des verletzten Rechtsgutes kollidieren und dieses verdrängen (so bei der Notwehr, beim Notstand, beim Widerstandsrecht, bei der Selbsthilfe nach dem BGB, beim Festnahmerecht nach § 127 I StPO und bei der Wahrnehmung berechtigter Interessen, § 193). Die Situation des „mangelnden Interesses" liegt demgegenüber vor, wenn der Inhaber sein Rechtsgut nicht geschützt wissen will (so bei der Einwilligung und bei der behördlichen Erlaubnis [letzteres str.]).

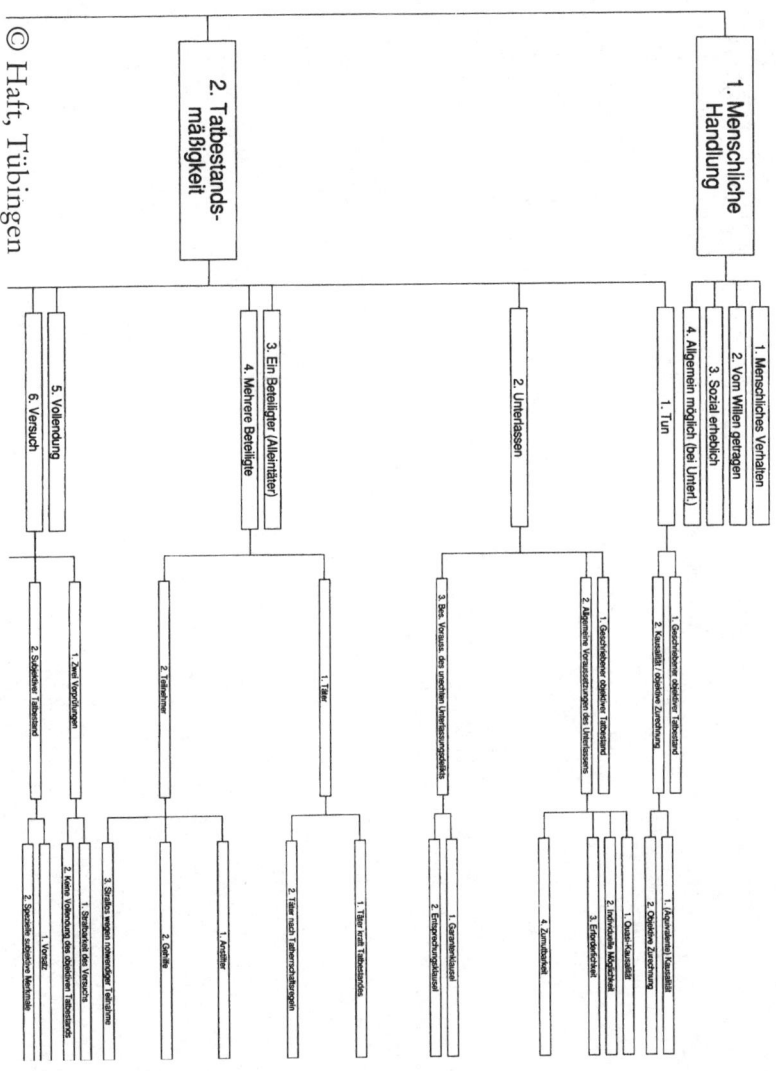

Juristisches Strukturwissen ist hierarchisch organisiert. Die Abbildung zeigt einen Ausschnitt aus dem „Strukturtrainer Strafrecht — Allgemeiner Teil", des Normfall-Projekts. Das darin enthaltene Strukturwissen muß beim Lernen eingeübt werden. Es ist offensichtlich, daß dies nur durch Training anhand von vielen konkreten Fällen möglich ist.

Was wie gelehrte Spekulation klingt und deshalb in den Kurzlehrbüchern meist übergangen wird, enthält in Wahrheit die Antwort auf die genannte Frage und ist von höchster praktischer Bedeutung. Die beiden genannten Prinzipien ergeben nämlich das gesuchte Einstiegsprogramm bei der Prüfung von Rechtfertigungsgründen. Die beiden Interessenlagen schließen einander regelmäßig aus. Damit ist auch die Reihenfolge der Prüfung eindeutig vorgegeben. Erst muß geprüft werden, ob die Situation des „mangelnden Interesses" vorliegt. Bejahendenfalls ist der Konflikt beseitigt, wie ihn die Situation des „überwiegenden Interesses" vorsieht.

Im oben gebrachten Beispiel des Arztes T, der das bewußtlose Unfallopfer O operiert und dabei eine Amputation vornehmen muß, liegt die Situation des „mangelnden Interesses" vor, so daß allein der Rechtfertigungsgrund der mutmaßlichen Einwilligung in Betracht kommt. Rechtfertigender Notstand, § 34, scheidet von vornherein aus und darf nicht geprüft werden. Solche Fragen muß man klären, wenn man ein computergestütztes Lernprogramm baut.

(5) Nochmals: Das Gesetz abnehmender Wichtigkeit

Ich habe schon darauf hingewiesen, daß es bei juristischen Hierarchien ein Gesetz abnehmender Wichtigkeit gibt. Was auf einer niedrigeren Ebene geschieht, ist weniger wichtig als das, was auf den höheren Ebenen passiert. Am eben gebrachten Beispiel können Sie sich das klarmachen. Mißlingt der richtige Einstieg in die Rechtfertigungsgründe und prüft deshalb ein Kandidat rechtfertigenden Notstand, ist alles falsch, mag auch § 34 noch so kenntnisreich abgehandelt werden. Stimmt dagegen der Einstieg und unterlaufen dem Kandidaten bei Prüfung der mutmaßlichen Einwilligung Detailfehler, wiegt dies weniger schwer.

d) Die Modellierung typologischen Denkens im Computer

(1) Baumstrukturen und begriffliches Denken

Die Arbeit mit Baumstrukturen ist nur soweit möglich, wie begriffliches Denken möglich ist. Wenn ich die „*Wegnahme*" beim Diebstahl begrifflich in die Merkmale „*Gewahrsam*", „*Gewahrsamsbruch*" und „*Neubegründung des Gewahrsams*" zerlege und das Merkmal „*Gewahrsam*" in „*Sachherrschaft*" und „*Herrschafts-wille*", dann kann ich das in einer Baumstruktur darstellen und entsprechende Übungsfälle bilden („*Zimmerwirtin O ist verstorben; Untermieter T nimmt ihre Halskette an sich, um sie zu behalten...*").

(2) Typologisches Denken

Die Möglichkeiten des begrifflichen Denkens sind aber begrenzt. Es existieren aber auch juristische Termini, die nicht begrifflich, sondern nur typologisch - durch Angabe von Beispielen - erfaßt werden können. Ihre Merkmale sind keine „Ja-Nein-Merkmale", sondern „Mehr-oder-weniger-minder-Merkmale". Einzelne Merkmale können im Einzelfall auch ganz fehlen, ohne daß deshalb der „Typusbegriff" verneint werden muß. Alle hochabstrakten Rechtsbegriffe sind von dieser Art („Treu und Glauben", „Geschäftsgrundlage", „gute Sitten", „angemessen", „niedrige Beweggründe", „Handelsbräuche", „gerechte Strafe"...).

Sie erkennen solche Typusbegriffe daran, daß in den Büchern keine „Definitionen", sondern nur Beispielskataloge gebracht werden. Was „Treu und Glauben" ist, kann nicht abstrakt gesagt werden. Jeder Definitionsversuch führt hier zu Tautologien (Treu und Glauben ist Treu und Glauben). Es kann nur an Beispielen demonstriert - exemplifiziert - werden.

Solche Typusbegriffe können natürlich nicht mit juristischen Lernprogrammen von der geschilderten Art erfaßt werden. Die Gegner des Computereinsatzes im Recht verweisen gerne auf diesen Befund und verbinden ihn mit der Aussage, hier sei das spezifische Humanum im Recht angesiedelt, in welches der Computer nicht eindringen könne, wobei dann überflüssigerweise hinzugefügt zu werden pflegt, daß er dies auch nicht dürfe und daß es barbarisch sei, dies zu versuchen.

In den frühen siebziger Jahren gab es beispielsweise Versuche, die Strafzumessung mit Hilfe des Computers „berechenbar" zu machen (vgl. § 46 StGB). Das stieß auf eine heftige, überaus emotionale Ablehnung. Noch größer war die Empörung in den USA, als Computerspezialisten daran gingen, „Wertprofile" von Richtern zu erstellen, Sie analysierten deren Entscheidungen und prognostizierten künftige Urteile mit Hilfe des Computers. Die Trefferquote war ebenso groß wie die Empörung der betroffenen Richter.

(3) Der Einsatz des Computers im Bereich des typologischen Denkens

Indes - die Vorstellung, der Computer könne in das „Eigentliche" des Rechts nicht eindringen, ist ein Irrtum. Wir Menschen können es nicht. Wenn wir Begriffe wie „Menschenwürde" verwenden oder vom „ehrbaren Kaufmann" sprechen, so signalisieren wir damit eine sprachliche Not. Wir können es nicht besser ausdrücken, weil unser informationsverarbeitendes System - unsere Hard- und Software - schlicht überfordert ist. Die „Typusbegriffe" machen diese Überforderung unseres informationsverarbeitenden Systems beim Umgang mit Komplexität deutlich. Ich erinnere daran, daß unser Regelwissen weiter reicht als unser sprachliches Ausdrucksvermögen. Jeder erfahrene Strafrichter weiß, was eine „gerechte Strafe" ist, aber keiner ist imstande, das abstrakt - außerhalb eines konkreten Falles - zu sagen. Entsprechend verhält es sich mit den „guten Sitten" oder mit „Treu und Glauben". Wüßten wir nicht alle, was das ist, würde unser Zusammenleben nicht funktionieren. Nur ausdrücken können wir es nicht. Der Typusbegriff ist der weiße Elefant, den jeder kennt, wenn er daherkommt, den aber keiner beschreiben kann.

Natürlich wollen wir uns nicht eingestehen, daß wir überfordert sind. Vor allem Leute, deren Beruf darin besteht, immer Recht zu haben - also Richter und natürlich auch Professoren - lassen diesen Gedanken nicht einmal an sich herankommen. Sie behaupten beispielsweise, sie wüßten, was eine Sache wie die „Gerechtigkeit" ist, und sie drücken das in einer orakelnden Geheimsprache aus, die von vornherein alle ausschließt, die den Jargon nicht beherrschen oder nicht benutzen wollen. Die antiken Griechen waren die ersten, die die Kunst entwickelt haben, mit vielen schön klingenden Worten überhaupt nichts zu sagen. (Wer heute als Tourist nach Griechenland reist, wird feststellen, daß diese Kunst dort noch heute verbreitet ist.) Von den Griechen haben wir diese Kunst übernommen und nennen es antikes Erbe. Wohl in keinem Land der Welt wird soviel orakelt wie in Deutschland. Alle zentralen Begriffe des Rechts, den Begriff Recht selbst eingeschlossen, haben das Schicksal erlitten, von den Oraklern mißhandelt zu werden. (Bei den Philosophen gibt es ähnliche Erscheinungen.)

Die Orakler behaupten also unentwegt, sie wüßten, was die Typusbegriffe bedeuten. Aber sie wissen es nicht. Niemand wird beispielsweise je in Worte fassen können, was das Recht ist. Aber wir alle wissen es, weil wir es unentwegt an Beispielen erleben. Recht ist es, wenn man seine Schulden bezahlt, wenn man seine Arbeit ordentlich verrichtet, wenn man den Mitmenschen nicht beleidigt, wenn man vor Gericht die Wahrheit sagt - das „und ähnliches" ist Recht. Unrecht ist es, wenn man stiehlt, wenn man betrügt, wenn man andere beleidigt, wenn man krank „feiert", statt zu arbeiten - das „und ähnliches" ist Unrecht.

Die formalen Schranken, die uns in unsere Grenzen verweisen, kennt der Computer nicht. Deshalb bin ich sicher, daß der Computereinsatz gerade in diesem „weichen" Bereich unserer juristischen Ausdrucksmöglichkeiten wesentliche Verbesserungen bewirken wird.

(4) Expertensysteme

Dies zeigen heute schon die Bemühungen, sogenannte Expertensysteme im Recht einzusetzen. Damit bin ich bei der letzten Gruppe von aktuell existierenden juristischen Lernprogrammen.

Computergestützte Expertensysteme sollen - der Name sagt es - das Wissen eines Experten enthalten und in Anwendungsfällen verfügbar machen. Sie werden der sogenannten „Künstlichen Intelligenz" zugeordnet. Dieser Ausdruck ist, wie schon gesagt, eine irreführende Übersetzung des US-amerikanischen Begriffes „Artificial Intelligence". Unter „Intelligence" versteht man in den USA etwas anderes als das, was unter dem deutschen „Intelligenz" zu verstehen ist. In den USA meint man mit „Intelligence" das Sammeln und Erschließen von Informationen. Niemand käme dort beispielsweise auf die Idee, unter der „Central Intelligence Authority (CIA)" eine „Intelligenzbehörde" zu verstehen. Expertensysteme erschließen also das Fachwissen von Experten, und zwar für

Experten. Der Ausdruck „Konsultationssystem" bezeichnet besser, worum es geht.

Aus der Sicht der Informatik ist hier die Möglichkeit interessant, eine Aufgabenstellung nicht linear, sondern modular zu programmieren. Nehmen Sie als Beispiel ein Programm, welches die Berechnung von Steuern ermöglicht. Ein solches Programm wird herkömmlicherweise linear - von Anfang bis Ende - als Kette von Fragen, Eingabe und Berechnungen programmiert. Bei den „weichen" Typusbegriffen scheidet aber eine solche Vorgehensweise von vornherein aus. Hier kann man nur einzelne Regeln formulieren und in das System eingeben. Man muß also modular programmieren, was mit Hilfe geeigneter Programmiersprachen wie Prolog möglich ist. Damit kann man auf sehr viel flexiblere Weise programmieren und auch Änderungen leichter berücksichtigen als bei linear erstellten Programmen. Damit kann man auch der Tatsache Rechnung tragen, daß ein Typusbegriff viele abstufbare Merkmale enthält, von denen einzelne auch fehlen können, ohne daß deshalb der Typusbegriff insgesamt zu verneinen wäre. Das ergibt eine Kombinatorik, die wir zwar nicht im Kopf, wohl aber im Computer bewältigen.

(5) Das LEX-Projekt

Im Rahmen eines gemeinsam von IBM Deutschland und Universität Tübingen unternommenen Forschungsprojektes zur Entwicklung eines natürlichsprachlichen Expertensystems, dessen juristischen Part ich betreut habe, wurde auch ein Expertensystem zum Rechtsbegriff der „angemessenen" Wartezeit im Straftatbestand des Unerlaubten Entfernens vom Unfallort, § 142 StGB, entwickelt. Wenn Sie in den Kommentaren zu § 142 StGB zu dieser Frage nachlesen, werden Sie feststellen, daß der Begriff „Angemessenheit" nicht definiert werden kann. Sie werden nur Beispiele finden von der Art: *„Bei Tötung eines Menschen ist eine Wartezeit von mindestens einer Stunde angemessen."* - *„Bei einem Sachschaden im Ausmaß von 3.000,- DM sind 15 Minuten Wartezeit nicht angemessen."* Und so fort. Je öfter ein Strafrichter diesen Rechtsbegriff anzuwenden hat, desto sicherer wird sein Judiz zu dieser Frage. Er verfügt dann über eine gespeicherte Fallerfahrung, die seine Entscheidungen immer „besser" macht, ohne daß er sein Wissen in Worte fassen könnte.

Im Computer kann man dieses Regelwissen dagegen explizit formulieren. Dazu wurde eine größere Zahl von Gerichtsentscheidungen ausgewertet. Es wurde festgestellt, welche Kriterien bei den einzelnen Entscheidungen eine Rolle gespielt haben wie „Höhe des Schadens, Art des Schadens (Sachschaden, Körperverletzung, Tötung eines Menschen), Witterung, Verkehrslage, Wahrscheinlichkeit, daß feststellungsbereite Personen erscheinen würden, dringende andere Verpflichtungen des Unfallverursachers, und ähnliches mehr. Diese Umstände wirkten sich teils wartezeitverlängernd, teils verkürzend aus.

Jeder einzelne Fall ist nun durch eine bestimmte Merkmalskombination gekennzeichnet, wobei regelmäßig nur einige der insgesamt hier relevanten Merkmale in jeweils unterschiedlicher Gewichtung eine Rolle spielen. Jede einzelne Entscheidung kann man als Regel formulieren, so, wie das im Leitsatz geschieht, etwa: *„Wenn der Sachschaden 5.000 DM beträgt, und wenn die Wahrscheinlichkeit groß ist, daß feststellungsbereite Personen kommen, und wenn die Witterung normal ist, dann sind 30 Minuten Wartezeit angemessen."* Beim nächsten Fall liegt dagegen eine Körperverletzung vor, ist die Witterung kalt, und ist die Gefährdung des Unfallbeteiligten durch den Verkehr groß. Wieder anders ist der dritte Fall gelagert, aber allmählich wird deutlich, welche Kriterien immer wieder vorkommen, und wie sie für sich und im Verhältnis zueinander zu gewichten sind. Aus vielen Fallregeln entsteht so eine Systemregel, die zwar nicht in der natürlichen Sprache, wohl aber in der Computersprache dargestellt werden kann. Wenn nun ein neuer Fall vorkommt, kann dessen Entscheidung durch Anwendung der Systemregel getroffen werden. (Natürlich kann der Entscheider davon auch abweichen.) Die neue Entscheidung geht ihrerseits in die Systemregel ein und beeinflußt diese - und so fort. Je mehr Fälle das System enthält, desto „besser" wird die Systemregel.[2] Das alles ist keine Utopie. Es ist längst realisierbar. Daß es

---

[2]   Vgl. näher Peter *Gerathewohl,* Erschließung unbestimmter Rechtsbegriffe mit Hilfe des Computers - Ein Versuch am Beispiel der „angemessenen Wartezeit" bei § 142 StGB, Diss. Tübingen 1987.

hier in Deutschland noch keine nennenswerten Anstrengungen gibt, liegt an der erwähnten Technikfeindlichkeit unserer Juristen. Im Ausland, insbesondere in den USA, aber auch beispielsweise in den Niederlanden und Großbritannien, ist das anders. Dort gibt es eine festgefügte „Artificial-intelligence-in-law"-Gemeinde, die entsprechende Forschungen durchführt, regelmäßig Kongresse veranstaltet und eigene Fachzeitschriften herausgibt. Amerika, du hast es besser...

5. Arbeiten Sie mit dem Computer

Ich kann Ihnen nur raten: Arbeiten Sie mit dem Computer, wann immer Sie können. Im Rahmen des erwähnten Normfall Projektes wurde beispielsweise eine Gesetzesdatenbank geschaffen, welche laufend aktualisiert wird. Es wurde ein Normalfallkommentar entwickelt, der auf Problemerörterungen weitgehend verzichtet. Als Ausgleich für diese Askese wurde die Möglichkeit des Datenbankanschlusses juris realisiert. Jurastudenten wurde für einen geringen Pauschalbetrag die Möglichkeit zu Datenbankrecherchen eröffnet. Und es wurde ein Examenstrainer geschaffen, mit dessen Hilfe das hierarchische Klausurenschreiben (dazu unten) trainiert werden kann, und der die Möglichkeit bietet, über Internet mit anderen Kommilitonen sowie mit dem Klausurenverfasser zu diskutieren.

Ich habe die genannten Möglichkeiten hier etwas genauer beschrieben, weil ich selbst an ihrer Entwicklung beteiligt war. Es gibt viele weitere Angebote. Schauen Sie sich an, was es gibt, und machen Sie von diesen technischen Möglichkeiten Gebrauch. Es gibt eine Welt jenseits der Bücher und Vorlesungen, und sie wird täglich bunter, spannender und auch internationaler.

Selbst wenn Sie nichts anderes tun, als Ihr Textverarbeitungsprogramm zu benutzen, können Sie damit mehr tun als Texte zu produzieren. Sie können beispielsweise die Möglichkeit nutzen, hierarchisch Verzeichnisse und Unterverzeichnisse anzulegen und so Baumstrukturen zu realisieren, die Sie mit einem selbst geschriebenen Falltrainer verbinden können. Wenn Sie dabei auf eine gespeicherte Gesetzesdatenbank zugreifen können, wie sie beispielsweise im Normfall Projekt angeboten wird, können Sie zusätzlich Zeit und Arbeit sparen. Sie finden ein Gesetz beim elektronischen Blättern viel schneller als beim Griff in das Bücherregal, und Sie können den Gesetzestext per Mausklick mühelos in Ihren Text kopieren. Das sind Kleinigkeiten, aber wichtige Kleinigkeiten, wenn Sie daran denken, daß Sie als Jurist Ihre Zeit verkaufen[3].

---

[3] Nähere Informationen zum Normfall Projekt erhalten Sie vom LS Prof. Haft, Wilhelmstraße 7, D-72074 Tübingen, oder über E-mail: „normfall-administration@normfall.de"

G. Produktbeispiele

I. Ein Produktbeispiel aus dem Bürgerlichen Recht - die „Person"

1. Der Normalfall „Mensch"

In diesem Abschnitt zeige ich Ihnen das mögliche Aussehen eines Ihrer Produkte an einem Beispiel aus dem Bürgerlichen Recht auf. Ich versetze mich dazu abermals in die Situation eines idealen Lernenden, der sich den Rechtsbegriff „Person" erarbeitet. Bereits in der ersten Woche meines Studiums habe ich mit dem Begriff „Mensch" Bekanntschaft gemacht. § 1 BGB lautet:

„Die Rechtsfähigkeit des Menschen beginnt mit der Vollendung der Geburt."

Da ich ein idealer Lernender bin, habe ich mir eine ganz simple Frage gestellt: Welche Normalität verbirgt sich hinter dieser Norm? Daß dies keine triviale Frage ist, ergibt sich schon daraus, daß der Gesetzgeber es für nötig gehalten hat, zum Rechtsbegriff „Mensch" einen Paragraphen zu formulieren, darin einen bestimmten Aspekt - den „Beginn der Rechtsfähigkeit" zu regeln, und das Ganze an den Beginn des Bürgerlichen Gesetzbuches zu stellen.

Als „Normalität" hinter § 1 BGB hat sich mir der grundlegende Befund erschlossen, daß das Recht eine unsichtbare Ordnung von Menschen für Menschen ist. Gäbe es keine menschliche Gesellschaft, gäbe es auch kein Recht. Robinson Crusoe brauchte auf seiner einsamen Insel kein Recht. Erst als Freitag erschien, entstanden rechtliche Probleme, und zwar deshalb, weil es auf der Insel auch noch Bananen und Kokosnüsse gab. Ich brauche also drei Dinge, damit ich von Recht reden kann: Mindestens zwei Menschen und ein Gut, um das ein Streit entstehen kann. Diesen Gedanken habe ich zunächst einmal in der in Abbildung 1 gezeigten Skizze festgehalten.

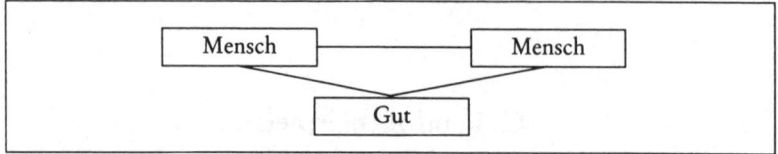

Abb. 1 Die Mindestbesetzung für eine juristische Aufführung

Die Normalität hinter dem Begriff „Mensch" besagt nun, daß alle Menschen insoweit gleichberechtigt sind, als sie am Rechtsleben teilnehmen können. Niemand kann mehr als Sklave unter die Güter gesteckt und etwa dem Sachenrecht zugeordnet werden. Niemand kann sich mehr, etwa durch ein Mönchsgelübde zu Armut und Keuschheit, aus der Rechtsgemeinschaft verabschieden. Jeder lebende Mensch kann Rechte haben und muß darum auch korrespondierende Pflichten haben können. Diese Normalität war dem Gesetzgeber offensichtlich so selbstverständlich, daß er sie nicht eigens geregelt hat, etwa in einem programmatischen § 1 BGB *„Alle Menschen können Träger von Rechten und Pflichten sein".* Vielmehr hat er gleich einen speziellen Aspekt geregelt, nämlich den Beginn der „Rechtsfähigkeit" durch die „Vollendung der Geburt".

2. Der Problemfall „juristische Person"

Nunmehr überlege ich, ob es einen Problemfall gibt, in welchem zwar nicht der Normalfall eines Menschen gegeben ist, in welchem aber gleichwohl die für den Menschen als Träger von Rechten und Pflichten - als Rechtssubjekt - geltenden Normen anzuwenden sind. Denn das weiß ich schon nach der ersten Woche meines Studiums: Wo eine juristische Normalität ist, ist der Problemfall nicht fern.

Ich brauche nicht lange zu überlegen, um auf die vielen im Prinzip ebenso wie ein Mensch auftretenden Unternehmen, Gemeinden, Vereine, Staaten und ähnliches mehr zu kommen. Sie beteiligen sich am Erwerbsleben, besitzen Güter, erlassen Bescheide, kassieren Gebühren, führen Kriege - kurz, sie führen sich auf, als wären sie Menschen, ohne doch Menschen zu sein. An dieser Stelle meiner Überlegungen angelangt, studiere ich als idealer Lernender das Inhaltsverzeichnis des BGB und werde rasch fündig. Im

Allgemeinen Teil trägt der 1. Abschnitt die Überschrift „Personen (§§ 1-89)". Der 1. Titel dieses Abschnitts trägt wiederum die Überschrift „Natürliche Personen (§§ 1-12)" und der 2. Titel die Überschrift „Juristische Personen (§§ 21-89)". Damit ist folgende Struktur klar: *„Person"* ist der gemeinsame Oberbegriff. Er umfaßt die *„natürliche Person"*, womit der Normalfall Mensch gemeint ist, und die *„juristische Person"*, die als zugeordneter Problemfall am Beispiel des rechtsfähigen Vereins behandelt wird. Sie wird ersichtlich dem Menschen gleichgestellt.

Die juristische Person ist sicherlich kein schwieriger Problemfall, da sie wie eine natürliche Person auftreten kann. Zwar bedarf es hier näherer Regelungen etwa zu der Frage, wie ein solches Kunstgebilde handeln und Willenserklärungen abgeben kann, aber das interessiert mich auf dieser Ebene noch nicht. Ich will ja zunächst nur wissen, was es alles gibt, und da ist die juristische Person ein leicht zu erfassendes Analogon zum Menschen.

3. Der Problemfall „Zwischenformen"

a) Zwischenformen müssen existieren

Aus den Elementen „Person", „natürliche Person" und „juristische Person" könnte ich eine schöne Dreierstruktur bilden, aber ehe ich das tue, muß ich mich vergewissern, ob es nicht noch mehr Gebilde („Items") gibt, die auf die Ebene unterhalb der „Person" gehören. Als idealer Lernender beachte ich den Grundsatz, erst dann auf eine konkretere Ebene herabzusteigen, wenn die höhere Ebene vollständig geklärt ist.

Das Inhaltsverzeichnis zum Allgemeinen Teil des BGB hilft mir hier nicht weiter, aber ich brauche nicht lange zu überlegen, um zu erkennen, daß es auch Zwischenformen geben muß.

b) Der Taxifall

Bei diesem Nachdenken fällt mir folgender Fall ein, den ich unlängst erlebt habe:

„Während eines Unwetters bildet sich an einem leeren Taxistand eine wartende Menschenschlange. Nach längerer Zeit kommt ein Taxi. A, der den ersten Platz in der Schlange einnimmt, steigt ein

und nennt dem Taxifahrer T das X-Hotel als sein Fahrtziel. T fragt laut, ob noch jemand in diese Richtung wolle. Es meldet sich B, der ebenfalls zum X-Hotel fahren möchte. T fordert ihn zum Einsteigen auf und befördert beide zum Hotel. Am Ziel angekommen, fordert T sowohl von A als auch von B den vollen Fahrpreis. Beide lehnen das ab. A ist der Meinung, er müsse nur den halben Fahrpreis bezahlen; die andere Hälfte müsse B bezahlen. B ist der Meinung, er müsse überhaupt nichts bezahlen; T habe ihn umsonst mitgenommen, nachdem A das Taxi bestiegen und sich damit konkludent zur Zahlung des vollen Fahrpreises verpflichtet habe. Wie ist die Rechtslage?

Die natürliche Vernunft hat mit diesem Fall keine großen Probleme. Wäre ich A, würde ich den vollen Preis bezahlen, dabei auf ein Trinkgeld verzichten und als Plus verbuchen, daß ich einem anderen Menschen geholfen und mir jede peinliche Diskussion erspart habe. Wäre ich B, würde ich ebenfalls den vollen Preis bezahlen; darüber hinaus würde ich ein besonders reichliches Trinkgeld geben, um den T zu belohnen, und um den A zu beschämen. Wäre ich T, würde ich jeweils nur den halben Preis fordern (dieses Geld geht an die Taxigesellschaft) und ein reichliches Trinkgeld sowohl von A als auch von B erhoffen (dieses Geld geht an mich selbst). Wie Sie sehen, gibt es für jeden Beteiligten eine vernünftige Lösung dieses Falles, bei der er etwas gewinnen kann, vorausgesetzt, die Beteiligten werden nicht juristisch.

Werden sie juristisch, geht die Sache höchstwahrscheinlich schief. T wird wahrscheinlich den Fahrpreis nur einmal erhalten, je zur Hälfte von A und B gezahlt, und natürlich ohne Trinkgeld. A und B werden unter Beschimpfungen des T ihr Gepäck allein durch den Regen in das Hotel tragen müssen, wo man sie ob ihres Gezeters indigniert beäugen wird. Letztlich werden A und B nicht einmal etwas erspart haben, sondern zusätzliche Kosten tragen müssen, weil sie zwar auf Spesen reisen, die Fahrt des T aber nicht abrechnen können, was darauf zurückzuführen sein wird, daß T seinen Quittungsblock partout nicht finden kann, woraufhin A und B - beide stehen ja im Regen - die Geduld verlieren und durchnäßt und ohne Quittung in das Hotel flüchten. Möglicherweise wird es die üblichen Weiterungen geben. A wird sich bei der zuständigen Aufsichtsbehörde wegen der angeblich überhöhten Forderung des T beschweren. B wird einen Brief an die Taxifahrerinnung wegen des fehlenden Quittungsblocks schreiben. Und T wird angesichts der im Hotel erfragten ladungsfähigen Anschriften von A und B der Versuchung nicht widerstehen können, seine berechtigte Forderung gerichtlich geltend zu machen, und wird dabei Bekanntschaft mit § 495a ZPO machen. Am Ende werden sie alle Verlierer sein.

Da ich als idealer Lernender Jurist werden will, komme ich gleichwohl nicht umhin, die korrekte juristische Lösung dieses Falles zu suchen? Zweifellos gibt es sie. Ich könnte jetzt im BGB blättern und in den Lehrbüchern und Fallsammlungen nachschlagen und nach diesem oder einem ähnlichen Fall suchen, aber da ich ein idealer Lernender bin, tue ich etwas anderes. Ich bringe Ordnung in das Geschehen. Ich bestimme den Platz, an den der Taxifall zwischen natürlicher und juristischer Person angesiedelt ist. Die Besonderheit des Falles liegt darin, daß zwei Personen sich in irgendeiner Weise zusammengetan haben, um mit einem Dritten ein Rechtsgeschäft abzuschließen. Wären A und B jeweils mit einem eigenen Taxi gefahren, wäre die Situation klar. In diesem „Normalfall" hätte jeder einen eigenen Vertrag mit T abgeschlossen gehabt. Jeder hätte zweifelsfrei den vollen Kaufpreis bezahlen müssen. Darüber hätte es keine Diskussion gegeben. Im vorliegenden Fall hat es aber eine Diskussion gegeben, was mir zeigt, daß ein „Problemfall" vorliegt, der vom „Normalfall" abweicht. Das Problem liegt darin, daß B auf Aufforderung des T zu A in das Taxi gestiegen ist. Statt eines Fahrgastes saßen zwei Fahrgäste in dem Taxi. Zwischen ihnen bestand eine lockere Verbindung. Welche Möglichkeiten gibt es hier insgesamt, und wie sind sie zu behandeln?

c) Die Zwischenformen

Mit ein wenig Phantasie erkenne ich, daß verschiedene Zwischenformen zwischen natürlicher und juristischer Person existieren müssen. Mir fallen etwa Tanzzirkel, Studentenverbindungen, Wohngemeinschaften, Anwaltskanzleien, Bürgerinitiativen, Gewerkschaften, Parteien ein. Schon die Tatsache, daß sie alle mit eigenen Namen bezeichnet werden können, zeigt, daß sie „mehr" sind als eine natürliche Person, aber ersichtlich „weniger" als eine juristische Person. Auch mein Ausgangsfall, die „Fahrgemeinschaft", gehört hierzu.

Ich suche nun nach Regelungen hierzu. Im Allgemeinen Teil des BGB werde ich nicht fündig. Hier stehen den natürlichen Personen nur die juristischen Personen gegenüber. Auch in den Büchern zum Allgemeinen Teil finde ich hierzu wenig. Meist gibt es im Abschnitt „Rechtssubjekte" nur ein Kapitel über die natürliche Person und eines über die juristischen Personen. Aber wenn ich im letztgenannten Kapitel ein wenig lese, erfahre ich, daß dort etwas über „Personenvereinigungen" gesagt wird, etwa die „Gesellschaft", die noch keine juristischen Personen sind, es aber unter bestimmten Voraussetzungen solche werden können. Die Sache wird allmählich spannend. Vorläufig halte ich den Befund, daß Zwischenformen existieren, in einer Skizze fest, wie sie in Abbildung 2 gezeigt ist.

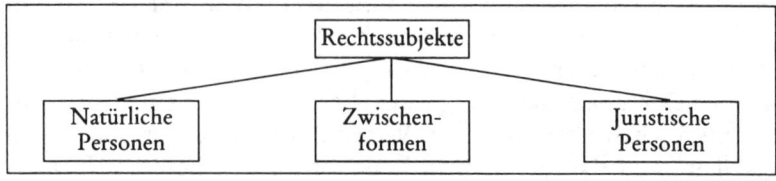

Abb. 2 Rechtssubjekte

Nunmehr stelle ich mir die Frage, welche verschiedenen Zwischenformen zwischen natürlicher und juristischer Person insgesamt existieren. Ich blättere ein wenig im Inhaltsverzeichnis des BGB und finde im Allgemeinen Schuldrecht einen Abschnitt „Mehrheit von Schuldnern und Gläubigern", §§ 420 ff. Weiter finde ich im Besonderen Schuldrecht Vorschriften über die Gesellschaft, §§ 705 ff, und die Gemeinschaft, §§ 741 ff. Vermutlich werde ich bei näherer Befassung dort das eine oder andere finden, was ich verwenden kann, aber ein stimmiges System entdecke ich darin nicht. Ich will wissen, welche Personenmehrheiten es zwischen der natürlichen Person und der juristischen Person gibt, und da ich kombinatorisch denke, will ich alle in Betracht kommenden Möglichkeiten ermitteln. Und da mir niemand hilft, muß ich mir selbst helfen.

d) Der Entwicklungsprozeß der Zwischenformen

Mit folgender Überlegung komme ich ein Stück weiter. Vermutlich gab es hier so etwas wie einen Entwicklungsprozeß, bei dem zunächst nur lose Vereinigungen mehrerer Menschen existiert hatten. Allmählich war es zu einer Festigung dieser Verbindung gekommen sein, die schließlich so intensiv wurde, daß die juristische Person von den einzelnen Mitgliedern gelöst und zur selbständigen Existenz gebracht wurde. Die einzelnen Stufen dieser Entwicklung werden auch noch in der modernen Gesellschaft vorhanden sein.

Ich erprobe diesen Gedanken an Beispielen. Wenn zwei Nachbarn gemeinsam Öl bestellen, um den billigeren Preis für eine große Menge erzielen zu können, ist das gewiß eine lose Verbindung. Wenn zwei Rechtsanwälte eine Sozietät begründen, wird diese Verbindung wesentlich fester sein. Also, der Grundgedanke könnte stimmen.

e) Systematische Befragung der Literatur

(1) Mit den Büchern und gegen die Bücher arbeiten

Nunmehr habe ich ein Programm, mit dem ich die Lehrbücher und Kommentare befragen kann. Ich stelle gezielt Fragen und suche die Antworten. Alles, was sonst noch in den Büchern steht, interessiert mich im Augenblick nicht. Ich bin kein passiver Konsument, sondern ein aktiver Leser, der aus den Büchern nur das herausholt, was er braucht, und der zu einem anderen Buch greift, wenn ihm das eine die gewünschten Antworten nicht liefert.

Ich verlasse für einen Augenblick meine Rolle als idealer Lernender. Führen Sie selbst vor der weiteren Lektüre dieses Experiment durch. Gehen Sie in die Bibliothek! Richten Sie die genannten Fragen an die Bücher! Sie werden finden, daß es überall hervorragende Darstellungen zu den Begriffen „natürliche Person" und „juristische Person" gibt, daß aber die Zwischenformen durchweg zu kurz kommen. Die „Gesellschaft" fristet beispielsweise in den Darstellungen des Allgemeinen Teils des BGB ein Schattendasein. Sie kommt ja nach der Systematik des BGB erst im Besonderen Teil des Schuldrechts, §§ 705 ff, oder gar erst im Handelsrecht. Aber Sie wollen jetzt, im ersten Semester, wissen, wo der Platz der Gesellschaft zwischen der natürlichen und der juristischen Person ist, und welche Zwischenformen außer der Gesellschaft noch existieren.

Zurück zu meinem idealen Lernenden. Spätestens jetzt wird mir deutlich, daß ich auch gegen die Bücher arbeiten muß. Ich befinde mich erst im ersten Semester, muß aber auch die Lehrbücher des zweiten Semesters oder gar späterer Semester befragen. Das ist verwirrend, aber es ist gut so. Ich bin nicht mehr in der Schule. Ich bereite mich auf das wirkliche Leben vor. Meine Selbständigkeit wächst, und damit eine der wichtigsten Eigenschaften, die ich später in meinem juristischen Beruf benötigen werde. Übrigens entdecke ich bei dieser Gelegenheit, daß Kommentare im allgemeinen hilfreicher sind als Lehrbücher. Kommentare wollen informieren, und ich suche Informationen. Lehrbücher wollen dagegen belehren, und das führt mich leicht in Abhängigkeiten. Und- wie schon Lichtenberg bemerkt hat - wenn ein Kopf und ein Buch zusammenstoßen und es hohl klingt, muß das nicht am Kopf liegen.

(2) Kombinatorisch arbeiten

Bei dieser Suche hilft mir nicht das autoritäre Denken, sondern kombinatorisches Denken. Ich frage, welche Verbindungen zwischen zwei (und mehr) Personen insgesamt möglich sind, wobei ich die Anordnung nach zunehmender Festigkeit der Verbindung vornehme. Die Überschrift dieser Untersuchung könnte lauten: „Auf dem Weg von der natürlichen zur juristischen Person". Dabei muß ich die Ausgangsüberlegung beachten, wonach ein juristisches Drama mindestens eine Zweipersonenbesetzung hat (siehe Abbildung 1). Ich frage also nicht abstrakt nach Personenverbindungen, fragen, sondern lenke den Blick auf den jeweiligen Mitspieler auf der anderen Seite und unterscheide dabei zwischen Rechten und Pflichten. Ich nehme ein Blatt Papier, schreibe darauf oben „natürliche Person", unten „juristische Person" und schaffe (mit einiger Mühe) eine Tabelle, wie sie in Abbildung 3 gezeigt ist.

Die Tabelle geht in der ersten Zeile vom Normalfall „natürliche Person" aus und führt auf der sechsten Zeile zum gesetzlich geregelten Problemfall „juristische Person". Sie zeigt, daß vier Zwischenformen existieren, die durch die Vorsilben „Teil", „Mit", „Gesamt" und „Gesamthand" gekennzeichnet sind. Diese sind jeweils links und rechts durch Abbildstrukturen anschaulich gemacht. Die Tabelle wird von oben nach unten gelesen und zeigt auf diese Weise, wie die Verbindung zwischen den einzelnen „natürli-

1 $G \longrightarrow S$	**Alleinschuld** Die natürliche Person schuldet	**Alleingläubigerschaft** Die natürliche Person fordert $G \longrightarrow S$ **7**
2 $G \overset{1/2}{\underset{1/2}{\longrightarrow}} \begin{array}{c}(S1)\\(S2)\end{array}$	**Teilschuld** Jeder schuldet einen Teil	**Teilgläubigerschaft** Jeder fordert einen Teil. $\begin{array}{c}(G1)\\(G2)\end{array} \overset{1/2}{\underset{1/2}{\longrightarrow}} S$ **8**
3 $G \longrightarrow \begin{array}{c}(S1)\\(S2)\end{array}$	**Mitschuld** Jeder schuldet zusammen mit den anderen.	**Mitgläubigerschaft** Jeder fordert zusammen mit den anderen. $\begin{array}{c}(G1)\\(G2)\end{array} \longrightarrow S$ **9**
4 $G \overset{1}{\underset{1}{\longrightarrow}} \begin{array}{c}(S1)\\(S2)\end{array}$	**Gesamtschuld** Jeder schuldet alles. G fordert nur einmal. S1 u. S2 gleichen sich aus.	**Gesamtgläubigerschaft** Jeder fordert alles. S schuldet nur einmal und kann an jeden Gläubiger leisten. $\begin{array}{c}(G1)\\(G2)\end{array} \longrightarrow S$ **10**
5 Haftung $\overset{\text{Schuld}}{\underset{\text{Haftung}}{\longrightarrow}}$ $\begin{array}{c}(S1)\,\boxed{\text{Gesamthands-vermögen}}\\(S2)\end{array}$	**Gesamthandsschuld** Die Gesamthänder schulden aus dem Gesamthandsvermögen. Daneben haften sie als Gesamtschuldner.	**Gesamthandsgläubigerschaft** Die Gesamthänder fordern zum Gesamthandsvermögen. $\begin{array}{c}(G1)\,\boxed{\text{Gesamthands-vermögen}}\,\text{Forderung}\\(G2)\end{array} \longrightarrow S$ **11**
6 $G \longrightarrow \boxed{S}$	**Juristische Person** Die juristische Person schuldet.	**Juristische Person** Die juristische Person fordert. $\boxed{G} \longrightarrow S$ **12**

Abb. 3 Auf dem Weg von der natürlichen zur juristischen Person

chen Personen" allmählich fester wird. In der vorletzten Zcile taucht erstmals mit dcm Gesamthandsvermögen ein von den „natürlichen Personen" abgelöster juristischer Gegenstand auf, der sich in der letzten Zeile zur „juristische Person" verfestigen wird.

An so einer Tabelle habe ich ziemlich lange zu arbeiten, aber wenn ich diese Arbeit geleistet haben, habe ich ein komplexes juristisches Thema aufgrund seiner historischen Herleitung so verstanden und systematisch geklärt, daß ich damit praktisch arbeiten kann.

f) Der Falltrainer

Jetzt brauche ich nur noch Fälle, um die jeweiligen abstrakten Felder mit Leben zu erfüllen. Ich schaffe mir meinen eigenen Falltrainer, damit ich durch Training die für die Fallbearbeitung nötige Sicherheit erwerben und Wiederholungsprogramme fahren kann. Dazu suche ich mir aus den Büchern Beispielsfälle heraus oder denke mir auch selbst solche Fälle aus und kennzeichne die jeweils richtige Lösung durch Angabe des zugehörigen Feldes.

Solch ein persönlicher Falltrainer sollte primär ein Normalfalltrainer sein. Wenn ich die Normalfälle richtig lösen kann, dann kann ich auch die Problemfälle richtig lösen. Es ist nicht einfach, zu den in Abbildung 3 gezeigten Kombinationen jeweils passende Normalfälle zu finden. (Versuchen Sie es selbst, und schauen Sie erst danach in den Büchern nach. Lesen Sie hier erst dann weiter, wenn Sie diese Aufgabe gelöst haben.)

— — — — — — — —

Mein Falltrainer zu Abbildung 3 könnte wie folgt aussehen (die Pfeile in den Fußnoten verweisen jeweils auf das zugehörige Feld und enthalten auf diese Weise die jeweilige Lösung):

> „1. Die X-AG, vertreten durch ihren Vorstand, mietet von Vermieter V ein Bürogebäude. Alsbald gehen die Geschäfte schlecht. Die X-AG teilt V mit, sie benötige das Gebäude nicht mehr, werde es demgemäß nicht beziehen und auch keine Miete bezahlen. V fordert die X-AG zur Zahlung der Miete auf. -> 6

2. Die Nachbarn N1 und N2 besitzen jeweils einen Öltank mit einem Fassungsvermögen von jeweils 5.000 Liter. Sie bestellen gemeinsam 10.000 Liter bei Händler H, um einen Mengenrabatt zu erhalten. H liefert das Öl und füllt in jeden Tank 5.000 Liter. H will wissen, an wen er welche Rechnung schicken soll.- > 2

3. Jurastudent J hat sein erstes Examen bestanden und will kräftig feiern. Hierzu engagiert er die Jazzband „Schönfelder Stompers", bestehend aus Bassist und Bandleader B, Trompeter T, Gitarrist G, und Schlagzeuger S. Einige Tage vor dem geplanten Fest ruft B den J an und teilt ihm mit, S sei durch das Examen gefallen und habe keine Lust, mitzuspielen. Die Band würde ohne S aufspielen. J gedenkt, dem S einen juristischen Schriftsatz zu schicken. Was kann er von S fordern? -> 3

4. Die Nachbarn N1 und N2 besitzen jeweils einen Öltank mit einem Fassungsvermögen von jeweils 5.000 Liter. Sie bestellen gemeinsam 10.000 Liter bei Händler H, um einen Mengenrabatt zu erhalten. H liefert das Öl aber nicht. Welche Rechte haben N1 und N2 gegen H? - > 8

5. X und Y sind im Büro des Z zu einer geschäftlichen Besprechung. Nach deren Beendigung wollen sie gemeinsam zum Bahnhof fahren und lassen sich ein Taxi kommen. Im Treppenhaus zerstreiten sie sich. Als das Taxi kommt, erklärt jeder, er wolle allein mit dem Taxi fahren. Wozu ist Taxifahrer T verpflichtet? - > 9

6. Es regnet. Am leeren Taxistand bildet sich eine lange Schlange. Endlich kommt Taxifahrer T. Der erste Fahrgast F1 in der Schlange erklärt, er müsse zum Flughafen. T fragt, wer noch zum Flughafen müsse. F2 meldet sich und steigt mit in das Taxi. Am Flughafen angekommen, will T von jedem Fahrgast den vollen Fahrpreis kassieren. Zu Recht? - > 4

7. Student S1 und Student S2 mieten gemeinsam eine Wohnung. Vermieter V will wissen, an wen er sich wegen der Miete halten kann. - > 4

8. Die Programmierer P1 und P2 gründen die „World Software" Gesellschaft bürgerlichen Rechtes und mieten zur Ausübung ihrer Berufstätigkeit ein Büro. Der erhoffte Erfolg bleibt ebenso aus wie die Miete. Vermieter V fragt nach seinen Rechten. - > 5.

9. A und B gründen die A & B OHG, welche bei L ein Firmenauto least. L stellt das Auto aber nicht vertragsgemäß zur Verfügung. Wie ist die Rechtslage? - > 11

10. A wird von der Brutal-GmbH mit der Begründung entlassen, er sei häßlich und passe nicht zum Design der neuen Firmenzentrale. A will sich zur Wehr setzen, weil er nicht häßlich sei und selbst im Falle der Bejahung seiner Häßlichkeit kein Kündigungsgrund vorliege. Wie ist die Rechtslage? - > 6

11. Kaninchenzüchterverein Hasenglück e.V. veranstaltet ein Vereinsfest und bestellt bei Bierverleger B ein Faß Bier. Am vereinbarten Abend sind alle Vereinsmitglieder da. Aber das Bier fehlt. Die Vorstandschaft fragt nach der Rechtslage. - > 12

12. V1 und V2 sind Miteigentümer eines gebrauchten VW Golf. Sie verkaufen das Auto an den K. Obwohl K den Kaufpreis anbietet, liefern sie das Auto aber nicht. K will wissen, an wen er sich halten kann? - > 4

13. Ehegatten E1 und E2 haben ein gemeinschaftliches Bankkonto (Öder-Konto) bei Bank B. Der Vorstand der Bank fragt nach der Rechtslage. - > 10

14. V1 und V2 haben zusammen eine Wohnung gemietet. Sie vermieten ein Zimmer davon an Untermieter Ü. Ü bleibt die Untermiete schuldig und V1 und V2 fragen nach der Rechtslage.- > 9

15. T1 und T2 verprügeln gemeinsam den O. Der muß sich ärztlich behandeln lassen und fordert Schadensersatz - von wem und jeweils wieviel? - > 4

16. G gewährt S ein Darlehen. Bei Fälligkeit zahlt S es nicht zurück. Rechtslage? > 7

17. Student S verpflichtet sich, den Rasen des R zu mähen. Dann hat er keine Lust, zu arbeiten. Muß er trotzdem Rasen mähen? - > 1

18. Vater V zahlt seinen Unterhalt nicht. Die Söhne S1 und S2 verklagen ihn. Es kommt zu einem Unterhaltsvergleich, wonach V sich zur Zahlung von monatlich 1.000 DM an S1 und S2 verpflichtet. Rechtslage? - > 8

19. Ehegatte E1 bestellt Lebensmittel für den gemeinsamen Haushalt mit E2 bei Händler H. H liefert nicht. E2 schlägt § 1357 I 2 BGB auf und überlegt, wer von beiden Ehegatten H zur Lieferung auffordern kann. - > 9

20. B1 und B2 bauen jeweils die Hälfte eines Doppelhauses. Sie bestellen das Dach bei Dachdecker D, welcher es deckt und nun seine Rechnung schreiben will. Wie soll er das tun? - > 2"

4. Güter als Träger von Rechten und Pflichten

Ich bin immer noch nicht sicher, daß ich alle denkbaren Rechtssubjekte gefunden habe. Vorsichtshalber schaue ich mir noch einmal die Abbildung 1 an und überlege, ob ich alle dort vorhandenen Elemente verarbeitet habe. Kombinatorisches Denken führt mich zu der Frage, ob auch Güter zu Trägern von Rechten und Pflichten und damit zu juristischen Personen verselbständigt werden können. Ich vermute stark, daß dies der Fall sein wird, einfach, weil diese Möglichkeit kombinatorisch gegeben ist. Und meine Vermutung wird sich bestätigen. Wenn ich in den Büchern nachlese, stoße ich bald auf die rechtsfähigen Stiftungen des bürgerlichen und öffentlichen Rechts und auf die Anstalten des öffentlichen Rechts. Ich entdecke, daß die juristischen Personen herkömmlich in aus der Vereinigung von Personen entstandene Körperschaften und in aus der Verselbständigung von Vermögensmassen entstandene Stiftungen und Anstalten unterteilt werden. Meine schöne Systematik „Von der natürlichen zur juristischen Person" hat also eine Delle bekommen. Aber ich nehme das nicht zu schwer. Alle diese Strukturen sind nur vorläufig und fragwürdig. Entscheidend ist, daß ich darüber nachdenke und die Wichtigkeit solcher oberster Einstiegsstrukturen erkenne.

5. Der Anstoß von Folgeaktivitäten

Wenn ich einmal begonnen habe, auf die geschilderte Weise vorzugehen, werde ich damit fortfahren. So wende ich mich als nächstes dem Element „Gut" zu. Ich werde entdecken, daß es zwei verschiedene Arten von Gütern gibt, nämlich Materialgüter und Immaterialgüter. Eine historische Betrachtung wird mir zeigen, daß die Immaterialgüter erst in der Neuzeit geschaffen wurden und so modern sind, daß sie im BGB noch nicht berücksichtigt wurden. Ich werde hier Einstiegsstrukturen schaffen und die prinzipielle

Gleichberechtigung beider Arten von Gütern schon zu Beginn meines Studiums erkennen. Von da aus werde ich begreifen, daß der gewerbliche Rechtsschutz zu Unrecht in einer abgelegenen Wahlfachgruppe versteckt wird, während das Sachenrecht mit völlig veralteten und wirtschaftlich unbedeutenden Instituten wie dem Pfandrecht an beweglichen Sachen einen übermäßig breiten Raum im BGB und damit im Studium einnimmt. Und wer weiß - vielleicht verhilft mir meine Art der Strukturierung dazu, für meinen späteren Beruf einen attraktiven Markt zu entdecken. Der Wert der Immaterialgüter liegt insgesamt weit über dem der Materialgüter. Als wertvollste Marke der Welt wurde im Jahre 1997 die Zigarettenmarke „Marlboro" bezeichnet. Ihr Wert wurde mit 35 Milliarden US-Dollar beziffert.

6. Die Perspektive des Wissenden

Mir ist bei alledem klar, daß ich dieses Buch aus der Perspektive des Wissenden, nicht des Lernenden, schreibe, und daß ich mir als fiktivem Lernenden Überlegungen und Ideen zuschreibe, auf die ich selbst während meines eigenen Studiums nicht gekommen bin, und auf die auch Sie von selbst nicht kommen werden, einfach deshalb, weil Sie die Materie noch nicht beherrschen. Sie mögen vielleicht einwenden, Sie müßten sich zunächst einmal an dem orientieren, was in den Vorlesungen gesagt wird und was in den Lehrbüchern steht. Abweichende Strukturen zum BGB könnten Sie erst dann bilden, wenn Sie Ihre Staatsexamina hinter sich hätten und in Sicherheit seien.

Ich würde diesen Einwand verstehen, aber ich halte trotzdem an meiner Empfehlung fest. Bilden Sie eigene Strukturen, so gut Ihnen das möglich ist, und übernehmen Sie nur, was Sie geprüft haben, und was Ihnen einleuchtet! Natürlich gibt es Dinge, die man nicht mehr in Frage stellen kann, weil sie allgemein akzeptiert sind. Die juristische Person ist beispielsweise ein Ding von dieser Art. Aber der Bereich der Gegenstände, die auf verschiedene Weisen strukturiert werden können, ist größer, als Sie glauben, einfach deshalb, weil sich viele Regelungen erst intuitiv, in langen historischen Prozessen, auf unterschiedliche Weisen herausgebildet haben. Angesichts solcher Befunde können Sie nur dann Kurs halten, wenn Sie Ihrem eigenen Kompaß folgen - von Anfang an.

II. Ein weiteres Produktbeispiel aus dem Bürgerlichen Recht - die „Willenserklärung"

1. Der Baustein des Rechtsgeschäfts

In diesem Abschnitt will ich als weiteres Produktbeispiel die „Willenserklärung" behandeln. Diesen wichtigen „Baustein" des Privatrechts müssen Sie perfekt beherrschen. Jedes Rechtsgeschäft besteht aus einer oder mehreren Willenserklärungen, die für sich oder in Verbindung mit weiteren Tatbestandsmerkmalen eine gewollte Rechtsfolge bewirken. Beispiele bieten das Angebot, die Annahme, die Ablehnung, die Kündigung, die Anfechtung, der Rücktritt.

2. Der Normalfall

Was eine „normale" Willenserklärung ist, weiß jeder Mensch, sobald er begriffen hat, daß unsere Gesellschaft durch das Prinzip von Geben und Nehmen bestimmt ist. Das fängt schon im Kindergarten an. Wenn Hänschen die Knete von Fritzchen bekommen will, muß er ihm dafür eine Murmel „anbieten". Fritzchen kann das „annehmen" oder „ablehnen". Später wird sich das Spiel von Geben und Nehmen fortsetzen. Willenserklärungen sind also die „normalste" Sache von der Welt, so normal, daß wir sie - wie alles, was normal ist - überhaupt nicht mehr wahrnehmen.

3. Der Problemfall

Bis etwas schiefgeht. Zur Freude der deutschen Privatrechtswissenschaft besuchte einmal ein Mensch arglos eine Weinversteigerung in Trier, entdeckte einen Freund und winkte diesem zur Begrüßung zu, worauf der Auktionator seinen Hammer fallen ließ und unserem entsetzten Menschen den Zuschlag für ein Fuder Moselwein erteilte. Seitdem nimmt die „Trierer Weinversteigerung" neben vielen anderen vergleichbaren Unfällen einen Ehrenplatz in den Lehrbüchern zum Allgemeinen Teil des BGB ein. Da gibt es - um nur einige Beispiele zu nennen - Leute, die 25 Gros Rollen Toilettenpapier in der Annahme bestellen, es handle sich um 25 große Rollen, während 25 Gros in Wahrheit 3.600 Rollen bedeuten. Oder es kommen Autoverkäufer vor, die sich einen sogenannten „guten Scherz" erlauben und dem Interessenten einen fabrikneuen Jaguar für 50 Pfennige anbieten, was der Kunde freudig akzeptiert. Es gibt

Vermieter, die ihrem Mieter im sogenannten „bösen Scherz" kündigen, worauf der Mieter zum Entsetzen des Vermieters tatsächlich aus den gemieteten Geschäftsräumen auszieht. Es kommen reiche Witwen vor, die vermögenslosen Hochstaplern in der irrigen Annahme, zwischen beiden herrsche die in besseren Kreisen erwünschte Vermögensparität, Darlehen geben. Und es kommt vieles mehr vor von dieser Art. Man kann, Lichtenberg variierend, sagen: In den Lehrbüchern gibt es Dinge, von denen sich Himmel und Erde nichts träumen lassen.

In den Lehrbüchern erfahren Sie etwas über die Elemente des inneren Willens, über die Äußerung dieses Willens, über die Arten der Willenserklärungen und über die Abgrenzung der Willenserklärungen von den Realakten und den geschäftsähnlichen Handlungen. Aber das allein ergibt noch nicht das Produkt, das Sie benötigen, um alle nur denkbaren Unfälle richtig behandeln zu können. Denn im Examen wird ein ganz anderer Fall vorkommen, einer, von dem weder Himmel und Erde noch Sie jemals geträumt haben.

4. Der ideale Lernende

a) Die Suche nach der Struktur

Dieses Wissen müssen Sie sich selbst erarbeitet. Dazu müssen Sie sich die Normalität der Willenserklärung klarmachen und diese so strukturieren, daß Anwendungsprogramme entstehen. Sie müssen die einzelnen Strukturelemente bestimmen, und Sie müssen sich überlegen, welche Abweichungen von der Normalität und damit „Probleme" jeweils entstehen können. Bei einem alten Schlachtroß wie der Willenserklärung ist dabei klar, daß alle diese Probleme altbekannt und etliche davon gesetzlich geregelt sein werden. Ich versetze mich also erneut in die Situation eines idealen Lernenden und gehe mit Ihnen gemeinsam die einzelnen Schritte, mit denen ich mir die Willenserklärung erarbeite.

b) Die Vorarbeit im Kopf

(1) Ein einfacher Terminus

Auch angesichts dieser Aufgabe lasse ich als idealer Lernender die Bücher zunächst einmal geschlossen und benutze nur meinen Kopf. (Ich hoffe, dieses Schema langweilt Sie schon - dann kann ich meine Ausführungen bald beenden.) Ich überlege mir, was in dem Begriff „Willenserklärung" enthalten ist. Dabei kommt mir zugute, daß der Terminus „Willenserklärung" einfach und „sprechend" ist. So verhält es sich, wie schon gesagt, bei den meisten juristischen Begriffen. Wir Juristen haben reale Macht. Wir können Menschen in das Gefängnis bringen und brauchen daher kein sprachliches Imponiergehabe. Bei Leuten, die über solche Macht nicht verfügen, ist das anders. Psychologen oder Philosophen würden hier ganz andere Geschütze auffahren.

(2) Ein subjektives und ein objektives Element

Wenn ich ohne alle Hilfsmittel über die Normalität der Willenserklärung nachdenke (und damit etwas tue, was sonst kaum ein Student tut - alles drängt ja zu den Problemen), dann fällt mir zunächst auf, daß der Begriff „Willenserklärung" aus einem subjektiven („Wille) und einem objektiven („Erklärung") Element besteht. Darin spiegelt sich der Befund wider, daß hier ein Plan (jemand *will* etwas erklären) zur Ausführung gelangt (er *erklärt* es).

(3) Die Suche nach der Antwort auf die Einstiegsfrage

Als idealer Lernender stelle ich mir nun eine ebenso einfache wie wichtige Frage: Mit welchem der beiden Elemente soll ich beginnen? Diese Frage ist die wichtigste Frage. Alles, was danach kommt, ist nach dem schon genannten Gesetz der abnehmenden Wichtigkeit weniger wichtig. Erst wenn meine Einstiegsstruktur „stimmt", ist es sinnvoll, tiefer in die beiden Elemente „Wille" und „Erklärung" einzudringen. (Daß diese Frage in den Lehrbüchern meistens vor lauter Eifer, zu dem unerkannten Geisteskranken vorzudringen, überhaupt nicht behandelt wird, irritiert mich nicht, weil ich ja in diesem Stadium des Verfahrens noch keine Lehrbücher lese.)

Der sprachlichen Reihenfolge des Begriffes Willenserklärung würde es entsprechen, mit dem Willen zu beginnen und anschließend die Erklärung zu behandeln. Diese Reihenfolge scheint auch der Natur der Sache zu entsprechen. Erst faßt der Mensch einen Plan (Wille), dann führt er ihn aus (Erklärung). (Manche Leute handeln zwar zuerst und denken erst danach, aber das sind Ausnahmen.) Substanzontologische Erwägungen könnten also für diese Reihenfolge sprechen.

Aber im Recht geht es nicht um Substanzontologie, sondern um die Praxis der Fallbearbeitung. Als idealer Lernender suche ich daher nach praktischen Gegenargumenten gegen die erwogene Lösung. Hier fällt mir zunächst auf, daß ein Wort wie „Willenserklärung" auf eine schon von Mark Twain bewunderte Besonderheit der deutschen Sprache zurückzuführen ist, wonach es im Unterschied zu anderen Sprachen gestattet ist, beliebig viele Substantive aneinander zu reihen (Donaudampfschiffahrtsgesellschaftskapitänsmützenschildrand...). Andere, „logischere" Sprachen wie das Französische oder das Englische würden die deutsche Reihenfolge umdrehen und von einer „Erklärung des Willens" sprechen. Bei der „Willenserklärung" ist ja nicht der innere Wille, sondern dessen äußere Kundgabe wichtig. Das Recht ist kein Gedankenereignis, sondern eine soziale Veranstaltung. Bei dieser Betrachtung ist entscheidend, daß etwas Äußeres vorhanden ist (eine Erklärung), hinter der ein unsichtbares Inneres (ein Wille) steht. Dieser „Natur der Sache" entspricht es, erst zu prüfen, ob die leicht erkennbare Erklärung vorhanden ist, ehe man den immer fragwürdigen Versuch unternimmt, in einen anderen Menschen hineinzusehen.

Damit steht die Sache unentschieden, und da ich ein Jurist bin (oder werden möchte), stelle ich als idealer Lernender die Simile-Frage und suche Präzedenzfälle. Auch anderswo im Recht müssen doch äußere menschliche Handlungen und bestimmte innere Einstellungen zu diesen Handlungen eine Rolle spielen. Ich brauche nicht weit zu gehen, um hier fündig zu werden. Im Zivilrecht gibt es beispielsweise zum Schadensersatz verpflichtende äußere Handlungen, welche subjektiv das „Verschulden" (Vorsatz oder Fahrlässigkeit) des Handelnden voraussetzen. Und natürlich wird das gesamte Strafrecht von diesem Zusammenspiel objektiver und subjektiver Elemente beherrscht. Wie baut man bei den unerlaubten Handlungen und im Strafrecht auf?

Obwohl ich als gedachter Student des ersten Semester noch keine Strafrechtsvorlesung besuche, weiche ich vom Studienplan ab (als Jurist muß ich stets bereit sein, das Gesetz auch zu mißachten), gehe ich in die Bibliothek, nehme ein Lehrbuch zum Allgemeinen Teil des Strafrechts in die Hand und suche darin nach der Antwort lediglich auf die gestellte Frage. Und ich finde: Man beginnt im Strafrecht grundsätzlich mit dem objektiven Tatbestand, ehe man zum subjektiven Tatbestand übergeht. Ausnahmen gibt es nur da, wo der objektive Tatbestand ganz oder teilweise fehlt (was beim Versuch und bei der echten Mittäterschaft der Fall ist). Bei den unerlaubten Handlungen des Zivilrechtes baut man genau so auf.

Den Grund für diese Vorgehensweise teilt mir das Lehrbuch zwar nicht explizit mit. Aber mit ein wenig Nachdenken komme ich darauf. Das objektive Geschehen ist relativ leicht zu erfassen und erlaubt es überdies, Rückschlüsse auf das im Grunde überhaupt nicht zu erhellende subjektive Geschehen zu ziehen. Wenn der gedungene Mörder T den O gezielt erschießt, dann hat er mit Vorsatz gehandelt, auch wenn ich nicht wirklich weiß, was in seinem Kopf vorgegangen ist. Gleiches gilt für den, der im Bäckerladen erklärt, er wolle sechs Semmeln kaufen. Ich weiß aufgrund dieses objektiven Geschehens, was subjektiv in ihm vorgeht, auch wenn ich seine Gedanken nicht kenne und nicht kennen kann.

Damit ist meine Einstiegsfrage beantwortet. Ich beginne die Prüfung der „Willenserklärung" mit der Prüfung der „Erklärung" und gehe anschließend zum „Willen" über. (Später werde ich möglicherweise entdecken, daß mein Lehrbuch in der umgekehrten Reihenfolge geschrieben ist. Aber das wird mich nicht beeindrukken. Da mein Lehrbuch keine Begründung für seine Reihenfolge enthält, nehme ich an, daß der Autor sich hierüber keine Gedanken gemacht hat und der Unlogik der deutschen Sprache zum Opfer gefallen ist.)

Die erste und wichtigste Ebene meiner Hierarchie zur „Willenserklärung" steht jetzt. Abbildung 1 verdeutlicht dies.

(4) Die Erstellung der Normalfallstruktur

Nunmehr denke ich mir den Normalfall einer Willenserklärung aus. Auch diese Übung führe ich zunächst ohne Buch durch. Ich stelle mir etwa den Vermieter von Büroräumen vor, der seinem Mieter mitteilt, er kündige den zwischen beiden bestehenden Miet-

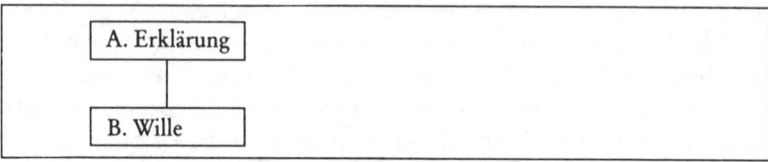

Abb. 1 Grundstruktur der Willenserklärung

vertrag. (Ich denke mir bewußt keinen Mietvertrag über eine Wohnung aus, damit nicht störende Überlegungen zu einem etwaigen Kündigungsschutz ins Spiel kommen. Normalfälle müssen so normal wie möglich sein.) Ich schaue mir meinen Normalfall an und überlege, welche etwas konkreteren, aber im Prinzip immer noch abstrakten Strukturelemente ich zunächst bei der Erklärung und anschließend beim Willen bestimmen kann.

Bei der „Erklärung" fällt mir auf, daß eine bestimmte Äußerung nötig ist, und daß diese ihren Adressaten erreichen muß (Empfang). Es gibt hier also zwei Strukturelemente, die ich probeweise einmal „Äußerung" und „Empfang" nenne. Später werde ich anhand der Bücher prüfen, ob ich richtig liege. Aber das hat noch Zeit.

In entsprechender Weise gehe ich beim Merkmal „Wille" vor. Hier fällt mir auf, daß der Vermieter einen Gedanken äußern will (der Vertrag mit dem Mieter soll beendet werden), und zwar einen juristischen Gedanken (einseitig, auch gegen den Willen des Mieters). Ich notiere mir also probeweise die Strukturelemente „Gedanke" und „Rechtswirkung". Auch hier werde ich später anhand der Bücher prüfen, ob ich richtig liege.

Jetzt habe ich eine eigene Struktur gebildet. Sie wird vermutlich noch nicht perfekt sein. Viele Rechtsdenker haben seit Jahrtausenden über diese Fragen nachgedacht und dabei eine reiche Fallerfahrung verarbeitet. Da kann ich natürlich nicht mithalten. Aber das brauche ich auch nicht. Entscheidend ist, daß ich etwas eigenes geschaffen habe. Es mag unvollkommen, ja, sogar falsch sein, aber es ist mein Werk.

c) Die Kontrolle anhand der Bücher

(1) Aktiv lesen

Jetzt habe ich eine Grundlage, auf der ich das Gesetz und die Lehrbücher aktiv befragen kann. Stimmt meine Struktur? Wo muß ich sie verbessern? Mit solchen Fragestellungen lese ich aktiv und schöpfe die Bücher aus. (Ich sollte in diesem Zusammenhang anmerken, daß juristische Bücher nicht zum Lesen da sind. Ich selbst habe es noch nie geschafft, ein solches Buch vom Anfang bis zum Ende durchzulesen. Juristische Bücher sind Steinbrüche, die man ausbeutet und zum Antiquariat gibt, wenn sie erschöpft sind.)

(2) Der Blick in das Gesetz

Als erstes Buch nehme ich als idealer Leser das Gesetzbuch zur Hand. Dabei fällt mir auf, daß die Willenserklärung als solche nicht geregelt ist. Der zweite Titel „Willenserklärung" des dritten Abschnitts „Rechtsgeschäfte" des BGB setzt in § 116 sofort mit dem „geheimen Vorbehalt", also mit einem höchst speziellen (und praktisch seltenen) Problemfall ein. Normal ist das ja nicht, daß sich ein Erklärender insgeheim vorbehät, das Erklärte nicht zu wollen. Erkennbar setzt der Gesetzgeber die Normalität, bei welcher der Erklärende genau das will, was er erklärt, als so selbstverständlich voraus, daß er sie überhaupt nicht regelt und sofort mit den Problemen beginnt. (Ob das eine gute Systematik ist, kann man freilich bezweifeln.)

(3) Die Lektüre des Lehrbuches

Um weiterzukommen greife ich nach einem Lehrbuch zum Allgemeinen Teil des BGB. Wäre ich ein passiver Leser, erginge es mir jetzt nicht gut. Ich würde im Kapitel „Willenserklärung" im Anschluß an eine „Definition" dieses Begriffes etwas lesen über die verschiedenen Arten der Willenserklärung (ausdrückliche, stillschweigende, konkludente, empfangsbedürftige, nicht empfangsbedürftige, Willenserklärungen unter Anwesenden und Abwesenden...). Alsbald würde auch der unvermeidliche unerkannte Geisteskranke des BGB hier auftauchen, etwa in der Variante, daß A dem B eine Kündigung schickt und anschließend, ehe der Brief seinen Empfänger erreicht, in Geisteskrankheit verfällt. Das alles würde mir nicht bei der Aufgabe helfen, eine Normalfallstruktur der Willenserklärung zu bilden, entsprechendes Regelwissen einzuüben und mich so für den unbekannten Problemfall des Examens zu rüsten.

(4) Die korrigierte Normalfallstruktur

Zum Glück bin ich kein passiver, sondern ein aktiver Leser. Ich habe eine vorläufige Struktur. Ich kann mir helfen und mit dem Buch etwas Sinnvolles anfangen. Ich halte meine vorläufige Struktur gegen das Lehrbuch und stelle fest, daß auch in den Büchern die Elemente „Erklärung" und „Wille" vorkommen, daß man die „Erklärung" in deren „Abgabe" und in deren „Zugang" zerlegt, und daß man beim „Willen" das „Motiv", den „Handlungswillen", den „Erklärungswillen" und den „Geschäftswillen" unterscheidet. Ich korrigiere meine Struktur dementsprechend und verdeutliche sie mir anhand meines Normalfalles wie folgt: Vermieter V muß seine Erklärung „abgeben", und sie muß dem Mieter M „zugehen", was ganz sicher (ganz „normal") dann der Fall ist, wenn V dem M die Kündigung mitteilt und M ausdrücklich bestätigt, daß er sie verstanden hat. In subjektiver Hinsicht hat V zunächst ein Motiv (er kündigt nicht grundlos, sondern deshalb, weil er die Büroräume an einen anderen Interessenten zu einem höheren Preis vermieten will), das ihn zum Handlungswillen bringt (V will handeln), welcher sich zum Erklärungswillen (V will eine rechtlich bedeutsame Erklärung abgeben) und schließlich zum Geschäftswillen (V will von seinem Kündigungsrecht Gebrauch machen) konkretisierten läßt. Das Modell ist also brauchbar. Es besteht die Normalfallprobe, und das muß ja auch so sein, weil alle rechtsdogmatischen Strukturen aus Normalfällen abgeleitet sind. Woher sollten sie auch sonst kommen?

Damit steht mein „Programm" für die Willenserklärung. Ich weiß, was ich in welcher Reihenfolge als Regelwissen in mein Langzeitgedächtnis befördern muß, wobei mir der Normalfall im Bedarfsfall zur Rekonstruktion des Programms dienen wird. Am besten stelle ich dies in einer Skizze übersichtlich dar. Abbildung 2 zeigt diese.

Abbildung 2 zeigt anschaulich, daß die zweite Ebene der Struktur aus insgesamt sechs Elementen besteht und damit der Kapazitätsgrenze der „magischen Sieben plus/minus zwei" bedenklich nahekommt. Durch die Verwendung der beiden übergeordneten Strukturelemente „Erklärung" und „Wille" entstehen aber gut „lernbare" Teilstrukturen mit jeweils zwei (zur „Erklärung") be-

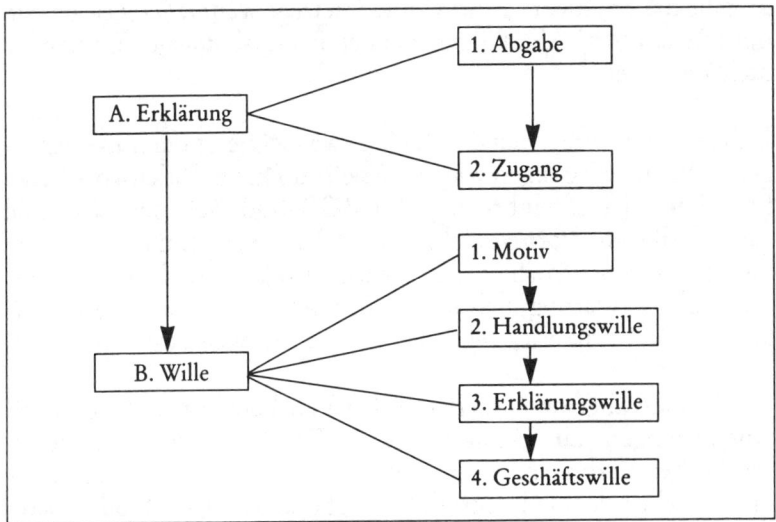

Abb. 2 Detailstruktur zur Willenserklärung

ziehungsweise vier (zum „Willen") Elementen, die jeweils für sich verarbeitet werden können, ohne mein informationsverarbeitendes System zu überfordern. Die Struktur ist meiner Hardware perfekt angepaßt.

(5) Der Problemfalltrainer

Nunmehr stelle ich meine Problemfälle zusammen, anhand derer ich den Umgang mit der Struktur trainieren kann. Ich sehe mir jedes Element der zweiten Ebene an und überlege, wie mögliche Problemfälle aussehen. Auch hier arbeite ich zunächst nur mit meinem Kopf. Anschließend ziehe ich die Bücher heran.

Ich beginne mit dem Element „Abgabe". Im Normalfall wird die Erklärung in Worten, als ausdrücklich abgegeben (*„Hiermit kündige ich den mit Ihnen bestehenden Mietvertrag"*). Ich notiere mir das Stichwort „ausdrücklich" und überlege weiter. Wie mögen Problemfälle aussehen, in denen von diesem Normalfall abgewichen wird. Wie steht es mit schriftlichen Kündigungen? Muß man nicht mitunter sogar schriftlich kündigen? Kann es sein, daß noch strengere Vorschriften gelten, wonach etwa bestimmte Willenserklärungen notariell beglaubigt oder gar beurkundet sein müssen? Ich notiere mir als zusammenfassenden Begriff für alle diese Sonderfälle das Stichwort „Form" und überlege weiter. (Überlegen Sie mit.) Was noch? Mir fällt in meiner Rolle als idealer Lernender nichts mehr ein.

Nunmehr befrage ich die Bücher (was ich jetzt dank meiner eigenen Vorüberlegungen wieder gezielt tun kann - Stichworte „aktives Lernen", „Steinbruch"). Im BGB finde ich zunächst eine ganze Reihe von Formvorschriften (§§ 125 - 129). Ein Formmangel beseitigt gegebenenfalls das Merkmal „Abgabe" und macht damit die Willenserklärung nichtig. Daran muß ich gegebenenfalls denken. Meine Vorüberlegungen haben sich insoweit bestätigt.

Ich finde aber noch mehr. In den Lehrbüchern finde ich auch Ausführungen zu „konkludenten" Willenserklärungen durch schlüssiges Verhalten. Als Beispiel nennt man mir etwa den Kirmesbesucher, der ein Karussell besteigt und damit konkludent zum Ausdruck bringt, er wolle einen Karussellbenutzungsvertrag abschließen (Mark Twain hätte an diesem Wort seine Freude gehabt).

Und ich finde schließlich Ausführungen zum Nichtstun, zum Schweigen, das unter bestimmten Voraussetzungen der Abgabe einer Erklärung gleichgesetzt wird. Das ist nun der Problemfall schlechthin. Nichtstun ist nicht etwa nur konträr, sondern geradezu kontradiktorisch zum Tun. Beide haben keinen gemeinsamen Oberbegriff. Und dennoch werden sie unter bestimmten Voraussetzungen einander gleichgestellt. Da sehe ich, wozu wir Juristen fähig sind. Ein wichtiger Fall ist hier sogar gesetzlich in § 362 HGB geregelt. Im übrigen erfahre ich, daß sich die Behandlung des Schweigens nach Treu und Glauben richtet.

Ich habe also drei mögliche Problemgruppen zum Normalfall des Merkmals „Abgeben" gefunden. Nunmehr überlege ich mir, in welcher Reihenfolge ich diese anordne. (Als idealer Lernender überlasse ich nichts dem Zufall. In mein Langzeitgedächtnis lasse ich nur wohlüberlegte Strukturen.) Formvorschriften kommen ausschließlich bei solchen Willenserklärungen in Betracht, die durch ausdrückliche Worte erklärt werden. Diese Fallgruppe hat sicherlich die größte praktische Bedeutung. Sie kommt also unmittelbar im Anschluß an den Normalfall der ausdrücklichen Erklärung. Dann kommen die konkludenten Willenserklärungen, bei denen lediglich die Sprache gewechselt und statt der verbalen Sprache die Körpersprache benutzt wird. Das Schweigen ist als kontradiktorischer Gegensatz am weitesten von den Formen des positiven Tun entfernt. Es wird nur selten in Betracht kommen. Diesem Befund entspricht seine Plazierung am Schluß. Damithin steht die Reihenfolge meines Unterprogramms zur „Abgabe" fest. Abbildung 3 zeigt dies.

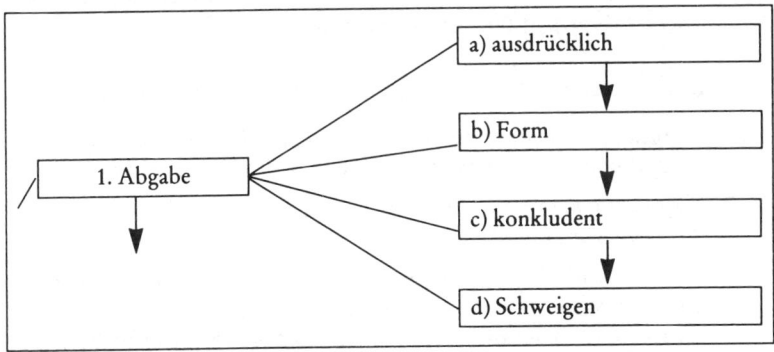

Abb. 3 Teilstruktur zur Abgabe

Die in Abbildung 3 gezeigte Struktur enthält das Regelwissen, das ich in mein Langzeitgedächtnis einspeichern muß. Ich kann sie in ein verbales Programm übersetzen, das etwa wie folgt lautet (auf die genaue Formulierung kommt es dabei nicht an):

„Wenn ich das Merkmal „Abgeben" prüfe,
- *dann muß ich erst nach einem Tun suchen,*
- *und zwar primär nach einer ausdrücklichen Äußerung,*
- *wobei ich bejahendenfalls an etwaige Formvorschriften denken muß,*
- *hilfsweise nach einem konkludenten Tun,*
- *und nur wenn ich kein Tun finde, muß ich prüfen, ob ausnahmsweise im Schweigen ein „Abgeben" liegt."*

Damit ist meine Arbeit an der Teilstruktur zur „Abgabe" beendet. Nunmehr bilde ich einen Falltrainer, den ich für künftige Wiederholungsübungen während der Examensvorbereitung benutzen kann. (Als idealer Lernender plane ich langfristig - Stichwort „strategisches Denken".) Ich denke mir zu den drei Strukturelementen kurze Fälle aus, oder/und ich hole mir solche Fälle aus den Büchern, und ich versehe diese jeweils mit einem Hinweis auf die entsprechende Stelle in der Struktur. Später werde ich mir die Fälle wieder vornehmen und jeweils erst im Kopf lösen, ehe ich zur Kontrolle die Struktur in Abbildung 3 heranziehe. Ich lerne also die Struktur in der gleichen Weise, in der ich sie später im Training, im Examen (und im Leben) wieder abrufe, nämlich anhand von Fällen. Mein „Lerninput" entspricht exakt meinem späteren „Output". Das ist die optimale Lernmethode.

Mein Falltrainer könnte beispielsweise wie folgt beginnen:

> *„1. Verkäufer V schließt mit Käufer K privat schriftlich einen Kaufvertrag über ein Grundstück, vgl. aber § 313 BGB. -> A 1 b*
>
> *2. Fahrgast F besteigt ein Taxi und sagt „Folgen Sie dem schwarzen Cadillac vor Ihnen!" -> A 1 c*
>
> *3. Rechtsmorphologe M hat mit Buchhändler B vereinbart, daß dieser ihm alle Neuerscheinungen zur morphologischen Rechtstheorie zuschicke und M sie kaufe, falls er sie nicht binnen zwei Wochen zurückschicke. M schickt ein ihm übersandtes Buch nicht binnen zwei Wochen zurück. Als B von M Bezahlung des Buches fordert, erklärt M, das Buch enthalte soviel Schwachsinn, daß eine Rücksendung sich nicht gelohnt und er das Buch sogleich entsorgt habe. - > A 1 d..."*

Ich füge noch einige weitere Fälle hinzu, lasse Raum für künftige weitere Fälle (wozu ich technisch geeignete Hilfsmittel brauche, etwa Karteikarten oder, besser, einen Computer) und beende meine Arbeit am Merkmal „Abgabe". Ich habe insoweit alles getan, was ich für das Examen tun muß. Der Rest ist Wiederholung und Training. Ich freue mich über dieses Erfolgserlebnis (ein Erlebnis, das ich beim Problemlernen niemals haben würde).

Anschließend wende ich mich dem Merkmal „Zugang" zu (vgl. Abbildung 2) und behandle es in gleicher Weise. Auch hier überlege ich mir also zunächst einen Normalfall (V teilt dem M persönlich die Kündigung mit) und notiere mir das Stichwort „Kenntnisnahme". Anschließend überlege ich mir mögliche Problemfälle, wobei ich wiederum zunächst nur meinen Kopf befrage, ehe ich in den Büchern nachforsche. Im Kopf fallen mir vielleicht Fälle ein wie: *„M hält sich die Ohren zu, während V ihm die Kündigung mitteilt. - M ist taub. - M erhält einen Brief von V mit der Kündi-*

gung, öffnet diesen aber nicht. - V schickt dem M einen Kündigungsbrief, der aber bei der Post verloren geht. - Der Brief des V wird in den Briefkasten des M geworfen, während dieser gerade seinen Jahresurlaub in Alaska verbringt. - Ein Nachbar des M nimmt den an M gerichteten Brief in Empfang und vergißt dann später, dem M den Brief auszuhändigen. - V spricht auf den Anrufbeantworter des M, der infolge eines Defektes nichts aufzeichnet, was V aber nicht bemerkt. - V schickt dem M ein Telegramm, das diesem telefonisch zugesprochen wird - ..." Meine Phantasie hört nicht auf, wenn ich sie erst einmal auf Trab gebracht habe.

Ich versuche, Ordnung in das Geschehen zu bringen und Unterstrukturen zu bilden. Sicher würde das Zusammenleben der Menschen schwierig werden, wenn sich die potentiellen Empfänger dem Zugang von Willenserklärungen einfach durch Ohrenzuhalten, durch Abwesenheit, durch Nichtöffnen ihres Briefkastens und dergleichen mehr entziehen könnten. Es wird also genügen, wenn die Erklärung die Sphäre des Empfängers (Briefkasten, Postfach, Ehegatte...) in einer Weise erreicht, daß dieser davon Kenntnis nehmen kann. Ich notiere mir das Stichwort „Empfängersphäre".

Da mir nichts weiter einfällt, befrage ich nunmehr die Bücher und sehe, daß mein Gedanke zutrifft. Ergänzend lese ich dort jedoch, daß eine Einschränkung erforderlich ist. Nach den Umständen muß der Empfänger mit dem Zugang einer solchen Erklärung zu rechnen haben. Zur Nachtzeit braucht beispielsweise niemand mit dem Zugang einer Willenserklärung zu rechnen. Ich notiere mir als weiteres Stichwort „keine Einschränkung nach den Umständen".

Schließlich lese ich in den Büchern, daß es auch die Kategorie der nicht empfangsbedürftigen Willenserklärungen gibt, bei denen die bloße Abgabe genügt und ein Zugang überhaupt nicht erforderlich ist. Auch dieses Stichwort notiere ich mir und freue mich, daß ich drei Untermerkmale gefunden habe. (Das wird gut zu merken sein, weil ein Trikolon von drei Elementen hervorragend in meinen Kopf paßt.)

Nunmehr mache ich mir über die richtige Reihenfolge der drei gefundenen Elemente Gedanken. Normalfall des „Zugangs" ist die

Kenntniserlangung des Empfängers, etwa durch Hören oder Lesen. Dicht benachbart ist der Fall, bei dem die Erklärung in die Nähe des Empfängers und damit in dessen „Sphäre" gelangt. Ihn stelle ich daher an die Spitze. Hiervon gibt es „Einschränkungen nach den „Umständen", die sofort anschließend kommen müssen. Schließlich befasse ich mich mit dem Sonderfall der „nicht empfangsbedürftigen Willenserklärungen", in dem das Merkmal des „Zugangs" völlig entbehrlich ist. Ich entscheide mich dafür, ihn ausnahmsweise, aus ökonomischen Gründen, an den Beginn zu stellen, weil er alle weiteren Überlegungen überflüssig macht. Damit ist auch hier die richtige (oder bescheidener: die mir richtig erscheinende) Reihenfolge festgelegt. Abbildung 4 macht diesen Befund anschaulich.

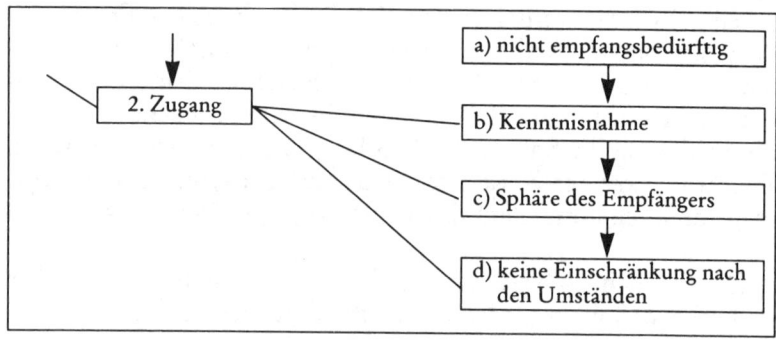

Abb. 4 Teilstruktur zum Zugang

Auch in dieser Struktur steckt eine Regel. Sie könnte etwa wie folgt formuliert werden:

„Wenn ich den Zugang prüfe, dann prüfe ich
- *zuerst, ob der Zugang überhaupt erforderlich ist,*
- *bejahendenfalls, ob die Erklärung zur Kenntnis genommen wurde,*
- *falls letzteres zu verneinen ist, ob sie in die Sphäre des Empfängers gelangt ist*
- *und ob in diesem Falle auch keine Einschränkung wegen besonderer Umstände vorzunehmen ist."*

Ein Computerprogrammierer würde monieren, meine Programme seien unvollständig, weil sie nicht alle Ja-Nein-Verzweigungen enthielten. Aber wir Menschen sind zum Glück keine Computer. Wir brauchen einfache Programme, und wir können uns das Fehlende bei Bedarf von selbst hinzudenken.

Auch zu diesem Programm erstelle ich einen Falltrainer. Er könnte etwa wie folgt beginnen:

> „*1. T errichtet handschriftlich sein Testament und enterbt seinen Sohn S. Nach dem Tode des T findet S das Testament und erklärt, es sei unwirksam, weil es ihm nie mitgeteilt worden sei. Ist das Testament wirksam? -> A 2 a)*
>
> *2. V will den Vertrag mit M kündigen. Die Kündigungsfrist läuft am Freitag ab. V ruft am Freitag nachmittag um 15 Uhr im Büro des M an. Dort ist bereits Geschäftsschluß. Es meldet sich nur der Anrufbeantworter. V spricht die Kündigung auf Band, und M hört dieses am Montag ab. Ist die Kündigung am Freitag zugegangen? -> A 2 c)*
>
> *3. Wie 2, aber V ruft am Freitag kurz vor Mitternacht an. Ist die Kündigung wirksam. -> A 2 d)...*"

Als nächstes nehme ich mir das Merkmal „Wille" vor und behandle es in entsprechender Weise. Beim „Motiv „denke ich mir zunächst einen Normalfall aus: „*V kündigt, weil er die vermieteten Büroräume selbst benötigt.*" Nunmehr überlege ich mir Problemfälle, zunächst wiederum im Kopf. Ich komme etwa auf folgende Ideen: „*V handelt aus purer Bosheit, um den M zu ärgern. - V hat sich über M geärgert, weil dieser ihn nicht gegrüßt hat. - V kündigt, weil gerade Dienstag ist, und der Dienstag für V Kündigungstag ist.*" Es ist offensichtlich, daß derartige Motive keine Rolle spielen dürfen. Wo kämen wir hin, wenn unsere Motive, aus denen wir etwas tun oder lassen, rechtliche Bedeutung hätten. Ich notiere mir also die Stichworte „grundsätzlich unbeachtlich."

Die Frage ist nun: Gilt dies ausnahmslos? Oder gibt es Fälle, in denen das Motiv des Erklärenden ausnahmsweise doch eine Rolle spielen muß? Sicher gibt es hier Sonderregelungen. Bei der Kündigung eines Mietvertrages über eine Wohnung existieren beispielsweise Kündigungsschutzvorschriften, die das Motiv des Kündigenden (etwa Eigenbedarf) berücksichtigen. Aber mir geht es an dieser Stelle nicht um spezielle Regelungen, sondern um die Frage, ob in genereller Hinsicht Ausnahmen von der grundsätzlichen Unbeachtlichkeit des Motivs existieren.

Als idealer Lernender verfolge ich diesen Gedanken zunächst ohne Hilfe der Bücher und überlege mir folgenden Fall: „*V hat sein Auto an M für die Dauer eines Monats für eine Ferienreise des M vermietet. Unmittelbar nach Vertragsschluß erfährt V, daß M überhaupt keinen Führerschein besitzt, ihm vielmehr bei Abschluß des Mietvertrages einen gefälschten Führerschein vorgelegt hat. Außerdem ist M auf einem Auge blind und auf dem anderen Auge kurzsichtig, weigert sich jedoch, eine Brille oder wenigstens ein Monokel zu tragen.*" Hat V jetzt nicht berechtigte Sorge um sein Auto und die anderen Verkehrsteilnehmer? Und muß es nicht einen Weg geben, seine Willenserklärung, die zum Abschluß des Mietvertrages mit M geführt hat, wieder aus der Welt zu schaffen? Das Ergebnis ist klar. Diese Möglichkeit muß es geben. Das dem Mietvertrag (neben anderen Motiven) zugrundeliegende Motiv, welches in der Vorstellung des V liegt, sein Auto an einen tauglichen Fahrer zu vermieten, muß also rechtliche Bedeutung haben. Gleiches würde übrigens auch umgekehrt in folgendem Fall gelten: „*M entdeckt nach Abschluß des Mietvertrages, daß V ein großer Autobastler mit einer unglücklichen Liebe zu Leukoplast ist, und wesentliche Teile des Autos wie die Lenkung nur von Leukoplaststreifen zusammengehalten werden.*"

Bestimmte Motive müssen also eine Rolle spielen. Gezielt befrage ich nunmehr die Bücher (Stichwort „aktives Lernen") und stoße nach einigem Suchen auf eine ziemlich verunglückte Regelung in § 119 Absatz II BGB. Danach „gilt" der Irrtum über eine verkehrswesentliche Eigenschaft der Person oder der Sache als Irrtum über den Inhalt der Erklärung. Es ist offensichtlich, daß es sich bei diesem „Eigenschaftsirrtum" gerade *nicht* um den in § 119 Absatz I geregelten „Erklärungsirrtum" handelt. Der Gesetzgeber hat das Gegenteil behauptet, weil er die Rechtsfolgen des Erklärungsirrtums auch für den ganz anders gelagerten Fall des Eigenschaftsirrtums anordnen wollte. Beide Irrtümer berechtigen zur Anfechtung, also zur rückwirkenden Beseitigung der Willenserklärung, § 142 I BGB, und nicht zu der nur für die Zukunft wirkenden Kündigung. Damit hören die Gemeinsamkeiten aber schon auf. Bei den Voraussetzungen haben sie nichts gemeinsam. (Vielleicht ging es dem Gesetzgeber aber auch nur darum, die Unverständlichkeit des BGB zu pflegen und die Wissenschaft zum Nachdenken darüber anzuregen, ob der „Eigenschaftsirrtum" nicht doch ein „Erklärungsirrtum eigener Art" sei - lesen Sie hierzu in den Kommentaren zu § 119 BGB nach.)

Generationen von Studenten hatten an dieser Stelle ihre liebe Not. Sie gingen nicht selbständig vor, sondern lernten erst § 119 Absatz I BGB, dann den anschließenden § 119 Absatz II BGB und verstanden die Welt nicht mehr. Wieso „gilt" der Eigenschaftsirrtum als Erklärungsirrtum? Das soll einer verstehen. Mir als dem idealen Lernenden kann das nicht passieren, weil mein Weg zum Eigenschaftsirrtum ganz anders verlaufen ist, nämlich von meiner Normalfallstruktur her. Um § 119 Absatz I BGB werde ich mich erst dann kümmern, wenn meine Struktur mir dazu Grund gibt, was erst später der Fall sein wird (siehe unten beim Erklärungswillen und beim Geschäftswillen). Hier sehen Sie erneut, daß Sie gegen die Bücher und darüber hinaus auch gegen das Gesetz lernen müssen. (Der Gesetzgeber hat bei seiner Tätigkeit an alles Mögliche gedacht. Nur an eines hat er nicht gedacht: An die Nöte von Jurastudenten, die sich auf ihr Examen vorbereiten müssen.)

Ich ergänze also das Merkmal „Motiv" wie in Abbildung 5 gezeigt um den Hinweis auf dessen grundsätzliche Unbeachtlichkeit und die Ausnahme gemäß § 119 Absatz II BGB.

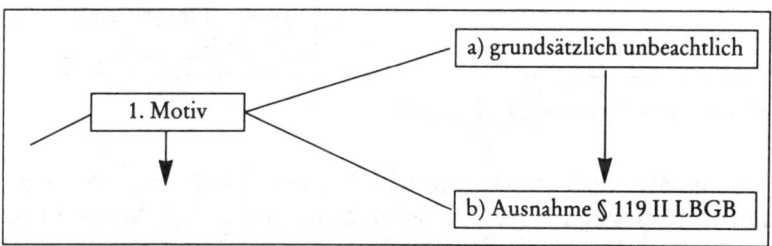

Abb. 5 Teilstruktur zum Motiv

Ferner erstelle ich einen Falltrainer, der etwa mit folgendem Fall beginnt:

„1. Witwe W gibt dem vermögenslosen Hochstapler H, der ihr eigenen Reichtum vorgespiegelt hat, ein Darlehen in der Annahme, H könne und wolle das Darlehen bei Fälligkeit zurückzahlen. Wie wird dieser Motivirrtum behandelt?.
-> B 1 b)..."

Zu den weiteren Merkmalen der Willenserklärung fasse ich mich im folgenden kürzer. Diese dient ja nur als Beispiel.

Beim Merkmal „Handlungswille" notiere ich mir zum Normalfall die Stichworte „willensgetragenes Verhalten" und strukturiere
dann abgestuft die Problemfälle, in denen der Wille durch arglistige
Täuschung oder durch Drohung (anfechtbar gemäß § 123 BGB)
oder durch subtile Manipulationstechniken (sog. Machiavellianismus, nichtig gemäß § 138 BGB) beeinflußt wird. An den Schluß
stelle ich die Fälle, in denen überhaupt kein Handlungswille vorhanden ist (Schlaf, Hypnose, absolute Gewalt). Abbildung 6 zeigt
dies.

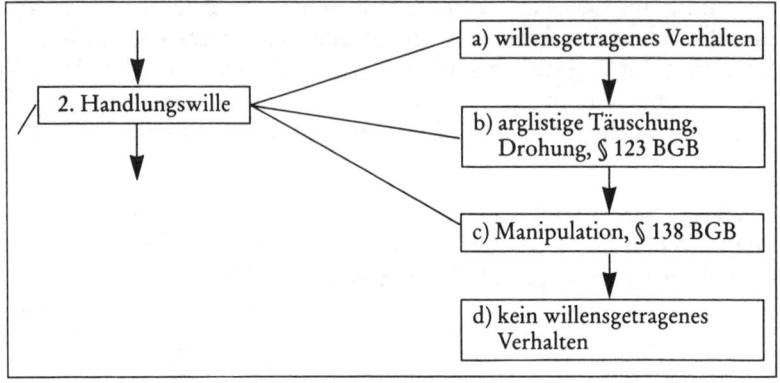

Abb. 6 Teilstruktur zum Handlungswillen

Beim Merkmal „Erklärungswille" notiere ich mir zum Normalfall die Stichworte „rechtlich bedeutsame Erklärung". Meine Suche
nach „Problemfällen" führt mich zu den Stichworten „geheimer
Vorbehalt, § 116", „Erklärungsirrtum, § 119 I Var. 2", „Scheinge-
schäft, § 117" und „Mangel der Ernstlichkeit, § 118". Die innere
Logik dieser Reihenfolge ergibt sich aus dem Weg von der Unbeachtlichkeit über die Anfechtbarkeit zur Nichtigkeit. Abbildung 7
verdeutlicht dies.

Zum Merkmal „Geschäftswille" notiere ich mir schließlich in
entsprechender Weise die Stichworte „Inhaltsirrtum, § 119 I Var.1"
und „Verstoß gegen gesetzliches Verbot, § 134" sowie „Verstoß gegen gute Sitten, § 138". Abbildung 8 macht dies anschaulich.

Auch hierzu bilde ich jeweils Problemfalltrainer. Das sieht beispielsweise so aus:

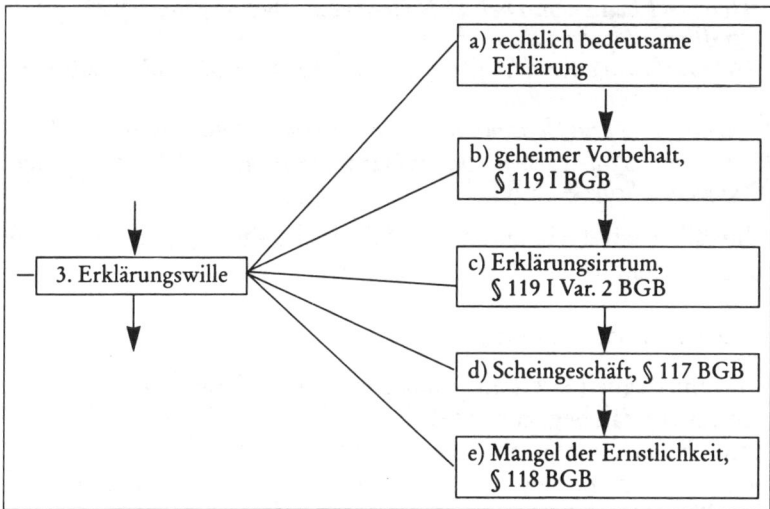

Abb. 7 Teilstruktur zum Erklärungswillen

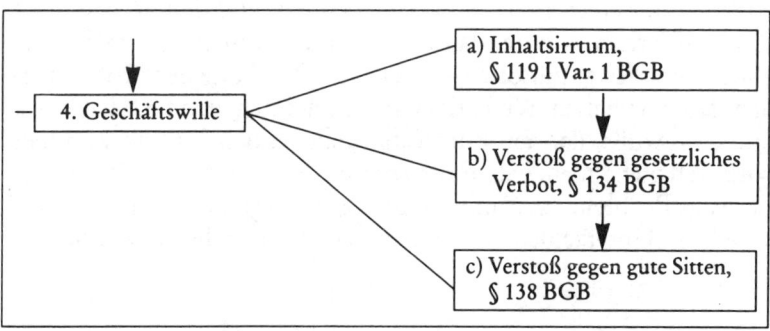

Abb. 8 Teilstruktur zum Geschäftswillen

„1. Trierer Weinversteigerung. -> B 3 c.

2. V verkauft an K ein Grundstück. Um Grunderwerbsteuern zu sparen, wird der Kaufpreis im notariellen Kaufvertrag, § 313, niedriger als vereinbart festgesetzt. - > B 3 d.

3. V bietet K ein fabrikneues Auto zum Scherz für 50 Pfennige zum Kauf an. -> B 3 e.

4. V kündigt den Mietvertrag mit M, obwohl er nicht wirklich kündigen, sondern den M nur ärgern will. -> B 3 b.

5. K bestellt 25 Gros Toilettenpapier in der Annahme, es handle sich um 25 große Rollen, während es sich dabei in Wahrheit um 3600 Rollen handelt. -> B 4 a.

6. *Hehler H kauft von Dieb D Diebesbeute. Dies ist gemäß § 259 StGB strafbar, also verboten. -> B 4 b.*
7. *Gebrauchtwagenhändler G spiegelt dem Käufer K die Unfallfreiheit eines Autos vor. -> B 2 b.*
8. *Gläubiger G prügelt Schuldner S, bis der seine Schuld bezahlt. -> B 2 b.*
9. *Gläubiger G führt gewaltsam die Hand von Schuldner S bei der Ausstellung eines Schecks -> B 2 d.*

Schließlich erstelle ich noch eine Übersicht, die alle Teilstrukturen zusammenfaßt. Abbildung 9 zeigt dies.

d) Der Rest ist Training

Damit ist meine Arbeit getan. Der Rest ist Training. Wann immer mir ein Fall begegnet, in dem das Merkmal „Willenserklärung" zweifelhaft ist, ziehe ich meine Struktur heran und löse damit den Fall. Zugleich trainiere ich das darin enthaltene Regelwissen. Auf diese Weise bin ich schon nach kurzer Zeit für jeden nur denkbaren Fall gerüstet. Wenn dann im Examen ein völlig unbekannter Fall vorkommt, den es so noch nie gegeben hat, und den deshalb auch niemand lernen konnte, dann verzweifle ich nicht wie meine unglücklichen Kommilitonen, die nach der Methode des Problemlernens studiert haben. Nein, dann freue ich mich, denn ich habe es ja immer gewußt, daß ein mir völlig unbekannter Fall vorkommen wird. Ich ziehe meine Struktur zu Rate, lokalisiere den Fall, analysiere das Problem, lasse mir ein paar gute Argumente einfallen und erziele im Unterschied zu meinen Nachbarn ein hohes Prädikat.

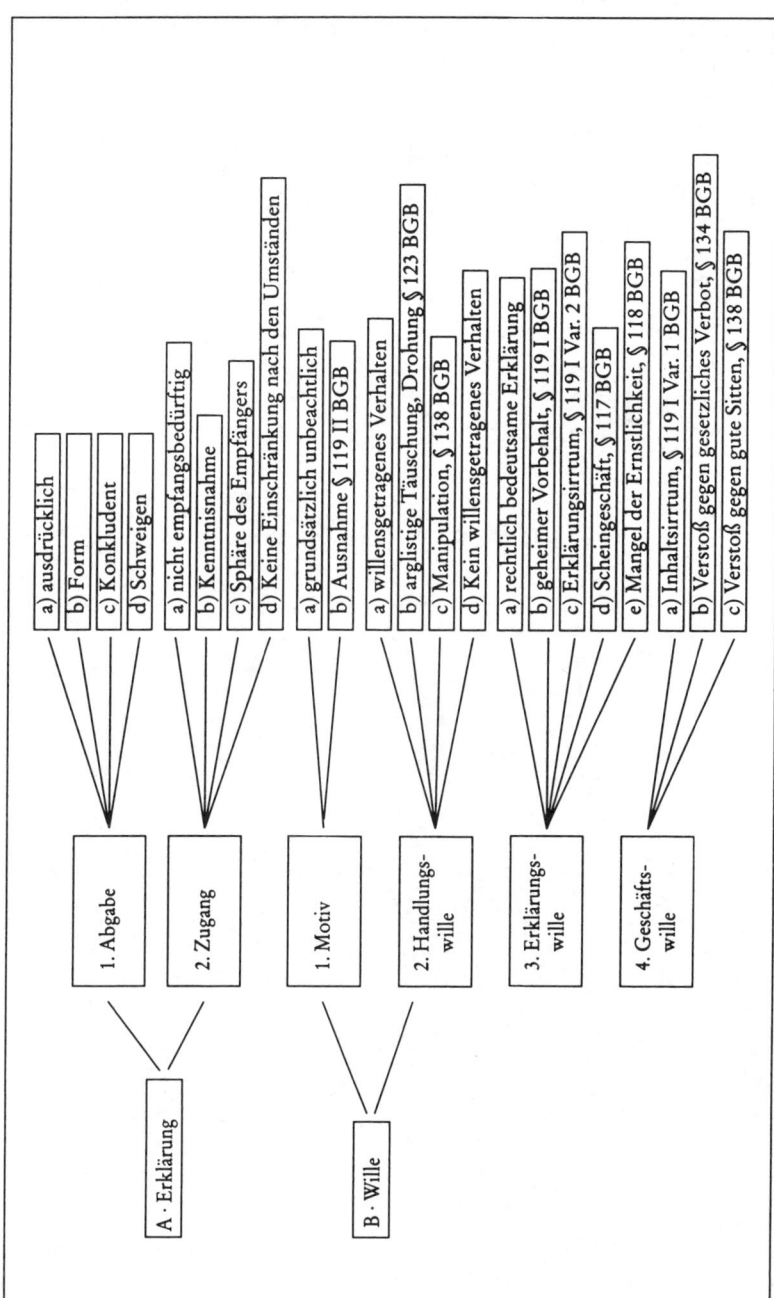

Abb. 9 Gesamtstruktur der Willenserklärung

H. Ihr Marketing

I. Die Schwierigkeit, den Wert Ihrer Dienstleistung zu verdeutlichen

1. Das Bewertungsproblem

a) Der Wert von „Beratung"

(1) Wieviel kann ein „Nein" wert sein?

In diesem Kapitel behandle ich Ihr Marketing. Als Unternehmer wissen Sie, daß es nicht genügt, gute Produkte herzustellen. Sie müssen diese auch verkaufen. Verkaufen ist eine besondere Kunst. Als Jurist haben Sie dabei die Schwierigkeit, daß Ihr Produkt in Dienstleistungen der besonderen Art besteht. Der Nutzen und die Qualität dieses Produktes sind nur schwer zu erkennen. Nehmen Sie an, Sie seien Anwalt und reden Ihrem Mandanten einen unsinnigen Prozeß aus. Sie sagen einfach: „Nein". Dieses eine Wort bewahrt Ihren Mandanten möglicherweise vor dem Ruin seines Lebens. Aber er wird den Wert dieser Leistung nicht erkenen (und an Ihrer Honorarforderung mäkeln). Ein simples „Nein" kann doch in seinen Augen unmöglich etwas wert sein. Daß dahinter ein hohes Maß an Wissen, Klugheit und Urteilsvermögen steckt, und daß er noch nie in seinem Leben etwas so Wertvolles so günstig bekommen hat, macht er sich nicht klar.

(2) Das Beispiel „Ideenklau"

Als junger Jurist begann ich meine Berufstätigkeit in einem großen Wirtschaftsunternehmen. Dieses gab für einen speziellen Kundenkreis eine eigene Zeitschrift heraus. Eines Tages brachte ein Konkurrenzunternehmen für den gleichen Kundenkreis ebenfalls eine Kundenzeitschrift auf den Markt. Der Vorstand meines Unternehmens war empört, sprach von „Ideenklau" und beauftragte mich, nach rechtlichen Handhaben gegen das Konkurrenzunternehmen zu suchen. Es war aber offensichtlich, daß keine derartigen Handhaben existierten. Ich verfaßte also eine entsprechende Notiz. In der Annahme, daß ein vielbeschäftigter Vorstand kurze, treffende Ausführungen ganz besonders schätzen würde, schrieb ich als Begründung lediglich hinein: „*Man kann keine Ideen, sondern nur Produkte schützen.*" Das war ein Fehler. Der Vorstand war empört. Man erwarte sich eine hilfreiche Untersuchung des Falles in Form eines ausführlichen Rechtsgutachtens. So ginge es nicht, und überhaupt. Also produzierte ich eine fünfseitige Untersuchung, in der unter Bezugnahme auf zahlreiche gesetzliche Bestimmungen mit vielen zitatengestützten Worten im Kern folgendes gesagt wurde: „*Man kann keine Ideen, sondern nur Produkte schützen*". Erst jetzt war der Vorstand zufrieden.

(3) Das Beispiel „Schutzschrift im Strafverfahren"

Nehmen Sie weiter das Beispiel eines Strafverteidigers in einer Wirtschaftsstrafsache. Schon in einem frühen Stadium des Verfahrens führt er intensive Verhandlungen mit den ermittelnden Polizeibeamten und dem zuständigen Staatsanwalt. Durch seinen Einsatz bewirkt er eine Einstellung des Verfahrens. Eine Dokumentation dieser Leistung gibt es freilich nicht. Der Mandant wird daher kaum ermessen können, was sein Verteidiger für ihn getan hat. Er wird nur bestätigt finden, was er ohnehin geglaubt hat, daß er nämlich unschuldig sei.

Setzen Sie nun dagegen das Beispiel eines Strafverteidigers, der sich nicht die Mühe einer persönlichen Verhandlung macht, sondern der bei der Staatsanwaltschaft eine hundertseitige Schutzschrift zugunsten seines Mandanten einreicht. Dieses Stück Verteidigerprosa wird zwar (im wesentlichen ungelesen) im Archiv der Staatsanwaltschaft unter dem Buchstaben „L" (= Lästigkeit) abgelegt werden. Der Mandant wird jedoch begeistert sein und die Honorarforderung seines tüchtigen Verteidigers klaglos bezahlen. Daß dessen Verhalten ihm getreu dem oben genannten Grundsatz „Positionen erzeugen Gegenpositionen" eine Anklage einbringen wird, die dann unweigerlich zu seiner Verurteilung führen wird, wird er nicht begreifen. Im Gegenteil - er wird an seinen Verteidiger glauben und auch die hohen Verfahrenskosten freudig bezahlen. Erst nach Zurückweisung der Revision als „offensichtlich unbegründet" werden ihm Zweifel kommen, aber dann wird es zu spät sein.

b) Juristische Dinge sind unsichtbar

(1) Der Irrtum des Rechtspositivismus

Das hier angesprochene Problem hat eine tiefere Ursache. Alle juristischen Dinge sind unsichtbar. Sie „existieren" nur, weil wir verabredet haben, so zu tun, als existierten sie. Nichts im Recht ist „positiv". Das erklärt die aufgezeigten Bewertungsschwierigkeiten.

Unsichtbar sind insbesondere die Gesetze. Obwohl Sie das Gesetz täglich in die Hand nehmen, haben Sie doch das Gesetz noch niemals wirklich gesehen. Alles, was Sie gesehen haben, ist ein wenig Druckerschwärze auf Papier. Der sogenannte Gesetzespositivismus, der die Gesetze als dem Recht positiv vorgegebene Gegenstände ansah, war ein grandioser historischer Irrtum.

(2) Die Unsichtbarkeit juristischer Dienstleistungen

Mit Ihren Dienstleistungen verhält es sich nicht anders. Der eigentliche Kern wird immer unsichtbar bleiben. Nach außen treten nur ein Schriftsatz oder ein Urteil in Erscheinung. Das, was Sie damit wirklich geleistet haben, wird immer verborgen bleiben. Diese Unsichtbarkeit der juristischen Dinge wirft unter Marketinggesichtspunkten spezifische Probleme auf.

2. Konsequenzen aus dem Bewertungsproblem

Sie können das hier aufgezeigte Problem nicht wirklich lösen. Sie können und sollten aber darauf achten, daß Sie Ihre Produkte immer und überall optimal präsentieren. Damit meine ich weniger die äußere Präsentation, obwohl auch hier ein Grundsatz gilt, den Raimund Loewy für das moderne Design formuliert hat: Häßlichkeit verkauft sich schlecht. Damit meine ich vor allem die Präsentation Ihrer juristischen Ideen. Konkret heißt dies, daß Sie imstande sein müssen, Ihre Ideen je nach Situation in den drei verschiedenen juristischen Darstellungsweisen (als Feststellungen, als Urteile und als Gutachten) zu präsentieren, daß Sie die Präsentationsform der Subsumtion eines problematischen Sachverhaltes unter den Tatbestand eines Gesetzes beherrschen müssen, und daß Sie ganz allgemein imstande sein müssen, komplexe juristische Gegenstände sprachlich optimal zu präsentieren.

II. Die drei juristischen Präsentationsformen:
Feststellung, Urteil, Gutachten

1. Übersicht

Wenn Sie einen juristischen Gegenstand behandeln, müssen Sie imstande sein, die jeweils richtige Auswahl unter drei verschiedenen Präsentationsformen zu treffen. Sie können etwas schlicht feststellen. Sie können ein Urteil fällen und es begründen. Sie können schließlich ein Gutachten formulieren, indem Sie ein Problem aufwerfen, diskutieren und lösen. In ein und demselben Produkt - etwa einer Examensklausur, einem mündlichen Examensgespräch oder einem Anwaltsschriftsatz - müssen Sie ständig zwischen diesen drei Präsentationsformen wechseln. Dabei steht immer eindeutig fest, wann welche Präsentationsform angebracht ist.

2. Die Feststellung

Eine Feststellung wird von Ihnen lediglich getroffen, aber *nicht* begründet. Um beispielsweise festzustellen, daß ein Buch eine Sache i.S.d. Diebstahlstatbestandes (§ 242 StGB) ist, genügt ein einziger Satz *„Ein Buch ist eine Sache"*. Punkt. Sie dürfen kein einziges Wort der Begründung hinzufügen. Würden Sie fortfahren: *„Es ist nämlich ein körperlicher Gegenstand..."*, würden Sie einen schweren Fehler begehen. Sie würden Ursache und Wirkung verwechseln. Daß ein Buch eine Sache ist, wissen Sie nicht, weil Sie den Sachbegriff „hermeneutisch" auslegen, sondern umgekehrt, weil der Begriff „Sache" anhand von Dingen wie „Buch", „Auto", „Geldschein", „Silberlöffel", „Teppich" gebildet worden ist. In einer Verordnung wurde einmal formuliert: *„Nach Einbruch der Dunkelheit müssen abgestellte Fahrzeuge durch Beleuchtung kenntlich gemacht werden. Die Dunkelheit tritt ein, wenn die Straßenlaternen zu leuchten beginnen."* Hier sehen Sie, was aus juristischer Sicht zur Dunkelheit führt.

Die Präsentationsform Feststellung verwenden Sie am häufigsten. Es ist Ihre „normale" Präsentationsform. Die meisten juristischen Dinge sind glücklicherweise unproblematisch. Entgegen der landläufigen Meinung gilt das auch für die Examensklausur. Diese enthält zwar einige Probleme, aber der weit überwiegende Teil - mehr als neunzig Prozent - ist unproblematisch und muß daher als Feststellung präsentiert werden.

Feststellungen erfordern nur einen geringen Aufwand. Diese Präsentationsform ist daher ökonomisch. Sie erleichtert nicht nur Ihnen, dem Autor, sondern auch Ihrem Leser, dem Prüfer, das Leben. Das wird sich in einer guten Benotung auswirken.

3. Das Urteil

Ein Urteil wird gefällt und anschließend begründet. Diese Präsentationsform wird in Gerichtsurteilen verwendet. Dort steht etwa im ersten Satz: *„Der Angeklagte wird zu einem Jahr Freiheitsstrafe verurteilt."* Im zweiten Satz heißt es dann: *„Dies geschieht deshalb, weil er gestohlen und dadurch die Tatbestandsmerkmale des § 242 StGB verwirklicht hat. Er hat nämlich ..."* Diese Präsentationsform ist mit Recht in der Klausur des Ersten Staatsexamens verpönt. Sie schreiben dort keine Urteile. Im Zweiten Staatsexamen, in dem Sie Urteile schreiben, müssen Sie dagegen diese Präsentationsform verwenden.

4. Das Gutachten

In einem Gutachten werfen Sie, wie schon gesagt, Fragen auf, erörtern diese und beantworten sie zum Schluß. Sie sagen also zunächst, X könnte der Fall sein. Sodann teilen Sie mit, warum das zweifelhaft ist. Anschließend diskutieren Sie Ihre Zweifel. Zum Schluß entscheiden Sie, ob Sie X bejahen oder verneinen.

Diese Präsentationsform ist sehr aufwendig. Um beispielsweise zu entscheiden, ob Salzsäure ein gefährliches Werkzeug i.S.d. § 223 a StGB ist, benötigen Sie mindestens vier Sätze (*„Salzsäure könnte ein gefährliches Werkzeug sein. Ein gefährliches Werkzeug ist ein fester Gegenstand, mittels dessen durch Einwirkung auf den Körper eine Verletzung zugefügt werden kann. Salzsäure ist zwar kein fester Gegenstand, aber einem solchen gleichzusetzen. Also ist Salzsäure ein gefährliches Werkzeug."*) Oftmals liegen die Dinge aber noch komplizierter. Dann brauchen Sie wesentlich mehr als nur diese vier Sätze. Das Gutachten kostet also Zeit und Kraft. Er stellt hohe Anforderungen an den Autor wie auch an den Leser (Prüfer).

5. Die üblichen Fehler

a) Gedankenlosigkeit

Die meisten Studenten machen sich über die Unterscheidung zwischen den genannten Präsentationsformen keine oder falsche

Gedanken. Sie erfahren schon im ersten Semester, daß in der Klausur ein „Gutachten" von ihnen erwartet wird. Also meinen sie, sie müßten die gesamte Klausur in dieser Form präsentieren.

b) Ein Beispiel: Sachbeschädigung

In der ersten Klausur der Anfängerübung im Strafrecht präsentieren sie ihre Gedanken beispielsweise wie folgt:

„Dadurch, daß der T das Fenster im Haus des O eingeworfen hat, könnte er sich wegen Sachbeschädigung strafbar gemacht haben. Dazu müßte er gemäß § 303 StGB rechtswidrig eine fremde Sache beschädigt oder zerstört haben. Sachen sind körperliche Gegenstände. Darauf, ob die Sache beweglich ist oder nicht, kommt es bei § 303 StGB - anders als etwa beim Diebstahl, § 242 StGB - nicht an. Das Haus des O ist ein körperlicher Gegenstand. Also ist das Haus eine Sache. Diese Sache müßte T beschädigt oder zerstört haben. Das Beschädigen ist ein Einwirken auf die Sache, durch welches die Substanz der Sache verletzt oder deren bestimmungs-gemäße Brauchbarkeit beeinträchtigt wird. Zerstören ist eine graduelle Steigerung des Beschädigens in der Weise, daß die Gebrauchsfähigkeit der Sache völlig aufgehoben wird. Ein Zerstören in diesem Sinne liegt im vorliegenden Fall nicht vor, doch ist eine Einwirkung auf das Haus, die bezüglich des Fensters, also eines Teiles des Hauses und damit des Hauses, zu einer Substanzverletzung geführt hat, zu bejahen. Folglich ist auch das Merkmal Beschädigen verwirklicht. T hat somit den objektiven Tatbestand des § 303 StGB verwirklicht....".

c) Was ist hier falsch?

Sie werden sicher mit mir der Meinung sein, daß dies alles sehr juristisch, ja, geradezu fachmännisch klingt. Formulierungen dieser Art finden sich denn nicht nur in den Anfängerarbeiten, sondern auch in allen Examensklausuren in großer Anzahl. Auch in Urteilen kann man solche Ausführungen lesen, und sogar in Büchern tauchen sie auf. Es gibt so etwas wie einen juristischen Jargon, und er klingt genau so wie in diesem Beispiel. Die Korrekturassistenten sind nach Überzeugung aller Studenten ganz wild auf solche Ausführungen. Da unmöglich falsch sein kann, was alle tun - siehe die an anderer Stelle erzählte Geschichte vom Grafen Bobby - , werden auch Sie sich bei der Lektüre des obigen Textes - oder besser: mich - gefragt haben, was denn hier falsch sein soll.

Meine Antwort lautet: Alles!

d) Die richtige Lösung

Sie werden es nicht glauben. Aber ehe Sie protestieren, lassen Sie mich sagen, wie es richtig heißen muß. Meine Antwort lautet:

> „§ 303 I (Var.1)
> *T hat das Haus des O - eine fremde Sache - beschädigt und damit den objektiven Tatbestand verwirklicht.*"

In der Skizze, die Sie als Vorlage für Ihre Klausur fertigen, können Sie das noch viel kürzer ausdrücken:

> „§ 303 I (Var.1)
> *a) Tb*
> *aa) obj (+)*
> ..."

e) Ihre Zweifel an der richtigen Lösung

(1) Schlechte Noten

Vielleicht wenden Sie ein, das sei doch der verpönte „Urteilstil" anstelle des erwarteten „Gutachtenstils". Der Korrekturassistent werde Ihnen den „Urteilstil" gewiß übelnehmen. Er werde Wellenlinien an den Rand malen und „Gutachten" oder „Subsumtion" an den Rand schreiben. Ihre Note werde schlecht ausfallen. Kummer und Elend würden über Sie kommen.

(2) Die Unterscheidung zwischen Urteil und Feststellung

Das mag alles so sein (mit Ausnahme von Kummer und Elend), aber was die Korrekturassistenten an den Rand schreiben, muß ebensowenig richtig sein wie das, was alle tun (siehe nochmals den Grafen Bobby). Der Fehler liegt darin, daß herkömmlicherweise nicht zwischen Urteilen, die begründet werden müssen, und Feststellungen, die nicht begründet werden dürfen, unterschieden wird. Sobald Sie eine Feststellung begründen, verwandeln Sie diese in ein Urteil. Dann unterlaufen Ihnen in der Tat gleich zwei Fehler: Zum einen dürfen Sie Feststellungen nicht begründen, weil Sie in diesem Falle Ursache und Wirkung verwechseln würden (siehe oben). Zum anderen dürfen Sie in einer studentischen Arbeit keine Urteile verfassen. Das ganze Geheimnis liegt also darin, der verbreiteten Subsumtionserwartung zu widerstehen und die vielen notwendigen Feststellungen *nicht* zu begründen.

(3) Normalität und Rechtsprobleme

Sie stoßen hier erneut auf die von mir immer wieder angesprochene grundlegende Unterscheidung zwischen (juristischer) Normalität und den „Rechtsproblemen". Alles, was (juristisch) normal ist (dazu gehören auch solche Monstrositäten wie der „normale" Meuchelmord oder die „normale" Vergewaltigung), muß als bloße Feststellung hingeschrieben werden - ohne jedes Wort der Begründung. Nur die Probleme bedürfen der Erörterung. Nur sie müssen im aufwendigen Gutachtenstil abgehandelt werden.

f) Ökonomische Überlegungen

Die Präsentationsform „Feststellung" ist freilich ungewohnt. Sie klingt nicht wie der übliche juristische Jargon, und deshalb neigen die Examenskandidaten dazu, die - unvermeidbaren - Feststellungen in ihren Klausuren mit juristisch klingenden Garnierungen zu versehen. Dann begehen sie nicht nur Fehler, sondern sie vergeuden auch ihre Kraft und Zeit. Zählen Sie einmal die Wörter im eingangs gebrachten Beispiel der Sachbeschädigung. Sie werden finden, daß im Gutachten 167 Wörter stehen, in der Feststellung dagegen nur 19 Wörter. Nehmen Sie eine Uhr und prüfen Sie, wieviel Zeit Sie benötigen, um ein durchschnittliches Wort wie „dadurch" oder „verwirklicht" niederzuschreiben. Rechnen Sie das Ergebnis auf eine durchschnittliche Examensklausur von zwanzig und mehr Seiten hoch. Sie werden erkennen, wieviel Zeit es Sie kostet, im Gutachtenstil zu schreiben. Wenn die meisten Examenskandidaten in ihren Klausuren mit der Zeit nicht zurecht kommen, dann liegt hier die Ursache.

Die meisten Kandidaten erkennen nicht einmal, daß sie einen Fehler machen. Denn die Korrekturassistenten kringeln nur selten überflüssige Ausführungen im Gutachtenstil an. So gewöhnen Sie sich in ihren Übungsklausuren an den scheinbar so juristischen Jargon, ohne je zu erfahren, welch gravierenden Fehler Sie begehen. Den Korrekturassistenten ist deswegen nicht einmal ein Vorwurf zu machen. Selbst die sorgfältigste Korrektur kann nur einen Bruchteil dessen enthalten, was eigentlich anzumerken wäre. Wenn ich eine Klausur mit einem Studenten individuell bespreche, ist das eine langwierige Sache, und ich kann doch nur einen Bruchteil dessen sagen, was eigentlich zu sagen wäre. Bei den Korrekturassistenten kommt hinzu, daß sie verständlicherweise auf die Probleme fixiert sind und dazu neigen, alles Übrige zu überlesen. Aber dieses Übrige entscheidet über das Schicksal der Klausur.

g) Abschreiben von Sachverhalt und Gesetz

Die an falschen Stellen verwendete Präsentationsform Gutachten birgt noch eine weitere, gravierende Gefahr. Sie verführt dazu, den Sachverhalt und das Gesetz abzuschreiben. Das sind sinnlose Übungen. Der Prüfer kennt beides. Er ärgert sich, wenn er solche Ausführungen lesen muß. Ärgern Sie nie Ihren Prüfer! Es kommt hinzu, daß Ihnen bei dieser Übung leicht Fehler unterlaufen, und dann hält Sie der Prüfer für einen schlampigen Menschen. Wenn Sie beispielsweise beim Abschreiben des Sachverhalts den Mörder mit seinem Opfer verwechseln, oder wenn Sie von „Bereicherungsabsicht" beim Diebstahl oder „Zueignungsabsicht" bei der Unterschlagung sprechen, wird das fatale Folgen haben.

6. Präsentationstraining

a) Von selbst gelingt der Verkauf nicht

Sie müssen also die Fähigkeit erwerben, zwischen der Normalität und den Problemen zu unterscheiden, und Sie müssen imstande sein, Ihre Präsentation an die jeweilige Situation anzupassen. Diese Fähigkeit erwerben Sie nicht von selbst. Sie müssen sich darum bemühen. Das geht nicht nur Ihnen so. In allen Branchen will das Verkaufen gelernt sein.

b) Ein Blick auf die Gebrauchtwagenbranche

Ein Blick auf die Gebrauchtwagenbranche ist in diesem Zusammenhang hilfreich. Ob ein Auto verkauft wird, hängt ganz wesentlich davon ab, wie der Verkäufer sein Produkt präsentiert. Ich bin einmal als ein Interessent in dieser Branche unterwegs gewesen. Zur Auswahl standen Autos der Marken A und B. Ich ging zunächst zu A. Dort erfuhr ich, daß Herr X für den Verkauf zuständig war. Herr X war aber irgendwo im Gelände unterwegs. Nach halbstündigem Warten kam Herr X, eilte aber an mir vorbei. Ich sprach ihn an und störte ihn sichtlich. Immerhin unterbrach er sein Vorhaben - was immer er im Sinn hatte - und führte mich in die Halle, wo die fraglichen Modelle standen. „Da sind sie", sagte er.

Ich sah ihn fragend an, aber er schwieg eisern. Ich ging um die Autos herum, sagte ihm schließlich, ich würde es mir überlegen, und betrat diesen Laden nie mehr. Ganz anders bei Autohaus B. Dort eilte der Chef der Gebrauchtwagenabteilung auf mich zu, erkundigte sich nach meinen Wünschen, führte mit mir ein ausführliches Gespräch, erklärte seine Modelle, nannte Vorzüge und Nachteile, riet ab, empfahl, zweifelte, überlegte, machte kleine Scherze und hatte endlos Zeit für mich. Seitdem fahre ich ein Auto der Marke B.

Zwischen einem gebrauchten Auto und einer juristischen Examensklausur besteht unter Marketinggesichtspunkten kein wesentlicher Unterschied. Beide wollen an den Mann (Prüfer) gebracht werden.

III. „Tools" für die Präsentationsform „Feststellung"

1. „Tools"

Wegen der großen Bedeutung der Präsentationsform „Feststellung" empfehle ich Ihnen, sich hierzu passende Formulierungen gewissermaßen als Werkzeuge - Tools - zurechtzulegen. Diese können Sie bei Bedarf aus Ihrem Werkzeugkasten nehmen und anwenden, ohne lange darüber nachdenken zu müssen.

2. Regeln für „Tools"

Beim Entwurf von „Tools" für Feststellungen sind nur zwei Regeln zu beachten.

Zum einen sollten Sie sich eine möglichst knappe Ausdrucksweise angewöhnen. Jedes überflüssige Wort schadet hier.

Zum anderen sollten sie strikt zwischen der Terminologie des Gesetzes und der des Sachverhaltes unterscheiden. Wenn Sie beschreiben, was konkret geschehen ist, dürfen Sie keine gesetzlichen Begriffe verwenden. Denn Sie wollen ja feststellen, daß das, was konkret geschehen ist, dem, was im Gesetz steht, zuzuordnen (oder nicht zuzuordnen) ist, und dieses Vorhaben gelingt auf überzeugende Weise nur, wenn Sie eine klare begriffliche Unterscheidung zwischen der Sprachwelt des Sachverhaltes und der des Gesetzes vornehmen. Falsch wäre es, etwa zu sagen: „*Durch den Diebstahl des Autos hat T den Tatbestand des § 242 StGB verwirklicht.*" Das Wort Diebstahl steht in der amtlichen Überschrift des § 242 und ist daher ein gesetzlicher Terminus. Diesen Begriff dürfen Sie nicht zur Beschreibung eines Geschehens verwenden, das Sie erst noch unter das Gesetz subsumieren wollen. Das Ergebnis wäre eine Tautologie („Diebstahl ist Diebstahl").

3. Beispiele

a) Zusammenfassung mehrerer Tatbestandsmerkmale

Sie können es sich angewöhnen, mehrere unproblematische Tatbestandsmerkmale zusammenzufassen und mit den entsprechenden Feststellungen zum Sachverhalt zu verbinden, etwa so:

„*T hat das Auto des O - eine fremde bewegliche Sache - für eine Spazierfahrt entwendet und damit weggenommen. Der objektive Tatbestand ist verwirklicht.*"

Oder so:

„*Das Auto des O ist eine fremde bewegliche Sache. Diese hat T mit der Entwendung für eine Spazierfahrt auch weggenommen. Alle objektiven Tatbestandsmerkmale sind verwirklicht.*"

Oder so:

„*Mit der Entwendung des Autos von O hat T eine fremde bewegliche Sache weggenommen und den objektiven Tatbestand verwirklicht.*"

b) Zeitsparende „Tools"

In höchster Zeitnot können Sie sich auch mit der Feststellung begnügen, T habe durch die Spazierfahrt den objektiven Tatbestand verwirklicht. Doch empfiehlt sich das nur in Ausnahmefällen. Ein wenig Redundanz erwartet der Leser. Liegt der Ausnahmefall extremer Zeitnot vor, sollten Sie sich vor allen starken Worten hüten („zweifellos", „selbstverständlich"). Juristen haben mit den Sioux Indianern gemein, daß sie keine Freude kennen und keinen Schmerz. Sie kennen nur das Gesetz. Sie vertragen keine starken Worte. Ist etwas zweifellos, erkennen sie das von selbst.

4. Im Normalfallteil der Klausur bewahren Sie sich vor Schaden

Bedenken Sie bei alledem: Im Normalfallteil der Klausur gewinnen Sie nichts, sondern bewahren sich nur vor Schaden. Damit schaffen Sie die Voraussetzungen für den Problemfallteil, den Genieteil der Arbeit, in dem Sie die hohen Punktzahlen gewinnen können. Nur dort ist der beträchtliche Aufwand der Präsentationsform Gutachten erforderlich.

IV. „Tools" für die Präsentationsform „Gutachten"

1. Bewahren Sie Ihre Informationsverarbeitung vor Störungen

Im folgenden gebe ich Ihnen „Werkzeuge" für die Behandlung von „Problemen" an die Hand. Vorab sage ich Ihnen, was Sie nicht tun sollten: Kramen Sie während der Problembearbeitung nicht in Ihrem Gedächtnis. Versuchen Sie nicht, sich an BGH-Entscheidungen oder Literaturmeinungen zu Ihrem Problem zu erinnern. Blockieren Sie nicht Ihren Verstand! Am besten gelingt Ihnen das, wenn Sie konsequent auf den Versuch verzichten, solches Faktenwissen in Ihr Langzeitgedächtnis einzuspeichern. Dann wissen Sie, daß dort nichts ist und kommen gar nicht erst in Versuchung, in Ihrem Gedächtnis zu kramen.

2. Das Sechs-Schritt-Tool

a) Erster Schritt - Problemeröffnung

(1) Sie „stolpern"

Wenn Sie die Normfallösung eines Falles erarbeiten, werden Sie hin und wieder bei einem Tatbestandsmerkmal X darüber „stolpern", daß etwas nicht normal ist. Dieses Stolpern zeigt Ihnen, daß Sie von der Präsentationsform Feststellung zu der Präsentationsform Gutachten wechseln müssen.

(2) Sie müssen dem Kunden jetzt etwas mitteilen

Ihrem Kunden (Leser) müssen Sie jetzt zwei Dinge mitteilen, nämlich

- erstens, *daß* etwas problematisch ist. Sie bilden jetzt Ihr erstes „Tool", indem Sie sich eine Standardformulierung für den ersten Satz Ihres Gutachtens zurechtlegen. Dieses beginnt etwa mit den Worten (die Formulierung ist natürlich Ihnen überlassen): „*Problematisch ist...*", und

- zweitens, *was* problematisch ist. Sie vollenden dieses „Tool" etwa mit der Formulierung „*... das Merkmal X.*" Dabei achten Sie darauf, daß Sie X richtig und genau bezeichnen.

(3) Vermeiden Sie Einstiegsfehler

Jeder Fehler an dieser Stelle hat schlimme Folgen. Mißlingt der Einstieg in ein Gutachten, mißlingt alles Weitere. Wenn beispielsweise T den Kopf seines Opfers gegen die Wand geschlagen hat und Sie darüber stolpern, weil das nicht die „normale" gefährliche Körperverletzung im Sinne des § 223a Absatz I Var. 1 StGB ist, dann wäre es falsch, zu schreiben: „*Zweifelhaft ist, ob die Wand ein gefährliches Werkzeug ist.*" Richtig wäre statt dessen: „*Problematisch ist das Merkmal* „*mittels.*" (Daß Sie die erste Variante des § 223a Absatz I prüfen, hat Ihr Leser bei korrekter Zitierweise schon aus der Überschrift erfahren.) Oder wenn T die von ihm geschwängerte O getötet hat, um keinen Unterhalt für das zu erwartende Kind zahlen zu müssen, dann nützt es Ihnen nichts, wenn Sie schreiben: „*Fraglich ist, ob ein Mord vorliegt.*" Sie müssen vielmehr genau formulieren: „*Problematisch ist das Merkmal* „*Habgier.*"

b) Zweiter Schritt - Normalfalldefinition

(1) Was erwartet der Kunde von Ihnen?

Nachdem Ihr Leser erfahren hat, daß ein Tatbestandsmerkmal X problematisch ist, erwartet er von Ihnen eine Aussage zu diesem Merkmal - und zwar eine Aussage über die Normalität von X. Es geht ihm wie dem Kunden eines Gebrauchtwagenhändlers, dem gesagt wird, mit dem Profil der Reifen gebe es ein Problem. Der Kunde will dann zunächst wissen, welches Reifenprofil noch in Ordnung („normal") wäre, damit er auf dieser Basis das Problem beurteilen kann.

(2) Vergessen Sie für einen Augenblick Ihr Problem

Um dieser Erwartung Ihres Kunden gerecht zu werden, müssen Sie einen Kunstgriff anwenden. Sie müssen das Problem für einen Augenblick aus Ihrer Verarbeitungseinheit entfernen und es vorübergehend in Ihrem Kurzzeitgedächtnis zwischenspeichern. Das fällt Ihnen schwer. Das Problem ist ja noch ungelöst, und ein ungelöstes Problem geht Ihnen nicht so leicht aus dem Kopf. Trainieren Sie daher diese Zwischenspeicherung (Stichwort „bewußte Informationsverarbeitung").

(3) Bilden Sie Normalfälle

Die so gewonnene Verarbeitungskapazität nutzen Sie, um sich ganz auf die Normalität des problematischen Merkmals zu konzentrieren. Sie überlegen sich dazu Normalfälle. Dies hat nichts mit „Auslegung" zu tun. Vielmehr rekonstruieren Sie einige typische Fälle, aus denen X entstanden ist.

Ihre Normalfälle müssen wirkliche Fälle sein. Juristen neigen dazu, abstrakte Wörter durch andere abstrakte Wörter zu ersetzen. Das hilft hier nicht weiter. Sie müssen sich wirkliche Fälle überlegen. Diese sollten Ihrem Problemfall möglichst benachbart gebildet werden.

(4) Verwandeln Sie auch Ihren Problemfall in einen Normalfall

Eine gute Übung ist es dabei, Ihren Problemfall kurz abzurufen und zu überlegen, wie er abgewandelt werden müßte, um ein Normalfall zu sein. Sie stellen zu diesem Zweck die Frage: „Wie müßte mein Fall aussehen, damit ich das Problem nicht mehr hätte?" Wenn beispielsweise Ihr Problemfall die Tötung zur Vermeidung von Unterhalt ist, dann wandeln Sie den Fall dahin ab, daß T die O tötet, um deren Geld an sich zu bringen. Dann liegt der normale Raubmord vor, wie er seit Jahrtausenden vorkommt, und wie ihn der Gesetzgeber durch das Merkmal „Habgier" erfassen wollte.

(5) Leiten Sie aus den Normalfällen eine Normalfalldefinition ab

Aus den Normalfällen leiten Sie eine Normalfalldefinition ab. Diese ist abstrakter als die Sachverhaltsbeschreibung, aber um zwei oder drei Untermerkmale konkreter als das Merkmal X. Ihr Denken verläuft dabei nicht - wie bei der herkömmlichen „Auslegung" - vom Gesetz zur Definition, sondern vom Fall zur Definition[1].

Als „Tool" legen Sie sich Formulierungen zurecht, die etwa wie folgt beginnen: „*Unter dem Merkmal X versteht man - dies zeigen die Fälle A, B, C...*".

Beispielsweise können Sie mit diesem „Tool" schreiben: „*Habgier ist - das zeigt der Normalfall eines Täters, der sein Opfer tötet, um dessen Geld an sich zu bringen - ein Streben nach Vermehrung des Vermögens, also die Gier, zu haben, was man noch nicht hat.*"[2] Oder Sie können damit schreiben: „*Mittels eines Werkzeuges begeht der Täter die Körperverletzung dann - das zeigt der Normalfall des Messerstechers - wenn er das Werkzeug gegen den Körper des Opfers bewegt.*"

(6) Wie Sie mit Typusbegriffen umgehen

Nicht immer können Sie eine Normalfalldefinition bilden. Das begriffliche Denken stößt bei den Typusbegriffen auf Grenzen. Diese können, wie schon gesagt, nicht definiert, sondern nur exemplifiziert werden. Ein Beispiel bietet die „angemessene" Wartefrist nach einem Verkehrsunfall beim Tatbestand des unerlaubten Entfernens vom Unfallort, § 142 StGB. Das Merkmal „angemessen" kann nicht begrifflich präzisiert werden. Eine Definition kann hier nicht gebildet werden. Sie können nur einzelne Kriterien nennen, welche regelmäßig abstufbar sind wie „Schwere des Unfalls", „Art und Höhe des Schadens", „Wahrscheinlichkeit, daß mit dem Erscheinen feststellungsbereiter Personen zu rechnen ist", „eigene Gefährdung des Täters" und dergleichen mehr. Einzelne Merkmale können dabei auch fehlen oder nur eine untergeordnete Rolle spielen. Die natürliche Sprache ist hier überfordert. In solchen Fällen müssen Sie sich auf die Angabe einiger eindeutiger Fälle pro und contra beschränken.

---

[1] Der Ausdruck „Definition" ist eigentlich nicht passend, aber ich verwende ihn dennoch mangels einer besseren Bezeichnung.

[2] Bitte vermeiden Sie die in den Büchern verbreiteten Leerformeln von der Art, dieses Streben müsse ungesund oder sittlich anstößig sein. Ich kann mir nicht vorstellen, wie man zwischen gesundem und ungesundem Erwerbsstreben unterscheiden will.

c) Dritter Schritt - Problemanalyse

(1) Analysieren Sie das Problem anhand der Normalfalldefinition

Sie holen jetzt Ihren im Kurzzeitgedächtnis vorübergehend geparkten Problemfall zurück und halten ihn gegen die Normalfalldefinition. Auf diese Weise können Sie das Problem analysieren.

(2) Unterscheiden Sie die beiden verschiedenen Problemtypen A und B

Das Problem kann zunächst darin liegen, daß ein oder mehrere Merkmale (Elemente) der Normalfalldefinition nicht erfüllt sind, Sie aber gleichwohl das Gefühl haben, Sie könnten über dieses Manko hinwegkommen und den Problemfall trotz dieses Definitionsmangels dem Definitionsbereich des Normalfalles zuordnen. Dieser Problemtyp ist häufig (Typ A). Ein Beispiel hierfür bietet der eben genannte Habgierfall. Im Normalfall wie im Problemfall liegt ein „Streben" vor, doch zielt es im Normalfall auf „Mehrung des Vermögens", während es im Problemfall auf „Bewahrung des Vermögens vor Minderung" gerichtet ist.

Das Problem kann sodann darin liegen, daß Sie alle Merkmale einer Normalfalldefinition scheinbar glatt zu bejahen haben, daß eine Bejahung des Tatbestandes aber gleichwohl Ihrem Rechtsgefühl widersprechen würde. Dieser Fall ist selten (Typ B). Ein Beispiel bietet der Arzt, der aufgrund eigenen Entschlusses einen unheilbar Kranken, der ihn nicht darum gebeten hat, aus Mitleid durch eine Spritze tötet (Totschlag durch Tun), wobei auch § Mord („Heimtücke") in Betracht kommt. Die klassische Normalfalldefinition der Heimtücke lautete: „Ausnützung der Arg- und Wehrlosigkeit des Opfers". Alle diese Merkmale sind glatt erfüllt. Gleichwohl sträubt sich das Rechtsgefühl gegen die Vorstellung, den Arzt wie den „normalen" Meuchelmörder zu behandeln.

(3) Bilden Sie „Tools" für Typ A

Beim Typ A analysieren Sie das Problem, indem Sie das Untermerkmal kennzeichnen, das nicht glatt zu bejahen ist. Im Habgierfall ist es beispielsweise das Untermerkmal „Mehrung des Vermögens".

Für diese Situationen legen Sie sich „Tools" zurecht, indem Sie sich etwa folgende Redewendungen erarbeiten: „*Während das Merkmal a (z.B.* „*Streben*") *erfüllt ist, liegt anstelle des Merkmals b (z.B.* „*Mehrung des Vermögens*") *etwas anders, nämlich c (z.B.* „*Bewahrung des Vermögens vor Minderung*") *vor. Es fragt sich, ob man über diese Abweichung vom Normalfall der Habgier hinwegkommt.*"

(4) Bilden Sie „Tools" für Typ B

Beim Typ B analysieren Sie das Problem, indem Sie feststellen, daß der Tatbestand glatt erfüllt scheint, jedoch außergewöhnliche Umstände vorlägen, welche dieses Ergebnis in Frage stellen.

Auch hierfür können Sie sich „Tools", indem Sie folgende Formulierungen in Ihren Werkzeugkoffer legen: „*Alle Merkmale des gesetzlichen Tatbestandes (z.B.* „*Ausnutzung der Arg- und Wehrlosigkeit*") *sind an sich erfüllt. Das Rechtsgefühl sträubt sich jedoch gegen eine Bejahung des Tatbestandes. Es fragt sich, ob man den Besonderheiten des Falles Rechnung tragen kann.*"

d) Vierter Schritt - Problemdiskussion

(1) Ihre Kür

Mit der Problemanalyse haben Sie den Pflichtteil Ihres Gutachtens erledigt. Jetzt kommt die Kür. Dabei müssen Sie jetzt unterschiedlich vorgehen, je nachdem, ob Sie es mit Typ A oder mit Typ B zu tun haben.

(2) Ihre Problemdiskussion bei Typ A

Bei Typ A diskutieren Sie nur eine einzige Frage: Kommen Sie über die Abweichung vom Normalfall hinweg oder nicht. Regelmäßig sind beide Möglichkeiten vertretbar. Es gibt Ähnlichkeiten zwischen Ihrem Problemfall und dem Normalfall, die dafür sprechen, und es gibt Unterschiede, die dagegen sprechen. Sie sammeln die Argumente pro und contra, tragen die Argumente in ein Kontobuch ein, saldieren, wägen ab und entscheiden.

Ihre Entscheidung wird nie richtig oder falsch sein, sondern nur vertretbar und - im besten Falle - überzeugend. Es gibt hier ein paradoxes Gesetz, welches besagt: Je schwieriger ein Rechtsproblem ist, desto leichter fällt die Lösung. Denn Sie können dann ebenso gut im einen wie im anderen Sinne entscheiden. (Anders ist es natürlich, wenn Sie in Ihrem Gedächtnis nach der „herrschenden Meinung" kramen. Dann werden schwierige Rechtsprobleme noch schwieriger.)

Aus diesem Befund ergeben sich auch Ihre „Tools". Sie können etwa folgende Formulierungen in Ihren Kasten packen: *„Für eine Gleichstellung des Falles mit X spricht 1, 2, 3... Gegen eine Gleichstellung spricht 4, 5, 6... Wägt man die beiden Gruppen gegeneinander ab, ergibt sich ein Übergewicht von... Mithin ist die Gleichstellung zu bejahen (zu verneinen)."*

(3) Ihre Problemdiskussion bei Typ B

Bei Typ B haben Sie hier drei Möglichkeiten.

Die erste, einfachste, besteht darin, zu überlegen, ob die Normalfalldefinition um ein zusätzliches Merkmal erweitert werden kann, welches zwar im Normalfall, nicht aber in Ihrem Problemfall erfüllt ist, womit Sie den Problemfall aus dem Normalfallbereich herausnehmen können. Sie steigern also bei dieser Vorgehensweise die Anforderungen an Normalfalldefinition, bis Ihr Problemfall die erhöhten Anforderungen nicht mehr erfüllt.

Diese Methode können Sie anschaulich bei der Rechtsprechung zu tragischen Fällen zum Mord studieren. So gab es den Fall eines Beamten, der dienstliche Verfehlungen begangen hatte. Er hatte ein Strafverfahren und seine Entfernung aus dem Dienst zu erwarten. Angesichts dieses ihm bevorstehenden Schicksals beschloß er, aus dem Leben scheiden. Er wollte seine Familie mit in den Tod nehmen, damit ihr Not und Schande erspart bliebe. Bei der Ausführung der Tat starb seine Familie, während er durch einen Zufall überlebte. In einem solchen Fall ist es offensichtlich, daß die Tat nicht ein normaler Meuchelmord ist. Die Rechtsprechung half hier, indem sie als zusätzliches Merkmal der Heimtückedefinition, die „feindselige Willensrichtung" des Täters gegen sein Opfer „entdeckte"[3]. Demgemäß lautet die Heimtückedefinition, heute: *„Aus-*

---

[3] Hier sehen Sie anschaulich, wie ein Problemfall eine Normalität aufzeigte, die schon immer existiert hat, die man aber bis dato nicht gesehen hatte.

nützung der Arg- und Wehrlosigkeit des Opfers in feindseliger Willensrichtung".

Die zweite Möglichkeit besteht bei Typ B darin, das einzelne Tatbestandsmerkmal unberührt zu lassen, dem gesamten Tatbestand aber ein weiteres Merkmal hinzuzufügen, womit dann ebenfalls der eben genannte Mechanismus in Gang gesetzt werden kann. Auch dies können Sie anschaulich am Beispiel der Heimtücke beim Mord studieren. In der Literatur wird die Auffassung vertreten, dem Mord sei ein ungeschriebenes Merkmal der Verwerflichkeit hinzuzufügen, das zwar nicht positiv zu prüfen sei, bei dessen Fehlen aber der Mord zu verneinen sei. Diese „negative Typenkorrektur" reicht in ihren Möglichkeiten weiter als der eben genannte Weg der Steigerung der Anforderungen an das einzelne Merkmal. So gab es in der Rechtsprechung den vieldiskutierten Fall eines Türken, bei dem der Täter von seinem Onkel schwer beleidigt und bedroht worden war. Auch hatte der Onkel die Ehefrau des Täters vergewaltigt gehabt, worüber die Ehe zerbrochen war. In höchster Verzweiflung hatte der Täter seinen Onkel erschossen, als dieser im Wirtshaus beim Kartenspielen saß. Hier gab es keine Möglichkeit mehr, die Anforderungen an das Merkmal Heimtücke durch zusätzliche Untermerkmale zu steigern, und gleichwohl war klar, daß dies kein normaler Meuchelmord war. Die genannte Literaturauffassung bietet mit der Verneinung der Verwerflichkeit einen Ausweg.

Die dritte Möglichkeit besteht bei Typ B schließlich darin, auf Begriffsarbeit an den Merkmalen des gesetzlichen Tatbestandes völlig zu verzichten und das Gesetz „einschränkend auszulegen". Diesen Weg ging der Bundesgerichtshof im genannten Fall des Türken. Er bejahte Mord und nahm gleichwohl eine Strafmilderung wegen „außergewöhnlicher Umstände" vor - praeter legem.

(4) Argumente und Gegenargumente

Sobald Ihnen in diesem Genieteil Ihrer Arbeit ein Argument einfällt, sollten Sie gedanklich die Rolle eines widersprechenden Gegners einnehmen und nach dem Gegenargument suchen. Dabei gilt die Regel, daß Sie die Güte eines Argumentes an der Qualität des möglichen Gegenargumentes erkennen. Gegen ein gutes Argument kann immer ein guter Einwand gebracht werden. Gegen ein schlechtes Argument kann man schlechterdings nichts - oder nur Unsinn - erwidern.

Daß gute Argumente gute Gegenargumente erzeugen, wurde mir einmal in einem Verhandlungsseminar für Schadenversicherer deutlich. Ein Versicherungsnehmer hatte sich vertragswidrig verhalten. Der Versicherer gewährte ihm dennoch aus Kulanz die Versicherungsleistung. Der Versicherungsnehmer verhielt sich erneut vertragswidrig. Abermals zahlte der Versicherer. Der Versicherungsnehmer verhielt sich ein drittes Mal vertragswidrig. Nunmehr weigerte sich der Versicherer, zu zahlen. Zweimal habe er schon aus Kulanz ohne Rechtsgrund gezahlt. Ein drittes Mal sei zuviel. Der Versicherungsnehmer argumentierte dagegen, nachdem der Versicherer zweimal gezahlt habe, müsse er auch ein drittes Mal zahlen. Beide Argumente sind gut. Ich könnte nicht sagen, welches Argument besser ist. (In der Praxis wird der Versicherer eine Teilzahlung leisten.)

(5) „Tools" für Argumente

Auch für den Umgang mit Argumenten sollten Sie sich passende Formulierungen als Tools zurechtlegen. Gut ist es beispielsweise, wie schon gesagt, immer pro und contra gegenüberzustellen, also zu jeder erwogenen Lösung auch die Gegenlösung zu erproben, und zum Schluß pro und contra abzuwägen. Als Werkzeug können Sie bei spielsweise das Schema „Einerseits..., Andererseits..., Zusammenfassend..." verwenden, wie es früher bei Schulaufsätzen, zum Thema „Mein schönstes Ferienerlebnis" üblich war („Einerseits ist die Ferienzeit schön, andererseits ist die Schulzeit notwendig, zusammenfassend hat jede Zeit im Leben ihre Berechtigung.)

3. Mit „Tools" schaffen Sie sich Freiräume

Es geht mir bei alledem nicht darum, ein System von Textbausteinen zu schaffen und Ihre Problemdiskussion damit einzuengen. Ganz im Gegenteil, ich will, daß Sie sich Freiräume schaffen, um im Genieteil der Arbeit wirklich geniale Leistungen erbringen zu können.

Nehmen Sie etwa das schon mehrfach angesprochene Problem, ob eine gefährliche Körperverletzung „mittels" eines Werkzeuges auch dann zu bejahen ist, wenn der Körper des Opfers gegen eine Betonwand gestoßen wird. Bei der Diskussion dieses Problems können Sie bis zum Beginn der Menschheitsgeschichte ausholen. Zu Beginn seines berühmten Filmes „2001 - Odyssee im Weltall" zeigt der Regisseur Stanley Kubrick zwei Horden zottiger Frühmenschen, die sich um eine Wasserstelle streiten. Der Streit bleibt unentschieden, bis eine auf die Idee kommt, einen Knüppel als Werkzeug zu benutzen. Auf diese Weise siegt seine Gruppe und gewinnt das Wasserloch. Die andere verdurstet irgendwo im Dunkel der Geschichte und stirbt aus. Die Sieger sind unsere Vorfahren. In einer eindrucksvollen Sequenz zeigt der Film, welche Bedeutung das Werkzeug für die Menschheitsgeschichte hat. Der Frühmensch, der auf die Idee kam, einen Knüppel zu verwenden, wirft diesen hoch in die Luft. Die Kamera folgt dem Knüppel, die Musik rauscht auf, und der Knüppel verwandelt sich in ein Raumschiff.

Entscheidend für die menschliche Entwicklung war also die Erweiterung der menschlichen Möglichkeiten durch den Einsatz eines beweglichen Werkzeuges, eines Knüppels, eines Steines, eines Faustkeiles... Auf die Idee, den Feind zu Boden oder gegen eine Wand zu werfen, waren schon alle gekommen. Neu war die Idee, einen Knüppel aufzuheben und damit loszuschlagen. Angesichts dieser Menschheitsgeschichte, hohes Gericht, verbietet sich eine Auslegung des Merkmales „mittels" dahin, daß der Körper des Opfers gegen die Wand bewegt wird. Sie ist mit dem Menschsein schlicht nicht zu vereinbaren, vom Verstoß gegen das Analogieverbot ganz abgesehen...

Aber gegen gute Argumente gibt es, wie gesagt, immer gute Gegenargumente, und Ihr innerer advocatus diaboli wird in solcher Lage gut daran tun, die angeheizte Phantasie des Lesers durch Aufzählung möglichst drastischer Vergleichsfälle in die entgegengesetzte Richtung in Bewegung zu setzen. Soll es wirklich keine gefährliche Körpererletzung sein, wenn der Körper des Opfers auf einem eisernen Staketenzaun aufgespießt wird, oder wenn das Opfer auf einen glühenden Ofen gesetzt und dort festgehalten wird, oder wenn der Kopf des Opfers in eine Hundehütte gezwängt wird, in der ihn ein wütender Rottweiler erwartet?

Eine eindeutig richtige Entscheidung wird es in solchen Fällen niemals geben. Wenn Sie das wissen und akzeptieren, können Sie damit leben. Die häufige Beschwörung der „herrschenden Meinung" ist oftmals auch Ausdruck der Sehnsucht nach einer heilen Welt, in der Gut und Böse, Recht und Unrecht klar geschieden sind und wir stets genau wissen, was richtig ist, und was falsch. Aber diese heile Welt gab es nur im Paradies, aus dem wir seit langer Zeit vertrieben sind.

a) Fünfter Schritt - Rechtsgefühl

Wie immer Sie sich entscheiden, Sie sollten die Kontrolle Ihres vorgesehenen Ergebnisses anhand des Rechtsgefühls nicht vergessen. Wenn das Rechtsgefühl Ihrem Ergebnis widerspricht, sollten Sie Ihr Ergebnis ändern. Niemals sollten Sie gegen Ihr Gefühl handeln (siehe oben Kapitel C IV).

Am besten stellen Sie sich dazu einen vernünftigen, lebenspraktischen Menschen vor (keinen Juristen) und fragen sich, was dieser wohl zu Ihrem Ergebnis sagen würde. Würde er nicken? Würde er die Augenbrauen heben? Würde er Sie ungläubig ansehen. Je nach dem Ergebnis dieser kleinen Übung sollten Sie Ihr Ergebnis bestätigen oder in Frage stellen.

b) Sechster Schritt - Entscheidung

Vergessen Sie die Entscheidung nicht. Das klingt trivial, aber ich weiß, warum ich diesen Punkt betone. Ich habe schon etliche Examensklausuren gelesen, bei denen die Kandidaten nach vielen Zweifeln die Entscheidung einfach weggelassen hatten, was sicherlich in den meisten Fällen eine Freudsche Fehlleistung war. Die Präsentation eines Gutachtens befördert derlei Unentschlossenheit („es könnte so sein, es könnte aber auch anders sein"). Aber Sie müssen sich nun einmal entscheiden, im Examen wie im wirklichen Leben, und deshalb müssen sie am Schluß Ihres Gutachtens immer klar und eindeutig sagen, zu welchem Ergebnis Sie gekommen sind.

Auch hier sollten Sie sich „Tools" bereitlegen. In strafrechtlichen Examensklausuren lese ich hier viele seltsame Formulierungen wie „T hat sich eines Mordes strafbar gemacht" oder „T hat die

Voraussetzungen zur Erfüllung des Tatbestandes erfüllt" oder „§ 255 ist damit erfüllt" oder „T ist der Nötigung schuldig". Offensichtlich ist es gar nicht so leicht, in einfachen Worten zu sagen, was zu sagen ist.

Mein persönlicher Vorschlag für das Strafrecht lautet : „T ist (nicht) strafbar". Mehr brauchen Sie nicht zu sagen. Ihr Kunde weiß, um welchen Tatbestand es sich handelt. Und wenn die Strafbarkeit am Vorliegen eines Entschuldigungsgrundes scheitert, weiß er das auch. Also ersparen Sie sich (und ihm) überflüssige Worte. Bedenken Sie: Jedes überflüssige Wort schadet.

I. Anhang

I. Ihr Klausurentrainer

1. Der Normfall Examenstrainer

Im Rahmen des bereits erwähnten Normfall Projektes habe ich einen Examenstrainer entwickelt, der den Teilnehmern zu einem optimalen Klausurentraining verhelfen soll. In ihn sind die Erfahrungen mit „Examens-Fittings" eingeflossen, die ich seit Jahren für Kandidaten durchführe, die vor den Klausuren des Ersten juristischen Staatsexamens stehen. Wer regelmäßig solche Klausuren zu korrigieren hat, weiß, daß bestimmte Fehler wie das Abschreiben von Sachverhalt und Gesetz oder das Problematisieren unproblematischer Dinge immer wieder vorkommen. Solche Fehler können Sie vermeiden. Das „Unternehmen Klausur" gelingt Ihnen, wenn Sie das im folgenden aufgezeigte Trainingsprogramm absolvieren.

2. Nicht Quantität, sondern Qualität

Schreiben Sie nur eine begrenzte Zahl von Übungsklausuren, aber werten Sie diese richtig aus. Wichtig ist dabei Ihre intensive Nacharbeit. Auf die Bedeutung dieser Tätigkeit habe ich bereits hingewiesen. Weder beim Schreiben der Klausur noch beim Anhören der Besprechung „lernen" Sie etwas. Erst bei der Nacharbeit fängt das Lernen an. Sie analysieren, was Sie getan haben, und Sie sorgen für Verbesserungen. Niemand kann Ihnen diese Arbeit abnehmen. Der beste Korrekturassistent kann Ihnen nur einen Bruchteil der Hinweise geben, die Sie benötigen. Auch der Dozent kann Ihnen in der Sprechstunde nur wenig sagen. Nur Sie selbst können herausfinden, wo Ihre Schwächen liegen. Nur Sie selbst können Ihr Unternehmen optimieren.

3. Schreiben Sie Klausuren nach einem Fünf-Ebenen-Programm

a) Die erste Ebene - die Sachverhaltsebene

(1) Eignen Sie sich den Sachverhalt an

Sie müssen den Sachverhalt richtig und vollständig erfassen. Viele Kandidaten schludern hier. Es drängt sie zu den Problemen. Sie schreiben, bevor sie den Sachverhalt richtig erfaßt haben. Während des Schreibens sehen Sie im Aufgabentext nach und entdecken, daß sie die Strafbarkeit des Opfers anstelle der des Täters prüfen. Machen Sie es besser.

Es gibt zwei Techniken, mit denen Sie die schnelle Erfassung des Sachverhaltes trainieren können. Skizzieren Sie den Fall. Und erzählen Sie ihn sich selbst mit eigenen Worten (natürlich im Kopf, nicht laut). Machen Sie ihn auf diese Weise anschaulich. Eignen Sie sich den Sachverhalt an.

*(2) Unterscheiden Sie gegebenenfalls verschiedene Sachverhalts-
    komplexe*

Prüfen Sie, ob Sie verschiedene Sachverhaltskomplexe und/oder verschiedene Fallabwandlungen unterscheiden können. Im Strafrecht ist das häufig der Fall, in den anderen Rechtsgebieten seltener.

Ein Sachverhaltskomplex besteht immer aus einem Plan und dessen Ausführung. Wenn T im Frühjahr einen Bankraub plant und diesen im Herbst ausführt, ist das ein einziger Sachverhaltskomplex. Wenn T auf der Flucht gezielt auf einen Polizeibeamten zufährt, der sich ihm in den Weg stellt, ist das ein neuer Sachverhaltskomplex.

Wenn Sie keine Sachverhaltskomplexe unterscheiden, entfällt diese Ebene natürlich ersatzlos. Dann beginnen Sie gleich mit der zweiten Ebene (siehe unten).

*(3) Benennen Sie die Sachverhaltskomplexe knapp, plastisch und
    untechnisch*

Für jeden Sachverhaltskomplex benötigen Sie eine eigene Überschrift. Diese sollte knapp sein. Jedes überflüssige Wort schadet. Schlecht sind beispielsweise die folgenden Überschriften:

„A. Der Überfall von X und Y auf die Merkurbank in Entenhausen

B. Die Teilung der Beute zwischen X und Y nach der Ausführung des gemeinsam geplanten Überfalls

C. Der Streit zwischen X und Y bis zum durch die Messerstiche des X eingetretenen Tod des Y"

Die Überschriften sollten so plastisch wie möglich sein. Beim hierarchischen Vorgehen müssen Sie imstande sein, die verschiedenen Strukturausschnitte in Ihrem Kurzzeitgedächtnis zwischenzuspeichern und nach der Bearbeitung anderer Probleme wieder abzurufen. Das gelingt Ihnen am leichtesten, wenn Sie den einzelnen Sachverhaltskomplexen gute Etiketten aufkleben. Ihre Situation ist vergleichbar der eines Autors, der einen guten Titel für sein Buch sucht. Die tausendseitige Geschichte von Scarlet O'Hara und Rhett Butler zu schreiben, war vemutlich leichter als die Aufgabe, das Etikett „Gone With the Wind" zu finden. Schlecht, weil völlig nichtssagend, sind beispielsweise die folgenden Etiketten:

„A. Erster Sachverhaltskomplex

B. Zweiter Sachverhaltskomplex

C. Dritter Sachverhaltskomplex"

Juristische Termini dürfen in der Überschrift deshalb nicht auftauchen, weil von Ihnen ein Gutachten gefordert wird. Sie sollen prüfen, ob solche Termini zu bejahen oder verneinen sind. Ihre Überschrift darf das Ergebnis dieser Prüfung nicht vorwegnehmen. Falsch sind deshalb beispielsweise folgende Überschriften:

„A. Die Erpressung des X

B. Der Mord an Y

C. Der Diebstahl des Geldes"

Richtig wären gegenüber alledem:

„A. Banküberfall

B. Beuteteilung

C. Flucht"

(4) Ordnen Sie die Sachverhaltskomplexe

Regelmäßig ordnen Sie die Sachverhaltskomplexe chronologisch. Sie befinden sich hier auf der Ebene der Geschichten, und Geschichten ereignen sich in der Zeit.

(5) Gliedern Sie mit Großbuchstaben

Es ist zweckmäßig, die Sachverhaltsebene mit Großbuchstaben zu gliedern. Sie können es natürlich auch anders machen, aber achten Sie dann darauf, daß kein „Gliederungssalat" entsteht. Wenn Sie meinen Vorschlägen folgen, passiert das nicht.

(6) Sie brauchen die Klausur nicht chronologisch zu schreiben

Wenn Sie beispielsweise erkennen, daß der letzte strafrechtliche Sachverhaltskomplex Probleme birgt, die Ihnen besonders vertraut sind, können Sie bei der späteren Reinschrift diesen Abschnitt als ersten niederzuschreiben. Das wird Ihnen Vorteile bringen. Ihre Kräfte zum Schreiben werden noch unverbraucht sein, und der Prüfer wird eine Klausur mit einem starken Schluß lesen. Unter diesem frischen Eindruck wird er seine Note bilden.

b) Die zweite Ebene - die Personenebene

(1) Finden Sie alle zu prüfenden Personen

Auf der zweiten Ebene bringen Sie zu jedem Sachverhaltskomplex die jeweils zu prüfenden Personen. Sie müssen diese suchen, finden, benennen und ordnen. Methodisch ist dies eine Wiederholung des zu der ersten Ebene beschriebenen Vorgehens.

Im Strafrecht müssen Sie alle möglicherweise an Delikten beteiligten Personen finden. Im Zivilrecht geht es regelmäßig um Personenpaare, die Sie nach dem alten Prüfschema „Wer kann von wem was aus welchem Rechtsgrund fordern?" ermitteln. Im Öffentlichen Recht stellen Sie fest, wer auf welche Weise wogegen vorgehen oder was verlangen kann.

(2) Kürzen Sie Namen ab

Namen sollten Sie auf dieser Ebene (in der Klausur) nur einmal in der Überschrift ausschreiben und dort in Klammern eine Abkürzung hinzufügen, worauf Sie nur noch die Abkürzung verwenden. Früher waren Namen der Witz des Klausurenverfassers. Ein Rechtsreferendar hieß grundsätzlich Eifrig, ein Staatsanwalt Scharf, ein Richter Streng, eine Gunstgewerblerin Molly Lüstern. Das hat sich im Zeichen der political correctness geändert.

Ersparen Sie sich auch hier alle überflüssigen Worte wie „Strafbarkeit des A". Was sonst als die Strafbarkeit wollen Sie denn in einer Strafrechtsklausur prüfen? Schreiben Sie einfach „A". Schreiben Sie auch nicht „Ansprüche des A gegen B". Im Zivilrecht

ist klar, daß es um Ansprüche geht. Schreiben Sie „A gegen B".
Und sagen Sie nicht, der Prüfer wolle es anders haben. Der Prüfer
will es genau so haben. Er ist nämlich geradezu allergisch gegen
überflüssige Wörter.

(3) Gliedern Sie die Personen mit römischen Nummern

Beachten Sie dabei, daß es nicht um Ziffern, sondern um Nummern geht, mit denen numeriert wird, was an einem Punkt hinter
der „Ziffer" zu erkennen ist.

Wenn Sie es nur mit einer einzigen Person oder einem einzigen
Personenpaar zu tun haben, entfällt natürlich diese Gliederungs-
ebene.

c) Die dritte Ebene - die Paragraphenebene

(1) Sie brauchen gute juristische Suchprogramme

Auch hier wiederholt sich die beschriebene Vorgehensweise. Zu
jeder Person oder zu jedem Personenpaar der zweiten Ebene suchen, finden, benennen und ordnen Sie alle in Betracht kommenden Einstiegsparagraphen (strafrechtliche Tatbestände, zivilrechtliche Anspruchsnormen...). Hierfür brauchen Sie gute juristische
Suchprogramme. Wenn Sie richtig gelernt haben, dann haben Sie
diesen Vorgang trainiert, so daß Sie keine Mühe damit haben.

Im Schuldrecht des BGB ist beispielsweise der Einstieg durch
die Zweiteilung „vertragliche - gesetzliche Ansprüche" vorgegeben. Bei den vertraglichen geht es weiter mit der Zweiteilung, ob
Sie es mit einem der gesetzlich geregelten Vertragstypen („Konfek-
tionsanzug" oder mit einem atypischen Vertrag („Maßanzug") zu
tun haben. Bei den gesetzlichen Anspruchsgrundlagen gibt es nur
drei Möglichkeiten (Geschäftsführung ohne Auftrag, ungerecht-
fertigte Bereicherung, unerlaubte Handlung), und das ist so, nicht
weil es von Natur aus so ist, sondern weil es so gut in unseren Kopf
paßt (Stichwort „magische Sieben").

Im Strafrecht empfiehlt sich beispielsweise eine dreistufige Su-
che mit Hilfe des Inhaltsverzeichnisses des StGB. Auf der ersten
Ebene gehen Sie hier alle Abschnittsüberschriften des BT durch
(*„Erster Abschnitt. Friedensverrat, Hochverrat und Gefährdung*

des demokratischen Rechtsstaates - Zweiter Abschnitt. Landesverrat und Gefährdung der äußeren Sicherheit...") Sobald ein Abschnitt fallverdächtig ist, gehen Sie eine Ebene tiefer und wiederholen das Suchen von links nach rechts, indem Sie die Paragraphenüberschriften durchgehen. Als amtliche Überschriften des Gesetzgebers leisten sie genau das, was ein guter Titel leisten soll, nämlich den Inhalt plastisch zu machen (beispielsweise aus dem elften Abschnitt „Straftaten, welche sich auf Religionen und Weltanschauungen beziehen: *§ 166 Beschimpfung von Bekenntnissen, Religionsgesellschaften und Weltanschauungsvereinigungen - §167 Störung der Religionsausübung - § 167a Störung einer Bestattungsfeier - § 168 Störung der Totenruhe*" - Das ist verständlich). Erscheint nach der Überschrift ein Tatbestand fallverdächtig, wiederholen Sie das gleiche Procedere auf der dritten Stufe und lesen dessen Wortlaut. Erscheint er Ihnen danach immer noch verdächtig, nehmen Sie ihn in Ihre Klausurenvorlage auf.

(2) Zitieren Sie die Einstiegsnormen genau

Zitieren Sie an dieser Stelle genau. Geben Sie den Absatz an (durch eine entsprechende römische Ziffer), den Satz (abgekürzt durch „S."), den Halbsatz (abgekürzt durch „Halbs."), die Nummer (abgekürzt durch „Nr."), die Variante ((abgekürzt durch „Var."), die Gruppe (abgekürzt durch „Gr."), oder das in Frage kommende Tatbestandsmerkmal („Gewalt", „Heimtücke", „Gebäude"...).

Richtiges Lesen von Paragraphen und daraus folgendes richtiges Zitieren ist eine Kunst, die Sie ständig trainieren sollten. Sie vermeiden dadurch in der Klausur viele überflüssige Wörter. Wenn Sie beispielsweise Untreue wie folgt zitieren *„§ 266 I Mißbrauchstatbestand (rechtsgeschäftlich, verpflichten")* ersparen Sie sich folgende beliebte, aber überflüssige Wörter, wie man sie in praktisch jeder Examensklausur lesen kann (in den Fußnoten habe ich jeweils angemerkt, warum die Wörter ausnahmslos überflüssig sind):

„Strafbarkeit[1] des T[2] wegen Untreue[3], § 266[4] StGB[5].

---

[1] Daß es um die Strafbarkeit geht, ergibt sich schon daraus, daß es sich um eine Strafrechtsklausur handelt

[2] Daß es um T geht, steht schon in der Überschrift.

[3] Ihr Prüfer weiß, daß § 266 die Untreue beschreibt. Sie brauchen ihm das nicht zu sagen.

Dadurch, daß Prokurist T die Waren seines Prinzipals P zum halben Wert an D veräußert hat[6], könnte er sich wegen Unreue[7] strafbar gemacht[8] haben. Nach § 266 StGB begeht Untreue, wer die ihm durch Gesetz, behördlichen Auftrag oder Rechtsgeschäft eingeräumte Befugnis, über fremdes Vermögen zu verfügen oder einen anderen zu verpflichten, mißbraucht oder die ihm kraft Gesetzes, behördlichen Auftrags, Rechtsgeschäfts oder eines Treueverhältnisses obliegende Pflicht, fremde Vermögensinteressen wahrzunehmen, verletzt und dadurch dem, dessen Vermögensinteressen er zu betreuen hat, Nachteil zufügt[9]. Im vorliegenden Fall[10] kommt der Mißbrauchstatbestand in Betracht[11]. T könnte die ihm durch Rechtsgeschäft eingeräumte Befugnis, den P zu verpflichten, mißbraucht und dadurch dem P, dessen Vermögensinteressen er möglicherweise zu betreuen hat, Nachteil zugefügt haben[12]....

Hier wurden mehr als hundert Wörter geschrieben, wo drei genügt hätten. An solchen Fehlern gehen die Examensklausuren kaputt.

---

[4] Hier fehlt das Wesentliche. Es gibt nicht eine Untreue. § 266 enthält vielmehr zehn verschiedene Untreuetatbestände (bitte nachzählen). Sie sagen nicht, welchen dieser Tatbestände Sie prüfen wollen. Dieser Fehler wird sich gleich bitter rächen.

[5] Welches andere Gesetz als das StGB soll denn in Betracht kommen?

[6] Das steht doch im Sachverhalt. Sie brauchen das nicht zu wiederholen. Sie können sicher sein, daß Ihr Prüfer den Sachverhalt kennt.

[7] Sie wiederholen sich. Napoleon hat zwar die Wiederholung als die einzige wirklich wirksame rhetorische Figur bezeichnet, aber das gilt nicht für juristische Examensklausuren.

[8] Daß es um die Strafbarkeit geht, steht schon in der Aufgabenstellung. Das brauchen Sie nicht nochmals zu schreiben.

[9] Sie haben das Gesetz abgeschrieben. Das ist keine originelle Leistung. Ihr Prüfer kennt das Gesetz. Er fragt sich allmählich, ob Sie ihn für dumm halten, weil Sie ihm ständig Dinge mitteilen, die er schon kennt. Im übrigen drohen hier Fehler. Beim Abschreiben vertut man sich leicht. Oder man übersetzt das Gesetz in eigene Worte, was gefährlich ist. Daher: Schreiben Sie nie das Gesetz ab!

[10] Kommt denn noch ein anderer Fall in Betracht?

[11] Dieser Satz besteht aus acht Wörtern. Hätten Sie das Wort „Mißbrauchstatbestand" in der Überschrift geschrieben, wären Sie mit einem Wort ausgekommen.

[12] Sie schreiben schon wieder das Gesetz ab. Ihr Prüfer zweifelt an Ihrem Verstand.

(3) Ordnen Sie nach Gewicht

Im Strafrecht gehören die schwerwiegenden Tatbestände an die Spitze. Im Zivilrecht beginnen Sie mit vertraglichen Ansprüchen, ehe Sie gesetzliche Ansprüche prüfen. Was gewichtig ist, gehört also an den Beginn. Weniger gewichtige Einstiegsnormen folgen später.

Viele Kandidaten begehen hier Fehler. Sie überlassen die Reihenfolge dem Zufall, was allenfalls zufällig eine gute Reihenfolge ergibt. Oder sie beginnen mit leichten Tatbeständen, wodurch die Arbeit verzeichnet ist. Verbreitet ist auch der Fehler, solche Tatbestände am Beginn zu erörtern, die im Laufe der Prüfung wieder verneint werden. Im Strafrecht wird häufig auch chronologisch geordnet. Die Kandidaten prüfen beispielsweise bei einem Bankraub erst die Verbrechensverabredung und den Hausfriedensbruch beim Betreten der Bank, ehe Sie sich den Verbrechen Raub und Räuberische Erpressung mit ihren Problemen zuwenden. Daran ist gut, daß diese Kandidaten sich etwas gedacht haben, schlecht, daß sie das Falsche gedacht haben. Richtig ist, wie gesagt, eine andere Reihenfolge. Die Dickschiffe, also im Beispiel die §§ 249; 255 StGB gehören an die Spitze. Die Begleitfahrzeuge wie die §§ 123 und 30 II StGB folgen im Kielwasser, wo sie überdies durch das Feuer der Gesetzeskonkurrenz zum frühestmöglichen Zeitpunkt versenkt werden.

(4) Ordnen Sie mit arabischen Nummern

Mit arabischen Nummern können Sie auch eine Vielzahl von Paragraphen bequem bewältigen. Im Strafrecht können Sie es beispielsweise mit zwanzig und mehr Tatbeständen zu tun haben. Buchstaben hören bei 26 auf, und mit römischen Nummern ist schwer zu hantieren (Rom ging unter, weil es nicht mit großen Zahlen zurechtkam).

d) Die vierte Ebene - die Normalfallebene

(1) Sie erstellen eine komplette Normalfallösung

Auf der vierten Ebene erstellen Sie eine vollständige Normalfalllösung des ganzen Falles („von links nach rechts"). Wenn Sie schon beim Lernen die Normalfallmethode befolgt haben, haben Sie hier keine Schwierigkeiten. Sie stellen fest, ob die auf der dritten Ebene präzise gekennzeichneten Merkmale der Einstiegsparagraphen (samt etwa zugehöriger weiterer Normen) glatt zu bejahen (oder glatt zu verneinen) sind und halten das Ergebnis auf Ihrer Vorlage so knapp wie möglich fest. Wenn beispielsweise ein Diebstahl einschließlich Rechtswidrigkeit und Schuld problemlos zu bejahen ist, genügt es zu schreiben: „§ 242 I (+)". Später werden Sie dies bei der Reinschrift als Feststellung, also ohne jedes Wort der Begründung, so kurz wie möglich präsentieren.

(2) Sie kennzeichnen die Probleme

An einigen Stellen der Klausur werden Sie freilich „stolpern", weil irgendetwas nicht normal ist. Dann haben Sie ein Problem. Dieses skizzieren Sie kurz und kennzeichnen es mit einem großen „*P*". Im übrigen fahren Sie mit Ihrer Normalfallösung fort, bis alle Paragraphen abgearbeitet sind. Es wäre ein grober Fehler, wenn Sie sich jetzt schon mit den Problemen beschäftigen würden. Sie würden Ihr Denken blockieren. Außerdem wissen Sie ja noch nicht, ob nicht in dem noch vor Ihnen liegenden Teil der Klausur weitere, möglicherweise viel gewichtigere Probleme auf Sie warten. Ehe Sie sich mit einzelnen Problemen befassen, müssen Sie wissen, welche Probleme es insgesamt gibt. Deshalb müssen Sie erst die vierte Ebene bei allen Sachverhaltskomplexen und bei allen Personen vollständig abarbeiten, von links nach rechts, ehe Sie zur nächsttieferen und letzten Ebene, der Problemebene, übergehen. Nur auf diese Weise arbeiten Sie strategisch. Nur so gelingt Ihnen ein optimales Klausurenmanagement, bei dem Sie die Gewichte richtig setzen, und bei dem Sie Ihre Zeit richtig einteilen.

Die vierte Ebene, die Normalfallebene, kann als die Pflichtebene bezeichnet werden. Wenn Sie diese Ebene schulmäßig korrekt bearbeitet haben, können Sie sicher sein, daß die Klausur jedenfalls „über dem Strich" liegen wird. Wenn Sie eine korrekte Normalfalllösung erstellt haben und die Probleme gekennzeichnet haben, können Sie unmöglich durchfallen. Mindestens ein „Ausreichend" ist Ihnen jetzt schon sicher, wahrscheinlich sogar ein „Befriedigend". Damit haben Sie eine gute Ausgangsbasis für die nun folgende Kür geschaffen.

(3) Ordnen Sie mit kleinen Buchstaben

Das ergibt eine überschaubare Gliederung. Sie können etwa schreiben

a) *Tatbestand*
b) *Rechtswidrigkeit*
c) *Schuld.*

Oder Sie schreiben

a) *Tatbestand*
aa) *objektiv*
bb) *subjektiv...*

e) Die fünfte Ebene - die Problemebene

(1) Ihre Kür

Auf der fünften und letzten Ebene befassen Sie sich mit den Problemen des Falles. Sie bearbeiten jetzt den Genieteil der Klausur. Dazu ist es nicht erforderlich, daß Sie die Probleme „gelernt" haben. Zwar gibt es einige Standardprobleme wie beispielsweise das der Abgrenzung zwischen Raub und räuberischer Erpressung, denen ein aufmerksamer Student kaum ausweichen kann (wobei die praktische Bedeutung dieser Probleme oftmals in umgekehrtem Verhältnis zu dem Raum steht, den sie in den Lehrbüchern einnehmen; so ist es in nahezu allen Fällen im Ergebnis völlig gleichgültig, ob Sie einen Raub oder eine räuberische Erpressung annehmen). Aber vollständiges Problemwissen ist, wie ich schon mehrmals gesagt habe, weder möglich noch wünschenswert (und ein halbes Problemwissen ist schädlich: die Kandidaten kramen in Ihrem Gedächtnis statt methodengerecht zu arbeiten).

(2) Unkenntnis macht produktiv

Goethe hat nach Fertigstellung seiner Iphigenie bemerkt, er hätte das Werk kaum schreiben können, wenn ihm die griechischen Sachen genauer bekannt gewesen wären. Er hat die berühmte Sentenz geprägt: *„Unkenntnis macht produktiv."* Das ist ein gutes Motto für die Problembearbeitung in einer juristischen Examensklausur. Sie überlegen produktiv, ob die Abweichung von der Normalität wesentlich ist oder nicht, oder ob Sie dem Gesetz den Gehorsam aufkündigen wollen, setzen sich mit pro und contra auseinander und entscheiden sich dann. Dabei ist alles erlaubt mit zwei Ausnahmen: Sie dürfen nicht labern, und Sie dürfen keine Fehler machen.

Nehmen Sie als Beispiel folgenden Satz aus einer Examensklausur:

„T hat den O kaltblütig und vorsätzlich erschossen und dadurch, weil die Tötung eines Menschen verächtlich ist und von einer auf tiefster sittlicher Stufe stehenden niedrigen Gesinnung zeugt, den Mord in Gestalt eines niedrigen Beweggrundes verwirklicht. "

Daß hier gelabert und die Sprache überdies mißhandelt wird, ist offensichtlich. Aber es liegt auch ein Fehler vor. Erkennen Sie ihn?[13]

4. Schlußbemerkung

Früher wurde mir gelegentlich gesagt, das geschilderte fünfstufige Klausurenprogramm sei zwar im Strafrecht anwendbar, aber nicht im übrigen öffentlichen Recht und auch nicht im Zivilrecht. Dort könne man nicht auf die dargestellte Weise strikt methodengerecht vorgehen. Wenn man beispielsweise eine verfassungsrechtliche Klausur zu schreiben habe, gehe das nicht. Da müsse man einfach die Rechtsprechung des Bundesverfassungsgerichtes kennen. Andernfalls sei man verloren.

Ich habe das zunächst arglos geglaubt. Dann habe ich mir die Entscheidungen des Bundesverfassungsgerichtes angesehen und gefunden, daß es heute schon an die hundert Bände sind. Und ihre Zahl wächst und wächst. Ich konnte mir nicht vorstellen, daß man auch nur eine halbwegs repräsentative Auswahl davon in das Gedächtnis bringen kann. Daß es hier einige bekannte Fälle zu geben scheint - mir wurden Stichworte wie „Apothekenurteil" oder „Lüth-Entscheidung" genannt - ändert nichts daran. So etwas haben wir im Strafrecht auch - ich nenne etwa den „Melkmaschinenfall" -, ohne daß wir uns deswegen die Rechtsprechung des Bundesgerichtshofes einprägen könnten. Ich wurde also skeptisch. Aber dennoch hielt ich es für möglich, daß etwas an dem geschilderten Einwand ist.

---

[13] Nach der Logik des Kandidaten wäre jeder Totschlag, § 212 StGB, zugleich ein Mord, § 211 StGB. Das ist falsch.

Denken ist eine Sache, probieren eine andere, bessere. Im Frühjahr 1996 startete ich im Rahmen des erwähnten Normfall Projektes den Examenstrainer. Ein Jahr lang gab ich Woche für Woche eine Klausur samt einer nach der geschilderten Methode hierarchisch erstellten Musterlösung dort ein, und zwar abwechselnd aus dem Strafrecht, dem Zivilrecht und dem Öffentlichen Recht. Ich erstellte selbst alle Musterlösungen, und ich kann Ihnen aus eigener Erfahrung versichern: Die Methode funktioniert in allen drei Rechtsgebieten. Vielleicht entfällt einmal eine Ebene, oder Sie müssen die Gliederung ein wenig umstellen. Aber das Prinzip ist unverändert gültig und hilfreich: Erst wird grob strukturiert, dann detailliert, dann kommt die Normalfallösung, und zum Schluß werden die Pobleme bearbeitet, von oben nach unten, von links nach rechts. Deshalb empfehle ich Ihnen diese Vorgehensweise guten Gewissens.

II. Sprachempfehlungen

1. Testen Sie sich!

a) Wie nennen Sie das Auto?

Ihre Produkte erscheinen ausnahmslos im Gewand der Sprache. Deshalb sollten Sie sich um eine gute Ausdrucksweise bemühen. Dieses Ziel erreichen Sie nicht von selbst. Viele junge Juristen meinen, sie müßten in Klausuren eine Sprache verwenden, die deutlich - und zwar negativ - vom natürlichen Sprachgebrauch abweicht. Testen Sie sich selbst. Stellen Sie sich vor, Sie säßen im Ersten juristischen Staatsexamen und hätten es mit einem Fall von Trunkenheit im Verkehr (§ 316 StGB) zu tun. Überlegen Sie: Welches der folgenden Wörter würden Sie zur Bezeichnung des Gefährtes verwenden, das Sie unter das Tatbestandsmerkmal „Fahrzeug" subsumieren wollen: „Kraftfahrzeug", „Kfz", „Personenkraftwagen", „Pkw", „Wagen", „Automobil" oder „Auto"?

b) Wie wird das Auto amtlich genannt?

Wahrscheinlich würden Sie sich nicht für das Wort „Auto" entscheiden. „Kraftfahrzeug" oder „Personenkraftwagen" wird Ihnen „juristischer" vorkommen. Normale Menschen, also solche, die nicht gerade mit juristischen Problemen beschäftigt sind, reden aber vom „Auto". Warum sollen Sie dieses Wort nicht verwenden dürfen, nur weil Sie eine juristische Klausur schreiben? Vielleicht glauben Sie mir das nicht. Für diesen Fall will ich mich ausnahmsweise einmal auf eine Autorität berufen. In den von der Gesellschaft für deutsche Sprache im Einvernehmen mit dem Bundesminister des Inneren herausgegebenen „Fingerzeigen für die Gesetzes- und Amtssprache" wird dazu aufgerufen, die deutschtümelnde Abneigung gegen Fremdwörter zu überwinden. Viele Fremdwörter könnten feinere Schattierungen ausdrücken, hätten den Vorzug besserer Verständlichkeit und seien kürzer und prägnanter als die entsprechenden Eindeutschungen. Auch brächten Fremdwörter eine willkommene Abwechslung im Klang. Unter den empfohlenen Beispielen ist das „Auto" ausdrücklich aufgeführt. In der Tat - warum soll man das Auto nicht Auto nennen? Es sieht aus wie ein Auto, es fährt wie ein Auto, und alle anderen nennen es Auto. Wenn Sie nur deswegen, weil Sie Jurist sind, vor diesem Wort zurückscheuen, muß bei uns Juristen etwas verkehrt sein.

2. Woher kommt das Juristendeutsch?

Und es ist etwas verkehrt. Sobald wir amtlich, offiziell, „dienstlich" reden, sind wir in Versuchung, die Sprache zu mißhandeln. Das hat seine Ursache in einer Schriftlichkeit des sprachlichen Ausdrucks, die schon zur Zeit des Übergangs vom Mittelhochdeutschen zum Neuhochdeutschen eingesetzt hat, und für die wir Juristen die Hauptverantwortung tragen (weshalb wir nach Kräften Wiedergutmachung leisten sollten). Unsere heutige deutsche Sprache ist aus einer papiernen Kanzleisprache hervorgegangen, die um das Jahr 1500 in Böhmen und Sachsen als Schrift- und Aktensprache üblich war. Es war eine Sprache, die von Juristen und Bürokraten erdacht worden war. Sie war nicht für das Ohr, sondern für das Auge geschaffen. Das ältere Mittelhochdeutsche hatte sich beim Hören erschlossen. Die neue Kanzleisprache mußte man lesen. Nicht grundlos wurde damals die Buchdruckerkunst erfun-

den. Paradoxerweise fand die neue Sprache in Martin Luther einen
Verkünder, der auf wundersame Weise vor ihren Gefahren geschützt war. Wir anderen waren (und sind) es nicht. Und so entwickelte sich jene Schreibsprache, die Ihnen zum ersten Mal in der
Schule begegnet ist, als Sie sich mit dem deutschen Aufsatz herumgequält haben, und auf die Sie immer wieder stoßen, wenn Sie es in
der „verwalteten Welt" mit Autoritäten zu tun haben. Dazu gehören übrigens nicht nur die Verwalter des Rechts, sondern auch viele
andere - Journalisten, Arbeitgeber, Versicherer, Kirchenfunktionäre, Wissenschaftler - ja, sogar Werbefachleute und Literaten. Sie
alle tun der Sprache (und uns) Gewalt an, wenn sie nicht schreiben,
wie wir reden.

3. Die Priorität der gesprochenen Sprache

In der modernen Linguistik ist anerkannt, daß die gesprochene
Sprache Priorität vor der geschriebenen Sprache hat. Früher hatte
man das umgekehrt gesehen. Man hatte geglaubt, die Schriftsprache sei die „höhere" Ausdrucksform. Nach ihr müsse man sich
richten. Heute weiß man, daß dies ein Irrtum war. Die mündliche
Rede hat Vorrang. In der Konsequenz dieser Einsicht liegt es, daß
die moderne Linguistik sich nicht mehr als präskriptive, sondern
als deskriptive Wissenschaft versteht. Im Klartext: Der moderne
Linguist schreibt den Leuten nicht mehr vor, wie sie reden müssen.
Er begnügt sich damit, zu beschreiben, wie sie wirklich reden. Wir
Juristen sollten diese Einsicht beherzigen.

4. Sechs Sprachempfehlungen

a) Denken Sie mündlich!

(1) Übersetzen Sie Geschriebenes in Ihre Rede

Damit bin ich bei meiner ersten Sprachempfehlung. Sie sollten
„mündlich" denken, lernen, reden und schreiben. Übersetzen Sie
alles, was Sie lesen, in Ihre eigene Ausdrucksweise. Das beginnt bei
dem Sachverhalt, den Sie sich selbst im Kopf übersetzen, bis er Ihr
eigener Sachverhalt geworden ist, und das reicht bis zu der „gestelzten" Entscheidung des Bundesverfassungsgerichts, die Sie sich
selbst völlig neu erzählen, bis Ihnen in Ihrer eigenen Sprache klar
wird, was das Gericht eigentlich sagen wollte.

(2) Sagen Sie, was Sie sagen wollen

Es gab einmal einen Offizier, der sich immer umständlich und unklar ausdrückte. Sein Vorgesetzter fragte ihn einmal, als dieser Offizier ihm Meldung erstattet hatte: „Was wollten Sie damit sagen?" Der Offizier erklärte es ihm. Darauf der Vorgesetzte: „Warum haben Sie es nicht gleich gesagt?" Dieser Offizier kam nie über den Rang eines Hauptmannes hinaus.

Die deutsche Sprache bietet Ihnen viele Möglichkeiten, nicht zu sagen, was Sie sagen sollen. „*Ich möchte meinen...*" ist so eine Möglichkeit, oder „*Ich würde sagen...*", oder „*Man könnte daran denken...*" oder „*Es wäre zu erwägen...*". Auch der juristische Gutachtenstil, der Ihnen vom ersten Tag Ihres Studiums empfohlen wird, führt Sie ständig in Versuchung, alles, auch das Unbezweifelbare zu bezweifeln und damit nicht zu sagen, was Sie sagen sollen. „*Es könnte ein Mord in Betracht kommen*", sagen Sie, auch wenn laut Sachverhalt ein glatter Mord geschehen ist. „*Dazu müßte T den O getötet haben*", fahren Sie fort, obwohl der Prüfer Ihnen eben gesagt hat, daß T den O getötet hat. „*O müßte ein Mensch sein*", sagen Sie, obwohl das nun wirklich niemand in Zweifel ziehen kann - undsofort. Machen Sie es besser. Sagen Sie, was Sie sagen wollen, dann scheitern Sie nicht an der juristischen Majorsecke, sondern werden General.

(3) Trainieren Sie die mündliche Fallbearbeitung

Nehmen Sie ein Diktiergerät. Schlagen Sie irgendeine der vielen juristischen Fallsammlungen an beliebiger Stelle auf. Simulieren Sie die Prüfungssituation Ihres mündlichen Examens. Lesen Sie sich selbst als fiktiver Prüfer den Fall laut vor. Klappen Sie dann das Buch zu, versetzen Sie sich in die Rolle des Prüflings, und entwickeln Sie laut den Fall. Danach hören Sie das Band ab und verbessern Ihre Rede. Stellen Sie sich dabei einen guten Freund vor, dem Sie die gerade anstehenden juristischen Dinge mündlich erklären wollen. Sätze, die Sie normalerweise nicht sprechen würden, sollten Sie auch in juristischen Veranstaltungen nicht bilden. (Nebenbei trainieren Sie bei dieser Vorgehensweise auch Ihre rhetorischen Fähigkeiten.)

(4) Erwerben Sie Rede- und Verhandlungsfähigkeiten!

Wenn Sie mündlich arbeiten und dabei die Methode des Strukturdenkens befolgen, erwerben Sie ganz von selbst die Fähigkeit der freien Rede. Auch fällt es Ihnen leicht, Verhandlungsfertigkeiten zu erwerben. Ihre erste Verhandlung, und zugleich die wichtigste Verhandlung Ihres Lebens, wird das mündliche Staatsexamen sein. Den meisten Kandidaten ist das nicht bewußt. Sie halten das mündliche Staatsexamen für eine Prüfung. Das ist ein Irrtum. Es ist eine Verhandlung. Und natürlich werden Sie auch später in jedem juristischen Beruf ständig Verhandlungen führen müssen.

(5) Hüten Sie sich vor Sprachschlamperei!

Mißverstehen Sie meine Aufforderung zum mündlichen Arbeiten nicht als Aufforderung zum nachlässigen Umgang mit der Sprache. Es gibt eine Jugendsprache, in der schlampiges Reden als „cool" und „ätzend" empfunden wird. Eine solche Ausdrucksweise ist bei den juristischen Dingen natürlich verpönt. Ich habe einmal eine Doktorarbeit zum Thema „Absprachen im Strafverfahren" ausgegeben. Einige Jahre später gab der Kandidat eine Arbeit mit dem Titel „Der Deal" ab, und als ich sie las, stieß ich unentwegt auf Wörter wie „dealen" und „gedealt". Der Kandidat verstand nicht, warum ich ihm das Werk zur sprachlichen Korrektur zurückgab.

b) Verbessern Sie Ihre Schreibfähigkeiten

Meine zweite Empfehlung lautet: Verbessern Sie Ihre schriftlichen Ausdrucksfähigkeiten. Sie können dazu drei Dinge tun.

(1) Trainieren Sie das mündliche Schreiben!

Ehe Sie einen Satz niederschreiben, sollten Sie prüfen, ob er der Schriftsprache angehört. Falls ja, sollten Sie ihn verbessern. Übersetzen Sie ihn durch Sprechdenken. Denken Sie an Ihren Kunden (Prüfer). Sie sind ein Autor, der sein Produkt verkaufen will. Meinen Sie, ein Krimiautor hätte Erfolg, wenn er Sätze schreiben würde wie: „Hiernach war die Begangenschaft des Mordes seitens des Gärtners als für festgestellt zu erachten"?

(2) Überprüfen Sie Ihre Klausuren nach dem Schreiben!

Ich habe schon gesagt, wie wichtig die Nacharbeit an Probeklausuren ist. Dazu gehört auch, den Papierstil (den wir mehr oder weniger alle schreiben) zu bekämpfen. Lesen Sie durch, was Sie geschrieben haben, legen Sie dann die Klausur zur Seite, erzählen Sie das Geschriebene neu in Ihr Diktiergerät und vergleichen Sie Diktat und Klausur miteinander.

(3) Erfahren Sie etwas über sich selbst!

Besuchen Sie Ihren alten Deutschlehrer (er wird sich darüber freuen) und bitten Sie ihn um seine ehrliche Meinung über Ihre seinerzeitigen Aufsätze (die Noten in der Schule waren oftmals zu gut, um ehrlich gemeint zu sein). Geben Sie ihm eine Ihrer juristischen Klausuren zu lesen. Bitten Sie ihn um offene Kritik. Beherzigen Sie seine Kritik. Beachten Sie dabei, daß er an Ihnen formale Kritik üben wird (von Jura versteht er nichts), und daß Sie auf formale Kritik empfindlicher reagieren als auf inhaltliche Kritik. Das hat seinen Grund in den formalen Schwächen, die jeder Mensch hat. Wo wir schwach sind, reagieren wir empfindlich. Beim Umgang mit der Sprache ist jeder Mensch schwach. (Die einzige Ausnahme war Goethe. Er war jederzeit imstande, in ein dargebotenes Stammbuch einen allerliebsten Vierzeiler zu schreiben. Aber das war Goethe.) Reagieren Sie nicht empfindlich!

(4) Lesen Sie viel!

Ich habe schon gesagt, wie wichtig es ist, sich an guten Schriftstellern zu schulen. Wenn es Ihnen gelingt, den Überblick über die fünfzig Hauptfiguren von „Krieg und Frieden" trotz der russischen Namen zu behalten, wird Ihnen auch das Management einer Strafrechtsklausur mit fünfzig Tatbeständen gelingen. (Es ist doch ein schöner Gedanke, daß das Lesen von Romanen zur juristischen Examensvorbereitung gehört.) Auch Zeitungslektüre gehört zum juristischen Studium, vorausgesetzt, Sie lesen richtige Zeitungen und meiden die Revolverblätter.

(5) Testen Sie Ihre Produkte vor dem Ernstfall!

Schreiben Sie (wenige) Probeklausuren, lassen Sie diese durch Ihren besten Feind (für Geld, andernfalls wird er es nicht tun) so übelwollend wie nur möglich lesen und mit kritischen Anmerkungen versehen. Nehmen Sie diese Kritik ernst.

c) Drücken Sie sich einfach aus!

(1) Das Komplizierte kommt von selbst

Meine dritte Empfehlung lautet: Drücken Sie sich so einfach wie möglich aus. Das Komplizierte kommt von selbst - ein Erbe des Kanzleistils. Das Einfache will dagegen schwer erkämpft sein. Wir können beispielsweise aus jedem Verb ein Substantiv machen und kommen dann zu Formulierungen wie *„Kennzeichen des Diebstahls ist das Entsetzen aus der Eigentumsposition"* (Originalzitat aus einer Strafrechtsklausur). Umgekehrt können wir Hauptwörtern beliebig in Verben wie „beinhalten", „verschuben" oder „verbescheiden" verwandeln. (Auf einer Sektflasche las ich neulich den Ausdruck „versektet".) Wir sind nach Belieben imstande, in unsere Sätze Parenthesen einzuschachteln. Wir können Hauptwörter durch Endungen wie „-ung", „-heit", „-keit", „-schaft" „verunstalten". Wir können sie zu beliebigen Wortprozessionen zusammenfügen. Und wir können noch vieles mehr, was ich hier nicht behandeln will, weil ich ja kein Buch über die Stilkunst schreibe. Das alles gelingt uns mühelos. Nur eines können wir nicht von selbst: uns einfach ausdrücken.

Mark Twain hat den deutschen Durchschnittssatz als eine erhabene und ehrfurchtgebietende Kuriosität bezeichnet. Er sei hauptsächlich aus zusammengesetzten Wörtern gebaut. Er handle von vierzehn oder fünfzehn verschiedenen Gegenständen, jeder in einer eigenen Parenthese eingeschlossen, mit zusätzlichen Parenthesen hier und da, die wiederum Unterparenthesen einschlössen, so daß Hürden innerhalb der Hürden entstünden; schließlich würden alle Parenthesen und Unterparenthesen zwischen zwei Überparenthesen zusammengeballt, deren eine in der ersten Zeile des majestätischen Satzes liege und die andere weit davon entfernt in der Mitte der letzten Zeile - *„und danach kommt das Verb, und man bekommt zum ersten Mal heraus, wovon der Mann gesprochen hat,"* und nach dem Verb, nur als Verzierung, schaufle der Schreiber *„haben sind gewesen gehabt haben geworden sein"* oder Worte ähnlicher Bedeutung hinein, und das Monument sei fertig.

Der amerikanische Schriftsteller Mark Twain *(1835-1910) hat den deutschen Durchschnittssatz als eine erhabene und Ehrfurcht gebietende Kuriosität bezeichnet. Er sei gut dazu geeignet, jenen silbernen Nebel zu erzeugen, den die Deutschen für Tiefsinn hielten.*

(2) Testen Sie die Satzmonumente

Die Satzmonumente sind auch deshalb beliebt, weil unsere großen Denker sie so gerne errichten. Bitte lesen Sie folgendes Zitat von Hegel:

> *„Der Geist ist das Bewußtsein als abstraktes und zwar in der Äußerlichkeit befreites Nichtwissen; aber die Unbeweglichkeit dieses Gegenstandes beruht allein, wie die Fortentwicklung alles natürlichen und geistigen Lebens, auf der Natur der reinen Wesenheiten, die den Inhalt der Logik ausmachen. Das Bewußtsein, als der erscheinende Geist, welcher sich auf seinem Wege von seiner Unmittelbarkeit und äußeren Konkretion befreit, wird zum reinen Wissen, das sich jene reinen Wesenheiten selbst, wie sie an und für sich sind, zum Gegenstand gibt".*

Nun verrate ich Ihnen, daß nur einer der beiden Sätze von Hegel stammt, der andere dagegen von mir. Und zwar war ich bemüht, bei der Formulierung meines Satzes jede Sinngebung zu vermeiden. Finden Sie heraus, welcher Satz von Hegel stammt und daher tief und bedeutend ist, und welcher von mir stammt und nichts als schlichter Unsinn ist.[14]

(3) Meiden Sie den juristischen Jargon!

Versuchen Sie nicht, sich durch einen vermeintlich juristisch klingenden Jargon als Jurist auszuweisen. Meiden Sie das Bürokratendeutsch („Das verunfallte streitgegenständliche Kfz"). Meiden Sie die juristischen Feiertagsbegriffe wie „Grundwerte der Verfassung" oder „freiheitlich demokratische Grundordnung" oder „Gerechtigkeit" oder „rechtsethisch" oder „sozial unerträglich" oder „Urteil aller gerecht und billig Denkenden" oder „sittlich tiefste Stufe". Die Rechtsphilosophen sind sich darin einig, daß man beispielsweise nicht sagen könne, was „Gerechtigkeit" sei. Wenn das so ist, sollte man Wittgensteins Maxime beherzigen: „Worüber man nicht sprechen kann, darüber muß man schweigen."

---

[14] Natürlich werden Sie wissen wollen, wie die Antwort auf diese Frage lautet. Ein kurzes Studium der Hegelschen Logik I, ed. Lasson, S. 7 wird Ihnen hier weiterhelfen.

(4) Sagen Sie „Ich"

Dieser Ratschlag ist freilich nicht ungefährlich. Die Ich-Form ist in juristischen Klausuren verpönt. In den Klausurenanleitungen wird von ihr mit dem Hinweis abgeraten, die Sache solle für sich selbst sprechen. Die Sachen können aber nicht sprechen. Sie bedürfen eines Sprechers, und dieser Sprecher kann nicht neutral und unparteiisch sein. Also sollte er auch sprachlich nicht so tun, als könnte er es. Wenn Sie „Ich" sagen, können Sie sich viel schwerer hinter den juristischen Wortprozessionen verstecken, als wenn Sie Namen irgendwelcher anonymen Mächte sprechen. Wenn Sie sagen: *„Ich habe das Gefühl, dieses Ergebnis ist nicht in Ordnung"*, dann weiß Ihr Kunde, daß Ihr Gefühl Ihnen etwas mitgeteilt hat, was Ihr Verstand (noch) nicht geklärt hat. Wenn Sie dagegen sagen: *„Bei objektiv-teleologischer Auslegung unter Berücksichtigung der verfassungskonformen Interpretation stellt sich die Frage einer Tatbestandsreduktion"*, weiß Ihr Kunde überhaupt nichts.

„Ich" finde es einfach komisch, wenn ein Einzelrichter den Gerichtssaal mit den Worten „Das Gericht zieht sich zur Beratung zurück" verläßt. Wenn Sie nicht „Ich" schreiben wollen, sollten Sie wenigstens in der Ich-Form denken.

d) Bemühen Sie sich um Kürze

(1) Weitschweifigkeit kommt von selbst

Meine vierte Empfehlung lautet: Bemühen Sie sich um Kürze. Ebenso wie die Einfachheit will die Kürze schwer erkämpft sein. Woodrow Wilson entschuldigte sich einmal für einen langen Brief mit dem Hinweis, er habe leider nur wenig Zeit dafür gehabt. Die Spartaner empfingen einmal einen Gesandten, der sein Anliegen in blumiger, weitschweifiger Rede vortrug. Schweigend hörten sie ihm zu. Dann erwiderte ihr Ältester. „Während du gesprochen hast, haben wir den Anfang deiner Rede vergessen und deshalb den Schluß nicht verstanden." Ihrem Prüfer sollte es nicht ebenso ergehen wie den alten Spartanern. Es bereitet Ihnen keine Schwierigkeiten, sich lang, umständlich und weitschweifig auszudrücken. Kürze fällt dagegen schwer. In einer Kabarettveranstaltung wurde einmal ein Politiker bestaunt, der eine Frage schlicht und einfach mit „Ja" beantwortet hatte. So sehr ist uns die Kürze abhandengekommen.

(2) Strukturen als Weg zur Kürze

Es gibt ein sicheres Mittel zur juristischen Kürze, und das ist Klarheit in den Strukturen. Strukturen können Sie ohne jeden sprachlichen Zierat herausmodellieren und abarbeiten. Radbruch hat in diesem Zusammenhang treffend vom kalten Lapidarstil des Rechts gesprochen.

Ein gepflegtes Stottern nach englischem Vorbild kann dabei von Nutzen sein. Strukturen sind formale Gebilde, die sich sprachlich oft nur schlecht darstellen lassen. Nehmen Sie die Finger zu Hilfe, stottern Sie die Struktur dahin, malen Sie in die Luft, das ist besser als Geschwätzigkeit.

e) Vermeiden Sie starke Worte

Meine fünfte Empfehlung lautet: Vermeiden Sie Kraftausdrücke wie „zweifellos", „selbstverständlich", „absolut". Sagen Sie nicht: „Zweifellos ist eine Langlaufloipe eine Sache". Starke Worte verraten schwache Argumente. Eine Feststellung leuchtet entweder jedem sofort ein. Dann genügt es, sie auszudrücken. Oder sie leuchtet nicht ein. Dann müssen Sie Ihre Auffassung begründen. In keinem Fall sind also starke Worte angebracht.

f) Sprechen Sie anschaulich

(1) Das Manko der deutschen Sprache

Meine sechste Empfehlung lautet: Mühen Sie sich um anschauliche, ausdrucksvolle Wörter. Überwinden Sie ein Manko unserer Kanzleisprache, auf das schon Mark Twain aufmerksam gemacht hat. Er hat vergleichsweise auf den tiefen, starken, hallenden Klang amerikanischer bildhafter Wörter hingewiesen und bemerkt, daß deren deutsche Entsprechungen so dünn, mild und energielos klängen. Boom, burst, crash, roar, storm, bellow, blow, thunder, explosion - das seien großartige Wörter. Deren deutschen Entsprechungen seien niedlich genug, um Kinder damit in den Schlaf zu singen. Ein Schwindsüchtiger würde sich zu dick verpackt vorkommen, wenn er nur mit Hemdkragen und Siegelring bekleidet in einen Sturm hinausgehen würde, den zu beschreiben das an Vogelgezwitscher erinnernde Wort „Gewitter" verwendet würde. Und was die stärkste der verschiedenen deutschen Entsprechungen für

„explosion" - „Ausbruch" angehe, so sei das englische Wort für Zahnbürste „tooth-brush" kräftiger.

Natürlich gibt es auch Bereiche, in denen die deutsche Sprache unübertroffen ausdrucksstark ist - so, wenn es um Dinge wie die Liebe, die Familie, oder die Natur geht. Es sind dies freilich gerade solche Bereiche, in denen wir Juristen nicht gefragt sind.

(2) Bemühen Sie sich um ausdrucksstarke Wörter!

Oft liegt es nicht an der Sprache, sondern an uns Sprechern, wenn wir die Wörter ins Blasse verschwimmen lassen. Sie sollten derlei Bleichübungen nicht „begleiten". Sagen Sie „Wege" statt „Wegverhältnisse", „Jugend" statt „Jugendlichkeit", „Unglück" statt „Unglücksfall", „Wohnung" statt „Wohnungseinheit", „zum Schlachten" statt „für Schlachtzwecke". Sagen Sie „Technik" und bleiben Sie auch dann dabei, wenn alle anderen von „Technologie" sprechen. Ein Wirtschaftsprüfer nannte mir für solche Situationen eine gute Maxime, die ich an Sie weitergebe: *„ Was ich für richtig halte, tue ich. Es ist richtig, weil ich es tue. "*

Ein (männlicher) Richter, Senatspräsident an einem Oberlandesgericht, bezweifelte einmal in einem Urteil den Wert eines ärztlichen Attestes mit den Worten: *„ Wenn ich meinen Hausarzt bitte, mir zu bescheinigen, daß ich im siebten Monat schwanger bin, dann tut der das. "* Die Kollegenschaft - will sagen: die Kollegen waren indigniert. Aber warum eigentlich?

g) Drücken Sie sich kundenfreundlich aus

(1) Schonen Sie den Kunden!

Meine siebte Empfehlung lautet: Denken Sie immer an Ihren Kunden. Er muß hören und lesen, was Sie produzieren. Schonen sie ihn. Wenn es Ihnen Qualen bereitet, etwas auszudrücke, lassen Sie ihn nicht an diesen Qualen teilhaben. Das gilt ganz besonders für den Kunden „Prüfer". Aber es gilt auch für Ihre späteren Kunden - Mandanten, Gegner, Richter, Geschäftspartner, Kollegen.

(2) Stimmen Sie den Kunden froh!

Stellen Sie sich vor, mit welch lustlosen Gefühlen der Prüfer vor einem Stapel kaum leserlich geschriebener, schlecht gegliederter, vor Fehlern und abwegigen Ausführungen nur so strotzenden Examensklausuren sitzt. Selbst der Gedanke an die paar Mark Entlohnung für sein mühseliges Geschäft stimmt ihn nicht froher.

Stimmen Sie ihn froh. Lassen Sie ihn Ihre Klausur als die Ausnahme erleben, für die Prüfer zu sein sich lohnt. Machen Sie ihm das Leben so angenehm wie möglich. Benutzen Sie linierte Blätter statt Schmierpapier. Schreiben Sie lesbar. Produzieren Sie ein gefälliges Schriftbild. Verdeutlichen Sie ihre Gliederung optisch, durch abgesetzte Überschriften und Einrückungen bei den Absätzen. Lassen Sie den rechten und nicht den linken Rand frei, damit der Prüfer seine Korrekturen an den Rand schreiben kann, ohne den zu begutachtenden Text verdecken zu müssen (und ohne seine Manschette zu verschmieren). Benutzen Sie einen Füllfederhalter. Meiden Sie Kugelschreiber. Selbst die teuersten Kugelschreiber klecksen (bitte keine Protestbriefe von der Kugelschreiberindustrie).

Die meisten Examensklausuren zeigen, daß die Kandidaten sich hierüber nicht die geringsten Gedanken machen. Manchmal sind die Arbeiten über weite Strecken unlesbar. Manchmal gleichen sie mit ihren Durchstreichungen und Sterncheneinfügungen, die zu Texten auf dem Rand, auf der Rückseite des Blattes, auf eingefügten Blättern oder auch ins Nirgendwo führen, wahren Schlachtfeldern. Manchmal sind sie voller Schreibfehler. Manchmal sind die elementaren Regeln der Zeichensetzung unbekannt. Solche Defizite müssen Sie beseitigen, und zwar restlos. Stellen Sie sich vor, ein Automobilhersteller würde Fahrzeuge herstellen, die aussehen wie der verbeulte Renault von Inspektor Columbo. Glauben Sie, er würde auch nur ein Auto verkaufen? Bauen Sie lieber einen schicken Roadster, mit lesbarer Schrift, guter Gliederung, mit Absätzen an den richtigen Stellen, und, last not least, mit brauchbaren juristischen Inhalten.

Wie wichtig eine gute Ausdrucksweise beim Marketing ist, wurde mir erstmals bewußt, als ich den Versuch unternahm, Anzeigen zu gestalten. Das geschah, als ich das schon erwähnte Normfall Projekt startete. Seitdem weiß ich, wie schwer es ist, gute Gedanken auch gut zu präsentieren. Seitdem habe ich eine ganz neue Hochachtung vor der Werbebranche. Müßte ich Reklame für

Schnaps machen, käme vermutlich etwas heraus wie „Müllers
Schnaps macht zuverlässig betrunken", und Müller ginge pleite.
Zum Glück verkaufe ich keinen Schnaps.

(3) Programmieren Sie den Prüfer im mündlichen Examen positiv!

Sagen Sie ihm zu Beginn der Prüfung, daß Sie sich kräftig verbessern wollen. Ich habe diesen Rat schon vielen Studenten gegeben,
die vor dem mündlichen Termin zu mir kamen. Alle haben mich
ungläubig angesehen. So etwas könne man doch nicht tun. Aber
warum soll man das nicht tun können? Der Prüfer weiß doch nicht,
daß der Kandidat sich verbessern möchte. Er denkt womöglich, der
Kandidat hat Angst, durch das Examen zu fallen oder rechnet damit, sich zu verschlechtern. Also müssen Sie ihm sagen, was Sie
wollen. Noch jeder Examenskandidat, der meinen Rat befolgt hat,
hat sich denn auch tatsächlich verbessert. Glauben Sie mir, es funktioniert.

h) Trainieren Sie das schnelle Lesen und Präparieren von Geset- zen

Meine achte und letzte Empfehlung lautet: Trainieren Sie das
schnelle Lesen und Präparieren von Gesetzen.

(1) Gesetze können eine sperrige Lektüre sein

Aus unerfindlichen Gründen tut der Gesetzgeber seltsame Dinge. Beispielsweise vermengt der Strafgesetzgeber gerne objektive
und subjektive Tatbestandsmerkmale *(„Wer in der Absicht... X
tut...")*. Auch liebt er es, bedeutungslose Wörter wie *„rechtswidrig"* oder *„widerrechtlich"* oder *„der Mörder"* einzustreuen. Mitunter wiederholt er dasselbe in verschiedenen Wörtern *(„Besitz
oder Gewahrsam")*. Bei Gelegenheit tut er dies freilich auf eine
Weise, daß man nicht erkennen kann, daß er dasselbe meint *(„verächtlich zu machen oder... herabzusetzen geeignet...")*. Manchmal
meint er, er müsse eine besondere Art von Juristendeutsch pflegen
*(„nachmacht oder verfälscht oder nachgemachte oder verfälsch-
te...")*. Gelegentlich drückt er sich zweideutig aus *(„und dadurch
dem (wem?), dessen Vermögensinteressen er zu betreuen hat...")*.
Mitunter beschreibt er Dinge, die es überhaupt nicht gibt *(„falsche
Tatsachen")*. Wenn es sich gerade ergibt, zählt er lauter einzelne

Dinge auf, obwohl er alle meint (*„ Gefahr für Leben, Leib, Freiheit, Ehre, Eigentum oder ein anderes Rechtsgut"*). Ab und zu beliebt es ihm, etwas zu beschreiben, wovon er keine Vorstellung hat (*„...oder sonst durch unbefugte Einwirkung auf den Ablauf (einer Datenverarbeitung"*). Wenn es ihn überkommt, vermengt er Äpfel und Birnen (*„...Darstellung von Daten, Meß- oder Rechenwerten, Zuständen oder Geschehensabläufen..."*). Kurz, ich bin versucht, Haft's Gesetzgebungsgesetz zu formulieren, das besagt: Alles, was bei der Gesetzgebung schief gehen kann, geht irgendwann auch einmal schief.

(2) Trainieren Sie den Umgang mit mißratenen Gesetzen

Sie sollten den Gesetzgeber wegen dieser und weiterer Schwächen nicht tadeln. Es gibt nun einmal Montagsgesetze, und die Arbeit der Wissenschaft wäre stark eingeschränkt, wenn das nicht alles zurechtgerückt werden könnte. Tun Sie etwas anderes. Helfen Sie sich selbst. Trainieren Sie das richtige Lesen und Präparieren von Gesetzen. Sie können die Welt nicht ändern. Sie können nur sich selbst ändern.

J. Schlußbemerkung

Worum geht es letztlich? Es geht um Ordnung. Als Jurist überzeugen Sie in erster Linie durch Ihre Fähigkeit, mit den Mitteln der Sprache Ordnung in das chaotische Geschehen eines sozialen Konfliktes zu bringen. Diese Ordnung muß unentwegt erkennbar sein. Alles, was ich geschrieben habe, dient dem Ziel, Ihnen zu ein wenig Ordnung zu verhelfen.

Menschen, die es verstehen, das Chaos zu ordnen, werden mit Recht bewundert. Deshalb haben sich die Juristen schon früh in der Geschichte Ansehen eworben. Übrigens gilt das nicht nur für Juristen. Es gilt auch für Philosophen. Welch gewaltiges Gebäude hat Hegel aus dem simplen (und verkehrten) Gedanken errichtet, daß es in der Geschichte vernünftig zugehe. Und es gilt sogar für manche Dichter. Dante verdankt seinen Ruhm auch der Tatsache, daß er die geheimnisvolle und unfaßbare Welt des Jenseits in Kreise einteilte und damit ordnete. Als Jurist schreiben Sie keine Göttliche Komödie. Aber Sie halten hienieden Ordnung, und wenn ich damit nicht gegen meine Grundsätze verstoßen würde, würde ich das auch etwas Göttliches nennen.-

Nachwort

Als die erste Auflage dieses Lernbuchs erschien, konnte vom Siegeszug des Computers noch keine Rede sein. Damals, zu Beginn der achtziger Jahre des letzten Jahrhunderts, boten zwar Unternehmen wie Apple und IBM schon die ersten „Home-" bzw. „Personal Computer" an. Aber die Technik steckte noch in den Kinderschuhen. Die Maus war noch nicht erfunden worden. An das Internet war nicht zu denken. Tragbare Telefone gab es zwar schon, aber sie hatten das Format und Gewicht von Backsteinen. „Smartphones" und „Tablets" waren noch in weiter Ferne. In den Rechenzentren der Universitäten standen Großrechner, die mit Lochkarten programmiert und gefüttert wurden. Kettendrucker spuckten meterbreite Papierbahnen aus. Es gab zwar schon Pioniere der Rechtsinformatik, die sich über die Anwendungsmöglichkeiten des Computers im Recht Gedanken machten. Aber der Alltag der Studenten blieb davon unberührt. Den Jurastudenten erkannte man am „Schönfelder", einer gewichtigen Loseblattsammlung, deren „Pflege" durch Ein- und Aussortieren einzelner Blätter unzähligen Werkstudenten in Anwaltskanzleien ein Auskommen sicherte.

Wie sehr sich die Dinge (auch) im Jurastudium geändert haben, wurde mir bewusst, als ich vor kurzem an einer neu gegründeten privaten Law School nach Jahren der Absenz vom akademischen Lehrbetrieb wieder einmal in die strafrechtliche Bütt gestiegen bin und während dreier „Trimester" einen Grundkurs betreut habe. Kein Student schleppte mehr eine Gesetzessammlung mit sich. Benötigte Paragraphen wurden einfach per Smartphone aufgerufen. Jeder hatte seinen Laptop geöffnet vor sich. Für mich als Dozenten ergab das ungeahnte Kontrollmöglichkeiten. Vom rückwärtigen Ende des Hörsaals konnte ich mit einem Blick erkennen, ob die Teilnehmer bei der Sache waren oder vielleicht gerade im Internet Poker spielten. Die Technik ist also heute da, sie wird genutzt, und sie wird in rascher Folge weiter entwickelt. Wenn beispielsweise Ihre Augen bei einem nicht verstandenen

Wort verharren – etwa beim Begriff *„positives Interesse"* –, wird der Computer das schon in naher Zukunft erkennen und Ihnen eine (natürlich gesprochene) Erläuterung geben.

Von einer wirklichen Nutzung der Möglichkeiten des Computers im Rechtsunterricht kann aber noch keine Rede sein. Heute erleben wir die Auswirkungen eines Versäumnisses, das seit den siebziger Jahren das damals entstandene Fach *„Rechtsinformatik"* betroffen hat. Darunter versteht man heutzutage in Deutschland eine Disziplin, die man schlagwortartig als *„Recht des Computers"* bezeichnen kann. Man nennt sie auch *„Informationsrecht"*. Dieser Ausdruck ist jedoch – wie so viele juristische Termini – schief. Informationen sind ja der Stoff, aus dem alle Rechtsgebiete bestehen. Gemeint ist das Recht der Informationstechnik (das *„IT-Recht"*), also die Gesamtheit aller Regelungen, die irgendwie mit dem Computer zu tun haben, vom Datenschutzrecht bis hin zum Computerstrafrecht. Ob ein solches Rechtsgebiet sinnvoll gebildet werden kann, kann man mit Fug bezweifeln. Das mag hier aber dahin gestellt bleiben. Denn mit *„Rechtsinformatik"* hat es jedenfalls nichts zu tun. Dieses Fach war vielmehr ursprünglich ein Teilgebiet der angewandten Informatik. So sollte es auch heute wieder sein. Die Rechtsinformatik hat es ausschließlich mit dem Einsatz des Computers im Recht zu tun. Sie ist also keine rechtsdogmatische, sondern eine anwendungs- und methodenorientierte Disziplin. Als solche steht sie neben den anderen Bindestrich-Informatiken (*„Wirtschafts-Informatik"*, *„Medizin-Informatik"*, *„Medien-Informatik"* u. dgl. mehr). Dass die fast allgemeine Meinung unter den heutigen Juristen dies anders sieht, ändert nichts an dieser Feststellung. Auch Mehrheiten können irren, und sie tun es in diesem Falle.

In diesem richtig verstandenen Sinne ist die Rechtsinformatik gegenwärtig an den deutschen juristischen Fakultäten so gut wie nicht existent. Als Jurastudent kommen Sie dadurch in ihrer Ausbildung mit dem wichtigsten technischen Phänomen unserer Zeit – der modernen Informationstechnik – überhaupt nicht oder nur unzureichend in Berührung. Zwar besitzen Sie alle Laptops, PCs, Drucker, Tablets und Smartphones, aber Sie benutzen diese Geräte nur dazu, um im Internet herumzuhängen und Ihren Hausarbeiten mit möglichst vielen Fußnoten den Anschein der Wissenschaftlichkeit zu verpassen. Die Grundlagen des Computerzeitalters, welches unser Leben gegenwärtig in allen Bereichen dramatisch verändert, lernen Sie dagegen nicht kennen. Und von einer Nutzung der damit eröffneten Möglichkeiten kann noch keine Rede sein.

Die Rechtsinformatik weist eine Besonderheit auf, die es bei den anderen Bindestrichdisziplinen nicht gibt. Sie ist nicht „rechtsfern", sondern sie wirkt sich auf das Recht selbst aus, und zwar auf dessen Kern. Sie verändert die Art und Weise, wie wir das Recht finden, wie wir es anwenden, und wie wir es weiter entwickeln. Dieser Vorgang findet gegenwärtig in der Realität statt. Justiz, Anwaltschaft, Behörden, Rechtsabteilungen, ja, sogar die Rechtssuchenden befinden sich auf dem Marsch in Richtung „E-Justice". Das kürzlich in Kraft getretene E-Justice-Gesetz[1] gibt den Takt vor, und niemand wird diesen Marsch aufhalten. Dass es rechts und links von der Strecke eine Fülle kritikwürdiger Erscheinungen gibt – ich nenne nur das Stichwort NSA[2] – ändert nichts daran, dass Juristen, die ihren Beruf ernst nehmen, verstehen sollten, warum, wie und wohin sie marschieren. Es ist, um bei dem Beispiel NSA zu bleiben, sehr leicht, eine juristische Abhandlung über die Schandbarkeit des Ausspähens persönlicher Daten zu schreiben. Dazu benötigt man keinerlei Fachwissen. Es genügt das juristische Empörungsvokabular (*„Privatsphäre"*, *„Datenschutz"*, *„Big Brother"*, *„Menschenwürde"*...). Aber wenn man sich mit solchen Themen auseinandersetzt, sollte man wenigstens in den Grundzügen wissen, welche Techniken hier zu welchen Zwecken eingesetzt werden, was sie wie leisten können, und wo sie gegenwärtig auf Grenzen stoßen.[3] Dazu gehört auch – wenigstens in ihren Grundzügen – die historische Entwicklung.

Wir sollten uns daher nicht damit begnügen, die Rechtsinformatik für eine der vielen anderen Bindestrich-Disziplinen im Recht zu halten, die nur eine Handvoll Spezialisten interessieren. Wir sollten sie vielmehr in die juristische Ausbildung einführen. Dozenten hierfür werden Sie zwar kaum in den juristischen Fa-

---

[1] Gesetz zur Förderung des elektronischen Rechtsverkehrs mit den Gerichten vom 10. Oktober 2013, BGBl I Nr. 62.
[2] NSA ist die Abkürzung von „National Security Agency", dem größten Auslandsgeheimdienst der USA. Dessen Praktiken des Ausspähens von Daten werden weltweit kritisiert.
[3] Dazu mein Beitrag in FS Schütze, München 2014, S. 133 ff.

kultäten, wohl aber in den Nachbarfakultäten finden, so, wie Sie ja auch zu den Ökonomen gehen, wenn Sie die Grundzüge der Wirtschaftswissenschaften kennenlernen wollen. Wenn Sie das tun, werden sich Ihre Berufschancen durch eine solche Ausbildung dramatisch verbessern. Sie werden imstande sein, an der noch längst nicht abgeschlossenen Entwicklung von E-Justice teilzuhaben, und Sie werden imstande sein, diese Entwicklung im Austausch mit den Informatikern günstig zu gestalten. Hier existieren Berufschancen, die es anderswo im Recht kaum noch gibt.

Für das Fehlen der Rechtsinformatik als Studienfach gibt es gleich ein ganzes Bündel von Ursachen.

Juristen sind zunächst im Hinblick auf andere Disziplinen traditionell fremdenfeindlich. Das gilt für alle Bindestrich-Disziplinen, also auch etwa für „Rechts-Psychologie", „Rechts-Linguistik", „Rechts-Logik" usw., und es gilt sogar für die auf den Lippen verehrte „Rechts-Philosophie". Nur da, wo hinter dem Bindestrich keine Gefahr (mehr) droht, wie bei der „Rechts-Geschichte", die sich in der Vergangenheit und damit in beruhigender Ferne abspielt, sind wir nachsichtig, aber auch nur insoweit, als es dabei lediglich um das Sahnehäubchen auf der handfesten juristischen „Dogmatik" geht. Dass ein Savigny im 19. Jahrhundert die deutschen Juristen mit der Botschaft schockte, sie müssten sich in das Römische Recht der Vergangenheit „hineindenken" und den dortigen Klassikern ihre Weise „absehen" und „ablernen", ist heute vergessen. Aber auch die historische Botschaft muss heutzutage sparsam dosiert werden, soll sie keinen Protest hervorrufen. Wer sich zu weit in eine fremde Disziplin hinein wagt, lebt gefährlich. Ich habe mehrere Habilitanden erlebt, die sich ein Stück von der Dogmatik entfernt hatten, und die deshalb scheiterten oder Jahre ihres Berufslebens verloren.

Bei der Rechtsinformatik war und ist die Ablehnung freilich besonders heftig. Dies hat neben der üblichen Fremdenfeindlichkeit besondere Gründe.

Eine wesentliche Rolle spielt hier die Tatsache, dass die Mutterdisziplin Informatik ein junger Wissenschaftszweig ist. Ich habe selbst vor Jahren an der Einführung dieses Faches an einer traditionellen Universität mitgewirkt und viele Einwendungen gehört: *„Das hat es noch nie gegeben!"* – *„Da weiß man gar nicht, worum es sich handelt!"* – *„Das ist eine Modeerscheinung, die rasch vergehen wird!"* – *„Können die Mathematiker das nicht nebenbei erledigen?"* – *„Ein typisch amerikanischer Anschlag auf die abendländische Kultur?"* Am meisten begeistert hat mich der Einwand, nach Gutenbergs Erfindung habe es ja auch keine Buchdruck-Fakultäten gegeben.

Im Zusammenhang hiermit steht der Kulturschock, den Juristen beim Betreten eines Rechenzentrums erleben (sofern sie das überhaupt tun). Er war besonders groß in den Anfangsjahren der Informatik. Statt in der gedämpften Atmosphäre einer Bibliothek – edle Hölzer, Bücher mit Lederrücken, indirekte Beleuchtung, spiegelndes Parkett – tiefen Gedanken über das Wesen des Rechts nachzusinnen, stand man unter Neonröhren in einem Betongebäude voller Blechkästen. Lochkartenleser ratterten, Kontrolllichter zuckten, Kettendrucker spien meterbreite Papierbahnen aus, und die Benutzer wirkten so, als marschierten sie auch durch geschlossene Türen. Das Szenario löste bei den Juristen Fluchtreflexe aus.

Sucht man nach den tieferen Gründen der Ablehnung, stößt man auf eine „hermeneutische Wand". Seit dem 19. Jahrhundert steht die Lehre vom Verstehen, die „juristische Hermeneutik" (von griech. *„hermeneuein"* = auslegen), im Zentrum der Beschäftigung mit Methodenfragen im Recht. Sie entstand bereits in der Antike und blühte überall da auf, wo wichtige Texte existierten, deren Verständnis mit der Zeit immer schwerer fiel. Ein Beispiel bietet die Bibel. Lange Zeit nach der Entstehung der Urtexte und deren Übertragung in das Lateinische entstand im Mittelalter eine christliche Hermeneutik. Im 19. Jahrhundert wurde die Hermeneutik zur Grundlage der Geisteswissenschaften schlechthin. Diese galten damals als die eigentlichen Wissenschaften, die an den Universitäten gepflegt wurden. Der Philosoph Wilhelm Dilthey (1833–1911) mühte sich um das Verständnis der Eigengesetzlichkeit des menschlichen Geisteslebens. Der Theologe Friedrich Schleiermacher (1768–1834) wies der Hermeneutik ihren zentralen Platz in den Geisteswissenschaften zu. Die Naturwissenschaften nahmen demgegenüber einen niedrigeren Rang ein. Sie wurden an Gewerbeschulen und polytechnischen Schulen gelehrt, die erst allmählich zu Technischen Universitäten akademisiert wurden. Heute hat sich dieses Verhältnis umgekehrt. Als „Science", in welcher die Nobelpreise vergeben werden, gelten in erster Linie die Naturwissenschaften, zu denen sich dank mathematischer Elemente die Wirtschaftswissenschaften mit einem nicht ganz rassereinen Nobelpreis gesellt haben.

Zu den Geisteswissenschaften zählte man im 19. Jahrhundert auch die Rechtswissenschaft. Vor allem der schon erwähnte Friedrich Carl von Savigny (1779–1861) mühte sich, der ehrwürdigen „*Jurisprudenz*", also der bloßen „*Rechtsklugheit*" den Rang einer Wissenschaft zu verschaffen. Obwohl er ein geschworener Anhänger das Gewohnheitsrechtes war, und obwohl er das kurz vor seiner Berufung an die 1810 gegründete Universität Berlin in Kraft gesetzte Gesetz, das „*Preußische Allgemeine Landrecht*" schlicht ignorierte, hat er in seinem Hauptwerk, dem „*System des heutigen Römischen Rechts*"[4], eine Auslegungslehre für Gesetze entwickelt, die bis in die Gegenwart für die juristische Methodenlehre bestimmend geworden ist. Dabei ging es ihm darum, den Anwendungsbereich der Gesetze einzuengen und zu zeigen, wie wenig Gesetze eigentlich zu leisten imstande seien. Das Gegenteil trat freilich ein. Seine Lehre wird heute benutzt, um mit den Kategorien der „*grammatischen*", der „*historischen*", der „*systematischen*" und der „*teleologischen*" „*Auslegung*" – der „*Savigny-Quart*" –, zu der in unserer Zeit noch die „verfassungskonforme Auslegung" getreten ist, Dinge in die Gesetze hinein zu lesen, die darin nicht stehen. Das gesamte juristische Ausbildungswesen in Deutschland besteht heutzutage im Kern in dem Bemühen, diese „Methode" zu vermitteln. Dass sie in der Praxis so gut wie nie angewandt wird, steht auf einem anderen Blatt.

Die Fixierung auf das Verstehen und Auslegen von Wörtern, die in Gesetzen stehen, kennzeichnet übrigens nicht nur die juristische Ausbildung. Auch die Rechtsdogmatik und unser juristisches Publikationswesen sind dadurch geprägt. Dabei geht es

---

[4] Das Buch erschien 1840 in Berlin.

weniger darum, die Bedeutung von juristischen Termini zu erhellen als vielmehr darum, atypische Bedeutungen anhand von Problemfällen zu erkennen. Dass der Raubmörder jemand ist, der seinem Opfer Geld abnimmt, interessiert weniger als die Frage, ob auch derjenige ein Raubmörder ist, der eine von ihm geschwängerte Frau umbringt, um für das erwartete Kind keinen Unterhalt zahlen zu müssen.

Auf diese Weise bildete sich eine „hermeneutische Wand", an der bislang alle Vorschläge abgeprallt sind, Computer im Zentrum der Rechtsanwendung einzusetzen. Nur ein Mensch – so die verbreitete Überzeugung – sei imstande, ein Gesetz zu „verstehen", es „auszulegen" und dabei beispielsweise zu entdecken, dass auch ein Tier eine „Sache" i. S. d. Straftatbestandes der Sachbeschädigung ist, obwohl im Bürgerlichen Gesetzbuch (§ 90a BGB) das Gegenteil steht und der „normale" Mensch im Tier eher ein Mitgeschöpf sieht. Dieser Grundkonsens hat die Einstellung zum Computer im Recht geprägt. Seit Erscheinen der ersten Untersuchungen zu „EDV im Recht" in den 1960er und 1970er Jahren sind Legionen von Veröffentlichungen erschienen, in denen gegen die wenigen Pioniere der damaligen Zeit ausgeführt wurde, Computer könnten Gesetze weder verstehen noch auslegen und hätten daher im Recht nichts zu suchen. Ja, dieses Diktum wurde bereits zu einer Zeit verbreitet, als an Computer noch überhaupt nicht zu denken war. So hat der Soziologe Max Weber (1864–1920) bereits vor hundert Jahren das Schreckgespenst eines *„ParagraphenAutomaten"* beschrieben, *„in welchen man oben die Akten nebst Kosten und Gebühren hineinwirft, auf dass er unten das Urteil nebst den mehr oder weniger stichhaltigen Gründen ausspeie..."* Der Rechtsphilosoph Arthur Kaufmann, mein verehrter Lehrer, hat im Jahr 1969 geschrieben, der „Rechtsprechungs-Computer" würde sicherlich *„ein anderes ‚Recht' (erzeugen), als es von der richterlichen Rechtsprechung gesprochen wird: ein ‚Recht', in dem das Gleichheitsprinzip völlig mechanisch manipuliert wird, das keinerlei Rücksicht auf die konkrete, geschichtliche Situation und Individualität nimmt, eine Karikatur der blinden, ganz ‚ohne Ansehung der Person' richtenden Justitia, ein ungeschichtliches und apersonales Recht".* Daran hat sich bis heute nichts geändert In der Gegenwart hat beispielsweise ein prominenter Anwalt, Benno Heussen, geschrieben, *„Recht... können wir aus grundsätzlichen Erwägun-*

gen nicht den Maschinen überlassen. Sie müssen uns dienen, nicht umgekehrt... "[5].

Die Vorstellung, nur der Mensch könne Gesetze verstehen und anwenden, scheint so selbstverständlich zutreffend zu sein, dass sich die IT-Kritiker unter den Juristen kaum jemals die Mühe machen, genauer zu untersuchen, worum es bei dabei eigentlich geht. *„Verstehen"* heißt nach Wilhelm Dilthey, aus äußerlich gegebenen, sinnlich wahrnehmbaren Zeichen ein *„Inneres"*, Psychisches zu erkennen. Es setzt *„Intelligenz"* voraus. Die Wurzel dieses Wortes liegt im Lateinischen, wo die Wörter *„inter"* (= zwischen) und *„legere"* (= wählen) zu *„intellegere"* zusammengefasst wurden. Intelligenz bedeutet demzufolge, eine Situation durch kritische Auswahl von charakteristischen Merkmalen zu verstehen und zu bewältigen. Es geht dabei um die kognitive Leistungsfähigkeit des Menschen, ein Thema, mit dem sich viele Disziplinen beschäftigen. Im Zusammenhang der juristischen Tätigkeit geht es vor allem um das Lernen, um die Orientierung, um das Problemlösen, um die Emotionen, also um das Rechtsgefühl. Generalthema ist dabei die Bewältigung von Komplexität.

Dieser *„natürlichen Intelligenz"* stellen die Informatiker die *„künstliche Intelligenz (KI)"* gegenüber. Diesem Ausdruck liegt freilich ein Missverständnis zugrunde. Es handelt sich um eine Übersetzung des englischen *„Artificial Intelligence (AI)"*, wobei *„intelligence"* im Sinne von „Information", „Nachricht" zu verstehen ist. So ist die US-amerikanische *„Central Intelligence Agency (CIA)"* nicht etwa eine Intelligenz-Agentur, sondern ein Nachrichtendienst. Bei der *„Künstlichen Intelligenz"* geht es nur darum, ein menschenähnliches Verhalten zu simulieren. Ein Beispiel bietet das in den 1960er Jahren von Joseph Weizenbaum (1923–2008) am MIT entwickelte Programm ELIZA, welches den Dialog eines Psychiaters mit einem Patienten simulierte. Die Wirkung des Programms war damals überwältigend, aber wenn man bedenkt, dass Psychiater nur Fragen stellen, aber niemals Fragen beantworten und auf jede Antwort mit einer neuen Frage reagieren, legt sich die Überwältigung wieder. Viel interessanter als der

---

[5] Heussen, Benno, Interessante Zeiten, Stuttgart 2013, S. 334.

Versuch, die Intelligenz des Menschen nachzubauen ist die Suche nach Leistungen, die nicht der Mensch, wohl aber die Maschine vollbringen kann. Dabei wird man auch im Recht fündig. Dazu unten mehr.

Die Fixierung auf die abstrakten Wörter hat dazu geführt, dass die Sachverhalte im Rechtsstudium weitgehend ausgeblendet wurden. Obwohl die juristischen Wörter nur anhand entsprechender Sachverhalte – also konkreter Geschehnisse – verstanden werden können, spielen die Sachverhalte nur die Rolle eines notwendigen Übels. Im Studium kommt das Thema „Herstellung des Sachverhalts" überhaupt nicht vor. Sie erhalten vielmehr als Studenten in den sogenannten „Übungen" fertige Sachverhalte, wobei exotische Geschehnisse weitab von der Wirklichkeit dominieren. Dass die Arbeit am Sachverhalt mühsam und oftmals schwieriger als die Arbeit am Gesetz ist, erleben Sie erst in der Referendarpraxis. Dann mühen Sie sich in kontradiktorischen Verfahren, also insbesondere im Zivilprozess, um die sog. „Relationstechnik" und entdecken im Strafprozess, dass man es dort mit Zeugenvernehmungen und forensischen Methoden zu tun hat. Dabei wird Ihnen irrig gesagt, dass es um *„Erkenntnis"* geht *(„... hat das Gericht für Recht erkannt")*, obwohl in der modernen Erkenntnistheorie längst unstrittig ist, dass es die *„objektive Wirklichkeit"* nicht gibt, und dass jeder, der menschliche Geschehnisse darstellt, seine eigene Interpretation der Vorgänge erzeugt.

Auch im juristischen Publikationswesen spielen die Sachverhalte keine nennenswerte Rolle. In den Anfangsjahren der Rechtsinformatik diskutierte man über die Flut von Gesetzen und Gerichtsentscheidungen, die niemand mehr bewältigen könne. Das war ein Scheinproblem. Die wahren Probleme lagen und liegen bei den Sachverhalten. Wenn in Umfangsverfahren (sog. *„Gürteltieren"*[6]) große Mengen an Unterlagen zu bewältigen sind, wird die Materialmenge rasch zum Problem. Am sichtbarsten wird das im Strafverfahren. Hier kommt es vor, dass Wagenladungen voller Aktenordner und Festplatten beschlagnahmt werden,

---

[6] Dieser Ausdruck leitet sich von den „Gürteln" her, mit denen in der Justiz Akten zusammengebunden werden.

die anschließend auszuwerten sind. Dabei steckt die „Wahrheit" meistens in den E-Mails, in denen sich die Menschen so ungeniert ausdrücken, als sprächen sie miteinander ohne fremde Zuhörer. Dass die Polizei später eine interessante Lektüre findet, bedenken sie nicht – vorausgesetzt natürlich, die Polizei findet die relevanten E-Mails. Bei hunderttausend und mehr E-Mails, die in der Praxis bereits ein Datenvolumen von Terabytes[7] erreichen, ist das manuell aber ein Ding der Unmöglichkeit. Die Durchsicht großer Datenbestände in hunderten oder tausenden Aktenordnern und zunehmend auch auf Festplatten überfordert die beteiligten Personen. *„Legal Process Outsourcing"* hat sich nicht ohne Grund als neuer Berufsstand auch in Deutschland entwickelt.

Das Problem ist nicht auf das Strafrecht beschränkt. Auch in Rechtsgebieten, die kontradiktorisch behandelt werden, also im Zivilprozess und im Verwaltungsprozess mit seinen Spezialverfahren (Finanzprozess, Sozialgerichtsprozess) kommen die *„Gürteltiere"* vor. Wenn etwa Flughäfen, Autobahnen, Stromtrassen geplant werden, treten hunderte oder tausende Betroffene mit umfangreichen Gutachten den Marsch zu Gerichten an, welche diesen Informationsmengen mit Methoden und Techniken begegnen sollen, die sich seit dem 19. Jahrhundert nicht wesentlich verändert haben. Und niemand hat ihnen im Studium gesagt, dass es eine moderne Informationstechnik gibt, die hier eingesetzt werden und ihnen helfen kann.[8]

Es geht aber nicht nur um die Umfangsverfahren, sondern auch um kleine und kleinste Verfahren. Ein Beispiel bieten die Verbraucherstreitigkeiten. Die Europäische Union hat in den vergangenen Jahren eine Vielzahl zusätzlicher Verbraucherrechte geschaffen und treibt zunehmend auch die prozessuale Durchsetzung dieser Rechte voran. Untersuchungen haben ergeben, dass die Mehrzahl der Verbraucher davor zurückscheut, geringwertige Forderungen gerichtlich geltend zu machen. Ein „schlankes" Verfahren könnte helfen. Hiermit befasst sich ein Habilitationsprojekt an der juris-

---

7) Terabyte = 10^{12} Bytes.
8) Die IT-gestützte Recherche in unstrukturierten Datenbeständen ist aktuell ein wichtiges Thema, das auch für Juristen bedeutsam ist. Weltweit führend dürfte hier das IBM-System Watson sein.

tischen Fakultät der Universität München.[9] Ein Internet-Gericht, das von den Betroffenen unmittelbar angerufen wird, könnte zur Lösung beitragen. Entsprechende Untersuchungen habe ich bereits begonnen.

Zu der genannten „*hermeneutischen Wand*" kommen die fachlichen Schwierigkeiten der Informatik hinzu. Diese Disziplin ist nicht nur jung, sie ist auch spröde. Schon die Technik ist schwer verständlich und wird immer anspruchsvoller. War die Lochkartentechnik noch halbwegs nachvollziehbar, dürfte heutzutage kaum ein Jurist auch nur eine ungefähre Vorstellung davon haben, was beispielsweise ein „*Quantencomputer*" ist. Entsprechendes gilt für die Methodik. Was eine „*relationale Datenbank*" ist, dürfte den meisten Juristen auch nach einer Erläuterung weitgehend verschlossen bleiben. Wie jede Disziplin hat auch die Informatik ihre eigene Sprache. Ich war nach der Gründung der erwähnten Informatik-Fakultät Mitglied sowohl dieser Fakultät als auch der Juristenfakultät und habe die Verständigungshindernisse beim ersten Zusammentreffen mit einem „echten" Informatiker erlebt, als dieser mich fragte: „*Was halten Sie von Symbolics?*"[10] Bis dato hatte ich gedacht, nur die Philosophen überfallen ihre Opfer mit unverständlichen Redewendungen („*Wie stehen Sie zum Solipsismus?*"[11]) Ich habe mir damals angewöhnt, ohne Hemmungen nachzufragen, wenn ich etwas (und das war und ist vieles) nicht kannte. Das hat immer funktioniert. Heute weiß ich, dass das Leben in zwei verschiedenen Welten sogar seine Reize hat. Wenn mir im Gespräch mit Juristen etwas nicht gefällt, pflege ich zu sagen: „*Wir Informatiker sehen das aber ganz anders.*" Und bei den Informatikern widerspreche ich gern mit der Einleitung: „*Also, aus juristischer Sicht...*".

All dies erklärt, warum die wenigen Rechtsinformatiker der ersten Stunde sich durchweg zu „klassischen" Juristen zurück ent-

---

[9] Die Untersuchung wird von Dr. Martin Engel am Lehrstuhl von Prof. Horst Eidenmüller durchgeführt.

[10] Symbolics Inc. war ein US-amerikanisches Computer-Unternehmen, das 1980er und 1990er Jahren spezielle Computer zum Ausführen der Programmiersprache Lisp vertrieb. So etwas muss man nicht wissen.

[11] Eine gute Antwort lautet: „*Ich war viele Jahre skeptisch, aber im Laufe der Zeit bin ich milder geworden.*"

wickelt haben. So entstand ein Defizit, das es in dieser Form wohl nur in Deutschland gibt. Unsere Nachbarländer verhalten sich hier anders. Schon in Österreich blüht die Rechtsinformatik. Seit siebzehn Jahren findet in Salzburg das „*Internationale Rechtsinformatik Symposion IRIS*" statt. Es hat sich als größte und bedeutendste wissenschaftliche Tagung in Mitteleuropa auf dem Gebiet der Rechtsinformatik einen festen Platz erobert. Auch in anderen europäischen Ländern existiert die methodenorientierte Rechtsinformatik, und natürlich auch in anderen Kontinenten. Dazu gehört auch das computergestützte Lernen. In den USA existiert beispielsweise seit 1982 „*The Center for Computer-Assisted Legal Instruction CALI*", in welchem fast alle Law Schools des Landes ihre computergestützten Lernprogramme austauschen. In den Niederlanden sind alle Rechtsfakultäten Mitglieder von CALI, in Deutschland keine einzige.

Wenn Sie den Computer für Ihr Rechtsstudium jenseits von Word/Fußnoten und Internetseiten nutzen wollen, müssen Sie sich den Weg dorthin selbst bahnen. Ich verzichte bewusst darauf, Ihnen hierzu eine Anleitung zu geben. Als Unternehmer haben Sie das nicht nötig.

Fritjof Haft

Namens- und Sachregister